Sans
prescription
ni ordonnance

Conception de projet et direction éditoriale :
Les Communications Jean Couture inc.
Correction : Anne-Marie Théorêt
Infographie. Johanne Lemay

DISTRIBUTEUR EXCLUSIF :

Pour le Canada et les États-Unis :
MESSAGERIES ADP*
2315, rue de la Province
Longueuil, Québec J4G 1G4
Téléphone : 450 640-1237
Télécopieur : 450 674-6237
Internet : www.messageries-adp.com
* filiale du Groupe Sogides inc.,
  filiale du Groupe Livre Quebecor Media inc.

11-10

Dépôt légal : 2010
Bibliothèque et Archives nationales du Québec

ISBN 978-2-7619-2538-9

Gouvernement du Québec – Programme de crédit
d'impôt pour l'édition de livres – Gestion SODEC –
www.sodec.gouv.qc.ca

L'Éditeur bénéficie du soutien de la Société de développement des entreprises culturelles du Québec pour
son programme d'édition.

Le Conseil des Arts du Canada
The Canada Council for the Arts

Nous remercions le Conseil des Arts du Canada de l'aide
accordée à notre programme de publication.

Nous reconnaissons l'aide financière du gouvernement
du Canada par l'entremise du Fonds du livre du Canada
pour nos activités d'édition.

JEAN COUTU

Sans
prescription
ni ordonnance

Collaboration à la rédaction : Jean Couture

LES ÉDITIONS DE
L'HOMME

Une compagnie de Quebecor Media

À ma femme, Marcelle,
pour la remercier.

À mes enfants et mes petits-enfants,
pour les encourager à se réaliser.

« Je suis bien trop jeune pour écrire une biographie. » Voilà ce que je me suis toujours plu à répondre à ceux qui me sollicitaient pour que je raconte ma vie à l'encre de mes souvenirs. D'autant que je nourris une appréhension manifeste pour ce genre littéraire qui pave trop souvent la voie à la prétention et au narcissisme. L'auto-congratulation suffisante des uns et les confidences inconvenantes des autres m'ont jusqu'à ce jour enlevé toute velléité de me commettre.

Bien que mon parcours personnel n'ait pas été jalonné que par des mers calmes et des brises apaisantes, je n'ai jamais ressenti le besoin d'en exposer l'endroit et le revers sur la place publique. Je n'ai fait que suivre la voie qui se dessinait devant moi en tentant de faire correspondre mes attitudes et mes agissements aux valeurs qui m'avaient été transmises et qui n'ont depuis cessé de m'animer. Ce n'est pas parce que mon nom est devenu familier que cela me rend plus intéressant pour autant.

J'ai choisi d'exercer la pharmacie afin de me rapprocher de ce qui fait l'essence de chaque personne. S'il est un actif à mon bilan de vie qui soit d'intérêt, c'est bien le capital humain dont m'ont généreusement gratifié les hommes et les femmes que j'ai eu le privilège de servir et de côtoyer tout au long de ma carrière professionnelle. J'estime en ce sens avoir bénéficié d'un inestimable retour sur investissement qu'aucune fluctuation boursière ne pourra jamais dévaluer et que l'âge avancé ne sera jamais en mesure de reléguer aux oubliettes.

En ce qui me concerne, l'accomplissement personnel se mesure davantage à l'étendue de l'expérience humaine qu'aux réalisations dont on peut s'enorgueillir. Et comme ce patrimoine intemporel n'est transmissible qu'à travers le témoignage, c'est la raison pour laquelle je me suis laissé convaincre d'en livrer l'essentiel à travers ces quelques pages.

En pensant d'abord à ceux et celles qui ont trouvé à notre enseigne de quoi assurer leur mieux-être et leur mieux-vivre. Car c'est dans le regard limpide de l'enfant soulagé de sa fièvre, la salutation familière d'une habituée de nos établissements et l'apaisement d'un quidam enfin rassuré de trouver un professionnel de la santé encore disponible à une heure où la majorité des commerces ont fermé leurs portes que j'ai trouvé un sens à tout ce que j'ai entrepris. C'est à eux que je me sens d'abord redevable de la valorisante aventure dans laquelle je suis engagé depuis plus de cinquante ans.

En songeant également à tous ces jeunes qui s'apprêtent à relever les défis du nouveau millénaire. Dans cette course de relais qu'est la vie, je suis à l'étape de passer le témoin à ceux qui sont en mesure d'amorcer un nouveau sprint. J'ose espérer que les quelques leçons que j'ai tirées de mes expériences jetteront des ponts là où des fossés d'incompréhension et d'indifférence empêchent de précieux héritages de vie de se transmettre.

Je me garderai cependant de donner des recettes ou de formuler des modes d'emploi. «Avec l'âge viennent l'expérience de l'inutilité des conseils et aussi une pudeur motivée d'en donner…» C'est en gardant bien en tête ces paroles de sagesse, prononcées par un de mes anciens directeurs au moment où je m'apprêtais à quitter le collège, que je me contenterai de rappeler divers souvenirs, de partager quelques réflexions et de soulever certaines questions. Car, comme le disait si bien Luc de Clapiers, marquis de Vauvenargues, moraliste et écrivain français : «Les conseils de vieillesse éclairent sans échauffer, comme le soleil de l'hiver. »

C'est donc sans d'autre prétention que de susciter l'intérêt pour tout ce qui constitue l'essence de l'expérience humaine que je livre ces quelques souvenirs et confidences.

Sans prescription ni ordonnance.

CHAPITRE 1

Au seuil de l'aventure humaine

« Jean, ton père t'appelle ! » Bien que j'aie été sur le point de remporter un deuxième set chaudement disputé, je mis fin sur le coup au match de tennis qui m'opposait à un des meilleurs joueurs de notre club. Dans ce temps-là, quand nos parents nous appelaient, il n'était pas question de faire la sourde oreille ou de leur servir une argumentation alambiquée faisant état de nos droits et libertés. Je déposai ma raquette et courus le kilomètre qui séparait le terrain de tennis de la modeste résidence de campagne qui nous servait de refuge estival.

« Tu as redressé des clous ce matin ? » La solennité du ton employé dissimulait mal l'indisposition qui habitait mon père. « Oui, comme tu me l'avais demandé. C'est même la première chose que j'ai faite aujourd'hui. » Le week-end précédent, il m'avait chargé d'en redresser une pleine pochette et, surtout, de les disposer en ordre selon leur longueur et leur grosseur. Mais faut dire que cette journée-là, je m'étais un peu hâté, impatient que j'étais de consacrer le plus de temps possible à mon sport préféré. D'autant plus que, pour une fois, il nous avait été possible de profiter pleinement du moment parce qu'il ne s'était pas présenté de ces ados arrogants pour nous chiper le terrain que nous avions soigneusement apprêté en tout début de journée. « As-tu remis le marteau à sa place ? » L'apparente convenance de son interrogation m'a vite fait comprendre que j'avais omis de le faire. Je m'empressai donc, en formulant quelques excuses de circonstance, de replacer l'outil à l'endroit qui lui était désigné. « Tu peux retourner jouer maintenant. J'espère que tu gagneras le deuxième set ! »

Lorsque je suis reparti en direction du court de tennis, je n'étais déjà plus tout à fait le même; la réprimande, aussi subtile qu'économe de mots, avait porté. J'avais compris que la docilité n'est pas qu'une contrariété obligée dans une relation père-fils, et que certaines exigences peuvent s'avérer particulièrement formatrices. Plus jamais je n'allais oublier que ce qui vaut la peine d'être fait mérite d'être bien fait. Il y a de ces rappels à l'ordre qui vous marquent pour toute une vie…

On pourra s'étonner qu'un médecin pédiatre nourrisse une telle préoccupation pour des clous rouillés. C'est qu'à la fin des années trente, le Québec tentait toujours de s'extirper de la Grande Dépression. Près d'un travailleur sur trois était sans emploi; ceux qui avaient la chance d'en occuper un gagnaient en moyenne trente-cinq cents l'heure. Plusieurs chômeurs se voyaient contraints de faire la file à l'entrée des soupes populaires dans le but d'y recueillir un peu de nourriture et un morceau de pain. Pour un grand nombre de familles, il convenait plus de parler de misère que de pauvreté. On peut alors comprendre que la pratique de la médecine – à une période où chaque patient devait assumer le montant correspondant à ses consultations – ne garantissait en rien aux médecins traitants une rémunération comparable à celle qui leur est versée de nos jours. D'où l'importance que pouvait prendre la récupération sous toutes ses formes.

Paternité bien ordonnée

Dans tout ce qu'il faisait, au travail comme à la maison, mon père était un homme méticuleux et organisé. Ses activités de vacancier reflétaient d'ailleurs bien cet aspect de sa personnalité. Le mois d'août venu, Lucien occupait chacune de ses quatre semaines de vacances estivales à fignoler avec soin l'aménagement de notre résidence d'été et à mettre de l'ordre dans l'atelier qui lui était contigu. Ainsi, au retour à la maison, le week-end de la fête du Travail, la haie était alignée comme des soldats au garde-à-vous, les arbres étaient émondés comme s'ils sortaient du salon de coiffure et le mur de soutènement qui séparait notre terrain du lac situé en façade était aussi solide que les brise-lames du pont Jacques-Cartier.

Dans la boutique où se réfugiait Lucien les jours de pluie, chaque clou, chaque vis, chaque écrou et chaque boulon était classé en fonction de son format dans de petits pots de verre transparents. De même, chaque outil était méticuleusement accroché au mur à l'endroit précis qu'il lui avait assigné à l'aide d'un trait de couleur qui reprenait son contour : rouge pour ceux dont l'usage présentait des risques de blessures et vert pour les moins dangereux. Facile, donc, de constater qu'un marteau pouvait manquer...

Au-delà de la méticulosité qui le caractérisait et qui le servait avantageusement dans l'exercice de sa profession, papa savait aussi faire preuve d'une franche compassion à l'endroit de ceux et celles qui se présentaient dans son cabinet, et ce, sans égard à leur notoriété ou à leur capacité de payer. De plus, lorsque l'inquiétude des parents se trouvait avivée par les malaises de leurs enfants, il n'hésitait pas à enrober ses potions médicamenteuses de quelques recommandations d'ordre personnel – pour ne pas dire paternel – qui avaient l'art de rassurer grands et petits. Cette façon qu'il avait d'humaniser sa pratique médicale – que l'on qualifie familièrement de *bed-side manners* – en faisait un pédiatre aussi apprécié que respecté.

Cette commisération dont il faisait preuve ne se limitait pas qu'aux journées où il était de service. Elle le rattrapait même lors des rares moments de repos qu'il cherchait à s'accorder en se réfugiant à la campagne. N'hésitant pas à sacrifier quelques-unes des heures les plus précieuses dont il aurait pu profiter, Lucien se faisait un devoir de recevoir ses voisins paysans, sans exiger quelque compensation que ce soit pour ses services. Ce qui n'empêchait pas certains d'entre eux de lui laisser, en guise d'appréciation, quelques boisseaux de tomates, de concombres ou d'épis de maïs que ma mère ne manquait pas d'inclure à notre menu quotidien.

L'altruisme et la générosité dont il faisait montre n'avaient rien d'une attitude affectée. Il s'agissait là de vertus qui étaient manifestes chez lui bien avant qu'il ne prête fidélité au serment d'Hippocrate. La pratique n'est venue que le confirmer. Ce fut entre autres le cas lors de la toute première consultation qu'il a menée. Un père s'était présenté à la maison accompagné de son enfant aux prises avec de fortes fièvres. « Combien je vous dois ? » avait-il demandé à Lucien après l'examen. « Je vous enverrai mon compte par la poste », avait répondu mon père. Ce n'est qu'autour de la table familiale, au moment où il racontait à ma mère avec enthousiasme les événements qui avaient marqué sa première journée de pratique médicale, qu'il s'était rendu compte qu'il n'avait même pas pensé s'enquérir de l'adresse de l'individu en question. Voilà qui était caractéristique de celui que le bien-être de ses patients préoccupait bien davantage que l'enrichissement qu'il pouvait en retirer. Chose certaine, si à travers la pratique de ma profession j'ai acquis un certain sens des affaires, je n'en suis pas redevable à la façon dont mon père a ouvert son premier compte client…

Lucien Coutu a choisi de pratiquer cette branche spécialisée de la médecine au moment où le taux de mortalité infantile à Montréal était supérieur à celui de toutes les grandes villes du continent. Au tout début du siècle dernier, un enfant sur quatre mourait avant d'avoir atteint l'âge d'un an. Le lait contaminé et l'eau insalubre étaient pointés comme étant les principales causes de cette mortalité prématurée. Que ce soit à travers sa pratique privée ou par les visites qu'il effectuait dans les hôpitaux spécialisés naissants – Sainte-Justine ou le Children's Memorial Hospital –, mon père a fait partie des initiateurs qui ont mené des campagnes de sensibilisation et d'éducation auprès des mères pour réduire la mortalité infantile et assurer de meilleures conditions de croissance aux nombreux enfants qu'elles mettaient au monde. Et il n'était pas le seul à se préoccuper de l'avenir des tout-petits. On se rappellera, entre autres, des centres de puériculture appelés « Gouttes de lait », où les mères pouvaient obtenir du lait pasteurisé et gratuit pour leurs nourrissons en plus de bénéficier sur place de consultations offertes bénévolement par du personnel qualifié concernant les mesures d'hygiène à prendre pour assurer le bien-être de leurs enfants.

Bien qu'animé d'un sens aigu du devoir et de la discipline, mon père était un bon vivant qui savait aussi faire montre d'une très grande souplesse lorsqu'il se retrouvait partagé entre ses principes et ses sentiments. Tangage émotionnel dont nous profitions parfois, ma sœur et moi, pour exercer quelques petites manipulations tout aussi affectueuses qu'enfantines. Nous savions que, devant un refus de sa part, il nous suffisait d'insister quelque peu pour le faire revenir sur sa position. Un cœur tendre dans un sarrau amidonné…

Ma mère se situait cependant dans un tout autre registre. Non moins sensible, elle n'était cependant pas du genre à se laisser berner aussi facilement par les entourloupettes de ses rejetons. Ses « oui » ne laissaient aucune place à l'interprétation et ses « non » étaient sans appel. Bien qu'elle ait nourri un goût prononcé pour toutes formes d'esthétisme et d'expression artistique, Germaine Laurendeau était de celles qui avaient tout sacrifié pour ceux qu'elles aimaient. Elle avait choisi, au nom des valeurs familiales qu'elle privilégiait, de s'offrir en soutien aux activités professionnelles de son mari et d'occuper un rôle effacé, mais non moins efficace, auprès de sa famille rapprochée et élargie. J'ai toujours été habité d'une profonde affection pour maman, qui avait un sens des responsabilités et de l'engagement qui forçait l'admiration autour d'elle.

Aubergistes de père en fils

Tout comme mon arrière-grand-père Coutu, grand-papa Louis a fait carrière dans l'hôtellerie. Un de ses établissements était situé à Saint-Gabriel-de-Brandon dans la région de Lanaudière. Une auberge de villégiature qui accueillait des citadins vacanciers l'été et des représentants commerciaux aux saisons froides. C'est d'ailleurs à cet endroit que les membres de la famille Laurendeau, qui habitait Montréal, venaient passer leurs vacances estivales annuelles. Ce qui a donné un jour l'occasion à mon père, alors chargé d'organiser les activités récréatives de l'auberge, de faire la rencontre de celle qui allait devenir ma mère.

Louis Coutu a également exploité quelques hôtels à Montréal, dont un au centre-ville sur une rue dénommée… Mignonne. Bien que la gérance de l'endroit ait été à l'image de l'intégrité de mon grand-père, « l'auberge à Ti-Louis », comme on l'appelait familièrement, a parfois souffert de la confusion soulevée par son emplacement particulier. Située au coin de la rue Sanguinet, porte d'entrée du chaud quartier Red Light, l'adresse civique plutôt évocatrice a souvent confondu certains individus à la recherche de conquêtes plutôt faciles. Cependant, au grand avantage de l'établissement, dont la tenue était on ne peut plus respectueuse des règles de l'art, cette rue a par la suite été rebaptisée de Montigny avant de devenir le boulevard De Maisonneuve que l'on connaît aujourd'hui.

Les souvenirs les plus vivants que je conserve de ces années d'avant-guerre sont ceux qu'ont gravés dans ma mémoire les nombreux lutteurs professionnels – les catcheurs, comme on les appelle sur le Vieux Continent – qui descendaient à l'hôtel de mon grand-père pour prendre part aux galas populaires qui se tenaient au parc Sohmer – sur le « bout de l'île », comme on le disait à l'époque afin de mieux situer l'endroit. Grand-papa Louis me racontait avec tellement d'enthousiasme et d'emphase les exploits de ces colosses qu'ils sont devenus les héros de ma tendre enfance. Ceux-ci perdirent cependant quelque peu de leur aura le jour où j'appris que le catch – rebaptisé lutte professionnelle de ce côté-ci de l'Atlantique – tirait ses origines des cirques ambulants qui avaient parcouru l'Europe à la fin du 19e siècle, entraînant avec eux toute une bande de romanichels à qui il aurait été risqué de donner le bon Dieu sans confession.

Jamais cependant je ne me serais douté que la familiarité que j'avais établie avec ces saltimbanques aux personnalités surdimensionnées allait un jour me servir pour impressionner la galerie. Il y a quelques années en effet, j'étais invité dans un chic restaurant du sud de la France afin de conclure une transaction immobilière. Alors que je partageais l'apéritif avec mon hôte dans un petit salon attenant à la salle à manger, j'aperçois au mur la reproduction d'un imposant bonhomme – fortement musclé, le regard perçant et la moustache en croc – vêtu du classique collant noir et du débardeur assorti.

Voyant que le tableau suscitait mon intérêt, celui qui assurait le service s'approcha de moi en bombant fièrement le torse : « Cet homme, c'est mon grand-père, monsieur ! » Se rendant compte que je n'étais pas saisi d'un émoi aussi grand que celui qu'il aurait souhaité susciter, il pensa m'ébranler en ajoutant : « C'était un catcheur célèbre, vous savez. » La gloriole dont il se drapait ne fit que renforcer ma perceptible indolence : « Oui, oui, je vois très bien de qui il s'agit. » À la mine étonnée qu'il faisait, il n'y avait pas de doute qu'il percevait mon propos comme un malveillant affront : « Mais comment pouvez-vous l'affirmer ; moi-même, je l'ai à peine connu ! » C'est alors que je lui fis part de quelques-unes de mes expériences de jeunesse : « Ce catcheur, comme vous dites si bien, c'est Raymond Cazeaux. Chaque fois qu'il venait livrer des combats à Montréal, il descendait à l'hôtel que possédait mon grand-père. Je me souviens même très bien qu'il a affronté des vedettes comme le Doctor B.J. Roller, les frères Sbysco – de lourdauds Polonais qui jouaient les sales brutes – ainsi que les "bons garçons" du ring, le footballeur américain Gus Sonnenberg et le champion olympique français Henri Deglane. »

Le clapet de mon interlocuteur s'en est retrouvé rivé pour le compte de trois. Ce fut là pour moi une occasion de faire part à mes lointains cousins du Midi des profonds sentiments qui m'animaient à l'endroit de mon grand-père que je revois encore, derrière le comptoir de la réception de l'hôtel, accueillant les arrivants avec un sourire aussi grand que son cœur. Sur le plan de l'admiration portée par l'un et l'autre des petits-fils en présence ce jour-là, l'échange s'est terminé par une victoire sans équivoque du descendant de l'hôtelier canadien. Une occasion appropriée pour avaler un second pastis à la santé de Ti-Louis et de Raymond Cazeaux.

Ce grand-père Coutu que j'aimais tant menait une vie exemplaire; pas d'alcool, pas de tabac, comme dit la chanson. Homme sensible et avenant, il compensait largement son manque d'instruction par la facilité qu'il avait à se faire proche des gens. Il se plaisait à rendre service aux autres, n'hésitant pas à en donner plus que ce que le client en demandait. Il était prêt à tout pour agrémenter le séjour des touristes de passage ou des habitués de son établissement. Dotée pour sa part d'une plus vaste culture et d'un sens inné pour la gestion, grand-maman Philomène s'occupait de l'intendance quotidienne des commerces hôteliers. La main-d'œuvre spécialisée étant pratiquement inexistante à l'époque, le succès d'une telle opération exigeait souvent de celui et celle qui formaient un couple de se transformer en partenaires de travail. Ce que mes grands-parents paternels arrivaient à faire avec efficacité et harmonie.

Bien qu'ils aient été dévoués à faire prospérer leurs affaires, ils n'auraient jamais fait de concession à l'obligeance empressée dont ils faisaient montre envers les gens au profit d'une rentabilité accrue de leur commerce. Le métier de maître hôtelier représentait non seulement leur gagne-pain, mais aussi, et surtout, un projet de vie. Pour eux, il s'agissait d'une occasion privilégiée de faire correspondre leurs actions quotidiennes aux valeurs qui les inspiraient.

Le retour au printemps des bûcherons qui avaient passé l'hiver dans les chantiers de coupe de bois leur donnait particulièrement l'occasion de faire montre des sentiments qui les animaient. Comme ces jeunes hommes venaient de vivre plusieurs mois dans des conditions déplorables – la bouffe était infecte et les conditions sanitaires étaient on ne peut plus rudimentaires –, la plupart d'entre eux compensaient leurs longs mois d'isolement et d'ennui par un arrêt à l'hôtel de leur patelin avant de rentrer à la maison. C'est connu que ces moments de réjouissances tournaient presque invariablement à la beuverie et au dévergondage. Chaque année apportait son lot d'excès qui privaient les pauvres mères de famille, laissées pour compte à la maison, de la maigre pitance que ces travailleurs saisonniers étaient censés rapporter.

Mais à Saint-Gabriel-de-Brandon, la prévenance attentionnée de mon grand-père arrivait à réduire passablement les impacts personnels et familiaux de ce rituel si cher aux «gars de bois». Compatissant pour ce que ces hommes venaient de vivre, grand-papa Louis ne refusait pas de les servir à volonté lorsqu'ils se retrouvaient dans le bar de son hôtel. Mais il s'assurait cependant que, avant qu'ils ne sombrent dans l'ivresse, ils lui remettent la totalité de leurs gages. Il leur évitait de ce fait de dépenser tous leurs avoirs dans des jeux de hasard, dans des épreuves de force ou dans des tournées générales qui les auraient complètement détroussés.

Ainsi, le lendemain, lorsque les conjointes, catastrophées d'avoir retrouvé leurs soûlons de maris les poches vides, se présentaient à l'hôtel pour invectiver mon grand-père et lui reprocher son apparente irresponsabilité, il ouvrait son tiroir-caisse et remettait à chacune d'elles, après s'être payé, la petite enveloppe identifiée à leur nom qui contenait les précieux dollars qui allaient servir à nourrir pour quelques mois les nombreux enfants dont elles avaient la charge presque exclusive. Ce qui valait à mon grand-père, de même qu'à son concurrent de la place qui préconisait une approche semblable, les éloges du curé le dimanche venu : «S'il n'y avait que des hôteliers comme messieurs Coutu et Gouin, nous n'aurions pas à déplorer tant d'ivrognerie dans la paroisse!»

Ces faits m'ont fortement interpellé à un âge où il n'est pas toujours évident de faire les distinctions qui s'imposent entre la représentation que l'on se fait de quelqu'un à partir de ce qu'il est et ce qu'il possède. Cet exemple de mansuétude à l'égard de la nature humaine n'a depuis cessé de m'inviter à faire preuve de compréhension et de compassion à l'endroit de ceux et celles qui en arrachent avec la vie. C'est bien là le plus bel héritage que mes grands-parents paternels ont pu me laisser.

Si Philomène et Louis se distinguaient de la masse en refusant d'exploiter, ne serait-ce qu'occasionnellement, la faiblesse humaine, ils étaient d'autre part habités du sentiment d'infériorité qui caractérisait la société canadienne-française de l'époque face à l'establishment anglo-saxon. Ainsi, lorsqu'un client se présentait à l'hôtel en s'adressant à eux dans la langue de Shakespeare, il avait droit à tous les honneurs comme s'il avait porté la tiare pontificale ou la couronne royale. Pour un prix équivalent à un séjour standard, le client unilingue anglophone se faisait spontanément diriger vers la meilleure chambre de l'établissement et servir des portions plus généreuses lorsqu'il se présentait à la salle à manger. Animée des meilleures intentions, grand-maman Philomène allait même jusqu'à passer le mot aux autres occupants : « Ne parlez pas trop fort, ça pourrait déranger monsieur Thompson. Il dort dans la trois et il a besoin de se reposer. » Une attitude qui reflétait éloquemment l'esprit de servilité qui animait encore bon nombre de Québécois face au conquérant britannique et à ses descendants qui s'étaient installés au pays par la suite.

Grâce à un taux d'occupation élevé et à une saine gestion de leurs revenus, les affaires de mes aïeuls paternels allaient plutôt bien. Ils arrivèrent avec le temps à dégager quelques économies qu'ils investirent dans l'achat d'immeubles locatifs. Puis arriva ce désormais célèbre Jeudi noir d'octobre 1929 où tout le système bancaire et financier s'écroula. Les locataires n'étaient plus en mesure de payer, les banques rappelaient leurs prêts et les créanciers saisissaient les propriétés. Grand-papa Louis et grand-maman Philomène perdirent tout ce qu'ils possédaient. Comme des centaines de milliers d'autres personnes, ils se sont retrouvés Gros-Jean comme devant. Des années de travail et de sacrifices furent réduites à néant. Une bien triste fin de carrière pour des gens qui avaient tant travaillé.

Un entrepreneur lettré

Pour ce qui est de mon grand-père Laurendeau, il a eu la chance de suivre une formation classique. Un rare privilège pour qui, à l'époque, ne se destinait pas à la prêtrise ou aux professions libérales. Mais ce sont surtout ses aptitudes naturelles d'entrepreneur qui lui ont permis de se tailler une place enviable dans le monde des affaires. Il s'associa entre autres à un certain Joe Catalinitch, un célèbre joueur de hockey du début du 20e siècle qui, après s'être recyclé dans les courses de chevaux et la vente de tabac, est devenu copropriétaire du Canadien de Montréal. Grand-père Rémus a aussi établi un partenariat avec le réputé Léo Dandurand qui, en plus d'avoir acquis une solide renommée à titre de promoteur de lutte et de boxe, s'est également très impliqué dans le hockey, le baseball et le football professionnel à Montréal.

Les participations financières de mon grand-père maternel dans différentes entreprises ont fini par lui rapporter gros. Ce qui lui a permis de se procurer les quelques bateaux dont il rêvait. Question de joindre l'utile à l'agréable, il en transforma quelques-uns en traversiers affectés à la navette entre Montréal et les îles qui jonchent le fleuve face à la Rive-Sud. Novateur qu'il était, il avait aménagé une de celles-ci en parc d'attractions qui pourrait aujourd'hui se comparer à La Ronde. Ainsi, les week-ends, les Montréalais pouvaient s'offrir quelques heures de distraction en famille dans le décor enchanteur du Saint-Laurent. Or, comble de malchance, un des bateaux fit un jour naufrage, faisant du coup plusieurs victimes. Les nombreuses poursuites qui furent intentées contre mon grand-père Laurendeau à la suite de cet incident l'ont complètement ruiné. Tout comme mon grand-père Coutu, il a littéralement été jeté à la rue.

Ainsi, après avoir habité un des quartiers les plus recherchés de Westmount – sur Murray Avenue, comme il convenait de le dire, avec l'auriculaire bien pointé vers le haut –, il s'est retrouvé dans un petit logement du sud du Plateau-Mont-Royal. Habitué aux terrasses fleuries du haut de la montagne et aux mondanités de la bourgeoisie montréalaise, il a dû se contenter d'un petit balcon dégarni avec vue sur le parc La Fontaine. Malgré cette régression au sein de la hiérarchie sociale, il n'était tout de même pas isolé de toute animation urbaine. Lieu de prédilection des événements populaires de l'époque, c'est entre autres de cette aire de jeu que se mettait en branle le fameux défilé annuel du 24 juin. De son modeste logis, il pouvait ainsi s'offrir une vue en plongée sur les fanfares qui étaient pour la plupart dirigées par un ventripotent frère des Écoles chrétiennes. Ce qui l'amenait à faire de tendancieuses comparaisons entre leur excroissance abdominale et le volume des grosses caisses des ensembles de tambours et clairons qui animaient le défilé. D'inoffensives facéties qui avaient l'art, le temps de quelques heures, de faire disparaître quelques rides à son front.

Entouré de sa famille, il se trouvait ainsi parmi les premiers à pouvoir apercevoir chacun des chars allégoriques en présence, dont celui, tant attendu, sur lequel trônait le petit saint Jean Baptiste, patron des Canadiens français. Comme plusieurs s'en rappelleront, celui-ci était représenté, par tradition, par un enfant blond frisé comme le petit mouton qui l'accompagnait. Ce modèle de référence a souvent été interprété par les pamphlétaires de l'époque, et les nationalistes en devenir, comme une manifestation éloquente de notre docilité collective face aux autorités civiles et religieuses en place. Les formes qu'ont depuis ce temps prises les différentes manifestations populaires entourant la fête nationale des Québécois reflètent bien à quel point la perception que nous nourrissons désormais à l'égard de notre identité s'est grandement diversifiée.

Bien que les enjeux sociaux et politiques aient intéressé mon grand-père Laurendeau au plus haut point, ils ne se retrouvaient pas pour autant au sommet de ses préoccupations. Au lendemain de la liquidation de ses biens, sa priorité consista à se trouver un boulot. N'hésitant pas à mettre son orgueil de côté au profit des besoins essentiels de sa famille, il accepta sans hésitation de se faire vendeur de farine. Pourtant, malgré cette apparente destitution sociale, il est demeuré l'homme affable et débonnaire qu'il avait toujours été. La présence constante et sans réserve à ses côtés de ma grand-mère Eugénie – une dame issue de la petite bourgeoisie de la Vieille Capitale – et de ses enfants – alors devenus de jeunes travailleurs – ne fut sûrement pas étrangère à l'impressionnante capacité de résilience dont il a fait montre.

Grâce à la mise en commun de leurs revenus et des quelques économies qu'ils pouvaient réaliser, mes oncles et mes tantes, encore célibataires et résidant à la maison, ont réussi à redonner à mon grand-père Rémus une existence décente. Cette responsabilisation commune face à l'adversité s'est avérée pour moi un des plus beaux exemples de solidarité qu'il m'ait été donné de connaître. Ce n'est que des décennies plus tard, lorsque je me suis engagé dans des projets d'aide humanitaire en Afrique, que j'ai pu observer de nouveau des gestes aussi manifestes de partage.

La simplicité, bien involontaire, à laquelle le père de ma mère a été contraint n'a cependant rien changé à son ouverture aux autres. À temps et à contretemps, il s'est toujours fait un devoir et un honneur d'ouvrir sa porte à quiconque se présentait chez lui. Que de souvenirs je conserve des rencontres familiales qui se tenaient dans son modeste logis. Je ne peux oublier ces dimanches après-midi où oncles, tantes, cousins et cousines se réunissaient autour de la table de cuisine. Ça se terminait invariablement par des discussions enflammées autour des questions politiques de l'heure. Mon père, proche des Laurendeau, d'abord pour les avoir servis à l'auberge de Saint-Gabriel-de-Brandon, puis pour avoir marié la benjamine de la famille, était de ceux qui prenaient un malin plaisir à alimenter l'éternelle rivalité entre les «rouges» et les «bleus» qui siégeaient au Parlement de Québec.

À peine âgé de sept ou huit ans, je raffolais de ces confrontations idéologiques où l'émotivité prenait invariablement le pas sur l'argumentation rationnelle. Il était impossible de faire la sourde oreille à ces voix de stentors dont le registre s'harmonisait au ton des discussions. Ce qui avait immanquablement pour effet d'apeurer ma sœur cadette qui, plus sensible, se mettait à pleurer en implorant ma mère de rentrer à la maison : « Vite, maman, sinon ils vont se battre ! » L'intérêt que je portais à ces échanges épiques n'est sûrement pas étranger à un certain goût que j'ai acquis depuis pour les discussions animées...

Solidarité formatrice

Il n'y a pas que dans la famille Laurendeau chez qui la Crise de 1929 et la Grande Dépression qui s'en est suivie ont suscité des élans d'entraide et de solidarité. Lorsque mon grand-père aubergiste s'est fait déposséder de tous ses biens, mon père n'a pas hésité lui non plus à prendre à sa charge Louis et Philomène : « Mes parents n'ont plus de place où aller et ce n'est certainement pas chez ma sœur, missionnaire en Syrie, ou chez les Jésuites, là où est mon seul frère, qu'ils vont pouvoir se réfugier. Dans les circonstances, il va de soi que nous les accueillions à la maison », s'est-il dit.

La considération et le respect pour les aînés représentaient des valeurs de toute première importance pour mon père. Pour lui, il n'était pas question que ses parents s'alimentent ou se logent à l'enseigne des secours publics alors qu'il avait un toit pour les accueillir et un couvert à leur offrir. Non seulement les hébergea-t-il sans conditions, mais il se chargea même de rembourser intégralement chacun des créanciers qui les avaient contraints à la faillite. « Je me reconnaissais un devoir moral de le faire », me confia-t-il plus tard. Pour lui, il était primordial que notre nom ne soit pas entaché par les malheureuses conséquences du fameux Jeudi noir.

L'initiative de mon père, qui s'est également étendue à la famille élargie, a aussi permis de révéler l'ampleur de la générosité qui animait ma mère. À peine âgée de trente et un ans, elle s'est ainsi retrouvée, en plus de ma jeune sœur et de moi-même, avec la responsabilité de ses beaux-parents âgés, de mon cousin Jean, venu étudier la pharmacie à Montréal, et de ma cousine Hélène, infirmière à l'Hôtel-Dieu. À tous ces gens s'ajoutait la présence permanente de l'aide de maison – la «bonne», comme on l'appelait à l'époque – que mon père avait engagée pour soulager ma mère des nombreuses tâches ménagères de même que pour ouvrir aux patients qui se présentaient à son bureau. Bien que Germaine ait dû sacrifier une bonne partie de ses ambitions et de son intimité, elle ne s'est cependant jamais plainte. Son altruisme et son sens de l'abnégation ont fait d'elle un modèle pour tous ceux et celles qui l'ont côtoyée.

Au cours de cette période où notre maison servait de résidence d'accueil improvisée, nous vivions une promiscuité tout aussi formatrice qu'obligée. Mes parents avaient cédé leur chambre, la plus grande, à mes grands-parents ; ma cousine dormait dans la même pièce que ma sœur ; mon cousin couchait dans le salon et la bonne dans la salle à dîner. Pour ce qui est de moi, on m'avait relégué à la salle de lavage. À cinq ou six ans, cette installation de fortune rendait ce petit cagibi plutôt sympathique. Mais lorsque je commençai à cumuler les poussées de croissance, l'endroit est vite devenu exigu. Ce qui a donné lieu à quelques situations plutôt cocasses. Ainsi, habitués que nous étions à dormir la fenêtre ouverte, je me souviens d'un matin d'hiver où ma mère a dû secouer ma couverture à l'extérieur parce que la neige s'était accumulée dans les replis. Exemple d'inconfort relatif qui donnait un visage bien concret à l'oubli de soi et à l'attention aux autres dont faisaient montre mes parents.

Je bénéficiais ainsi de la présence à mes côtés d'édifiants modèles de générosité desquels m'inspirer. Médecin dans un quartier où la population était vivement affectée par la Grande Dépression, mon père gagnait tout juste de quoi subvenir aux besoins de ceux et celles à qui il offrait un refuge. Une fois versés les gages de la bonne, nos études payées et les créanciers de mon grand-père remboursés, il ne lui restait pratiquement plus de sous pour s'offrir de petites gâteries ou pour rêver de projets que l'exercice de sa profession lui aurait normalement permis de réaliser. Le peu de marge que lui laissait son budget l'incitait même à demander à son aîné de redresser des clous rouillés…

Homme de principe, l'importance que Lucien portait à la dimension humanitaire de sa profession l'amenait à ignorer complètement le chant des sirènes de la finance qui invitaient l'élite professionnelle à profiter des aubaines qui se présentaient en Bourse au lendemain de la Crise. Pour lui, il était impensable qu'un pédiatre place ses intérêts ailleurs que dans le soin des enfants, surtout en cette période de sacrifices obligés où les parents arrivaient à peine à se procurer le nécessaire à la survie de leur famille. Cet humaniste savait très bien que la véritable solidarité sociale passe invariablement par une privation volontaire et un allégement tangible du portefeuille.

Je le revois encore, en compagnie de ma mère, préparer l'envoi mensuel des états de compte à ses clients. Question de minimiser les coûts, ils s'assuraient de ne pas cacheter les enveloppes dans lesquelles ils les inséraient. Une fois le travail terminé, Lucien jetait un coup d'œil dubitatif sur l'imposante pile en ne manquant pas de laisser tomber cette remarque : «Avec un peu de chance, Germaine, il y en a peut-être cinq ou six qui nous paieront.» Ce à quoi elle s'empressait de répondre immanquablement : «Il sera alors bon de nous rappeler que nous aurons au moins sauvé deux sous par envoi !»

Ma mère s'avérait pour moi une référence en matière de renoncement. Alors qu'il aurait été légitime pour elle d'aspirer à faire de belles sorties mondaines et de grands voyages par-delà les mers, elle s'est contentée des projections qui avaient lieu aux cinémas Rivoli et Château. Situées dans la rue Saint-Denis, tout près de notre résidence, ces deux salles présentaient chaque vendredi, en complément de programme régulier et sans frais supplémentaires, un film de répertoire. Une façon économique de passer un moment privilégié avec celui dont le travail l'obligeait trop souvent à la laisser seule à la maison.

Mais ces quelques privations ne faisaient pas le poids aux côtés de la richesse des expériences humaines qu'il nous a été donné de vivre. Je pense entre autres à l'immense chance que j'ai eue de bénéficier de la présence continue de mon grand-père Coutu à la maison. Quel homme exceptionnel, qui savait faire preuve à la fois d'une grande droiture morale et d'une profonde sensibilité. Autoritaire et plutôt conformiste, il était aussi capable de s'émouvoir jusqu'aux larmes à la simple lecture d'une mauvaise nouvelle dans le journal du matin. Et il pouvait également être désopilant à ses heures.

Je me rappelle d'une anecdote qu'il m'avait racontée et qui s'était produite, prétendait-il, au moment où il fréquentait la petite école de son village. Il y était question de la visite annuelle de l'inspecteur d'école dans sa classe qui, à l'image de celle qu'animait l'héroïne du roman *Les filles de Caleb*, regroupait des enfants de tous les âges et de tous les niveaux. Question de tester la qualité de l'enseignement qui y était prodigué, le respecté visiteur avait l'habitude de poser quelques questions d'intérêt général à ces jeunes dont l'univers se limitait souvent à ce qui se passait entre le magasin général du village et le troisième rang de la paroisse.

Souhaitant d'abord mesurer la familiarité que ceux-ci avaient acquise avec les grands récits bibliques, il lança cette interrogation aux quinze paires d'yeux attentifs qui étaient braqués en sa direction : « Pouvez-vous me dire qui a renversé les colonnes du temple ? » Désireuse d'impressionner celui qui avait aussi la charge de l'évaluer, l'enseignante désigna pour répondre l'élève qui avait l'habitude de se distinguer des autres par sa vivacité d'esprit. Mais le petit finaud en question fit une réponse qui laissa le contrôleur d'un jour complètement éberlué : « Ce n'est pas moi, monsieur l'inspecteur ; non, non, je vous le jure, ce n'est pas moi ! »

Beau joueur, celui qui était aussi le délégué de la commission scolaire de la région se retourna vers la demoiselle enseignante en esquissant un sourire complice et indulgent de façon à la préserver de l'humiliation totale. Mais elle, désirant atténuer le plus rapidement possible le malaise qu'elle avait perçu chez son visiteur, s'empressa d'ajouter : «Vous savez, monsieur l'inspecteur, je le connais bien ce jeunot ; s'il dit que ce n'est pas lui, vous pouvez être sûr que c'est vrai ! »

Ce récit s'inspirait-il de faits réels ou n'était-il que le fruit de l'imagination débordante de mon grand-père ? Lui seul le savait. Qu'importe, ma candeur d'enfant, ajoutée à l'immense complaisance qui nous unissait, écarta d'emblée tout doute malveillant que j'aurais pu nourrir quant à la véracité de ses propos. Bien qu'il soit décédé à peine trois ans après son arrivée parmi nous, le passage de grand-papa Louis s'est avéré particulièrement signifiant pour moi. Il fut de ces personnes qui m'ont confirmé dans ce que j'allais devenir en me faisant prendre conscience de la responsabilité qui nous incombe – peu importe les talents dont nous avons été gratifiés – d'exploiter notre plein potentiel.

Grand-maman Philomène lui a survécu passablement plus longtemps. Elle est décédée au début des années cinquante. Pour ce qui est de ma mère, son cœur a peiné à tenir le rythme que lui imposaient sa vaillance et son dévouement. À compter de la soixantaine, elle s'est mise à faire des infarctus à répétition. Ce qui l'a obligée à s'astreindre à un régime de vie plutôt contraignant. Elle nous a quittés à l'âge tout de même vénérable de quatre-vingt-huit ans. Quant à mon père, il est mort d'un cancer de la gorge alors qu'il s'apprêtait à fêter son quatre-vingt-quatorzième anniversaire de naissance. Des parcours respectables pour des gens plus que respectés.

Lorsque je porte un regard rétrospectif sur cette toute première portion de ma vie, je me considère comme privilégié de me voir inscrit au sein d'une filiation porteuse de valeurs qui m'ont sensibilisé à l'importance de l'autre pour ce qu'il est et non pour ce qu'il représente. Les infortunes de la Dépression des années trente et quarante n'ont fait que révéler la grandeur d'âme de ceux et celles qui m'ont éduqué. En incarnant dans leur existence quotidienne les valeurs d'engagement, de fidélité, d'honnêteté et d'altruisme qu'ils préconisaient, mes parents et mes grands-parents m'ont légué un précieux héritage qui n'a eu de cesse de m'interpeller et de trouver écho dans mon quotidien.

Bonheurs estudiantins

Je ne sais si je dois y voir un lien avec le goût prononcé que j'ai acquis pour les glaces chocolatées, mais je suis venu au monde en 1927 tout juste à l'étage au-dessus de la machine à crème glacée du restaurant Pelletier, coin De Castelnau et Drolet, en plein cœur de Montréal. Joseph-Louis-Raymond-Rémus-Jean, aîné d'une famille de trois enfants, ouvrait les yeux sur le monde qui l'entourait à peine quelques jours après que Charles Lindbergh eut posé le pied sur le sol de France à bord de son *Spirit of St. Louis*.

Le souvenir le plus vivant que je conserve de mes toutes premières années est celui du singulier plaisir que je prenais à regarder passer, du balcon situé au second étage, les longs cortèges qui accompagnaient les corbillards jusqu'au cimetière local. Peut-être est-ce là, en voyant défiler ce lot de gens tout de noir vêtus, qu'ont commencé à germer mes interrogations sur le sens de la vie et sur ce qu'il advient une fois notre périple terrestre complété…

Quelques années plus tard, après que Michelle, ma sœur cadette de treize mois, eut fait son entrée dans la famille, nous sommes déménagés dans une plus grande résidence, coin Faillon et Saint-Denis, où mon père a pu y aménager son premier cabinet de consultation. Nous nous rapprochions ainsi de l'hôpital Sainte-Justine, alors situé rue Saint-Denis, auquel il était rattaché. Puis, les besoins en espace se faisant grandissants, mes parents ont définitivement emménagé un peu plus au sud de la rue Saint-Denis, entre De Castelnau et Jean-Talon. J'ai donc grandi au cœur de l'arrondissement Villeray qui, à l'époque, était un quartier ouvrier et cosmopolite où l'on retrouvait de fortes concentrations d'Irlandais, de Français et d'Italiens.

Étant donné que l'exercice de la médecine, au lendemain du krach boursier de 1929, se rapprochait souvent de l'action bénévole, la décision de mes parents de m'inscrire au Jardin d'enfance des Sœurs de la Providence – une école privée que j'allais fréquenter en tant qu'externe – fit montre de l'importance qu'ils accordaient à l'acquisition de connaissances. Il en coûtait trois dollars par mois, un montant alors considérable, pour permettre à quelques privilégiés d'avoir accès à cette formation de premier niveau. Mais mes parents étaient disposés à s'imposer les sacrifices nécessaires pour que leur progéniture bénéficie d'une éducation qui prenne en compte tous les aspects de la personne, qu'ils soient d'ordre intellectuel, spirituel, personnel ou social.

Situé rue Saint-Denis, l'établissement en question comprenait un pensionnat, un foyer pour sourdes-muettes de même que des résidences pour dames pensionnaires. La partie qui servait alors de foyer est, depuis 1979, occupée par le Conseil de la santé et des services sociaux du Montréal métropolitain (CSSSMM). L'école, qui était située à la jonction des rues Saint-Denis et Roy, existe toujours aujourd'hui, mais l'espace qui nous servait de cour de récréation a depuis été transformé en un terrain de stationnement.

Comme mon père s'était laissé séduire par une approche nouvelle qui, en porte-à-faux avec ce qui prévalait alors, enjoignait les parents à tenir compte des désidératas de leurs enfants au lieu de leur imposer unilatéralement leurs volontés, je n'y ai fait mon entrée qu'à l'âge de sept ans. La perspective de m'éloigner des copains de mon quartier me rebutait particulièrement. Je n'ai tout de même pu empêcher la rupture de s'opérer. Elle a même pris une forme bien particulière le jour où je suis monté dans le tramway vêtu d'un accoutrement pour le moins distinctif...

C'est que, en tant qu'élève du Jardin d'enfance, nous devions revêtir un ensemble composé d'un veston à boutons or, d'une chemise blanche, d'une cravate rouge, d'un pantalon trois quarts légèrement bouffant, de longs bas noirs et de petits souliers en cuir verni qui nous serraient les orteils comme des sardines. Esthétisme éclectique oblige, un petit collet en velours blanc venait s'ajouter à cet attifement lors des solennités qui requéraient apparat. Nous avions l'air de véritables petits jockeys miniatures !

Puisque l'enseignement donné à l'époque relevait exclusivement des communautés religieuses enseignantes, l'approche privilégiée par les écoles privées du Québec s'inspirait directement du modèle français qui prévalait dans les maisons mères des congrégations venues s'implanter ici. La première année de niveau primaire portait le nom de cours préparatoire auquel se succédaient quatre, cinq ou six années selon l'élaboration des programmes mis en place par chacune des institutions.

Bien que j'aie longtemps fait montre de réticence à me présenter à l'école, je me suis rapidement emballé pour tout ce qui m'était enseigné : les mathématiques – « l'arithmétique », comme on l'appelait alors –, la géographie, l'histoire, l'anglais et surtout le français. Il faut dire que le fait de provenir d'un milieu où la connaissance et la culture étaient valorisées n'était sûrement pas étranger au plaisir que j'éprouvais à apprendre et à me familiariser avec de nouveaux univers.

Ma curiosité n'avait cependant d'égal que ma candeur. Je me rappellerai toujours de sœur Sainte-Thérèse-de-l'Enfant-Jésus, à qui incombait la tâche, en plus de nous enseigner le français, de nous initier à quelques éléments de la langue de Shakespeare. Afin de faciliter notre apprentissage, elle n'hésitait pas à faire occasionnellement appel à l'approche visuelle. Je la revois encore porter bien haut un crayon dans sa main en articulant lentement : « *Pencil* ». Puis une gomme à effacer en appuyant sur chacune des syllabes : « *Eraser* ». Et une feuille de papier suffisamment grande pour que chacun puisse bien la voir : « *Paper* ».

Puis un beau jour, question de complexifier quelque peu la démarche, elle inversa la procédure, sans référence visuelle cette fois, en nous demandant de lui faire part de la signification du mot anglais *Caravan*. Empressé de faire l'étalage de la familiarité que je croyais avoir acquise avec la langue que parlaient mes joueurs de baseball préférés, je m'empressai de répondre, sans même hésiter : «Une tablette de chocolat !» Une façon de me mettre en évidence qui ne faisait pas nécessairement honneur à la qualité de l'enseignement qui nous était prodigué…

Et semble-t-il qu'il en aurait fallu davantage pour me corriger. Quelques mois plus tard, alors que sœur Armande désirait prendre la mesure de notre niveau d'attention, je répondis spontanément «Brun !» à la sempiternelle question piège, à savoir de quelle couleur était le cheval blanc d'Henri IV. Étourderies enfantines qui ne m'ont cependant pas empêché de cumuler d'excellents résultats et de compléter mes études primaires après seulement quatre années, alors que la majorité des élèves en mettaient six pour y arriver. Ce qui m'a permis de rejoindre ceux de mon âge, lors de mon arrivée au collège, quelques années plus tard.

Angélisme trompeur

Bien avant que je parvienne au collège, l'élève studieux et attentif que j'étais en a étonné plus d'un le jour où je me suis spontanément porté à la défense de ma sœur après qu'elle eut fait son entrée, deux ans après moi, au Jardin d'enfance. À la sortie des classes un midi, des gamins d'une école avoisinante s'étaient avisés d'importuner Michelle. Avec quelques copains, nous nous sommes précipités sur eux jusqu'à ce qu'un policier patrouilleur nous sépare et – comble de malheur – rapporte l'incident à la directrice. Cela occasionna un branle-bas inusité au sein de la paisible institution d'enseignement où chaque demi-journée débutait par une prière d'intercession à la Sainte Famille.

Déconcertée, ne reconnaissant pas l'élève docile qu'elle avait connu jusque-là, la directrice me fit venir à son bureau pour s'enquérir de ce qui s'était passé. «J'ai entendu dire qu'il y a des gens qui en seraient venus aux coups ; j'espère que vous n'êtes pas du nombre ? » me demanda-t-elle, en feignant maladroitement la suspicion. Convaincu que ma façon d'agir était justifiée, je répliquai sans hésiter : « Non, non, c'est bien moi. Je me suis battu parce que des garçons s'en sont pris à ma sœur. » Je n'ai, de quelque façon que ce soit, cherché à atténuer la portée de mon geste. Ce faisant, ma franchise eut l'heur de rassurer la mère supérieure et d'évincer le profond malaise que j'avais provoqué chez l'ensemble des sœurs enseignantes. Mais je ne pus pour autant éviter les remontrances, les avertissements et… l'inévitable punition. On ne lésinait pas avec la réputation du Jardin d'enfance des Sœurs de la Providence !

Ce fut là un geste isolé, la violence n'ayant jamais fait partie de ma nature. J'ai cependant retenu de cette expérience que le respect est un sentiment que l'on est en droit d'exiger dans la mesure où l'on en témoigne aux autres. Et ce sont encore les précieux conseils de grand-papa Louis qui m'ont guidé lorsque j'ai eu par la suite à composer avec des circonstances susceptibles de provoquer le même type de réactions : « Ne provoque personne, mais si on te frappe, défends-toi. Et en tout temps, que tu aies gain de cause ou que tu doives battre en retraite, agis toujours avec classe. Serre la main de celui qui t'a défié et poursuis ta route sans plus d'histoires. » Élégance de gentleman, inspirée du code de *Fair Play* édicté à la fin du 19e siècle pour régulariser les sports de combat, et rendue célèbre pour avoir reçu l'aval du neuvième Marquis de Queensbury, un influent descendant de la noblesse écossaise. Sacré papi… Il avait beau ne pas avoir d'instruction, il savait de qui s'inspirer pour étayer ses principes.

L'attitude et le comportement des religieuses à notre égard étaient tout empreints de la classe et de la retenue qu'appelait leur statut, mais elles faisaient d'autre part montre d'une désinvolture presque enfantine lorsque venait le temps de se divertir en notre compagnie. Ce sont d'ailleurs elles qui nous ont appris à jouer au football, un sport alors rarement pratiqué dans une école francophone, de surcroît lorsqu'elle était dirigée par des femmes portant le voile et la cornette. Certaines d'entre elles se plaisaient visiblement dans ce sport de contact qui ne fait surtout pas dans la dentelle. Je me souviens entre autres d'une Américaine d'origine – sœur Florentina – dont les ardeurs au jeu ne laissaient planer aucun doute sur l'enthousiasme qui l'animait. Combien de fois sommes-nous allés choir sur la couche de mâchefer qui recouvrait la cour d'école en tentant de la contourner ou de lui enlever le ballon. Nos genoux couleur framboise en témoignaient d'ailleurs éloquemment une fois la partie terminée.

De plus, comme le Jardin d'enfance était situé à quelques pas du carré Saint-Louis, lieu de convergence de nombreux artistes et créateurs, les religieuses faisaient tout pour que nous ne soyons pas en reste avec le bouillonnement artistique qui y régnait. Ainsi avaient-elles aménagé, à l'intérieur même de l'école, un espace théâtre où nous étions appelés, chacun notre tour, à monter sur les planches afin de tenir un petit rôle dans des pièces qu'elles avaient elles-mêmes créées et mises en scène. Cette activité complémentaire à nos études n'est certainement pas étrangère au fait que plusieurs étudiants de ma cohorte se soient par la suite distingués dans différents domaines du monde des arts.

Ce fut entre autres le cas du polyvalent comédien Pierre Dagenais, qui s'est également avéré l'un des scénaristes et des metteurs en scène les plus appréciés au Québec. Il en a été de même pour le scénariste et producteur Claude Jutra, qui a réalisé *Mon oncle Antoine*, un film culte du répertoire cinématographique québécois, et dont le nom à été donné aux prix qui sont aujourd'hui décernés par l'industrie du cinéma québécois aux interprètes et aux artisans qui se distinguent dans leur champ de compétences.

D'autre part, comme les religieuses n'avaient pas toujours les moyens des ambitions qu'elles nourrissaient à notre endroit, elles n'hésitaient pas à faire appel à la générosité des mieux nantis qui portaient intérêt à leurs activités éducatives. C'est ainsi que, chaque automne, elles organisaient ce qui s'avérait être le banquet d'huîtres le plus couru et le plus apprécié en ville.

Afin de créer une atmosphère qui prêtait à la générosité, elles déployaient des trésors d'imagination pour décorer, à peu de frais, la grande salle où allaient être accueillis ces distingués bienfaiteurs. Et ce n'est qu'une fois que l'endroit était complètement paré qu'elles nous permettaient d'en faire le tour, en nous conjurant cependant de garder les mains sagement croisées derrière le dos. Tout enfants que nous étions, nous ne pouvions imaginer que des gens puissent avoir accès à des tables aussi bien garnies. Bon nombre d'entre nous provenaient de milieux où ne régnait pas une telle aisance, certains parents devant même recourir à la générosité de la communauté afin que leur enfant puisse fréquenter l'endroit et revêtir la tenue vestimentaire exigée. Cette inhabituelle abondance, particulièrement manifeste dans les circonstances, confronta plusieurs d'entre nous à des disparités sociales dont nous ignorions même l'existence.

Tout aussi astucieuses qu'attentives aux voix de l'Esprit saint, ces femmes de Dieu avaient l'art de convaincre ces gourmets, aux goussets bien garnis, de déposer dans le tronc de saint Nicolas, patron des écoliers, les quelques précieux dollars qui leur permettraient de réaliser les projets qu'elles nourrissaient pour nous. Les sommes ainsi recueillies servaient à offrir, lors de la remise des bulletins de fin d'année, divers prix en reconnaissance des efforts que nous avions déployés au cours des neuf mois qui avaient précédé.

Ces récompenses consistaient essentiellement en des publications visant à approfondir les préceptes moraux et religieux qu'elles nous avaient inculqués en cours d'année : *Les contes de la Vierge*, *Les lettres de mon moulin*, *Le Grand-Meaulnes*, des vies illustrées de Jésus et des grands saints… Les plus méritants mesuraient leur réussite au nombre de livres qu'ils arrivaient à empiler, alors que ceux qui étaient en reste faisaient plutôt valoir l'esthétisme des rares exemplaires qu'ils s'étaient vu octroyer : « J'en ai peut-être reçu moins que toi, mais mes livres sont plus beaux que les tiens ! » Comparaisons insidieuses qui n'étaient pas sans infliger quelques égratignures à notre orgueil naissant…

Sœur Rollande, sœur Armande, sœur Sainte-Thérèse-de-l'Enfant-Jésus, quelles femmes elles étaient ! De véritables missionnaires de l'éducation. En me reconnaissant d'abord et avant tout pour ce que j'étais, elles confortèrent les valeurs d'autonomie et d'estime personnelle qui m'avaient été inculquées à la maison. Et en éveillant ma curiosité intellectuelle, elles suscitèrent en moi un vif désir d'apprendre et une incessante appétence d'élargir mes horizons.

Comme le Jardin d'enfance des Sœurs de la Providence n'accueillait les filles que pour la première et la deuxième année, ma sœur compléta ses études primaires au pensionnat Saint-Louis-de-Gonzague, alors situé à l'angle des rues Sherbrooke et Saint-Denis. Possédant de nombreux talents de musicienne, Michelle poursuivit par la suite ses études secondaires au pensionnat Saint-Charles sur le boulevard Sainte-Rose à Laval, une institution renommée pour la qualité de la formation musicale qu'on y offrait.

À compter de nos années de collège, ma sœur et moi avons pris des orientations complètement différentes. Ne fréquentant plus les mêmes milieux, nos réseaux de contacts se sont profilés de façon tout à fait différente. Par conséquent, nos univers se sont lentement, mais sûrement, distanciés. Bien qu'elle ait joui d'enviables talents, Michelle n'a pas pour autant fait carrière en musique. Elle a marié un jeune médecin qui avait fait son internat à l'hôpital Sainte-Justine sous la direction de mon père. Elle a par la suite donné naissance à trois filles dont l'aînée est devenue enseignante, la cadette traductrice et la benjamine pharmacienne en milieu hospitalier. À une autre époque, on aurait dit que « ça en prenait au moins un ou une par famille… ».

Quant à Richard, mon cadet de plus d'une quinzaine d'années, j'ai plutôt eu un rapport de type paternel avec lui. La notable différence d'âge m'a d'ailleurs spontanément porté à lui montrer à faire des choses plutôt qu'à partager des expériences avec lui. Ce qui lui a longtemps fait dire à la blague : « Mon frère, c'est mon père et mon père, c'est mon grand-père ! » Après plusieurs années dans le monde de l'éducation ainsi qu'à Télé-université (TÉLUQ), Richard s'est joint à l'équipe de direction du Groupe qui chapeaute les activités commerciales des établissements pharmaceutiques qui affichent notre nom. Il occupe depuis le poste de conseiller spécial en communication. Il participe ainsi de près à la conception des messages publicitaires que nous diffusons à la radio, à la télévision de même que dans nos circulaires imprimées. Il assume également avec habileté et élégance les fonctions de maître de cérémonie lors des événements à caractère social et corporatif que nous organisons.

Vacances initiatiques

Une fois l'année scolaire terminée, nous nous retrouvions en famille aux abords du lac Sarrazin à Sainte-Lucie-de-Doncaster, petite localité qui se juxtaposait à une réserve amérindienne entre Saint-Donat et Sainte-Agathe dans les Laurentides. Pour la modique somme de 850 $, qu'il a remboursée en versements de 85 $ par année, plus intérêt, mon père y avait fait l'acquisition en 1932 d'une petite habitation en bois de cèdre non écorcé située sur un terrain qui s'étendait de la montagne jusqu'au lac.

L'endroit n'avait rien de commun avec les lieux de villégiature bucoliques que possédaient bon nombre de notables de l'époque. Notre repaire campagnard était on ne peut plus rudimentaire : pas d'électricité, pas de téléphone, pas de services municipaux. Ce n'est qu'au début des années soixante que la municipalité, qui avait alors pris le nom de Sainte-Lucie-des-Laurentides, fit construire l'aqueduc, le système d'égouts et l'usine d'épuration. Nous ne recevions le journal que deux jours après sa parution. C'était la vie rurale dans tout ce qu'elle avait de plus pastoral.

Mises à part ses vacances estivales en août, mon père venait nous rejoindre chaque week-end de l'été. Le repas du dimanche midi constituait le moment fort de nos retrouvailles. Nous partagions alors les fèves au lard qui avaient cuit depuis la veille dans le four à pain du boulanger du village. Ma mère prenait soin d'accompagner le tout de légumes frais en provenance des maraîchers des alentours. Un petit bonheur qui trouvait sa source dans la simplicité et le plaisir d'être ensemble.

Étant donné l'absence de courant électrique, nos activités diurnes se limitaient essentiellement au tennis, à la pêche et à la baignade. Dans cette petite localité qui comptait à peine une cinquantaine de maisons, les jeunes s'étaient spontanément regroupés en deux clans qui rivalisaient d'ingéniosité afin de prendre l'initiative des activités. L'ambiance était plutôt à l'insouciance et à l'harmonie, jusqu'au jour où nous avons vu arriver un jeune résident du versant nord à la gouverne d'une embarcation mue par un moteur à essence. Un événement à Sainte-Lucie-de-Doncaster ! Et pour nous barber, le veinard en question invitait ceux et celles qui en bavaient d'envie à monter à bord pour faire le tour du lac. Le tout pour la modique somme de dix sous. Des frais d'embarquement qui, nous en étions sûrs, allaient rapidement faire de lui le jeune estivant le plus fortuné de la place !

Or, il n'était pas question que nous le laissions s'enrichir aux dépens des jeunes Lucilois et Luciloises qui en avaient assez de pagayer. Sans hésiter, je convoquai ma bande afin de trouver un moyen de faire contrepoids à ce que nous considérions comme une offensive commerciale déloyale. En compagnie de ma voisine, que je reluquais davantage pour ses talents de sportive que pour son charme naissant, je proposai à mes compères d'unir nos efforts afin d'empêcher ce jeune blanc-bec d'occuper tout le marché potentiel.

Compte tenu que nous avions tous l'habitude de taquiner le poisson, nous avons décidé de mettre notre expérience et nos talents à profit. Pour cela, nous nous sommes tous affairés, le jour à la capture des grenouilles et, au coucher du soleil, à celle des barbottes. Le Sarrazin Fishing Club était né. Plus de deux décennies avant la Révolution tranquille et l'instauration de la Charte de la langue française, un nom à consonance anglo-saxonne était à ce moment-là synonyme de crédibilité et de respect. Rien n'était donc laissé au hasard dans notre plan d'affaires.

En guise d'atelier de transformation, j'avais planté douze clous de six pouces sur un mur attenant à l'entrée du soubassement de notre chalet afin d'y suspendre les barbottes. Puis, après les avoir pelées et évidées, on en tirait deux beaux filets. Pour ce qui est des grenouilles, on se limitait à leur enlever la peau et à leur couper les pattes de derrière. Le précieux arrivage était par la suite déposé sur de la glace pour être mis en vente au cours des heures qui suivaient : dix sous le filet ; de même pour la paire de cuisses.

Comme les résultats tardaient à venir, je pris l'initiative d'apposer une affiche de fortune, bien en vue au-dessus de nos étals : deux filets pour quinze sous ; quatre cuisses pour le même prix ! Une offensive commerciale qui transforma spontanément notre opération en un succès. Une partie des profits fut consacrée à l'achat de balles de tennis et le reste, quand il y en avait, était réparti entre ceux et celles qui avaient mis l'épaule à la roue. Une expérience amusante qui m'initia aux agréments de la gestion d'un petit commerce de quartier…

Puis l'adolescence venue, question d'impressionner les jeunes filles, les garçons de l'endroit se sont mis à organiser des compétitions de traversée du lac à la nage. Secrètement, chacun de nous se prenait pour Johnny Weissmuller, ce champion olympique américain qui ne perdit jamais une épreuve à laquelle il participa et qui, dans le cadre d'une seconde carrière, incarna le célèbre Tarzan dans plus de douze productions cinématographiques. Question de ne pas être en reste, une fois à l'eau, les filles tentaient pour leur part d'esquisser des mouvements empruntés aux célèbres Aqua Follies, ces élégantes nageuses américaines qui présentaient des spectacles aquatiques chorégraphiés sur des musiques inspirées des comédies musicales à la mode.

Bien que peu compromettantes sur le plan des relations interpersonnelles, ces activités nous permettaient de nous initier, de part et d'autre, à l'art de la séduction. Le tout se terminait souvent par quelques heures de danse, à la brunante, au son de la musique que projetaient maladroitement les imposants dispositifs d'amplification conique des gramophones de l'époque. Je nous revois encore remonter le mécanisme d'entraînement à ressort de l'appareil en espérant que les lourdes aiguilles du bras de lecture n'endommagent pas trop les quelques disques que nous faisions jouer en boucle…

Un héritier reconnaissant

De cette période qui m'a mené du berceau aux portes du collège classique, je me considère comme de ces privilégiés qui ont été entourés de parents et d'éducateurs qui, malgré les moyens limités dont ils disposaient à cette époque d'austérité, se sont totalement investis afin de nous inculquer un minimum de culture et de savoir tout en nous initiant aux défis de la vie courante.

Au moment où le chemin parcouru se veut plus imposant que celui qui reste à sillonner, je mesure à quel point les valeurs de rigueur et de compassion, d'honnêteté et d'engagement que privilégiaient ceux et celles qui m'ont accompagné à travers ces premières années se sont avérées de précieux points d'ancrage pour ma vie à venir.

Cette bienveillance continue dont je fus l'objet n'a d'ailleurs pas été étrangère à la confiance qui m'habitait lorsque se sont lentement éloignés les sécurisants repères de mon enfance…

CHAPITRE 2

Faire ses humanités

« D'inspiration chrétienne, [...] le collège Jean-de-Brébeuf se consacre au développement intégral de la personne [...] ainsi qu'à la promotion des valeurs humanistes. » Tel est l'essentiel de l'énoncé de mission de la réputée institution montréalaise fondée par les Jésuites le 12 septembre 1928. Inspiré par la compétence et le dévouement de ses dirigeants et de ses enseignants, cet établissement s'intéresse tout autant à ce que vont devenir ses étudiants qu'à ce qu'ils vont entreprendre. Ce ne sont donc pas que des connaissances que je me préparais à acquérir lorsque je m'y suis présenté. C'est également une expérience humaine que je m'apprêtais à vivre.

À mon arrivée en septembre 1939, au moment même où débutait la Seconde Guerre mondiale, je ne connaissais pratiquement personne. La majeure partie des nouveaux arrivants provenait en effet des écoles avoisinantes des quartiers Outremont et Côte-des-Neiges. La réserve affichée par les habitués du milieu m'a rapidement permis de mesurer l'ampleur du fossé qui existait alors entre l'aristocratie de l'ouest de la ville et le populisme de l'est dont j'étais issu.

Mais je n'en ai pas souffert pour autant. Lors du premier cours de l'année, la coutume voulait qu'on se lève tour à tour pour se présenter. Ce que je fis fièrement en proclamant que j'avais fait mes études primaires au Jardin d'enfance. La tête de mon professeur titulaire, qui en avait pourtant vu d'autres, prit des allures de point d'interrogation : « De quel endroit, dites-vous ? » Je précisai : « De chez les sœurs. » Voyant que je ne dissipais en rien sa perplexité, je m'empressai d'ajouter : « De chez les sœurs sourdes et muettes ! »

Éclats de rire ; bidonnage collectif. Ma candeur et mon innocence marquèrent le coup. Au cours des mois qui suivirent, chaque fois que mes nouveaux compères me croisaient dans les corridors, ils se payaient ma tête en imitant, en guise de salutation, les signes qu'utilisent les sourds et muets pour s'exprimer. Ces quelques taquineries n'ont cependant rien enlevé au plaisir éprouvé au cours des huit années passées dans ce collège.

Les pères jésuites, qui résidaient dans un couvent attenant aux locaux d'enseignement, y donnaient le cours classique, un programme d'enseignement qui s'inspirait d'une tradition française émanant du 16e siècle et qu'ils ont été les premiers à instaurer au Québec. Cette formation multidisciplinaire se distinguait par l'étude des grands auteurs de l'Antiquité. Au cours des cinq premières années – qui portaient les noms d'Éléments latins, Syntaxe, Méthode, Versification et Belles-Lettres –, nous devions nous familiariser avec ces maîtres à penser en traduisant et en interprétant les textes rédigés en grec et en latin qu'ils avaient laissés en héritage. Une démarche d'apprentissage qui nous faisait remonter aux sources de la langue française tout en nous inculquant de solides bases d'histoire et de culture générale. C'est ce que l'on appelait à l'époque « faire ses humanités ».

Au cours des trois années qui suivaient – Rhétorique, Philo I et Philo II –, nous étions appelés à approfondir les éléments de logique, de mathématique et de physique que nous avions acquis auparavant. Lors de cette étape, qui équivaut aujourd'hui aux années de cégep, le cursus était principalement orienté vers la structuration de notre pensée et le développement de notre esprit critique. Nous acquérions les éléments de base afin d'argumenter une opinion et de la défendre avec un minimum d'objectivité. C'était également la période où l'on nous initiait à l'art oratoire, ce qui eut l'heur de me plaire particulièrement.

Bien que tous les aspects de notre formation intellectuelle aient été pris en compte par le programme en place, la dimension spirituelle n'était pas en reste pour autant. Tout au long de l'année

scolaire, nous étions régulièrement dirigés vers la chapelle attenante au collège afin de prendre part à divers moments forts de
recueillement et de dévotion. Ces exercices de piété exigeaient de
notre part une discipline à laquelle on devait souvent nous rappeler, mais j'étais tout de même de ceux qui ne regimbaient pas trop
à l'idée de retrouver l'odeur de cire et d'encens de ces lieux de culte.
Lorsque nous quittions le collège avec notre diplôme en poche,
nous pouvions ainsi prétendre à un certain équilibre entre l'acquisition de connaissances et la culture de l'âme. Nous étions du
moins davantage en mesure de trouver un sens aux événements
qui allaient par la suite joncher notre vie d'adulte.

Espiègleries juvéniles

Cette formation, aussi complète qu'elle ait pu prétendre, n'incul-
quait pas pour autant de matière grise aux moins doués ou de
retenue aux plus indisciplinés. De tout temps, les professeurs ont
été appelés à faire les frais des insuccès des uns ou des frasques
des autres. Et ce n'est surtout pas notre cohorte qui fit exception à
cette façon de faire qui transgresse les différentes générations
d'étudiants.

Ainsi, après une première année où la timidité et la circonspection nous maintinrent dans une attitude de réserve, l'indiscipline
qui sommeillait en nous s'est vite révélée en force lors de notre
arrivée en Syntaxe. C'est d'ailleurs un jeune confrère de ma classe,
fils d'un éminent aristocrate européen qui, le premier, en fit les
frais. Comme les résultats de chacun des groupes de tous les niveaux étaient affichés dans le corridor d'entrée du collège, nous
avons rapidement été en mesure de constater que ses titres de noblesse ne lui assuraient pas pour autant les aptitudes intellectuelles
correspondant à son rang. Lors de l'annonce des résultats bimes-
triels, nous ne rations pas l'occasion de nous payer une pinte de
bon sang à ses dépens lorsque le directeur des études procédait à

l'annonce des résultats avant de les épingler au mur : «Trente-cinquième et bon dernier, son excellence le prince héritier Charles du Luxembourg.» L'ampleur de la rigolade n'avait d'égal que le niveau de cruauté dont les jeunes sont parfois en mesure de faire montre entre eux. L'humiliation subie par le jeune garçon était telle que le ministère des Affaires étrangères du Canada, en réponse aux plaintes des parents concernés, en est venu à faire pression auprès de la direction du collège afin que cessent les railleries à l'endroit de celui qui peinait à respecter les standards minimums de réussite.

L'année suivante, tout adolescents que nous étions devenus, nous avons dû composer à la fois avec nos élans de rébellion naissante de même qu'avec les renforcements disciplinaires du corps professoral. Ce qui ne produisit pas toujours l'équilibre désiré, étant donné les caractères foncièrement distincts de chacun de nos enseignants. C'est ainsi qu'il nous est arrivé de retrouver, d'un côté du corridor, la classe de Méthode A du père Waddel, à la voix retentissante et au caractère colérique, dont les appels à l'ordre pouvaient être entendus d'un bout à l'autre de l'étage. Et de l'autre, le groupe de Méthode B du père Dostaler, un petit homme peu imposant dont les interventions tout en retenue concordaient avec son profil effacé. Avec comme résultat que, lorsque le premier invectivait un élève de sa classe en empruntant les élans d'un ténor en pleine aria, le second croyait ramener la discipline dans la sienne en formulant d'une voix aussi basse qu'hésitante : «Vous avez compris ce qu'il vient de dire, alors considérez que ça vaut pour vous également!» Le genre d'avertissement qui avait l'effet de nous faire davantage rigoler que de nous faire taire…

Le fait de vieillir d'un an changea bien peu de choses à notre frivolité. Avec l'entrée en quatrième année de secondaire – celle de la Versification – vint l'époque des sobriquets. Nous avions qualifié un professeur de «poisson mort» à cause de la mollesse de son maxillaire inférieur. Et un autre de «Tit-Ours» en regard de l'abondante barbe qu'il portait avec fierté. Ce qui ne l'a pas empêché de nous apprendre à versifier – c'est-à-dire à faire des vers et à les structurer en poèmes – avec une finesse et un style qui détonnait par rapport à l'allure un peu rustre qu'il affichait. Bien que chacun de nos profs ait connu le surnom dont il était affublé, tous se sont montrés fort magnanimes à notre endroit malgré qu'il s'agissait là d'une façon bien discutable de leur manifester notre appréciation.

La cinquième année de formation classique – les Belles-Lettres – se voulait celle de l'initiation aux auteurs phares de la littérature française : Corneille, Racine, Molière, Voltaire, Hugo, Saint-Exupéry... Mais ce sont surtout ceux qui étaient à l'index qui suscitaient notre curiosité. Nous n'avons pas mis de temps à deviner que le recueil de « textes choisis » des *Fleurs du mal* de Baudelaire en avait sûrement esquivé un certain nombre qui s'avéraient passablement émoustillants. C'est alors que nous nous sommes rendu compte que l'ère des vétilles et des moqueries avait fait place à l'attrait pour tout ce qui représentait l'interdit et le mystère.

De toutes ces années de ravissement intellectuel et de connivences amicales, c'est sans aucun doute celle où nous avons été initiés aux techniques de l'art oratoire – dans le cadre de notre année dite de Rhétorique – qui m'a laissé les plus beaux souvenirs. D'autant que le professeur titulaire, le père Pelchat, avait une personnalité tout aussi colorée qu'attachante. Du genre de celui qui ne rate pas une occasion de transformer en un événement un banal fait de la vie quotidienne.

Coloré pédagogue

Ainsi, par un après-midi sombre et pluvieux, au cours duquel apparut soudain dans la classe un pénétrant rayon de soleil, il s'arrêta d'un coup en étendant les bras à la manière dont était représenté Ignace de Loyola, fondateur des Jésuites, sur le tableau qui surplombait l'entrée du collège : « Messieurs, messieurs, arrêtez tout ! Je vous invite à composer une "grappe de beauté" afin d'exprimer les sentiments que vous inspire ce soudain clin d'œil de la nature. »

L'exercice consistait en fait à rédiger sur-le-champ un sonnet, c'est-à-dire un poème de quatorze vers, et à lui remettre avant la pause prévue trente minutes plus tard.

Ce à quoi nous nous sommes appliqués en faisant appel à tous les élans poétiques dont nous étions capables. Une fois l'exercice terminé, l'exubérant professeur profita de notre courte absence pour procéder aux corrections. Nous attendions les résultats avec une certaine appréhension, car ce bon père Pelchat avait une façon pour le moins originale de corriger. Comme nous étions cinquante étudiants de même niveau, il avait pris l'habitude d'octroyer une note de cent pour cent au plus méritant et de zéro à celui dont le travail lui apparaissait le moins valable. Les quarante-huit autres notes étaient réparties, par séquence de deux, entre les quarante-huit autres étudiants. Chacun avait ainsi droit à une notation qui n'avait pas d'équivalent.

Sans véritable étonnement, nous avons retrouvé en tête de liste ceux qui éprouvaient une évidente facilité à manipuler les mots. Mais quelle ne fut pas notre surprise lorsqu'il fit connaître les résultats de ceux qui s'étaient particulièrement illustrés : « Laurent Picard : 98 sur 100 ; André Sansregret : 100 sur 100 ; Serge Lapointe : 110 sur 100 ! » Comme nous n'étions plus à l'âge de nous laisser emberlificoter par des plaisanteries douteuses, nous n'avons pas tardé à manifester notre mécontentement. « Messieurs, messieurs ! Un peu de retenue, s'il vous plaît », reprit-il de façon à mater la grogne. « Permettez-moi de faire appel à votre excellente connaissance du français afin de comprendre ce qui, à mes yeux, justifie ce résultat pour le moins inusité. Voyez… Il en va de l'exercice de correction comme de la conjugaison des verbes. La qualité des textes que vous m'avez remis appelait différentes formes d'appréciation : simple, composée, imparfaite et presque parfaite. L'un de vous s'est cependant démarqué au point de mériter une note plus-que-parfaite. Serge Lapointe, bravo ! » Le genre d'humour qui, tout en faisant place à la baliverne, ne faisait pas pour autant de concession à l'intelligence.

Ce jésuite de Pelchat n'était jamais à court de ressources pour nous décontenancer. Alors que, dans des circonstances beaucoup plus formelles, il nous avait demandé de rédiger une longue dissertation sur un sujet particulièrement complexe, il eut recours à un autre de ses artifices de correction afin de départager les meilleurs des moins bons. « Messieurs, messieurs ! » se justifia-t-il, dans un autre de ses élans si caractéristiques. « Comprenez mon dilemme. Après avoir apprécié l'ensemble des travaux selon ma méthode traditionnelle – de zéro à cent –, je me suis retrouvé avec trois documents qui, à mes yeux, étaient de valeur égale. Devant cet imbroglio selon toute apparence insoluble, je suis monté au préau du collège et j'ai laissé tomber les trois feuillets concernés. L'ordre de leur arrivée au sol a déterminé les résultats qui vous sont annoncés aujourd'hui. C'est donc la consistance de la matière grise qui avait été portée en mots sur les feuilles en question qui s'est avérée déterminante pour le classement final ! » Ce jour-là, cette nouvelle badinerie en laissa plus d'un partagés entre le scepticisme et l'admiration.

Mais l'insolence affectueuse du brillant jésuite finit par le rattraper. Plus d'une fois il nous avait rappelé qu'une des principales qualités de l'art oratoire consiste à reconnaître le moment opportun de couper court aux envolées lyriques dans lesquelles se laissent souvent entraîner ceux qui ont à prendre la parole en public. « Lorsque vous discourez et que vous constatez que votre auditoire commence à se tortiller, se désenrhumer, à toussoter ou à éternuer sans raison valable, synthétisez et mettez rapidement un terme à vos propos. » Recommandation à laquelle nous décidâmes de le confronter le jour où nous avons appris que c'était lui qui prononcerait l'homélie le dimanche suivant.

Comme nous étions tous obligés, externes comme pensionnaires, d'assister à la messe dominicale qui était célébrée au collège, je n'eus pas de difficultés à convaincre quelques collègues du chœur de chant de se prêter au petit stratagème que j'avais élaboré. Ainsi, quelques minutes après le début du sermon du père

Pelchat, voici que nous nous mîmes à faire entendre des « Brrrmmm, brrrmm… » répétés et des « Atchoum ! » à peine étouffés. Saisissant notre petit manège, il mit rapidement fin à son prêche et il se retira.

Même s'il s'était montré conséquent avec ses enseignements, nous nous doutions bien qu'il n'était pas pour laisser passer l'effronterie sans mot dire. De retour en classe à la première période le lendemain, il interpella tous ceux qu'il avait repérés du haut de la chaire : « Coutu, debout ; Lalande, debout ; Gagnon, debout ; Picard, debout. » L'indignation modulait sa voix et teintait son regard : « Quels étudiants ingrats vous êtes. Vous m'avez trahi ! » Son apparente déconvenue camouflait cependant mal une certaine complaisance quant à la contrepartie que nous avions offerte à ses enseignements. C'est du moins la conclusion que nous avons tirée de la courte durée de sa semonce. Chose certaine, nous venions de faire la preuve que la méthode à laquelle il nous avait initiés pour mesurer le niveau de tolérance d'un auditoire était on ne peut plus efficace.

La Rhétorique était aussi l'année au cours de laquelle se tenait le premier conventum, ce moment réservé en fin de cycle afin de permettre aux étudiants d'un même niveau de consolider les liens qu'ils ont tissés tout au long de leur parcours scolaire. Et ce, sans tenir compte des convenances ou des règles disciplinaires du collège. L'équivalent, dans une certaine mesure, de ce qui est aujourd'hui connu comme le bal de fin d'études. C'était d'ailleurs la première fois que nous étions autorisés à librement consommer de l'alcool.

Dans les collèges tenus par les Jésuites, il était de coutume de tenir le premier conventum en Rhétorique afin de permettre à ceux qui se dirigeaient vers la prêtrise d'y participer. Étant donné que les appels à la vocation religieuse étaient encore nombreux, ceux qui choisissaient les ordres quittaient après cette sixième année du cours classique pour aller étudier la théologie en lieu et place des deux années de philosophie qui mettaient habituellement un terme à la formation classique. La tradition voulait également que nous nous retrouvions par la suite tous les dix ans. Des retrouvailles d'anciens désireux de se revoir, d'échanger des souvenirs de collège et de partager les expériences vécues depuis leur départ. Ce à quoi, pour ce qui est du groupe avec lequel j'ai cheminé pendant plus de huit ans, nous sommes restés fidèles avec une régularité qui ne s'est jamais démentie. Nous nous sommes ainsi rencontrés en 1955, 1965, 1975, et ainsi de suite, nos dernières retrouvailles ayant eu lieu en 2005.

S'il est une certaine sensibilité que je portais à tout un chacun dès les premières années, elle n'est probablement pas étrangère à la reconnaissance dont m'ont gratifié mes confrères collégiens en toute fin de parcours. Ils m'élurent président des étudiants de première année de philosophie en remplacement de celui qu'ils avaient choisi l'année précédente, mais qui, de toute évidence, n'avait pas comblé les attentes. Une marque de confiance qui arrivait à point nommé dans mon parcours.

Je me sentais à l'aise dans la prise en charge de ces responsabilités et je n'ai jamais feint le plaisir qui m'animait. J'aimais bien m'adresser à mes collègues afin de les informer des décisions de la direction du collège ou de les motiver à prendre des initiatives pour améliorer ce qui méritait de l'être. Je me plaisais à discourir, et parfois même à baratiner quelque peu. Ce qui n'est pas étranger au fait que le droit m'ait attiré lorsque vint le temps de décider de ce qui adviendrait de mon avenir. Mais les appréhensions marquées de ma mère face aux hommes de loi ont eu raison des quelques ambitions que j'ai pu nourrir à cet égard.

Renouveler l'éducation

Je me considère comme privilégié d'avoir bénéficié d'une formation aussi ouverte à différents univers, tant intellectuel que spirituel, qui n'ont depuis eu de cesse d'alimenter mon intérêt pour tout ce qui touche le passé et le devenir de l'homme. Mais cette portion de mon parcours scolaire n'aurait pu atteindre son plein achèvement sans l'apport exceptionnel des éducateurs qui m'ont accompagné. Leur compétence et leur dévouement n'avaient d'égal que leur désir de nous voir réaliser pleinement la mission de vie qui était la nôtre. C'est pourquoi je trouve aujourd'hui regrettable que, pour les abus injustifiables et inexcusables de certains clercs – qui se devaient par ailleurs d'être dénoncés –, on porte souvent un jugement très sévère sur l'ensemble de l'œuvre de ces religieux dont l'intégrité et le sens du devoir trouvent peu d'équivalence de nos jours.

Il serait cependant vain de verser dans la nostalgie pour autant. Le retour des cornettes et des soutanes dans les murs de nos écoles et de nos collèges n'est ni prévisible ni souhaitable. Tout comme le cours classique qui, face aux nouvelles exigences de l'ère moderne, a vite fait montre des limites dans lesquelles son élitisme l'emmurait. À l'amorce de la seconde partie du 20e siècle, les nouvelles donnes du marché du travail requéraient davantage de technologues et de spécialistes. La formation des élites se voyait par conséquent contrainte d'emprunter d'autres voies.

En ce sens, le Québec a fait un effort remarquable pour rendre l'instruction accessible à tous et se doter d'un système d'éducation profilé en fonction des exigences contemporaines. Il s'agit là d'une réalisation dont nous pouvons être très fiers puisqu'elle n'est pas étrangère au formidable essor qu'a connu la province au cours des cinquante dernières années. Mais à constater les lacunes qui persistent en matière de formation d'une main-d'œuvre qualifiée et adaptée à tous les niveaux de notre activité économique, il apparaît évident que nos normes sont encore loin de correspondre aux standards établis par les sociétés qui marquent le pas en matière d'éducation.

Aussi, peut-être est-il temps de nous demander si, en cherchant à combler les retards que nous avions cumulés en matière de formation supérieure, nous ne nous sommes pas privés de l'apport essentiel de tout un lot d'artisans, d'artistes et d'ouvriers qualifiés parce que nous avons magnifié certains critères de réussite au détriment de la diversité des talents. Chose certaine, les besoins de notre société sont tellement pressants et diversifiés qu'on ne peut plus se permettre de laisser en plan plus du tiers de notre jeunesse québécoise qui, en ce début de 21ᵉ siècle, n'arrive pas à se doter d'un diplôme de secondaire 5.

Les jeunes n'ont certes pas tous les mêmes talents et les mêmes possibilités. Et je n'ignore pas qu'il y en a qui ne font pas les efforts nécessaires pour se prendre en main. Je considère cependant que c'est l'extrême minorité qui est dépourvue de moyens au point qu'il devienne justifié de tirer un trait sur leur avenir. Avant de leur imputer tout le blâme, je crois qu'il y a lieu de nous interroger sur notre responsabilité collective. Savons-nous suffisamment reconnaître les talents de chacun ? Leur donnons-nous les moyens nécessaires pour découvrir les types d'occupations grâce auxquels ils pourraient se réaliser pleinement ? Arrivons-nous à faire une démonstration suffisamment convaincante auprès d'eux de l'indéniable équation qui existe entre la découverte des aptitudes qui nous sont propres et le plaisir d'apprendre ?

Je m'interroge entre autres sur l'obligation qui est imposée aux jeunes du deuxième cycle du secondaire de procéder à des choix compromettants pour leur avenir alors qu'ils sont encore au cœur de la crise identitaire typique de leur groupe d'âge. Comment les amener à identifier clairement ce à quoi ils sont appelés alors qu'ils peinent pour la plupart à distinguer quelques repères stables au travers des valeurs éclatées de la société qui les entoure ?

L'idée d'inciter les élèves de première et de deuxième secondaire à côtoyer de plus près différents univers d'intérêt, tout en poursuivant une formation de base commune dans les matières traditionnelles, ne serait-elle pas une avenue à considérer ? N'est-ce pas en fréquentant un atelier qu'un artisan découvre son attrait pour le travail manuel et qu'un intellectuel constate que ce ne sera jamais là sa tasse de thé ? N'est-ce pas en s'impliquant, ne serait-ce que quelques jours, dans un centre de services communautaires qu'une étudiante en intervention sociale découvrira qu'elle est plus à l'aise dans la coordination et la gestion que dans la relation d'aide auprès des gens ?

Ne serait-ce pas là une façon originale, pour les indécis, de mieux prendre la mesure de ce qui les habite et, pour les plus confiants, de conforter leurs décisions ? Il ne s'agit pas ici de sortir tout le monde des salles de classe, mais bien d'apporter une valeur ajoutée à l'approche magistrale qui prévaut actuellement. Il y a au moins lieu d'imaginer qu'une telle expérimentation permettrait à ceux qui souhaitent pratiquer un métier de se diriger plus rapidement vers une formation adaptée avant qu'ils ne viennent gonfler les rangs des décrocheurs. La réussite d'un ouvrier ou d'un artisan n'est-elle pas plus mobilisatrice que l'insatisfaction d'un intellectuel qui ne trouve pas réponses à ses aspirations dans la profession qu'il a choisie ?

Je suis porté à croire qu'une nouvelle dynamique naîtrait d'une telle approche pédagogique. Une dynamique où l'artisan bricoleur trouverait tout autant sa place sur les bancs d'école que le féru d'atlas et de romans jeunesse. Une dynamique où les futurs maîtres électriciens se sentiraient tout aussi respectés que les prochains maîtres en administration des affaires. Une dynamique où les gestes hésitants de la styliste en herbe seraient tout aussi reconnus que les exploits de l'attaquant vedette du club de hockey local.

Une telle approche favoriserait aussi un plus grand respect des uns et des autres. Ce n'est pas parce qu'un jeune homme se passionne pour la mécanique automobile, ou qu'une jeune femme découvre son intérêt pour les soins hospitaliers, que ceux-ci se trouvent pour autant justifiés de déprécier la passion d'un collègue pour la recherche scientifique. Tout comme un jeune intellectuel trouvera toujours avantage, même si ce ne sont pas là ses champs d'intérêt, à connaître ce qui se passe dans un atelier de mécanique ou en quoi consiste le soin des malades. C'est ainsi que chacun pourra reconnaître et apprécier l'apport indispensable de l'autre dans l'univers d'interdépendance dans lequel il s'apprête à vivre. Certaines grèves d'éboueurs, survenues au cours des récentes années dans quelques grandes agglomérations urbaines d'Amérique, nous l'ont d'ailleurs rappelé de façon particulièrement probante.

Dans une telle perspective, où chaque élève aurait mieux perçu l'importance que revêtent les études dans le processus de quête de sens lié à sa vie, tout me porte à croire que les enseignants n'auraient plus à craindre d'exiger les efforts nécessaires et de hausser les barèmes d'évaluation. Je suis de l'époque des bulletins chiffrés et des classements en ordre décroissant. Ce faisant, nous savions exactement où nous situer par rapport à l'ensemble : un tel était premier, un autre occupait le douzième rang et un dernier, forcément, se retrouvait tout au bas de la liste.

Il va de soi que cette façon d'évaluer – singulièrement différente des lettres de l'alphabet et des bonhommes sourires – ouvrait la porte aux comparaisons entre nous. Et il n'est pas impossible que certains de ceux qui se sont retrouvés en queue de peloton aient ressenti une certaine forme d'humiliation. Mais j'ai aussi constaté que ce procédé avait incité nombre de moins performants à redoubler d'efforts et à découvrir, à leur grand bonheur, qu'ils étaient capables de se dépasser et d'atteindre de meilleurs résultats. Je doute que quelques « émoticônes », aussi recherchées soient-elles, puissent en faire autant.

De même, j'arrive mal à concevoir qu'on prétende aujourd'hui rendre service aux élèves en pondérant les résultats et en ne donnant pas à ceux et celles qui échouent la possibilité de reprendre une année ratée. Une telle méthode – qui s'apparente davantage à un nivellement par le bas qu'à un appel au dépassement – m'apparaît peu susceptible de préparer adéquatement nos jeunes à affronter les exigences d'une société axée sur la performance et la compétition.

C'est pour cela que j'affirme que l'emploi, c'est sur les bancs d'école que ça commence. En effet, il est impératif que, dès le moment où ils entreprennent leurs études, nos futurs travailleurs saisissent bien l'importance capitale que revêtira le job qu'ils occuperont dans leur vie. Importance d'un point de vue personnel d'abord, puisqu'il s'agit là de l'activité principale qui leur permettra de se réaliser et de s'épanouir. Importance d'un point de vue social également, parce que le dynamisme de la collectivité dans laquelle ils prendront place sera directement tributaire du potentiel qu'on leur aura reconnu et des talents qu'on leur aura permis d'exploiter. Et ce, dès leurs premières années d'apprentissage.

Je demeure confiant que l'approche pédagogique de nos différents programmes d'enseignement, qui ne cessent de faire l'objet de réformes, mette un jour en place les mécanismes nécessaires pour discerner les multiples possibilités qui sommeillent en nos jeunes. Et que les méthodes employées pour les explorer inspirent à chacun, à l'école comme au boulot, le goût de donner le meilleur de soi-même. Car c'est l'application que l'on met à accomplir les tâches qui nous sont dévolues qui procure une véritable satisfaction personnelle et nous mérite le respect de nos pairs. Ce goût du dépassement et du travail bien fait constitue même, à mon avis, les prémices d'une véritable humanisation de la production des biens et services d'une société.

À nous de choisir si nous désirons former des citoyens responsables et engagés plutôt que de simples consommateurs manipulés, à la remorque de leurs pulsions et de leur inculture…

Travaux saisonniers

De façon fort différente de celle qui alimente mes réflexions actuelles, mon initiation au monde du travail s'est faite au moment où j'usais encore mes pantalons sur les bancs d'école. Alors que mes parents se seraient réjouis de me voir passer encore quelques vacances estivales aux abords du lac Sarrazin, j'ai très tôt nourri le désir de prouver que je pouvais me mesurer à la dure besogne.

Ainsi, dès l'été de mes dix-sept ans, j'ai commencé à occuper différents petits boulots qui me permettaient de brûler mon trop-plein d'énergie et de gagner un peu d'argent de poche. Ce qui ne m'empêchait pas, les week-ends venus, d'aller rejoindre ma mère, ma sœur et mon jeune frère à Sainte-Lucie-de-Doncaster en compagnie de mon père.

C'est chez le réputé magasin à rayons Eaton de la rue Sainte-Catherine que j'ai déniché mon premier job d'été. Avec ses neuf étages, il s'agissait de la plus imposante succursale de toute la chaîne au Canada. Disposé à accomplir n'importe quelle tâche, j'ai été affecté au bureau des réclamations, au *Return Office*, comme on se plaisait à le dire dans cette partie de la ville où l'anglais se voulait alors la langue prédominante du commerce au détail.

Irlandais d'origine, Timothy Eaton avait eu le flair de pressentir que le 20e siècle allait être entre autres celui de l'émancipation des femmes. À une époque où celles-ci ne bénéficiaient de pratiquement aucune reconnaissance sociale, il a pris le risque de miser l'avenir de son entreprise sur le pouvoir d'attraction que pourrait exercer auprès d'elles un choix complet d'articles de tous genres répartis sur des rayons abondamment garnis. Ce faisant, il s'est montré un véritable visionnaire.

Dans le but de créer l'achalandage souhaité à la succursale originale de Toronto, il n'a pas hésité à rémunérer les conducteurs de tramways afin que, arrivé à l'angle des rues où prenait place son célèbre établissement, ils crient haut et fort : «Tout le monde descend au magasin Eaton!» Il y installa des salles d'essayage et de repos, engagea des portiers afin d'agrémenter l'accueil des clients et ouvrit même un café afin de retenir ces derniers le plus longtemps possible. Il se montra aussi particulièrement racoleur dans ses réclames publicitaires : «Vente à prix fixe et au comptant seulement!» Une initiative inédite qui eut l'effet d'une véritable bombe dans le commerce au détail au Canada.

Afin d'accroître son avance sur la concurrence, il se compromit avec le même enthousiasme pour ce qui est de la qualité offerte :

« Satisfaction garantie ou argent remis ». Ce faisant, il donnait le sentiment aux femmes que leur opinion était importante et qu'il leur était même possible de changer d'avis. Privilège qu'elles ne se sont d'ailleurs pas privées d'exercer. Installé derrière le comptoir affecté au retour de la marchandise, je fus en mesure de saisir toute la portée qu'un tel engagement pouvait entraîner.

Dans ma naïveté d'adolescent, jamais je n'aurais pensé que quelqu'un puisse rapporter un service de vaisselle, en alléguant que la couleur ne s'apparentait pas à sa nappe de table, alors qu'on pouvait encore percevoir d'évidents restes de moutarde séchée au fond de bon nombre d'assiettes. Ou qu'une robe, qui avait pourtant fait l'objet d'une fastidieuse et interminable séance d'essayage deux jours auparavant, ne trouvait soudainement plus place dans la garde-robe de madame alors que quelques taches de vin étaient pourtant facilement repérables au travers le dégradé de couleurs du tissu. Immersion révélatrice dans l'univers à la fois fascinant, et parfois déroutant, du service à la clientèle.

Un an plus tard, c'est par l'entremise d'un collègue étudiant que j'obtins mon deuxième job d'été. Son père, qui était épicier de profession, avait mis au point, dans le sous-sol de leur modeste résidence de Rosemont, un système de sécurité et de surveillance plutôt révolutionnaire pour l'époque. L'invention en question fit vite l'objet d'une demande grandissante, ce qui obligea l'inventeur improvisé à ouvrir un atelier de fabrication adjacent à sa demeure. En quelques années à peine, Les Alarmes Provost devint une des compagnies de service de sécurité les plus respectées à Montréal et une des plus prolifiques au Canada. Mon travail consistait à seconder les spécialistes qui étaient affectés à la pose de ces systèmes dans différents commerces et résidences.

Ce que je retiens surtout de cette expérience, c'est que monsieur Provost était un homme d'une intégrité exemplaire. Il s'agit d'une des rares personnes que j'aie connue à se faire un devoir d'acquitter ses impôts avec une rectitude et une probité qui auraient fait rougir les plus vertueux gardiens de la morale et des bonnes mœurs. Ainsi, s'il avait fait don de 54,22 $ aux bonnes œuvres de la paroisse au cours de l'année, il demandait au curé de lui émettre un reçu correspondant à ce montant bien précis. Fait exceptionnel à une époque où il était de pratique courante pour les hommes en soutane d'ajuster à la hausse les relevés à la faveur des paroissiens qui recouraient à cette manœuvre pour alléger leurs règlements fiscaux. Monsieur Provost, un exemple d'intégrité et de droiture qui m'a fortement interpellé à un âge où la tentation de relativiser certains principes commence à présenter quelques attraits.

Mais il n'y avait pas que l'été qui me donnait l'occasion de revêtir mes habits de travail. Je profitais également des périodes de congé – Noël, Pâques et certains jours fériés – pour accumuler les expériences. Comme je ne me montrais pas trop sélectif, j'arrivais assez facilement à dénicher de petits boulots. Alors qu'il me restait encore deux années d'études pour compléter mon cours classique, j'avais ainsi réussi à me faire embaucher par Postes Canada. D'abord engagé comme aide-facteur, on m'a toutefois rapidement dirigé vers la gare Windsor – terminus alors désigné des convois ferroviaires du Canadien Pacifique – à titre de manutentionnaire de trains de marchandise. Ma responsabilité consistait à recueillir les immenses sacs de courrier qui arrivaient par wagons et à les déposer dans des camions qui en assuraient la distribution à travers le Québec… de quoi exercer ma musculature à autre chose que pousser un crayon et à faire des signes de croix.

Compagnons de fortune

Au cours des deux hivers qui ont suivi, je suis entré à l'emploi de la Ville de Montréal. J'y ai côtoyé là des compagnons de travail qui m'en ont appris davantage sur la vie que bien des réflexions existentielles élaborées au gré de mes cours de philo. Le récit que ces joyeux lurons faisaient de leurs expériences passées – entre autres celles qu'avaient vécues les soldats nouvellement rentrés de la guerre – avait souvent de quoi faire dresser les cheveux sur la tête. Pour le jeune adulte en devenir que j'étais, il s'agissait d'une initiation accélérée à certaines choses de la vie grâce à l'emploi d'un vocabulaire que je ne retrouvais pas dans les encyclopédies médicales de mon père.

Parmi les diverses tâches qu'on m'avait assignées, j'ai souvenance des longues séances de déblayage de la neige dans les rues de la ville. «Fais attention aux cinquante cents, mon jeune!» m'avait averti un chauffeur de camion expérimenté à qui j'avais été jumelé. La fonction qui m'était dévolue consistait essentiellement à activer l'immense pelle grattoir qui était installée à l'avant du véhicule. Je compris ce que l'expression en question voulait dire le jour où je fus projeté, tête première, dans le pare-brise avant alors que nous dégagions l'axe central d'une artère principale.

C'est que le camion venait de soudainement s'immobiliser sur la partie supérieure d'une bouche d'égout qui avait été soulevée de la chaussée par le gel hivernal. Non seulement venions-nous de frapper un «cinquante cents», mais la collision avait aussi eu comme effet de m'estamper une marque au front de la même grandeur que la pièce de monnaie en question. Ce fut également pour moi l'occasion de constater, à entendre vociférer mon collègue de travail, que certaines expressions habituellement utilisées pour identifier les objets réservés au culte religieux pouvaient aussi allégrement servir à exprimer la frustration et la colère. Des mots que, en d'autres temps, on ne se permettait de répéter que dans la sacristie de la chapelle du collège…

Ces inconvenances de bon vivant n'enlevaient rien à l'attachement que j'éprouvais pour ces bougres qui bossaient dur afin de gagner les sous nécessaires pour nourrir leurs familles nombreuses. Pour la majorité d'entre eux, il s'agissait d'honnêtes gens dont les allures un peu faraudes laissaient mal transparaître les valeurs de probité et de générosité qui les animaient. Parmi eux, jamais je n'oublierai un dénommé «Kid» Gratton avec qui j'ai fait équipe lors des longues séances de déneigement qui suivaient les abondantes chutes de neige de l'époque.

Les équipements mécaniques étant pratiquement tous utilisés par nos soldats en guerre, le transport de la neige se faisait alors à l'aide d'immenses tombereaux tirés par des chevaux. Deux équipes de deux hommes précédaient la voiture de charge afin de dégager les trottoirs et de repousser la neige en bordure de rue. Avec ce gaillard de Gratton, qui se transformait en lutteur amateur après ses heures de travail, nous formions une paire passablement performante. Ce qui fait que nous nous retrouvions souvent en avance par rapport aux équipes de cols bleus qui, plus empreints d'un esprit de fonctionnariat, travaillaient selon une cadence qui était loin de constituer une menace pour leur rythme cardiaque. Ce qui nous permettait de laisser libre cours à certaines initiatives pour le moins discutables.

Inspirés par l'imagination débordante du «Kid», et à l'abri du regard de nos collègues, nous allions sonner aux portes des résidents pour leur offrir des petits services personnalisés: «Aimeriez-vous que nous dégagions votre entrée? Votre escalier? Ou l'avant de votre garage?» L'enthousiasme qui nous animait laissait facilement deviner qu'il ne s'agissait pas d'une offre totalement désintéressée. Mais nous soulagions notre conscience en nous répétant que l'ardeur que nous mettions à réaliser le travail qui nous était dévolu par notre employeur, ajoutée à la lenteur de nos collègues, justifiait ce petit supplément de revenu. Jusqu'au jour où nous fûmes dénoncés par un citoyen qui trouvait que son épouse s'était montrée un peu trop généreuse à notre endroit. Ce qui nous mérita de sévères réprimandes, que Gratton s'empressa de réinterpréter à sa manière afin de sauver la face auprès de nos collègues: «Deux beaux gars comme nous, c'est normal que le pauvre homme ait craint pour sa femme...»

L'ensemble de ces petits emplois étudiants, tout aussi diversifiés que formateurs, ont apporté une véritable valeur ajoutée à ma formation scolaire. Certaines expériences ont même laissé place à de petites cocasseries qui m'ont fait d'autant plus apprécier la bonhomie des gens simples. Ainsi, quelques années plus tard, je me suis retrouvé face à face avec quelqu'un qui cherchait à joindre mon ancien collègue Gratton. Je lui refile alors le numéro de téléphone que, par hasard, j'avais conservé. «J'aimerais parler au "Kid" Gratton», demanda-t-il à la dame qui était au bout du fil et qui, de toute évidence, était la mère de l'énergumène en question. «Lequel ? J'ai trois fils et ils portent tous le surnom de "Kid" ? » Sentant qu'il s'apprêtait enfin à parler à celui qu'il cherchait depuis un bon moment, l'interlocuteur, tout heureux de pouvoir préciser, ajouta : «Celui qui a échoué ses examens de Rhétorique au collège Saint-Laurent. » Et la mère de répondre : «Ça ne m'en dit pas plus ; ils ont tous trois coulé leur Rhétorique ! » Quelle famille que ces Gratton ! Telle mère, tel «Kid»…

Confiance créatrice

La simplicité du milieu familial dans lequel j'avais été éduqué m'a aidé à ne pas nourrir de préjugés face à ces gens authentiques et sans prétention. Au contraire, je me retrouvais parmi eux. En partageant leurs réalités quotidiennes, j'ai pu mesurer l'ampleur des défis quotidiens qu'ils avaient à relever afin de pourvoir à la survie de leur famille. Cette expérience de travail m'a également permis d'apprécier pleinement l'éducation qui m'avait été offerte au collège et à la maison. Mais c'est surtout lorsque je me suis retrouvé confronté aux choix cruciaux à faire à la fin de mes études classiques qu'elle s'est avérée la plus précieuse.

Bien que l'univers pharmaceutique dans lequel évoluait mon cousin Jean, celui-là même que mes parents avaient accueilli à la maison du temps de ses études, ait suscité un intérêt évident chez moi, j'ai finalement opté pour la médecine. Je me projetais facilement dans cette discipline : le sang, les tripes, les muscles, les os brisés ne me rebutaient aucunement. Au contraire, je m'y sentais plutôt à l'aise.

C'est cependant l'aspect curatif de la pratique qui m'attirait, plutôt que le côté préventif axé sur l'étude et la recherche en laboratoire. J'anticipais, à voir œuvrer mon père, que l'exercice quotidien d'une telle profession s'avérerait un moyen particulièrement privilégié de m'approcher de la nature humaine dans ce qu'elle avait de plus fragile, mais aussi de plus révélatrice du mystère habitant chaque personne.

Autrement dit, qu'en optant pour la médecine j'aurais toutes les chances de «parfaire mes humanités»...

CHAPITRE 3

Un avenir en ébauche

Convoqués dans l'amphithéâtre du collège au lendemain de notre dernier examen, nous étions quarante-huit, comme le chante si bien Charles Aznavour, «bien décidés à empoigner la vie». Et nous nous interrogions tous, sans exception, mais sans pour autant l'avouer, à savoir ce qu'un ecclésiastique vieillissant pouvait bien avoir encore à nous apprendre. «Causez toujours, cher Père, le monde et ses promesses nous attendent à la sortie ; il commence même à montrer des signes d'impatience», pensions-nous dans notre for intérieur. Huit années à se torturer les méninges, ça rétrécit le champ de l'ignorance, mais ça gonfle drôlement l'orgueil !

Vous partez donc. Départ prévu, désiré, préparé même. Vous dites : Enfin ! J'ai fini. J'ai même fini d'être finissant !

Vous allez, vous aussi, mesurer vos forces. Nous ne serons plus, nous, vos conseillers d'hier et vos entraîneurs, que des spectateurs de vos évolutions. Nous pourrons bien blâmer ou applaudir – et nous promettons de le faire – mais ce ne sera plus qu'un arbitrage d'honneur.

Épreuves de forces. Pour vous. Pour nous aussi. Votre succès et votre belle tenue nous réjouiront. Vos échecs et vos abandons nous peineront. Notre paternité comporte ce risque. Mais nous savons aussi que l'arbre garde la direction de la pousse et que le tuteur n'est pas étranger à la rectitude du tronc.

Cet extrait du discours du recteur, repris dans le numéro de juin 1947 du journal étudiant, évoque bien la pointe de nostalgie qui animait le corps professoral après les huit années d'élucubration mentale et d'élévation spirituelle auxquelles il nous avait initiés. Nous nous apprêtions à quitter non seulement des maîtres à penser que nous respections et admirions, mais également des guides spirituels qui nous avaient sensibilisés à la dimension intemporelle de l'existence.

Et dans notre prétention inconvenante, nous ne pouvions imaginer à quel point ces hommes en soutanes et collets romains savaient saisir les aspects sous-jacents à la dynamique qui était en train de s'opérer sous leurs yeux, mais que la naïveté et l'insouciance de nos vingt ans dérobaient à notre attention.

Dans son petit laïus de départ, ce même directeur s'était également permis d'ajouter une réflexion dont je mesure aujourd'hui tout l'à-propos : « Un cycle déterminant de votre vie prend fin aujourd'hui. Nous vous avons initiés aux diverses sphères du savoir. Grâce aux études supérieures que vous allez bientôt entreprendre, vous pourrez approfondir les connaissances de base que vous avez acquises au collège.

« Mais ne vous y trompez pas. C'est la fidélité dont vous ferez preuve à l'égard des valeurs humaines et spirituelles que vous aurez privilégiées qui servira de véritable mesure à votre réussite personnelle et sociale. Car même vos plus impressionnantes réalisations ne pourront jamais apporter réponses aux questions existentielles qui ne cesseront de se poser à vous lors des différentes étapes de votre vie. Seule une attention obligeante et désintéressée à l'égard de ceux et celles qui croiseront votre route vous rapprochera de ce qui fait l'essence de la vie et vous en fera percer les mystères. » Paroles de sagesse qui n'ont eu de cesse de m'interpeller depuis et de m'inspirer à chaque fois que j'ai eu à donner des orientations à ma vie personnelle ou à prendre des décisions d'ordre professionnel.

Mais la vie demeure un incessant appel au dépassement. Et, de tout temps, l'homme est demeuré capable des plus nobles munificences comme des plus malveillantes vilenies. Il serait cependant vain de se confondre en regrets à cause des concessions, passagères ou récurrentes, que l'on a pu faire en regard des convictions qui nous habitaient lorsque nous nous sommes portés à la conquête de la vie. Si le cumul des années présente de quelconques avantages, il y a celui de se sentir interpellé à faire preuve d'une plus grande indulgence envers soi-même et envers les hommes et les femmes dont l'espérance n'a pas toujours été en mesure de faire contrepoids à leurs désillusions.

Chaque fois que j'ai l'occasion de mesurer la chance que j'ai eue d'avoir reçu une éducation de qualité, je ne peux m'empêcher de penser à ces manœuvres avec qui j'ai travaillé dans les entrepôts de Coca-Cola au cours des deux premiers étés qui ont ponctué mes études universitaires. Mon boulot consistait essentiellement à empiler 12 caisses de bois contenant 24 bouteilles de la populaire boisson gazeuse. Un travail exigeant et routinier – chacune des boîtes faisant 47 livres au total – qui n'exigeait aucune compétence particulière, sinon celle de posséder la force et la résistance nécessaires pour suffire à la tâche.

Cette expérience, bien que temporaire, m'a cependant amené à longuement m'interroger sur le peu de valorisation que ce type de boulot était en mesure de procurer à mes collègues dont c'était le gagne-pain. J'imaginais facilement leur malaise et leur appréhension à la vue d'un jeunot de dix-huit ans en mesure non seulement de réaliser le même travail qu'eux, mais, de plus, de l'exécuter en moins de temps qu'ils n'en mettaient eux-mêmes. Même si leur apport à l'entreprise demeurait essentiel en cette période où la mécanisation des entrepôts était encore pratiquement inexistante, je devine que la nature de leur travail n'était pas l'élément le plus susceptible d'accroître leur estime personnelle.

Conscient de la veine que j'avais de pouvoir retourner aux études après quelques mois de ce labeur physique, qui présentait au moins l'avantage de me procurer une bienfaisante hygiène mentale, je n'en ai pas moins acquis une proximité de cœur avec ces travailleurs de l'ombre qui nourrissent, comme êtres humains, les mêmes aspirations que ceux qui les emploient ou que ceux qui bénéficient du fruit de leur ouvrage. Comme j'ai eu l'occasion de l'expérimenter à la dure, il n'y a pas de sot métier. Je déplore cependant le fait qu'il se trouve encore beaucoup de bien-pensants qui prennent un malin plaisir à verser dans le dogmatisme accusateur et le mépris déguisé à l'égard de tous ces manœuvres sans qui les commerces ou les industries demeureraient que de stériles laboratoires d'idées.

Il en est de même du regard que l'on est appelé à poser sur ceux et celles qui ne sont pas munis d'un bagage suffisant pour composer avec les aléas de la vie. Qui sommes-nous pour porter un jugement sur ces hommes et ces femmes qui, par ignorance ou par infortune, doivent se contenter de bonheurs éphémères, de complaisances faciles et de voluptés creuses? Qui de nous ne s'est pas, un jour ou l'autre, laissé séduire par des demi-vérités, des évidences approximatives et de fausses certitudes? En bout de piste, j'en suis venu à croire que la seule question d'importance demeure celle de savoir si les concessions que nous avons pu faire à nos principes ne nous ont pas désensibilisés au point de nous faire perdre toute compassion envers soi et envers les autres. «Ne fais pas à autrui ce que tu ne voudrais pas qu'on te fasse à toi-même», avait dit le prophète de Galilée. «Constante épreuve de forces», nous avait rappelé le père recteur à notre sortie du collège...

Philosophie entremetteuse

Alors que plusieurs de mes camarades de classe avaient l'impression que les cours de philo ne servaient à rien d'autre qu'à pelleter des nuages, il en fut tout autrement en ce qui me concerne. Je découvris en effet que cette discipline possédait non seulement un côté pratique, mais également une dimension romantique que même mes profs n'auraient pu soupçonner.

Nous en étions à notre deuxième année de philosophie. Un collègue, qui s'était rendu compte que j'avais une certaine facilité avec les productions écrites, vint un jour me trouver pour me confier ses difficultés : « Je n'arrive pas à façonner un bon texte et j'ai absolument besoin de la note qui lui est rattachée afin de compléter mon année scolaire avec succès ; accepterais-tu de le rédiger à ma place ? » Sa requête me plaça face à un épineux dilemme. D'un côté, je me sentais redevable envers lui à cause de l'amitié que je lui portais. Mais de l'autre, si j'acceptais de procéder de la manière qu'il me le proposait, j'aurais eu l'impression de participer sciemment à une forme déguisée de tricherie.

C'est à ce moment que j'eus un éclair d'inspiration qui me permit de contourner le problème : « Je ne te l'écrirai pas, mais je suis cependant disposé à esquisser un schéma passablement complet du corpus à développer. Il ne te restera qu'à rédiger le texte en utilisant tes propres mots. » Ce qui lui convint tout à fait. En guise de compensation, il me promit de me présenter à celle qu'il fréquentait à ce moment-là. « Non, non, que je lui répondis, je suis déjà bien entouré et ta blonde, je ne la connais pas. » Mais il insista : « Promesse faite, promesse tenue. Si tu me rends ce service-là, je m'engage à faire les présentations d'usage. » Comme j'avais peu à y perdre, je finis par acquiescer. Il ne se doutait cependant pas à quel point je pouvais être tout aussi frondeur que dissertateur : « Fais attention, lui ai-je dit, si tu fais cela, tu ne la reverras peut-être jamais plus ! »

Il s'est probablement imaginé que les termes de l'accord que nous venions de conclure ne comportaient pas trop de risques pour sa relation sentimentale. Une des coutumes de l'époque voulait en effet que les rendez-vous arrangés – les *blind date*, comme on les appelle communément – se multiplient au gré des activités récréatives et créent des rapprochements entre la petite amie ou le prétendant du moment et d'autres membres de l'entourage immédiat. Ainsi, un garçon pouvait établir une première relation, amoureuse ou amicale, avec une jeune fille ; par la suite, il n'était pas rare de voir celle-ci se retourner, sans que ce soit pour autant perçu comme de la complaisance ou de la tromperie, vers le frère ou l'ami du jeune homme en question. Cet échange pouvait également s'effectuer dans le sens inverse. Les amitiés et les amourettes se défaisaient et se recomposaient ainsi rapidement. Et comme les fréquentations de l'époque n'impliquaient pas la même intimité qu'aujourd'hui, ces chassés-croisés amoureux portaient rarement à conséquence. En finale, garçons et filles avaient élargi leur réseau de connaissances et certains, parfois, au hasard des rencontres, trouvaient l'amour de leur vie.

Comme je n'aimais pas faire les choses à moitié, je rédigeai un plan de travail passablement détaillé, tout en m'assurant cependant que le canevas esquissé ne procure pas à mon quémandeur un résultat supérieur au mien. Le stratagème porta les fruits escomptés et celui qui avait fait de moi son complice se vit octroyer une note qui lui assura le succès espéré. Question de faire honneur à son engagement, il me refila le numéro de téléphone de celle qu'il arborait fièrement à son bras depuis un moment. Et il se permit d'ajouter un commentaire qui eut davantage l'effet de m'étonner que de me dissuader : « Tu sais, Jean, il faut que je te prévienne ; Marcelle, elle aime bien prendre un coup ! »

Au fond, ce qu'il tentait de faire, c'était de se disculper. En effet, la fin de semaine précédente, il était allé danser avec la jeune fille en question, à qui s'était joint un couple d'amis, au Toboggan and Ski Club, un centre sportif et récréatif situé tout en haut du mont Royal, à côté du chalet bien connu. Comme plusieurs le faisaient à l'époque, les deux jeunes hommes avaient dissimulé quelques petites flasques d'alcool dans les poches de leurs manteaux. Prétextant avoir besoin de se rafraîchir, ils multiplièrent les sorties sur la terrasse en cours de soirée afin d'enfiler quelques lampées de leur boisson préférée. Ce qui indisposa passablement les deux jeunes filles qui les accompagnaient.

Ainsi, à la fin de la soirée, considérant que son cavalier n'était plus suffisamment en possession de ses facultés pour la ramener en toute sécurité à la maison, Marcelle décida d'appeler son père pour qu'il vienne la chercher. Nos deux jeunes hommes furent quittes pour rentrer seuls… avec leurs flacons vides ! Contrariés par le peu de sérieux du prétendant de leur fille, les parents de Marcelle lui interdirent de revoir le Jules en question.

Sans le savoir, j'étais donc avantagé par les circonstances lorsque je décrochai le téléphone afin de prendre contact avec celle qui tenait lieu de rétribution à mon expertise en philo. Mais comme je n'osais me compromettre quant aux véritables raisons qui m'avaient conduit jusqu'à elle, mon interlocutrice trouva ma démarche plutôt inusitée. Ce qui ne l'empêcha pas de se montrer suffisamment amusée et curieuse pour accepter mon invitation à faire une sortie au cinéma. Notre choix se porta rapidement sur la production cinématographique *Al Jolson Story* qui venait de prendre l'affiche après avoir remporté plusieurs prix de prestige.

Afin de faire plus ample connaissance, j'invitai la demoiselle en question au restaurant à la fin de la projection. Et comme j'avais toujours en tête la mise en garde que mon apprenti philosophe m'avait lancée avant de me refiler ses coordonnées, je voulus faire montre d'attention à son endroit en lui offrant un Manhattan, un cocktail alcoolisé fort prisé à l'époque. Mais quelle ne fut pas ma surprise lorsque je constatai que mon élan de galanterie l'avait plus embarrassée que séduite. À la tête qu'elle faisait, je me suis rendu compte qu'elle était aussi peu familière avec ce genre de boisson qu'avec l'univers médical. « Je préférerais un Banana Split et un Coca-Cola, s'il te plaît. » Sa candeur rendit du coup vaines et superflues toutes velléités de ma part de recourir à la bienséance afin de faire bonne impression auprès d'elle. Sa simplicité et sa spontanéité suffirent à rendre le charme on ne peut plus opérant.

Cette première rencontre prenait donc toutes les allures d'une idylle naissante. Pour tout dire, je me sentais bien loin des élucubrations de Platon et d'Aristote. Avant de la quitter, je me permis d'inviter Marcelle à danser dès le samedi suivant au Château

Sainte-Rose à Laval. Comble de romantisme en perspective, c'était Willie Eckstein, un des plus célèbres pianistes montréalais de l'époque, qui était l'artiste vedette invité de la semaine. Question de mettre toutes les chances de mon côté, je m'assurai que la voiture de mon père soit disponible pour l'occasion. À mes yeux, la demoiselle convoitée méritait tous les égards appropriés aux sentiments qu'elle m'inspirait…

Mon initiative n'allait cependant pas décourager pour autant mon collègue et néanmoins ami. Il avait beau en découdre avec la philosophie, il n'était pas pour autant dépourvu de sens pratique. Au lendemain de notre soirée au ciné, notre entremetteur improvisé n'avait pas tardé à s'enquérir des premières impressions de celle qu'il avait utilisée comme monnaie d'échange : « Comment tu l'as trouvé, ce Coutu ? » Tant par désir de transparence que par sentiment de vengeance, Marcelle se fit particulièrement élogieuse à mon endroit, lui faisant même part de nos projets pour le week-end à venir. Désireux de profiter des circonstances à son avantage, il s'empressa de lui faire une proposition tout aussi tordue que malvenue : « Moi aussi, j'y serai. Et comme ma dette envers Coutu est payée, il ne pourra s'objecter à ce que je t'invite à danser. Ce sera une belle occasion de nous rapprocher… »

Mais la stratégie se retourna contre lui. Marcelle passa finalement toute la soirée à mon bras ; il n'eut droit à aucune attention, sinon polie, de sa part. En ce qui me concerne, ignorant tout du stratagème dans lequel il voulait l'entraîner, je n'étais pas conscient qu'au fond elle se servait de moi pour le semer définitivement. Je n'étais toutefois pas le seul dupe dans cette histoire. De son côté, Marcelle ignorait que mes premières avances avaient d'abord à voir avec un échange de services. Sans le savoir, nous avions donc tous trois provoqué une situation qui avait toutes les allures d'une tragicomédie de boulevard ou d'un opéra bouffe. Par bonheur, le dénouement s'avéra tout aussi heureux que dans ces pièces où le quiproquo ne sert qu'à rapprocher ceux que l'amour destine l'un à l'autre.

Tribun en herbe

Le plaisir spontané que j'éprouvais à prendre la parole – et parfois même à l'accaparer – m'a accompagné du collège jusqu'à l'université. Je ne me suis donc pas défilé lorsque, dès le début de la première session, un ancien collègue de Brébeuf proposa d'ajouter mon nom à la dizaine de candidatures en lice pour la présidence de la nouvelle cohorte des 150 étudiants qui faisaient leur entrée à la faculté de médecine de l'Université de Montréal. Question de stratégie – les conseils du père Pelchat étant encore tout frais à ma mémoire –, je demandai à prendre la parole le dernier lorsque viendrait la période de temps allouée aux candidats pour se présenter à l'électorat étudiant.

Le moment venu, chacun reprit une argumentation en tout point comparable afin de se faire valoir : « Je m'engage à me faire attentif à vos demandes et à bien vous représenter auprès de la direction. Si vous votez pour moi, je peux vous assurer que vous ne serez pas déçus. » De tous ceux qui défilaient, personne ne faisait preuve d'une certaine originalité dans son approche. On aurait dit des discours de candidats qui se préparaient davantage à un couronnement qu'à une élection. L'auditoire était donc passablement amorphe lorsque je me présentai à la tribune. Je savais que je devais faire preuve de panache et d'éclat si je désirais me démarquer du ronron discursif qui avait prévalu jusque-là.

Pour m'assurer que le coup porte, je choisis de me faire un tant soit peu racoleur : « Chers amis, écoutez-moi bien. Si, parmi tous ceux qui se présentent devant vous aujourd'hui, il y avait un dénommé Jules César, est-ce que vous voteriez pour lui ? » En moins de temps qu'il n'en fallut pour balayer la salle du regard, je sentis que je venais d'attirer l'attention. « Ou encore, si notre valeureux fondateur, Jacques Cartier, briguait les suffrages pour vous représenter, seriez-vous disposés à lui accorder votre confiance ? » Voilà que plusieurs regards approbateurs convergèrent en ma direction et que quelques têtes commencèrent à opiner du bonnet.

Désirant m'assurer le vote des quatre seules audacieuses qui s'étaient inscrites à une formation en médecine, je me permis un petit coup de violon en leur direction : « Et si Jean Clément, le chanteur de charme que vous aimez tant, faisait partie de la liste des candidats, seriez-vous prêtes à inscrire son nom sur votre bulletin de vote ? » Le sourire approbateur qui s'esquissa sur les visages de celles que je cherchais à toucher me procura la réponse que j'attendais. Sentant qu'un évident mouvement de sympathie se dessinait en ma faveur, j'ajoutai l'élément qui, je le sentais, allait rendre irréfutable mon argumentation : « Et si c'était Jésus-Christ lui-même qui vous demandait de l'appuyer, auriez-vous assez foi en lui pour lui donner votre appui ? » À une époque où la religion assurait le maillage du tissu social au même titre que le hockey ou la politique, la formule employée eut pour effet, dans les circonstances, de réunir ce qu'il aurait été convenu d'appeler « les conditions gagnantes ».

C'est alors que j'ajoutai à ma tirade la petite dose de démagogie qui allait m'assurer la victoire : « Avez-vous remarqué que les initiales de tous ces leaders, que vous vous êtes montrés disposés à appuyer spontanément, sont les mêmes que les miennes ? Voilà la valeur ajoutée qui fait de moi le candidat le plus apte à vous représenter ! » La formule s'est avérée efficace ; la victoire fut écrasante. Rarement avait-on vu un parfait inconnu se faire élire de façon aussi convaincante. Les effets de mon discours ont dû produire un certain écho puisque, l'année suivante, on ajouta à mes responsabilités celle de représentant des étudiants de l'ensemble de la faculté auprès de la direction de l'université. Comme le disait si bien le père Pelchat, tout est une question de rhétorique…

Revers immérité

C'est surtout à l'intérieur de ce second mandat que je fus appelé à faire valoir les quelques talents d'orateur qui avaient séduit mes pairs lors de mon élection. En effet, alors que la session était déjà en cours, on nous annonça que le conseil des études avait l'intention de porter à 65 % la note globale de passage pour chaque matière, et ce, avant même la fin de l'année universitaire. Pressé par les étudiants qui considéraient cette mesure comme injustifiée et son application précipitée, j'entrepris les démarches de représentation qui s'imposaient auprès des professeurs et des différents responsables en poste afin de faire valoir le point de vue de ceux et celles qui se voyaient ainsi imposer de nouveaux standards.

La majorité de ceux que nous avons alors rencontrés se sont montrés sensibles à notre cause et se sont même dits prêts à nous appuyer. Ce qui, dans un premier temps, renforça nos convictions. Il nous restait cependant à persuader le doyen de la faculté de philosophie, un intervenant particulièrement influent au conseil des études. Celui-ci nous écouta longuement, sans mot dire. Malgré l'enthousiasme que nous démontrions afin de le convaincre, il demeura complètement impassible. Décontenancés par son apparente indifférence, nous sommes sortis de son bureau, convaincus que notre cause était perdue.

Une heureuse surprise nous attendait cependant au moment où la décision finale allait être prise. Lorsque se tint l'assemblée universitaire, alors que la majorité de ceux qui nous avaient assuré leur appui se sont tus ou carrément absentés, c'est plutôt lui qui s'est spontanément levé et qui a pris notre défense : « Nous ne pouvons ainsi modifier les barèmes de correction en cours d'année. Je considère qu'il s'agit là d'un manque de respect pour les étudiants et d'une absence de cohérence en regard des règles que nous avons nous-mêmes établies. » À la fois étonnés et réconfortés, nous buvions littéralement chacune de ses paroles. Quelle leçon de rectitude et de probité ! Alors que nous pensions avoir trouvé nos appuis les plus sûrs chez ceux qui s'étaient montrés les plus critiques envers les changements annoncés, c'est plutôt celui qui avait fait montre d'une totale retenue qui s'est finalement avéré notre principal allié. Comme quoi les forts en gueule ne sont pas toujours les plus efficaces lorsque vient le temps de se compromettre.

La note de passage est donc demeurée inchangée pour l'année en cours. J'allais cependant devoir en payer le prix. En effet, le prof qui avait parrainé ce projet de réforme était également celui qui enseignait l'histologie, la subdivision de la biologie qui étudie la composition, la structure et le renouvellement des tissus. Or, il s'agissait là d'un cours qui faisait partie du cursus de la deuxième année de formation en médecine. Et c'est au moment de l'examen final que la frustration du professeur en question me rattrapa.

Intimidant en apparence, le processus d'évaluation était plutôt simple. Nous devions d'abord choisir au hasard une des questions qui avaient été préalablement déposées dans un panier. Et, dans un second temps, formuler verbalement notre réponse devant un comité formé de deux représentants du Collège des médecins et du professeur qui avait enseigné la matière concernée. En principe, en ce qui me concerne, l'exercice s'annonçait comme une formalité, l'histologie étant un domaine qui m'était particulièrement familier et en regard duquel j'avais excellé à chacun des examens de contrôle qui avaient eu lieu en cours d'année.

La question que j'avais pigée portant sur une coupe de l'appendice, je formulai, le temps venu, mon petit laïus au profit du comité évaluateur. Alors que les deux représentants du Collège se montrèrent essentiellement satisfaits de ma démonstration, mon rancunier de professeur se mit à me poser des questions à ce point tatillonnes que seuls des spécialistes chevronnés auraient pu lui répondre. Comme il avait réussi à m'emboîter complètement, je fus gratifié d'un saisissant zéro, une première en médecine à l'Université de Montréal. Or, les règlements de la faculté stipulaient qu'un échec, même isolé, entraînait la reprise complète de l'année scolaire; je venais donc d'être recalé.

Afin de prouver que ce n'était pas ma compétence qui était en jeu, je décidai de me présenter tout de même à l'étape d'évaluation suivante qui portait sur l'anatomie. Une démarche qui, en principe, n'aurait pas été censée m'intimider puisque j'avais toujours éprouvé de la facilité à apprivoiser cette matière. Mais l'humiliation que j'avais subie quelques heures auparavant avait déjà commencé à faire son œuvre. Devant cette autre équipe d'examinateurs, avec qui j'avais même entretenu certaines familiarités en cours d'année, je perdis tous mes moyens. Je n'arrivai même pas à formuler quelque élément de réponse que ce soit à la question que j'avais pigée deux minutes auparavant. «Entretenez-nous alors de n'importe quel autre aspect de la matière qui pourrait nous intéresser...», reprit habilement l'un d'entre eux afin de me permettre de reprendre mes moyens et de m'éviter le déshonneur complet.

Mais rien n'y fit; je n'avais plus rien de l'étudiant sûr de lui qui avait réussi à se démarquer dans l'ensemble des matières enseignées. C'est comme si j'avais soudain été dépossédé de tout mon savoir. J'étais incapable d'articuler quoi que ce soit. C'était la première fois de ma vie que j'étais mis K.-O. à ce point. Il s'agissait là, selon moi, d'un cas flagrant d'injustice et de règlement de compte qui me laissa particulièrement amer. Devant une telle impasse, je décidai de quitter la faculté. Il n'était pas question pour moi de reprendre une année alors que l'échec qu'on m'imposait n'avait rien à voir avec un manque de connaissances ou une incapacité de poursuivre de telles études.

Ma décision eut l'heur d'en étonner certains et d'en décevoir plusieurs, mon père en premier lieu. Non seulement j'abandonnais une profession libérale particulièrement prestigieuse, mais je désappointais également tous ceux et celles qui avaient vu en moi celui qui assurerait la relève du pédiatre de la famille. D'autant qu'en choisissant de me rediriger en pharmacie, j'optais pour une profession qui, à l'époque, était perçue comme une position de service par rapport à la médecine.

Comme l'objectif ultime consistait à me rapprocher des gens, je me suis dit que cette nouvelle orientation allait m'offrir tout autant d'opportunités que la première. J'eus même le sentiment qu'elle me procurerait davantage d'occasions de m'impliquer plus directement dans mon milieu. En ce sens, j'avais l'exemple de mon cousin Jean Locas qui, comme pharmacien propriétaire, menait de front une brillante carrière à la fois d'homme d'affaires et de spécialiste de la santé.

Emploi initiatique

Puisque plusieurs des cours en pharmacie étaient les mêmes que ceux que j'avais suivis depuis deux ans, il m'a été possible de récupérer un bon nombre de crédits. Je jouissais donc d'une disponibilité qui me permettait d'occuper facilement un emploi parallèle. Comme je ne voulais pas faire les choses à moitié, je courus postuler un job à ce qui s'avérait être la pharmacie «la plus grande et la plus luxueuse au Canada». Mon expérience à la Coca-Cola jouant sûrement en ma faveur, j'ai été embauché dans le célèbre lieu comme commis en charge de la réception des bouteilles d'eau minérale. Un boulot dont l'exercice se distinguait singulièrement de la manipulation attentionnée que nous faisions des éprouvettes et des béchers des laboratoires de chimie de l'université. Les chargements que je devais manipuler étaient constitués de robustes caisses de bois contenant cinquante bouteilles de l'eau importée, lesquelles étaient maintenues en place par de la paille de bois. Des déplacements journaliers et répétés de plus de cent kilos chacun…

La Pharmacie Montréal était un véritable modèle en son genre. Ouverte en 1934 dans un édifice de cinq étages du 916, rue Sainte-Catherine Est – dans lequel elle occupait le rez-de-chaussée et le premier étage –, cette pharmacie concept était la résultante de trois expériences, passablement plus modestes, menées précédemment dans le même quartier par monsieur Charles-Édouard Duquet. Cet entrepreneur s'était entre autres distingué en adoptant une politique de prix passablement agressive. Le succès qu'il connut avec ses premiers établissements l'amena à concevoir ce nouveau modèle commercial qui plaisait, tant par la quantité et la diversité des produits offerts que par les différentes méthodes qu'il avait mises en place afin d'attirer les intéressés et les curieux.

Dans un supplément publicitaire, le journal *La Presse* du 10 novembre 1934 rapportait: «L'inauguration de l'immeuble particulier de la Pharmacie Montréal, rue Sainte-Catherine, en plein centre canadien-français, marque une date importante dans les annales commerciales, et l'on pourrait ajouter sociales, de la métropole. Notre ville se trouve dotée d'une pharmacie qui, parmi les établissements de ce genre soumis à une direction individuelle, sera sans contredit la plus vaste et la mieux aménagée, non seulement du Canada, mais du monde entier. Une remarquable réalisation à une époque de crise économique.»

L'endroit s'avérait effectivement singulier en tous points. Bien en évidence sur le toit de l'édifice se trouvait une immense mappemonde lumineuse surmontée de l'affiche «La plus grande pharmacie au monde». Les portes d'entrée avaient été complètement éliminées, un simple écran invisible – de chaleur en hiver et de fraîcheur en été – assurant le confort des clients à leur arrivée. De plus, un mécanisme spécialement adapté produisait des ultrasons tout autour de l'encadrement de façon à éviter que les bestioles ne pénètrent à l'intérieur et ne viennent incommoder les clients. Cette pharmacie était à ce point unique qu'elle était avantageusement répertoriée dans pratiquement tous les guides touristiques du Canada et des États-Unis.

Ouverte sept jours par semaine, vingt-quatre heures durant, la Pharmacie Montréal ne cessa d'innover et de tout mettre en œuvre afin de servir le plus grand nombre de clients possible. La majorité des articles affichaient des prix substantiellement réduits et on y faisait le développement des pellicules photographiques en moins de deux heures. L'établissement assurait de plus la livraison sur tout le territoire montréalais, des dizaines de véhicules – camionnettes, automobiles et motocyclettes – arpentant la ville en tous sens afin de livrer les commandes téléphoniques. Sans compter le service postal qui portait les commandes des clients plus éloignés partout au Canada.

L'endroit se distinguait de tout ce qui pouvait exister au point où les autobus nolisés s'y arrêtaient afin d'y déposer les touristes pour qui une visite à la Pharmacie Montréal était tout aussi indiquée qu'une promenade sur le mont Royal ou dans le Vieux-Montréal. La vue de tous ces gens qui prenaient plaisir à déambuler dans cette pharmacie et à se faire prendre en photo à l'entrée donna d'ailleurs l'idée à monsieur Duquet, toujours à l'affût de concepts novateurs, de récupérer ces comportements pour le moins singuliers à son avantage.

Il mit ainsi en place ce qu'il appela habilement les « Excursions Nowhere ». Chaque samedi soir, en collaboration avec un transporteur local, il offrait aux jeunes en quête d'endroits pour se divertir la possibilité de faire une balade d'agrément dans le nord de la ville. Pour la modique somme de deux dollars, chaque gars et chaque fille se voyait remettre une pellicule photo de même qu'un billet d'entrée lui donnant accès à une salle de danse située tout juste en face d'un petit îlot retiré qui était connu des seuls fêtards de l'endroit. On peut deviner que ceux et celles qui s'y rendaient en cours de soirée n'étaient pas particulièrement motivés par le désir de corroborer les travaux de botanique du frère Marie-Victorin…

Plus tard dans la nuit, les autobus nolisés ramenaient les excursionnistes en face de la Pharmacie Montréal. Chacun était invité à y déposer ses pellicules photographiques et à venir récupérer les épreuves le lendemain. La formule était appréciée au point où, certains samedis, plus de trois autobus bondés prenaient le départ pour cette destination inconnue dont l'identité n'était finalement secrète pour personne. Une autre des façons originales qui avaient été mises en place par l'entreprenant propriétaire de l'endroit afin d'augmenter l'achalandage de sa pharmacie.

Pour l'étudiant débutant et le travailleur inexpérimenté que j'étais, je fus fortement impressionné par ce monsieur Duquet.

C'était un bâtisseur qui ne craignait pas d'innover et de sortir des sentiers battus. Ajouté au fait que l'édifice qui abritait son commerce se juxtaposait au populaire magasin à rayons Dupuis et frères et la très fréquentée taverne Café Émile, la Pharmacie Montréal était l'endroit tout désigné pour prendre le pouls de la ville. Il s'agissait d'une attraction au même titre que le réputé Montreal Pool Room ou le mythique Forum de Montréal. Je demeurai à l'emploi de la populaire institution pendant près d'un an.

Entreprise familiale

Puis au fur et à mesure que mes compétences dans le domaine de la pharmacie se développèrent, je commençai à reluquer une meilleure occupation, la Pharmacie Montréal m'offrant peu de possibilités à cet égard. C'est alors qu'un professionnel du milieu, rencontré au hasard d'une promenade, me dit un jour : « Pourquoi n'offres-tu pas tes services pour travailler aux Pharmacies Leduc ? Tu aurais sûrement des conditions plus avantageuses et de meilleures possibilités d'avancement. » Étant donné que les propriétaires de la chaîne en question connaissaient bien mon père, je n'éprouvai pas de difficultés à me faire embaucher.

Avec ses vingt établissements regroupés essentiellement sur l'île de Montréal et les environs, les Pharmacies Leduc constituaient alors la plus importante et la plus ancienne des chaînes. Celle-ci avait été fondée en 1872 par le docteur J.-A. Leduc, qui était à la fois médecin et pharmacien. Ses deux fils avaient poursuivi son œuvre en ouvrant chacun un établissement sous le même nom. Étant donné qu'il s'agissait essentiellement d'une organisation de type familial, je ne m'illusionnais pas. Je savais pertinemment qu'il faudrait notablement me démarquer pour que me soient confiées des responsabilités correspondant à mes ambitions.

Comme mon agenda quotidien n'était pas très encombré par mes cours, je disposais de temps pour faire mes preuves. À mon arrivée, je fus d'abord dirigé vers un établissement de la chaîne qui avait pignon sur rue tout près de la Pharmacie Montréal. Un concours de circonstances qui m'est apparu comme un véritable défi. Puis, peu de temps après, on m'affecta à celui qui était situé au coin des rues Sherbrooke et Saint-Denis, considéré comme la succursale prestige de la chaîne. Localisée dans un environnement où l'offre en matière de services de santé se faisait abondante et diversifiée, cette pharmacie bénéficiait d'une enviable réputation auprès des résidents du secteur et des médecins pratiquant tout autour.

C'était l'époque où la notoriété d'une pharmacie était directement redevable à l'expertise et au savoir-faire de l'homme en blanc qui œuvrait dans l'arrière-boutique. Les produits fabriqués en usine que l'on connaît aujourd'hui étant encore presque inexistants, les pharmaciens fabriquaient eux-mêmes la plupart de la médication prescrite par les médecins. Ce sont eux qui concoctaient chacune des pommades, gels, onguents, sirops, dépuratifs, diurétiques, fortifiants et mixtures destinés à soulager les malaises de toutes sortes. On retrouvait certes sur les tablettes quelques prothèses orthopédiques, de même que certains produits d'hygiène personnelle, de beauté et de photographie, mais il ne s'agissait que d'une offre complémentaire dont le choix demeurait passablement limité. Les pharmaciens de l'époque se plaisaient à présenter un visage plutôt éclectique de la profession, tout intérêt pour le potentiel commercial inhérent à la pratique apparaissant comme indigne de leur statut. D'où les sévères critiques que pouvait s'attirer un établissement comme la Pharmacie Montréal.

En tant que commis, j'ai acquis énormément d'expérience lors de ce séjour dans les Pharmacies Leduc. Il m'était ainsi possible de mettre en pratique au fur et à mesure ce que j'apprenais dans le cadre de ma formation magistrale à l'université. C'était de plus l'époque où le véritable apprentissage de la pharmacie se faisait dans l'arrière-boutique, sous la supervision d'un professionnel expérimenté, qui jouait alors le rôle de maître formateur.

Et en ce qui me concerne, j'ai eu droit à un des plus originaux d'entre eux. Des trois pharmaciens qui œuvraient dans l'établissement où je travaillais, il y en avait un qui était particulièrement malcommode. Marié à une femme qui cumulait des malaises aussi chroniques que multiples, il était devenu irascible et intransigeant à force d'en prendre soin. Mais c'était un bourreau de travail pour qui la pharmacopée n'avait plus de secrets. Le « père Léonard », qu'on l'appelait. Loin de s'en offusquer, il se plaisait à offrir spontanément la répartie en qualifiant de « mon Joseph » tous les jeunes qui l'entouraient.

Au fil du temps, celui qui s'enorgueillissait d'être le seul à pouvoir tutoyer le grand patron de la boîte s'était fait une spécialité de la préparation des onguents. Rien d'étonnant puisqu'il était animé d'une quête de perfection qui se rapprochait de la compulsion. Ainsi, sous sa responsabilité, la confection d'une crème ou d'une pommade prenait des allures de compétition à finir. Pas question de livrer une préparation sans que le père Léonard en vérifie la texture et l'onctuosité. Je le revois encore faire glisser avec suspicion quelques milligrammes de nos compositions entre son pouce et son index. Neuf fois sur dix, il nous remettait la plaque de préparation en nous disant d'un air affecté : « Recommence cela, mon Joseph, il reste encore des grumeaux. »

Bien que son attitude ait indisposé plusieurs de mes collègues de travail, je me sentais tout à fait à l'aise avec ce niveau d'exigence. J'éprouvais une fierté en tous points comparable à la sienne lorsque j'arrivais à réaliser des préparations qui respectaient ses critères d'excellence. Cela faisait sans doute partie de mon héritage parental. Non seulement j'appréciais les choses bien faites, mais je ne trouvais une réelle satisfaction que dans les réalisations qui s'approchaient de la perfection... si tant est qu'elle existe en ce monde. Dans cette perspective, le père Léonard s'est avéré tout autant un partenaire stimulant qu'un maître exigeant. Nous partagions le même intérêt en ce qui concerne la recherche d'excellence.

Par contre, s'il est une chose qui nous différenciait singulièrement, c'est l'ordre et la méthode avec lesquels nous effectuions notre travail. Le père Léonard œuvrait dans une sorte de fouillis institutionnalisé. Une façon détournée, et plus ou moins consciente, d'exercer son pouvoir : «Tu ne trouves pas tel flacon ? Regarde, mon Joseph, il est juste là.» Ainsi, même s'il s'impatientait parfois du temps que nous mettions à retrouver les composantes de nos préparations, il se sentait menacé dans sa prééminence à chaque fois qu'un contenant ou qu'un instrument de travail n'était pas remis à la place où il l'avait préalablement déposé.

Comme, déjà à l'époque, j'éprouvais beaucoup de difficulté à supporter le désordre, je me suis retrouvé un jour à confronter directement ce maître des lieux. Un dimanche après-midi où j'étais de service et qu'il était en congé, j'entrepris de mettre de l'ordre dans le laboratoire. Je rangeai les huiles ensemble, de même que les alcools et les poudres; le tout par catégorie et par ordre alphabétique. Je fermai les rabats des boîtes, vissai hermétiquement les couvercles qui recouvraient les pots et dégageai les tubes des surplus de matière séchée qui les obstruaient.

À son retour le lundi matin, notre spécialiste des onguents ne s'y retrouvait plus. Un de ses «Joseph» avait osé remuer son univers. Un véritable affront à ses yeux! En plus des remontrances de circonstances, je dus subir sa mauvaise humeur pendant des semaines. Non seulement avais-je indirectement remis en question les méthodes de travail du vénérable formateur, mais, ce faisant, j'avais contesté une des plus probantes formes d'expression de son pouvoir. Mais en homme intelligent et perspicace qu'il était, il a fini par saisir les nombreux avantages qu'il y avait – pour lui comme pour nous tous – à œuvrer dans un environnement où l'on retrouve facilement et rapidement ce dont on a besoin pour travailler. Le rapprochement qui s'en est suivi ne fut que plus productif.

Bien que nos parcours respectifs nous aient conduits vers une inévitable croisée des chemins, tout me porte à croire que j'aurais apprécié travailler encore longtemps avec ce bon père Léonard. Pour lui comme pour moi, la recherche d'excellence en tout n'avait rien à voir avec une quelconque quête de reconnaissance personnelle. Il s'agissait plutôt d'un pressant appel à tout mettre en œuvre – talents, expérience et expertise – afin d'être à la hauteur des responsabilités qu'on nous confiait. Il en allait de notre satisfaction personnelle et de la confiance que l'on pouvait inspirer chez un employeur ou chez d'éventuels partenaires d'affaires.

Légitimes attentes

Une fois que les dirigeants se sont rendu compte que j'étais en mesure d'assumer davantage de responsabilités, on m'affecta à la succursale située au coin des rues Villeray et Saint-Denis à titre de directeur adjoint. À vingt-trois ans, il s'agissait d'un défi que j'estimais être à la mesure de mes ambitions. Afin d'atteindre les résultats escomptés, je me suis entouré de nouveaux employés – augmentant leur nombre de cinq à douze – dont un étudiant de la faculté de pharmacie de l'Université de Montréal du nom de Jacques Masse. En créant ainsi une nouvelle dynamique, cette succursale est passée en peu de temps du dixième au premier rang de la chaîne pour ce qui est du rendement. Ce qui me mérita le poste de directeur.

J'estimais que ces résultats fulgurants m'autorisaient à exiger une révision de mes conditions de travail. J'allai donc trouver monsieur Donat Caron, le directeur général de la chaîne, pour lui demander une substantielle augmentation de salaire. Non seulement se montra-t-il étonné de ma témérité – je gagnais 75 $ par semaine, ce qui, à ses dires, faisait de moi le pharmacien le mieux payé de la chaîne –, mais il chercha à me dissuader de poursuivre ma démarche: « Étant donné votre expérience et votre expertise, sachez, jeune homme, que c'est là le maximum que je suis autorisé à vous accorder. Si vos ambitions sont d'un autre ordre, il faudrait remonter jusqu'à monsieur Leduc. Mais je doute que vous puissiez le convaincre de faire une entorse aux politiques salariales déjà établies. »

Loin de me décourager, cette fin de non-recevoir me stimula d'autant plus : « Où est le bureau de monsieur Leduc ? » lui demandai-je sans plus d'hésitations. Le pauvre eut l'impression d'être l'objet d'une fronde inopinée : « Mais jamais personne n'a osé discuter de ses conditions de travail directement avec le grand patron ! » Bien que conscient de créer un précédent, je savais pertinemment que ce ne serait pas en m'écrasant que j'allais obtenir ce que je souhaitais. « Dites-moi par où passer et je monte le rencontrer à l'instant. »

Déterminé, je grimpai jusqu'à son bureau. Et après lui avoir fait part de mes attentes, je poussai ma témérité jusqu'à lui dire que je n'étais pas le seul à vouloir occuper une meilleure place dans l'entreprise. « Monsieur Leduc, voilà maintenant cinq ans que je travaille chez vous. Et je m'y plais énormément. Tout comme deux autres de mes collègues qui s'affairent également à votre enseigne. Nous nous sentons impliqués au point d'imaginer notre avenir en lien avec celui de l'entreprise. Dans cette perspective, seriez-vous disposé à nous accorder une participation à l'actionnariat de la chaîne qui porte votre nom ? »

À la tête qu'il faisait, je voyais bien que je l'avais passablement déstabilisé avec la requête que je venais de formuler. « Monsieur Coutu, comme j'ai déjà eu l'occasion de vous le mentionner, je reconnais la grande qualité de votre travail, de même que celle de vos deux confrères. Mais je dois cependant vous rappeler que les Pharmacies Leduc sont une entreprise familiale et que nous avons la ferme intention qu'elles le demeurent. Dans ces conditions, vous comprendrez que je ne peux répondre à vos attentes. » Ses propos avaient le mérite d'être clairs ; ce n'était pas négociable. J'avais au moins la satisfaction d'avoir exercé tous les recours possibles. Six mois plus tard, non sans un pincement au cœur, je quittai l'entreprise. Il n'était pas question pour moi d'œuvrer dans un milieu qui restreigne mes perspectives d'avenir. Surtout pas à vingt-cinq ans.

Mes confrères ont finalement tous fait de même. J'ai trouvé cela passablement dommage, car j'avais le sentiment que chacune des parties y perdait au change. Mais le bilan que je traçais de mon expérience n'était pas négatif pour autant. J'y avais acquis une solide expérience et les résultats obtenus m'avaient démontré que je pouvais tout aussi bien composer avec les aspects thérapeutiques que commerciaux de la pratique de la profession. Sans compter que, sur le plan personnel, la possibilité que l'on m'avait donnée de travailler sur une base régulière m'avait permis de me marier et de fonder une famille avec celle qui avait complètement chamboulé mon cœur en préférant un Banana Split et un Coca-Cola à un Manhattan *on the rocks*. Un élément non négligeable dans la vie d'un jeune pharmacien...

Concoctions maritales

C'est après ma première année à l'emploi des Pharmacies Leduc – donc au terme de ma deuxième année d'études en pharmacie – que je prononçai le compromettant «oui» au pied de l'autel. Depuis nos tout premiers pas de danse au son de la musique de Willie Eckstein – *You Are My All in ALL* –, j'avais reconnu en Marcelle Lépine celle avec qui je voulais, pour le meilleur et pour le pire, faire ma vie et fonder une famille. Nous partagions les mêmes valeurs et les mêmes rêves. Avec l'amour dans une main et la santé dans l'autre, nous avions le sentiment que l'avenir nous appartenait. Déjà six décennies plus tard, je peux affirmer sans ambages que, à ses côtés, le meilleur a largement pris le pas sur tout le reste!

Nos fréquentations se sont étendues sur une période de trois ans. Nous nous sommes fiancés – geste traditionnel et manifeste d'engagement que contribuait à perpétuer la religion catholique – au cours de la nuit de Noël 1949. Le mariage fut célébré en juillet l'année suivante. J'avais vingt-trois ans et Marcelle était de deux ans ma cadette. Nous sommes partis en voyage de noces avec une voiture empruntée – celle de mon père, que je privais ainsi du véhicule qui lui permettait d'effectuer ses visites à domicile – et deux cents dollars en poche. Direction : Old Orchard Beach, Maine. La destination privilégiée de l'époque – les chutes Niagara – s'avérant trop éloignée et trop onéreuse pour nos moyens. Mais faut croire qu'il n'en fallait pas tant pour porter à son comble le bonheur qui nous animait : chemin faisant, nous nous sommes fait refuser une chambre d'hôtel à cause de nos allures trop juvéniles !

De retour après moins d'une semaine, nous nous sommes installés dans un petit deux et demi de la rue Chapleau, au troisième étage d'une résidence qui appartenait à ma belle-mère. C'était loin de l'opulence, mais ce n'était pas la misère pour autant. Le principal défi consistait à gérer mon maigre salaire avec circonspection. C'est ainsi que les petits-beurre abîmés de la biscuiterie Oscar, sise à cette époque sur l'avenue du Mont-Royal, tinrent avantageusement lieu de dessert quotidien. Mais on ne s'en formalisait aucunement puisque, de toute manière, il fallait les broyer pour les manger. En cette période de simplicité plus obligée que volontaire, notre préoccupation première consistait à remplir nos assiettes plutôt qu'à les garnir élégamment. Ce qui nous faisait dire à la blague : quand on n'est pas riche et en santé, on mange des biscuits cassés !

Bien que nos revenus aient été fort modestes, nous arrivions tout de même à payer chacun de nos achats sans contracter une seule dette. La perspective de fonder une famille nous apparaissait beaucoup plus importante que de nous procurer ce que nous reluquions dans les pages des catalogues Eaton ou Simpson Sears. De même, l'idée de posséder un véhicule automobile se situait bien loin dans la liste de nos priorités ; le tramway, l'autobus ou le bon vieux *taxi bottine* faisaient amplement l'affaire. Et lorsque nous ressentions l'appel de la campagne, nous pouvions toujours compter sur la générosité de mon père ou de mon beau-père. Il ne restait qu'à décider laquelle, de la Chrysler Royal 1946 de l'un ou de la Dodge Sedan 1948 de l'autre, allait nous amener pique-niquer ou faire une baignade dans les campagnes rapprochées qui sont aujourd'hui devenues les banlieues montréalaises.

Mes parents ainsi que ceux de Marcelle ont joué un rôle de toute première importance dans notre aventure familiale naissante. Pour sa part, mon père a continué à payer les frais inhérents à la poursuite de mes études universitaires. Pour ce qui est de ma belle-mère, c'est elle qui, après nous avoir accommodés dans un de ses immeubles résidentiels, nous a fait cadeau, lors du décès de mon beau-père, de notre première auto. Une Morris Oxford – voiture anglaise qui pouvait atteindre l'impressionnante vitesse de cent kilomètres-heure – qu'elle nous a cédée à un prix dérisoire. Ce sont également eux qui nous ont prêté ce qui s'est avéré être la mise de fonds pour l'achat de notre première résidence.

Une acquisition qui a surtout été rendue possible grâce à la loi que le gouvernement Duplessis avait fait adopter en 1948 afin d'améliorer les conditions d'accès à l'habitation des Canadiens français, historiquement contraints à la location par leurs modestes revenus de prolétaires. Ce programme, qui permettait essentiellement d'alléger les intérêts bancaires et qui se portait garant du premier montant de 10 000$ d'emprunt hypothécaire, était administré par l'Office du crédit agricole du Québec. Un incitatif qui est demeuré en vigueur jusqu'en 1975.

Aménagement propice

La modeste habitation que nous convoitions faisait partie d'un vaste projet domiciliaire érigé aux limites ouest de la ville. Je me revois encore aux côtés de Marcelle, enceinte de plusieurs mois, en train de faire la queue devant les bureaux du promoteur. Le temps n'était plus aux hésitations et aux tergiversations. La décision finale d'achat devait se prendre sur-le-champ. «Le prix est de

12 500 $; nous exigeons un dépôt de 500 $. Si ces conditions vous conviennent, signez ici pour le prêt hypothécaire, là pour le fournisseur d'huile à chauffage, au bas de ce document pour les actes notariaux… » L'offre d'unités se situant bien en deçà de la demande, c'était à prendre ou à laisser. Chaque maison en plan a d'ailleurs trouvé preneur en moins de deux jours.

Une fois l'affaire conclue, je me retournai à nouveau vers mon père et ma belle-mère qui ont généreusement accepté de nous prêter la mise de fonds à raison de 1250 $ chacun. Il devenait donc possible de quitter notre troisième étage de la rue Chapleau au moment où François-Jean s'apprêtait à venir prendre place aux côtés de ses frères Louis et Michel. Nous nous retrouvions rue Badgley, dans un quartier nouvellement aménagé, tout juste aux limites de Montréal et de Ville Mont-Royal. Grâce à un aménagement qui comprenait de nombreux espaces verts, nos enfants avaient désormais accès à des installations récréatives dont ils n'auraient jamais pu rêver dans les ruelles du Plateau-Mont-Royal.

C'est au cœur de l'hiver suivant que nous avons pris possession de notre toute nouvelle propriété. Impatients de faire découvrir notre récente acquisition à mes parents, Marcelle et moi n'avons pas tardé à les inviter à venir prendre un repas à la maison. Et comme les aménagements urbains n'étaient pas encore complétés, l'entrepreneur de construction avait mis en place un certain nombre d'installations temporaires afin d'accommoder les résidents et les visiteurs. Pour se rendre chez nous, Germaine et Lucien devaient donc s'engager sur un étroit corridor de paille qui tenait lieu de trottoir temporaire.

Or voilà que survint, à quelques jours de leur visite, un important redoux. Comme ils furent obligés de garer leur voiture en bordure d'une rue voisine, l'élégance de ma mère fut rudement mise à l'épreuve. De la fenêtre avant, j'aperçus Germaine balayer suspicieusement du regard ces aménagements de fortune que les averses avaient inexorablement détrempés. Ses gracieuses précautions ne purent toutefois empêcher l'inévitable de se produire.

Dans un probable moment d'inattention, ma mère mit malencontreusement le pied en marge du trottoir improvisé. À son grand désarroi, sa jambe droite cala dans la boue jusqu'à la hauteur du genou. En la ramenant vers lui comme si elle venait de passer par-dessus bord d'une embarcation, mon père réussit finalement à la tirer de cette fâcheuse situation, mais non sans qu'un des bottillons tout neufs demeure, par effet de succion, bien enfoui dans la nappe boueuse qui tenait alors lieu de rue. Cette déconvenue, qui secoua rudement l'orgueil de Germaine, devint vite un objet de moquerie qu'on s'est plu à lui servir pendant des années : « Sous le revêtement asphalté de la rue Badgley se cache un précieux élément de l'impeccable tenue vestimentaire d'une chic dame du centre-ville venue rendre visite aux tout premiers résidents du quartier... »

Notre installation en résidence familiale marquait la fin d'un premier cycle majeur dans ma vie tant personnelle que professionnelle. D'une part, j'étais désormais propriétaire, père de trois enfants et j'avais l'immense chance d'avoir à mes côtés une femme qui excellait tout autant dans les rôles d'épouse et de mère que dans celui de partenaire et de soutien à mes projets. D'autre part, après cinq années à l'emploi des Pharmacies Leduc, j'avais appris à maîtriser les rudiments de la gestion et du développement d'une pharmacie de détail. L'avenir allait cependant m'apprendre que, malgré la planification la plus avisée, la vie nous réserve parfois quelques surprises.

Vocation ratée

Lorsque je quittai l'entreprise dirigée par Pierre Leduc, je pris une direction qui s'éloignait singulièrement de ce à quoi mon parcours m'avait préparé. En entrant à l'emploi d'Ayerst, McKenna & Harrison Limited – une importante compagnie de fabrication de médicaments –, je quittais l'univers plutôt rassurant et prévisible de l'arrière-boutique pour m'aventurer dans le milieu compétitif et en pleine expansion de la représentation commerciale. Une réorientation majeure qui n'allait pas s'effectuer sans heurts.

Ce retournement de situation s'inscrivait cependant en phase avec les importantes transitions qui étaient en train de s'opérer au sein de la société québécoise d'après-guerre. Parmi elles, les questions relatives à la santé, longtemps négligées à cause de la précarité financière des familles, se retrouvaient soudainement à l'avant-plan des préoccupations. Ce qui allait avoir une incidence directe sur les fabricants de médicaments industriels destinés à remplacer les concoctions artisanales qui étaient préparées dans les bureaux des médecins ou les officines des pharmaciens.

En tant que fournisseur de pénicilline pour les Forces armées canadiennes durant la Seconde Guerre mondiale, Ayerst, McKenna & Harrison Limited avait connu une croissance particulièrement rapide. En marge de cette activité, la création, par leur service de recherche, de la Prémarine, un agent utilisé en hormonothérapie afin de contrer les symptômes de la ménopause, avait confirmé leur préséance sur le marché des médicaments d'ordonnance à composantes chimiques. Ce produit, présenté comme une espèce de succédané de la fontaine de Jouvence, fit fureur pendant des années auprès des dames incommodées par leur « retour d'âge ».

Comme les médecins étaient les prescripteurs exclusifs de médicaments d'ordonnance, la promotion de ces divers composés était directement orientée vers eux, qu'ils exercent en cabinet privé ou au sein d'une institution hospitalière. Ma responsabilité consistait essentiellement à les rencontrer et à vanter les mérites scientifiques de la gamme de produits – vitamines, vaccins, sérums, antibiotiques – fabriqués en laboratoire par cette compagnie. En plus de m'offrir la chance de discourir à souhait avec d'autres professionnels de la santé, cette fonction me permettait de faire valoir les quelques talents de négociant que j'avais acquis alors que j'assurais la gérance de pharmacies Leduc.

Les circonstances de mon embauche m'avaient été particulièrement favorables. D'office, on m'avait octroyé un territoire notamment prospère qui avait jusque-là relevé de la responsabilité d'un professionnel émérite. À mon arrivée, monsieur Campeau, qui était également un ami de mon père, avait été promu directeur régional, devenant de ce fait mon supérieur immédiat. Que ce soit dans l'univers médical ou pharmaceutique, ce vieux routier de la représentation s'était tissé un réseau de contacts privilégiés qui faisait l'envie de tous les gens du milieu. J'héritais donc d'un potentiel commercial des plus prometteurs.

Et les résultats ne se firent pas attendre. À la fin de ma première année au service d'Ayerst, McKenna & Harrison Limited – bénéficiant du territoire précédemment desservi par monsieur Campeau, de la gentillesse des confrères de mon père ainsi que de l'encouragement apporté par mes anciens compagnons d'études –, j'atteignis des chiffres de vente qui dépassaient toutes les attentes que l'on avait placées en moi. Une performance hors du commun comme il s'en produit peu souvent dans le cadre d'un cheminement de carrière. Ce qui me valut la considération de mes employeurs et le respect de mes collègues. J'eus droit aux félicitations d'usage ainsi qu'à tous les bonis à la performance prévus à mon contrat. Tout pour me permettre de me réjouir et d'entrevoir l'avenir avec confiance au sein de cette entreprise en pleine expansion. Mais dans mon for intérieur, il en était tout autrement.

En lieu et place du sentiment de satisfaction que j'aurais dû ressentir, j'éprouvais plutôt un profond malaise. D'ordre moral d'abord. Parce que, comme professionnel de la santé soucieux d'offrir aux gens ce qui convenait le mieux à leur état, je n'arrivais pas à me convaincre de louer les vertus d'un produit au détriment d'un autre que je savais pertinemment supérieur au mien. Bien que j'aie été tout à fait conscient des impératifs commerciaux reliés au mandat qui m'était confié, il m'était impossible de naviguer entre leurres et subterfuges afin de convaincre des prescripteurs sur la base d'argumentaires qui relevaient tout autant d'une mise en marché habile que d'une recherche scientifique de pointe. Il en allait non seulement de ma crédibilité, mais également de mon estime personnelle.

J'étais de plus habité par un sérieux inconfort qui relevait des exigences que l'on m'a posées à la suite de cette première année de service marquée du sceau de performances exceptionnelles. Peu de temps après qu'on eut procédé à l'annonce des objectifs de vente pour l'année qui allait suivre, je reçus une lettre du directeur général de la compagnie qui reprenait essentiellement les éloges et les compliments que l'on m'avait faits quelques jours plus tôt. Mais je me dégonflai rapidement en posant les yeux sur la mention qui prenait place en conclusion : « Cher monsieur Coutu, votre objectif pour l'année qui débute est de 5 % supérieur au chiffre de vente que vous avez réalisé l'an dernier. »

C'en était trop. Je m'attendais certes à ce qu'on exige de moi une ardeur au travail comparable à celle que je venais de fournir ; il en va des règles du jeu dans ce genre de boulot et j'étais tout à fait disposé à composer avec elles. Mais en refusant de considérer les conditions exceptionnellement avantageuses grâce auxquelles j'avais livré cette performance, j'estimais qu'on m'enfermait dans une dynamique où il n'y avait plus d'importance que pour le carnet de commandes que je pouvais rapporter.

Cet incident me fit prendre conscience que je commençais à passablement m'éloigner des raisons qui m'avaient amené à devenir pharmacien. Ce n'était pas la culture de l'entreprise qui m'embauchait que je remettais en question, mais plutôt le rôle que j'étais appelé à jouer dans un univers où se côtoient à la fois les idéaux professionnels et les impératifs commerciaux. Il devenait évident pour moi que je ne pourrais encore bien longtemps privilégier l'aspect rémunérateur de mon travail au détriment des valeurs et des convictions qui m'animaient.

Et ce n'était pas la première fois que je me sentais en porte-à-faux par rapport aux orientations et aux directives de l'entreprise. En cours d'exercice, on m'avait un jour convoqué pour me faire part du malaise éprouvé à l'idée de me voir également travailler, trois soirs par semaine, comme pharmacien dans un établissement de la rue Prince-Arthur. « Nous aimons que nos représentants occupent leurs temps libres à préparer les rencontres prévues à leur agenda, m'avait-on rapporté. Nous estimons que leur charge de travail ne justifie pas qu'ils s'affairent ailleurs. »

En forte réaction à ce type de loyauté obligée, qui m'apparaissait tout à fait outrancière, je leur fis la réponse suivante : « Si, dans d'autres circonstances, je me soûlais la gueule trois fois par semaine et que j'effectuais tout de même mon travail convenablement, est-ce que vous trouveriez quelque chose à redire ? » Percevant très bien le piège que sous-tendaient mes propos, ils se replièrent derrière une réponse formelle : « Ce qui a trait à votre vie personnelle ne nous concerne pas. » C'est tout ce qu'il me fallait entendre pour justifier ma position : « Alors moi, au lieu de jouer au bowling ou de prendre une cuite avec mes amis en soirée, je préfère travailler dans une pharmacie. Je considère même qu'il s'agit là d'un avantage pour l'entreprise puisqu'un tel exercice me permet de demeurer à l'affût des plus récentes tendances. Ainsi, lorsque je me présente devant nos clients médecins, je suis en mesure d'étayer mes arguments de vente sur une expérience pratique et continue de la profession. » Cette fois-là, j'en avais été quitte pour une mise en garde bien sentie. Mais cette anicroche passagère présageait d'éventuelles confrontations qui allaient nous éloigner définitivement.

Je puis aujourd'hui affirmer qu'il s'est agi là d'une des périodes les plus démobilisatrices de ma carrière. Je nourrissais certes des ambitions personnelles, mais je commençais à craindre que les exigences qu'on me posait ne viennent obnubiler tout le reste. Je n'ai pu, par conséquent, éviter de remettre en cause mon avenir au sein de cette corporation d'envergure nationale. La décision s'est avérée particulièrement difficile à prendre puisque, de son côté, la direction semblait plus désireuse que jamais de tirer avantage du fait que j'étais un des seuls représentants à posséder une formation complète en pharmacie.

En effet, peu de temps après que nous nous fûmes affrontés à propos de la façon dont j'occupais mes temps de loisir, les dirigeants me firent une proposition qui leur aurait sans doute assuré, dans des circonstances différentes, la loyauté indéfectible de n'importe quel autre de leurs employés. Étant donné que je m'étais particulièrement distingué en microbiologie et en bactériologie à l'université, ils m'offrirent d'effectuer un stage d'études de six mois, toutes dépenses payées, à la prestigieuse université Columbia à New York. Ce complément de formation aurait avantageusement servi l'entreprise, mais une telle proposition revêtait également, d'un point de vue personnel, plus d'un aspect gratifiant que je ne pouvais ignorer.

Contre toute attente, j'ai tout de même refusé. C'est que je venais tout juste de recevoir une offre qui allait m'amener à reprendre du service en pharmacie sur une base régulière. Aussi invraisemblable qu'elle ait pu apparaître aux yeux de certains, la décision, en ce qui me concerne, s'est imposée d'elle-même. Je quittai Ayerst, McKenna & Harrison Limited pour ce que j'avais toujours considéré comme étant la raison principale qui m'avait conduit à choisir cette profession : la pharmacie de détail.

Je délaissai donc l'univers structuré et lucratif de l'industrie pharmaceutique pour reprendre du service dans un milieu marqué par la précarité de son avenir et la minceur des revenus qu'il générait. Un défi plus engageant que jamais pour lequel j'allais devoir mettre temps et efforts avant de pouvoir le relever comme je l'entendais...

CHAPITRE 4

Pharmacien restaurateur

Au moment où je m'interrogeais sur la façon dont s'opérerait l'arrimage entre l'exercice de ma profession et le désir que je portais de me rapprocher à nouveau de ceux et celles qui cherchaient remèdes à leurs malaises, mon cousin Jean Locas, celui-là même qui avait bénéficié de l'hospitalité de mon père du temps de la Grande Crise, voyait pour sa part sa carrière prendre son envol. Après avoir complété ses études universitaires et travaillé quelques années en pharmacie à Montréal, il entra à l'emploi de Rougier et Frères, une entreprise désormais mieux connue sous le nom de Rougier Pharma, qui compte aujourd'hui parmi les leaders de l'industrie pharmaceutique au Canada.

Il revint par la suite dans son patelin de Saint-Hyacinthe pour y faire l'acquisition de deux pharmacies. Et il connut rapidement le succès, ce qui lui permit d'investir dans le marché immobilier. Marié à Pauline Pothier, une maskoutaine de naissance, elle-même issue d'une réputée famille de bijoutiers, Jean Locas est devenu un acteur social reconnu et respecté dans le milieu grâce à ses nombreuses implications dans les secteurs culturel et social. Mon cousin était également un des dirigeants des Pharmacies Modernes, une coopérative d'achat en gros de différents produits et équipements pharmaceutiques qui étaient par la suite revendus aux pharmaciens membres à des prix nettement plus avantageux que ceux des autres grossistes.

Tout en se réjouissant des résultats obtenus dans cette ville située le long de la rivière Yamaska, il nourrissait depuis longtemps l'ambition de s'implanter à Montréal. C'est par l'entremise d'un collègue et ami de longue date – un certain monsieur Bougie – que l'occasion lui en a finalement été offerte. En plus d'être le pro-priétaire de la chaîne Les Pharmacies Léger, celui-ci était égale-ment le président de la coopérative Les Pharmacies Modernes. Désireux de se délester d'un de ses établissements montréalais, il proposa à mon cousin de s'en porter acquéreur. Comme ce der-nier était intéressé mais qu'il n'envisageait pas pour autant de venir s'y installer lui-même, il se retourna vers moi pour m'en offrir la direction. Ce que j'acceptai sans hésiter, le désir de re-prendre mon sarrau et de composer à temps plein avec la clientèle relativisant tout obstacle, réel ou apparent. La pharmacie en question était située rue Sainte-Catherine, entre les rues Leclaire et Théodore, dans le quartier Youville, adjacent à celui de Mai-sonneuve-Rosemont. Une fois l'entente conclue, je ne tardai donc pas à confirmer mon départ aux dirigeants d'Ayerst, McKenna & Harrison Limited. L'année 1954 tirait à sa fin. Une nouvelle aven-ture allait débuter.

Même si j'aspirais fortement à détenir une participation finan-cière dans cette nouvelle entreprise, je n'avais plus les moyens dont je disposais au moment où j'étais allé trouver monsieur Leduc pour lui demander de prendre part à l'actionnariat de la chaîne qui portait son nom. Je venais tout juste de faire l'acquisition de notre propriété familiale et nous avions la charge de trois enfants en bas âge. Sans m'accorder la possibilité de devenir un partenaire à part entière, mon cousin prit tout de même en considération mes inté-rêts. Il m'offrit de transformer une partie de mon salaire hebdoma-daire en achat d'actions dans la pharmacie dont il venait de se porter acquéreur. Cet actionnariat minoritaire n'était cependant pas assorti d'une plus-value. La valeur des actions que j'allais graduellement cumuler n'allait donc pas être liée d'aucune façon au rendement de l'entreprise. Une limitation certes irritante, mais dont, dans les circonstances, je n'avais d'autre choix que m'accommoder.

Dès la première année, l'initiative montréalaise s'est avérée un franc succès. Une réussite suffisamment stimulante pour que mon cousin songe rapidement à étendre sa présence dans la métropole. D'autant qu'un certain Jean Lanctôt, qui avait été son supérieur immédiat du temps où il était à l'emploi de Rougier et Frères, cherchait à vendre deux pharmacies montréalaises qu'il possédait en copropriété avec monsieur Guy Angers. Tout en conservant celle que l'on possédait déjà rue Sainte-Catherine, nous nous sommes portés acquéreurs de ces deux établissements qui s'affichaient sous le nom de Pharmacie Langers, une appellation commerciale intégrant une portion des noms Lanctôt et Angers. L'une était située au 413, rue Saint-Jacques, en plein quartier des affaires, et la seconde au coin des rues Laurier et du Parc, au cœur même de la bourgeoisie outremontaise.

L'enthousiasme que nous nourrissions à l'idée de voir s'affirmer notre présence dans différents secteurs de la ville empiéta cependant sur le niveau de rigueur dont nous aurions dû faire preuve. Notre manque de vigilance nous desservit d'autant plus du fait que Jean Lanctôt jouissait d'un puissant ascendant sur mon cousin. Sans nécessairement chercher à nous berner, les vendeurs se firent discrets sur certaines portions des stocks qui étaient désuètes ainsi que sur le véritable chiffre d'affaires de ces deux pharmacies. Mais nous n'avons eu personne d'autre que nous-mêmes à blâmer. Nous avions tout simplement transigé avec des gens plus avisés que nous en affaires. Nous avons donc dû rapidement passer aux pertes une portion de l'actif que nous venions d'acquérir. Une fâcheuse expérience de laquelle j'ai tiré bonne leçon et que je me suis promis de ne plus répéter.

Entre sirops et sodas

Ces deux nouveaux établissements – qui allaient eux aussi porter le nom de Pharmacie Jean Locas – possédaient ce qu'on appelait alors des «fontaines à soda». Il s'agissait en fait de comptoirs de rafraîchissements où l'on servait des boissons gazeuses, de la crème glacée et des repas légers. Ce type de restauration rapide, directement inspiré des *drugstores* américains tels Walgreens et Whelan and Liggetts, était très répandu à l'époque et comptait de nombreux adeptes de ce côté-ci de la frontière. Presque toutes les pharmacies d'une certaine importance se faisaient une fierté de posséder un tel comptoir.

La fontaine à soda de notre pharmacie d'Outremont occupait pour sa part une place plutôt restreinte par rapport aux activités pharmaceutiques proprement dites. Au fait, elle représentait davantage une nuisance qu'une valeur ajoutée. Plusieurs habitués de la place venaient s'y installer pratiquement à demeure tous les jours. Ils gênaient le personnel dans l'exécution de leur travail et importunaient les clients réguliers qui, sans toujours l'exprimer ouvertement, auraient sûrement préféré retrouver davantage de produits de santé sur les tablettes que de flâneurs sur les banquettes du comptoir.

La rentabilité de l'espace réservé à l'exploitation de cette fontaine était d'ailleurs à l'image de l'intérêt fort limité que la clientèle de la pharmacie lui prêtait. Cela me décida à éliminer rapidement ces activités de restauration pour faire place à des étalages libre-service offrant un choix plus diversifié de produits de beauté et de santé. Étant donné que nous étions situés dans un environnement résidentiel où le niveau de scolarisation était plus élevé que la moyenne, nous offrions également les titres les plus en demande de la presse internationale de même qu'une sélection de livres inspirée des listes de best-sellers. Ce qui transforma assez singulièrement le visage de cet établissement.

Ce ne fut tout de même pas là la décision qui provoqua le plus de remous. Lorsque mon cousin procéda à son acquisition, la pharmacie était gérée par celui qui était également propriétaire de l'édifice. C'est qu'à l'époque il était encore possible pour un non-diplômé d'assurer la gestion d'une pharmacie et, à l'occasion, de remplacer le professionnel attitré dans l'officine réservée à la préparation des composés médicinaux.

Or voilà que, peu de temps après notre arrivée dans le décor, je découvris que ce gérant de fortune nourrissait un intérêt beaucoup plus grand pour la silhouette des jeunes serveuses de la fontaine à soda que pour les courbes de ventes de l'entreprise qui lui était confiée. Au fait, sa propension envers la gent féminine – surtout celle qu'il avait à diriger – était devenue carrément déplacée. Au point où je n'eus d'autre choix que de le démettre de ses fonctions. « Je vous trouve plutôt arrogant, monsieur Coutu ; vous semblez ignorer que je pourrais éventuellement vous obliger à vous chercher un autre local pour exploiter votre commerce, vous savez ; je demeure toujours propriétaire des lieux… », répliqua-t-il avec une pointe d'indignation.

« Nous verrons bien, lui répondis-je. Il reste deux ans à notre bail. Et je suis convaincu que, si nous respectons notre entente contractuelle, vous n'hésiterez pas à nous louer de nouveau. » Ce qu'il fit, effectivement, lorsque notre contrat locatif vint à échéance. Je remplaçai donc ce gérant propriétaire par un certain Roger Lauzon que j'avais connu alors que je travaillais pour le compte des Pharmacies Leduc. Il n'était pas encore pharmacien, mais il se préparait cependant à le devenir avec beaucoup de sérieux. Ce qui m'a permis de me consacrer avec plus de latitude à la succursale de la rue Saint-Jacques.

Fourmilière diurne

Les locaux occupés par cette pharmacie étaient beaucoup plus vastes que ceux de notre établissement de la rue Laurier. Située au cœur du quartier des affaires – on y retrouvait le siège social de plusieurs grandes banques canadiennes –, sa vocation était aussi singulièrement différente. L'essentiel de la clientèle – des cadres de la finance et des cols blancs – fourmillait dans le quartier de huit heures trente le matin à cinq heures l'après-midi. Les heures d'ouverture de la pharmacie étaient d'ailleurs fonction des allées et venues de tous ces gens qui convergeaient dans ce quartier pour venir travailler.

Ce qui explique l'importance de la place qu'occupait la fontaine à soda de même que la salle à manger qui y était attenante. Quarante-huit tabourets en ligne dans le cas du comptoir-lunch et soixante sièges plus confortables pour ce qui est de l'aire où les clients pouvaient s'attabler. Ce qui faisait de cette pharmacie un modèle du genre quant à l'importance de son offre en matière de restauration.

Cette activité était d'ailleurs le moteur de cet établissement. Contrairement à ce qui se passait rue Laurier, la demande pour des produits d'ordonnance se situait en deçà des attentes que nous aurions pu nourrir. Et ce n'est pas faute d'avoir essayé de renverser la tendance : « Déposez votre ordonnance en entrant au travail le matin. Nous allons l'exécuter en cours de matinée et, à l'heure du lunch ou en quittant le bureau en fin d'après-midi, vous n'aurez qu'à la cueillir en passant », m'évertuais-je à répéter aux clients. Mais mes exhortations se trouvaient confrontées à des habitudes acquises de longue date. Comme c'était plus facile, pour cette clientèle de passage, de renouveler leurs prescriptions auprès du pharmacien de leur quartier, les gens préféraient lui confier l'ordonnance d'origine. Ce qui explique, en bonne partie, ce pourquoi les activités de notre laboratoire de la rue Saint-Jacques demeuraient en reste par rapport aux standards reconnus.

Nous pouvions cependant compter sur un apport significatif en provenance de la vente de produits de beauté. Beaucoup de femmes travaillant dans les bureaux et les centres d'affaires avoisinants appréciaient retrouver chez nous de quoi compléter leur trousse de cosmétiques ou renouveler le contenu de leurs sacs à main. Toutefois, comme la majorité de ces clientes rentraient à la maison en tramway, leurs achats se limitaient à des produits de formats réduits, préférant faire leurs achats en grande quantité, pour des raisons pratiques évidentes, dans les pharmacies de leur quartier.

Il y avait cependant un produit de santé d'usage courant qui s'avérait une composante majeure de notre fonds de commerce. Il s'agissait des comprimés analgésiques Frosst 222. Cette médication était fabriquée à base d'acide acétylsalicylique (AAS), de caféine et de codéine, cette dernière composante rendant ce produit particulièrement populaire. C'est qu'à l'époque le Canada était le seul endroit en Amérique du Nord où il était possible de se procurer en pharmacie, sans ordonnance médicale, des produits contenant de la codéine. Il ne fallait cependant pas que la quantité comprise dans la formule de composition soit supérieure à un huitième de grain. Au-delà de cette quantité, la personne désireuse de s'en procurer devait préalablement obtenir une ordonnance de son médecin.

La disponibilité des fameuses « 222 » sur les tablettes des pharmacies canadiennes inspirait toutes sortes d'entourloupettes aux usagers étrangers désireux de s'en procurer. Ainsi, beaucoup d'Américains de passage à Montréal ne rataient pas l'occasion d'en faire grande provision, tandis que les résidents et les gens d'affaires dont le travail les amenait à traverser les frontières menant aux États-Unis étaient souvent l'objet de sollicitations insistantes de la part de leurs hôtes américains afin qu'ils insèrent de bonnes quantités du précieux produit dans leurs bagages. Les formats disponibles reflétaient d'ailleurs bien l'immense popularité de cet analgésique entre autres réputé pour combattre les maux de tête : nous les offrions en contenant de douze, quarante, cent et même cinq cents comprimés.

Spéciaux du jour

Une portion significative de l'achalandage de la pharmacie provenait donc de la vente de ces fameuses petites pilules, mais la restauration demeurait l'activité qui attirait l'essentiel de la clientèle. Et quoique le menu, plus élaboré, de la salle à manger était apprécié de ceux et celles qui disposaient de plus de temps pour le lunch, c'est notre réputée fontaine à soda qui assurait un roulement constant et rentable à l'entreprise.

Dès onze heures le matin, les quarante-huit petits tabourets pivotants étaient tous occupés. Et il se formait rapidement une rangée derrière, où chacun attendait impatiemment qu'une place se libère. Aux heures de repas, il était très rare que des sièges demeurent inoccupés. Les jours de paie, la file de clients en attente s'allongeait jusque dans l'espace réservé à la pharmacie. Nous avons déjà totalisé jusqu'à huit cents services en une seule journée ; du simple café jusqu'au repas abondamment arrosé. Un sommet pour une activité de ce genre. Faut dire que les menus du jour présentaient plus d'un intérêt : soupe, plat principal, accompagnements, dessert et breuvage pour des prix, non taxables à l'époque, aussi peu élevés que 49, 69 ou 79 cents. D'autre part, pour ceux qui en avaient les moyens – banquiers, hommes de loi et haut dirigeants –, il y avait aussi un « petit steak à la carte » qui était offert au prix de 89 sous. Une forme de récompense pour ceux qui venaient de conclure de bonnes affaires… ou de compensation pour ceux qui venaient de perdre au change !

Malgré le fait que cette activité de restauration ne correspondait pas vraiment à ma formation et à mes aspirations, elle s'est tout de même avérée un précieux atout afin de faciliter mon rapprochement avec la clientèle. Car la pharmacie, bien que de grand secours à tous ceux et celles dont l'état de santé requiert la prise de médication, demeure d'une nécessité relative à la survie de l'espèce par rapport à l'alimentation. Alors que l'on doit se nourrir trois fois par jour, il est plutôt rare que la maladie nous oblige à recourir à un pharmacien à la même fréquence. Ainsi, bien qu'en apparence éloignée de la pratique pharmaceutique, la fontaine à soda, en répondant aux incontournables besoins de se restaurer, s'est donc avérée un moyen efficace d'attirer la clientèle et de lui faire connaître notre expertise et notre savoir-faire en matière de santé.

Ce double rôle de restaurateur et de pharmacien avait cependant comme effet premier d'encombrer systématiquement mon agenda quotidien. Ainsi, au cours d'une période qui s'est étendue sur plus de cinq ans, j'ai maintenu un rythme de travail qui aurait pu rivaliser avec celui d'un ministre ou d'un pape. Les lundis, mercredis et vendredis, j'entrais à la pharmacie de la rue Saint-Jacques à 8 h 30 pour en ressortir à 17 h 30. Je me pressais alors pour me rendre compléter ma journée de travail à l'un des deux autres établissements où j'y œuvrais jusqu'à 22 h 30. Les mardis et jeudis, comme il relevait de mes responsabilités d'assurer l'ouverture de la pharmacie de la rue Saint-Jacques, j'y passais la journée entière, soit de 7 h à 18 h. Pour ce qui est des week-ends, j'assurais une présence continue – de 9 h à 22 h – à toutes les quinzaines, en alternance entre l'établissement de la rue du Parc et celui de la rue Sainte-Catherine. Heureusement que je jouissais d'une excellente santé et que j'étais entouré d'auxiliaires de qualité. Sinon, à ce rythme, il m'aurait été impossible de tenir le coup.

Bien que les quelques heures consacrées aux loisirs et à ma famille aient été systématiquement comptées, j'arrivais tout de même à me libérer un week-end sur deux. Mais, au grand désespoir de Marcelle, il s'agissait rarement de ceux qui nous auraient permis d'assister ensemble aux grands événements – mariages, baptêmes, funérailles – qui rassemblaient nos familles respectives. On ne compte plus les fois où Marcelle a été accueillie dans ces rencontres comme la veuve de celui qui était de garde à la pharmacie…

Sans l'appui inconditionnel et l'apport inestimable de cette femme d'exception, je sais pertinemment que je n'aurais pu consacrer la même énergie à mes entreprises professionnelles. C'est elle qui, à la maison, assurait une présence continue auprès des enfants, les accompagnait dans leur cheminement scolaire et, lorsque la jeunesse les dérobait à la tendre enfance, les initiait à différents aspects de la vie socioculturelle. Une fonction qui, bien que plus discrète, se comparait en tous points, quant à l'édification et la valorisation, à tout ce que je pouvais accomplir du point de vue professionnel. Non seulement puisions-nous notre dynamisme à même l'amour mutuel que nous nous portions, mais nous avions également le ferme sentiment de former une équipe indissociable dans tout ce que nous entreprenions de part et d'autre. Et ce, sans égard à la reconnaissance personnelle ou sociale que nous pouvions en retirer. Une force tranquille qui émanait de la combinaison d'un sarrau blanc et d'un tablier à pois...

Pharmacien chroniqueur

Comme l'exercice de la pharmacie comprend un aspect proprement commercial, je ne laissais pas passer une occasion de faire apprécier nos services. C'est ainsi que, dès les premiers mois de mon association avec Jean Locas, je réussis à convaincre la direction de l'hebdomadaire *Les nouvelles de l'Est* de me confier la rédaction d'une chronique régulière, intitulée «Votre pharmacien». Les trois colonnes qui m'étaient réservées avaient comme objectif de répondre aux questions des lecteurs de même qu'aux interrogations que je relevais dans le cadre de ma pratique quotidienne. C'est ce que j'annonçais dans la toute première chronique parue le 28 janvier 1955: [...] *Cette rubrique pourra devenir très utile pour régler vos problèmes de santé et pour mieux vous aider à connaître votre pharmacien ainsi que les produits si nombreux que l'on trouve dans une pharmacie.*

Au fil des éphémérides qui complétaient le tout, les lecteurs ont pu découvrir que les champs d'intérêt de leur pharmacien pouvaient parfois largement déborder l'univers des onguents et des comprimés. Dans l'une d'elles, on pouvait ainsi lire: *Une importante compagnie vient de fabriquer un nouveau genre de bas élastiques qui, sans être des 70 Gauge, peuvent se porter sans bas de nylon pardessus, tout en restant aussi solides et durables que les anciens. De plus, ces bas ont l'avantage d'être « full fashioned », c'est-à-dire qu'ils recouvrent la jambe et le pied en entier.*

Ce genre de propos, qui peuvent étonner dans une chronique portant sur la santé, trouvent leur justification dans le fait que les pharmacies Jean Locas étaient, à cette période, le distributeur exclusif pour le Canada de la gamme complète de produits de la compagnie française Sigvaris. Spécialisée dans la santé des jambes grâce à l'expertise qu'elle avait acquise dans la fabrication de bas médicaux, cette entreprise était située en Alsace, plus précisément à Mulhouse, point d'arrêt des troupes de Napoléon avant leur désormais célèbre traversée des Alpes. Quant à savoir ce que pouvait signifier la valeur de référence *70 Gauge*, je n'en avais pas la moindre idée…

Si d'aucuns peuvent s'étonner du ton parfois un peu racoleur que pouvaient prendre certaines chroniques, il importe de rappeler que le contexte social de l'époque différait passablement de celui que nous connaissons aujourd'hui. C'était bien avant que les femmes formulent leurs revendications et s'approprient la place qui leur revenait dans la société. Ce qui a donné lieu à une certaine complaisance qui, de nos jours, laisserait plus d'une d'entre elles mal à l'aise. Ces propos de madame Carmen DeCelles, cosméticienne de la Pharmacie Locas, reproduits dans le cadre d'une de ces chroniques, au moment où j'étais en vacances, l'illustrent assez bien : *Si certaines d'entre vous voulaient éclaircir quelques points dans leurs soins de beauté personnels, nous nous ferons un plaisir de vous diriger vers l'idéal de toutes les femmes : la beauté. Je coopère avec vous toutes. Restons jeunes et vivons heureuses.* De quoi ameuter le Conseil du statut de la femme et faire sursauter la Fédération des femmes du Québec !

Potions humanitaires

Dans un tout autre ordre d'idées, le pharmacien que j'étais allait bientôt découvrir que certaines de ses connaissances scientifiques étaient partagées par un type de clientèle qu'on imagine plutôt étrangère aux formules médicamenteuses. En effet, bien que la rue Saint-Jacques, par sa vocation d'affaires, ait été fréquentée par une société passablement huppée, elle n'en demeurait pas moins un lieu de rassemblement et de prédilection pour bon nombre d'itinérants. Et si ceux-ci s'étaient vus affubler du qualificatif de «robineux», c'était à cause de l'expertise qu'ils avaient acquise en triturant ce qu'on appelait alors la *rubbing alcohol*.

Même si ces bougres étaient peu familiarisés avec les fluctuations des marchés boursiers et les dernières découvertes des laboratoires pharmaceutiques, on peut cependant dire que, en matière d'alcool, ils «connaissaient le tabac». Comme ils arrivaient rarement à se payer les boissons qui auraient satisfait leur dépendance chronique, ils avaient découvert un moyen simple et efficace d'isoler l'alcool éthylique qui comptait parmi les composés de l'alcool à friction que nous préparions en laboratoire.

L'opération de récupération consistait à ajouter de l'eau à la mixture médicamenteuse. Celle-ci devenait alors blanche comme du lait, signe que les éléments constituants se séparaient. Le nouveau composé qui en résultait avait la propriété de précipiter le poison huileux au fond du contenant et de faire remonter en surface un alcool buvable qui pouvait présenter des concentrations comparables à une douzaine de «p'tites Mol» de la taverne du coin.

Nous n'étions pas dupes du manège exercé par ces acheteurs pour le moins assidus. C'est pourquoi nous cherchions préférablement à leur vendre de l'alcool isopropylique, ce composé chimique reconnu pour ses propriétés antiseptiques et désinfectantes que l'on retrouve dans toute bonne trousse de premiers soins. Mais ces alchimistes de la dive bouteille – bien au fait qu'il s'agissait d'un palliatif qui ne produisait pas du tout le même effet – ne s'y laissaient pas prendre aussi facilement. Ils n'étaient jamais à court d'astuces pour se procurer la mixture qu'ils avaient appris à décomposer. «Ma femme fait dire que c'est l'autre sorte qu'elle veut avoir pour soigner les bobos du p'tit...», nous disaient-ils pour qu'on leur serve le composé contenant l'alcool éthylique.

Comme ce n'était pas notre rôle d'enquêter, à savoir si le produit en question servait à assainir des blessures corporelles ou à soulager les maux de l'âme, ce produit se classait parmi nos meilleures ventes. Ce qui n'avait pas pour effet que de me réjouir. D'abord parce que l'approvisionnement de certaines composantes de ce produit était contingenté. Et aussi parce que je craignais, en servant ces clients sans plus de questionnement, de me faire complice de leur dépendance.

Pour les aider à se remettre sur pied, j'avais concocté une potion qui leur permettait de reprendre leurs esprits en moins de temps qu'il n'en fallait pour préparer un café à la fontaine à soda. Ma formule, alors connue de moi seul, n'avait pourtant rien de bien mystérieux : une double dose de thiamine – une vitamine qui stimule le système nerveux – un ou deux antiacides, une teinture digestive et quelques autres éléments qui assuraient à la mixture son caractère unique et secret.

En leur remettant le mélange en question, j'y allais de quelques petites remontrances dans le but de ramener les plus récupérables sur le chemin de la tempérance. Ce qui avait l'heur de les culpabiliser pour un moment : « Non, non, monsieur Coutu ; je ne recommencerai plus, je vous le promets ! » Mais la plupart du temps, leur contrition était tout aussi volatile que l'alcool dont ils avaient abusé. Malgré leur apparente culpabilité et leur bonne volonté du moment, tout était à recommencer presque à chaque jour.

Comme il n'était pas toujours facile de tracer la ligne entre le déchirant questionnement que me posaient leurs manigances et le devoir que j'avais de respecter leur liberté, je ne demandais que cinquante sous la portion à ceux que j'avais aperçus sur les bancs de parc le matin, alors que j'exigeais un dollar des ivrognes à cravate qui avaient eu vent des bienfaits de ma mixture. Une façon certes discutable – mais non moins animée des meilleures intentions – de ne pas ajouter à l'assujettissement des moins fortunés.

Avec le temps, j'ai cependant éprouvé un véritable attachement pour ceux que les excès rendaient souvent indésirables. Je me refusais de désespérer qu'un jour au moins un d'entre eux puisse se reprendre en main. Je n'avais de cesse de chercher des moyens de les extirper de leur indigence. Et comme la fontaine à soda de la rue Saint-Jacques nécessitait la présence de nombreux «laveurs de vaisselle», je crus faire une bonne action en embauchant ceux que j'estimais les plus récupérables parmi l'ensemble qui fréquentait la pharmacie.

Des dépendances aussi chroniques ont toutefois la vie dure. Payés à la journée parce qu'il était pratiquement impossible de les confiner à un horaire de travail régulier, ils se précipitaient à la taverne du coin dès que quelques sous teintaient au creux de leurs poches. Je ne compte plus le nombre d'assiettes fracassées sur le plancher à cause des tremblements provoqués par le sevrage de leurs lendemains de veille. Que de matins j'ai dû refaire ma potion dégrisante afin de leur permettre de reprendre leur travail. Ce qui me faisait dire à la blague, en paraphrasant le célèbre poète et essayiste français qui a si élégamment versifié sur les vertus du travail acharné: «Vingt cuites par mois, c'est tout un ouvrage!»

L'activité de restauration me rapprochait chaque jour davantage de l'aventure humaine dans ce qu'elle a de plus complexe. Cependant, je me retrouvais absorbé dans un univers qui n'était pas le mien et pour lequel je n'avais pas été préparé. Même si la fontaine à soda de notre succursale de la rue Saint-Jacques générait une certaine rentabilité, ce n'était pas là le genre d'activités auxquelles je me voyais confiné à demeure. En accord avec mon cousin, j'ai donc choisi, au bout de deux ans, de confier cette portion des activités à monsieur Yvan Charbonneau, un spécialiste reconnu dans ce domaine à Montréal. Une décision qui me permit de me consacrer plus librement à ce pour quoi j'avais été formé.

Naïveté douteuse

Quoique valeureux et honnête travaillant, ce monsieur Charbonneau était de ces bons vivants qui auraient considéré comme une insulte à la Création le fait de résister aux charmes féminins. Il avait saisi depuis longtemps que de jolies serveuses bien tournées possèdent l'art de fidéliser la clientèle – masculine, il va sans dire –, il n'hésitait donc pas à aller recruter son personnel chez de jeunes chômeuses dont l'occupation précédente avait consisté à se dévêtir dans les bars du centre-ville afin d'égayer la vie des hommes en quête de sensations voluptueuses.

C'est que le chef de l'escouade de la moralité du temps, l'avocat Pacifique «Pax» Plante, avait entrepris une lutte systématique contre le crime organisé et la corruption qui sévissaient à Montréal au cours des années quarante et cinquante. En collaboration avec le maire Jean Drapeau, il avait décidé de fermer les bars de danseuses nues de la ville. L'impudeur qu'on reprochait aux jeunes dames concernées ferait cependant sourire aujourd'hui. Le niveau de tolérance, balisé par une Église rigoriste et un législateur formaliste, avait bien peu à voir avec la permissivité qui prévaut de nos jours. En fait, les séances d'effeuillage de l'époque se terminaient là où l'exercice correspondant commence de nos jours…

Le concessionnaire de notre comptoir-lunch avait donc repéré un véritable filon chez ces jeunes femmes qui se retrouvaient soudainement sans emploi. «Par esprit humanitaire pour ces pauvres filles que l'escouade de la moralité a prises en grippe», disait-il pour justifier sa méthode de recrutement pour le moins… sélective! C'est ainsi que se sont trouvées réunies derrière notre fontaine à soda de la rue Saint-Jacques certaines serveuses dénommées Lolita, Chiquita et Madeleine. Comme beaucoup de jeunes campagnardes de leur âge, pour la plupart aussi naïves qu'aventurières, elles s'étaient retrouvées dans la grande ville sans le sou, sans formation et sans référence. La précarité de leur situation avait alors fait d'elles des proies faciles pour des profiteurs sans scrupules qui les avaient exploitées en leur confiant des tâches dépréciées, des emplois avilissants, ou encore en les poussant à exercer une forme d'expression artistique pour le moins révélatrice de leurs charmes cachés…

L'univers de la pharmacie représentait souvent pour elles un milieu susceptible de leur permettre de se refaire un capital d'honneur. Il ne semble pas pour autant que cela les ait amenées à faire preuve d'une plus grande vigilance envers les profiteurs de tous genres. Ce fut le cas, entre autres, de la pétillante Chiquita qui refilait intégralement ses pourboires à un homme aux allures plutôt louches qui venait s'installer tous les midis sur le dernier des quarante-huit bancs du comptoir-lunch. Intrigué, je lui demandai un jour pourquoi elle se montrait si généreuse envers cet individu. « C'est avec cet argent qu'il m'aide à obtenir mon divorce. Comme je n'ai pas les moyens de me payer un avocat, c'est lui qui a pris l'affaire en main… », me répondit-elle candidement.

Mais voilà qu'un beau jour l'individu en question cessa subitement de se présenter. Constatant que son absence se prolongeait, je me retournai vers Yvan Charbonneau pour m'enquérir de ce qu'il advenait de lui. D'autant que j'avais à lui remettre certains médicaments qui avaient été prescrits par son médecin. « Il est rendu en haut ! » me répondit le gérant. Comme j'avais affaire aux étages – les cuisines et le chef s'y trouvaient –, je m'informai à savoir si quelqu'un avait récemment revu cet habitué. Ma question ne suscita qu'étonnement et intrigue, tant au deuxième qu'au troisième niveau. De retour au rez-de-chaussée, je fis part à mon concessionnaire de ma désolation de n'avoir aperçu nulle part le client en question.

Ce qui le fit littéralement étouffer de rire : « En haut, mon Jean, en haut… à Bordeaux ! Pas Bordeaux en France, là ; Bordeaux… à Cartierville ! » Ma naïveté venait à nouveau de soustraire à mon attention une évidence qui sautait aux yeux. Quand on a passé sa jeunesse en compagnie des sœurs de la Providence et des pères jésuites, il n'y a pas à s'étonner que l'on ne sache pas que, dans l'univers interlope, « se retrouver en haut » signifie « entrer en prison ». Mais la plus à plaindre dans tout cela était sans doute cette pauvre Chiquita. Je doute en effet que, malgré toutes les économies qu'elle avait remises à ce filou, elle ait jamais obtenu son divorce…

Je crains également que, dans toute cette aventure, Madeleine n'ait été animée de la même candeur que sa collègue. Cette dernière vint me voir un jour en me montrant fièrement les petits sachets de poudre blanchâtre qu'elle conservait précieusement au fond de son sac à main : « Celui à qui je dois les remettre doit venir bientôt ! » En fait, sans même qu'elle ne s'en soit rendu compte, on l'avait impliquée dans un trafic de cocaïne. Ce qui lui valut un sérieux avertissement, du genre de ceux que je ne me plais pas à répéter deux fois : « Pas question de ce genre de passe-passe dans nos établissements. Les drogues et les poisons, c'est nous, et nous seuls les pharmaciens, qui les administrons. Si vos amis veulent s'offrir des petites escapades hallucinogènes, qu'ils aillent faire le commerce de leur camelote ailleurs qu'ici. Qu'on se comprenne bien ; c'est mon premier et mon dernier avertissement en ce sens. »

Ces situations, tout aussi marginales que désopilantes, m'ont permis de saisir de l'intérieur les zones insécables d'ombre et de lumière qui habitent chaque individu. Et, surtout, de constater qu'on ne possède pas tous le même bagage quand vient le temps de composer avec les aléas de la vie. Que l'intolérance dont nous faisons parfois montre à l'égard des lenteurs ou des inaptitudes de certains n'est qu'une forme parmi d'autres d'expression de notre méconnaissance de la nature humaine. Qui sommes-nous pour enfermer les gens dans des catégories hermétiques et jauger de leur capacité de résilience à l'aune de notre propre expérience ?

Personnellement, la vie m'a appris qu'il n'y a personne de fon-cièrement mauvais ou irrécupérable. Il n'y a que des gens qui n'ont pas toujours été en mesure de faire les bons choix pour accuser les coups durs que la vie leur imposait. Ou encore, qui n'ont pas eu la chance d'être entourés de gens qui auraient vraiment été en me-sure de les aider. Rares sont ceux qui, selon moi, sont réellement malintentionnés ou malveillants. Je crois plutôt qu'il y a plus de gens blessés et malhabiles qui ne sont pas toujours conscients des gestes qu'ils posent et des paroles qu'ils prononcent. Qui sommes-nous pour les emmurer dans leurs petites misères en prétendant posséder les règles de l'art de vivre ?

Regrettable séparation

Voilà bientôt cinq ans que mon association avec Jean Locas existait. Notre entente venait à terme dans six mois. Les affaires prospéraient dans les trois pharmacies et nous jouissions d'une excellente réputation. Mais je travaillais de longues heures pour un tout petit salaire et peu de possibilités d'avancement. De plus, Marcelle et moi avions le projet de voir s'agrandir notre famille. J'allai donc trouver mon cousin Jean afin de lui faire part de mes réflexions concernant mon avenir : « Notre contrat vient à échéance très bientôt. Je me plais dans ce type d'emploi, mais j'aimerais que mon salaire soit augmenté et que la valeur de mes actions soit arrimée à l'évolution de l'entreprise. »

Or, à mon grand étonnement, je me suis buté à un mur. Mon cousin a systématiquement refusé de bonifier mon salaire et d'ajouter une plus-value à mon investissement. J'étais doublement déçu ; d'un côté, à cause des liens de parenté qui nous unissaient et, de l'autre, à cause de la progression évidente de nos affaires. Mon avenir se retrouvait à nouveau plafonné. Ce qui m'amena à ne pas renouveler notre entente.

Comme je considérais qu'il s'agissait là d'une bien triste façon de nous quitter, je lui fis une ultime proposition : « Serais-tu par contre disposé à me céder une de tes trois pharmacies ? » Nouveau refus de sa part, irrévocable de surcroît. La séparation devenait alors inévitable. Je l'assurai tout de même de ma présence et de mon obligeance pour les six mois qu'il restait à écouler à notre entente, le temps de trouver quelqu'un d'autre pour me remplacer.

Afin de procéder aux arrangements avec la courtoisie et la convenance qui s'imposaient, nous avons estimé qu'il serait approprié, dans les circonstances, de nous faire conseiller. Mon cousin s'est retourné du côté de celui qui assurait la tenue de nos livres, monsieur Laberge. En ce qui me concerne, mes réseaux de connaissances étant plutôt restreints dans ce domaine, je fis appel à un ancien collègue d'université qui, déjà à l'époque, se distinguait par son originalité et son esprit d'initiative. En plus d'enseigner à l'École des hautes études commerciales, Jean-Marc Chaput avait mis sur pied une entreprise de gestion de données – Administration and Finance Inc. – qui se spécialisait dans la comptabilité électronique. Grâce à un révolutionnaire système de cartes à poinçon – les fameuses *punch cards* –, il devenait alors possible de faire la tenue de livres sans devoir reproduire manuellement chacune des données. Une autre innovation de ce communicateur-né pour qui le «gros bon sens» a toujours servi de source première d'inspiration.

Au fait des nombreuses subtilités que comportait cette fin de contrat, Jean-Marc me dirigea vers monsieur Aurélien Noël, un comptable et un avocat qu'il appréciait grandement pour sa sagesse et sa perspicacité. Celui-ci possédait un imposant cabinet-conseil reconnu pour brasser d'importantes affaires. Ma rencontre avec lui s'est avérée déterminante. Une complicité spontanée s'est établie entre nous. Et comme il était marié à une de mes petites cousines, il a été en mesure de saisir les aspects plus délicats du litige qui était en train de se former avec mon cousin de Saint-Hyacinthe.

Dès les premières rencontres de conciliation, je me rendis compte à quel point il était de précieux conseil. Monsieur Noël était un homme direct et transparent qui n'appréciait guère les situations qui faisaient place aux ambiguïtés ou aux mesquineries. C'est pourquoi, d'entrée de jeu, il fit part à Jean Locas de son étonnement face à la minceur de ma participation à l'actionnariat de l'entreprise par rapport à la somme de travail que j'y consacrais : «Tous les partenariats d'affaires que j'ai mis sur pied sont basés sur un modèle de gestion équitable pour chacune des parties impliquées. Dans mon cabinet, par exemple, c'est cinquante-cinquante, c'est-à-dire que j'investis le capital de risque tandis que mes associés apportent leur expertise et leur savoir-faire. Je peux de ce fait compter sur une main-d'œuvre motivée et eux, de leur côté, ont ainsi la possibilité de s'initier progressivement au monde des affaires sans avoir à assurer l'investissement initial.»

Ce à quoi Jean Locas fit une réponse aussi gratuite que désobligeante : « Oui, mais j'imagine que, dans votre cas, vous devez avoir des gens de qualité qui vous entourent. » Avec le recul, j'ose croire que cette remarque, qui me blessa profondément, était davantage inspirée par l'embarras et la frustration que par une appréciation objective de mon rendement. Chose certaine, elle ajouta une touche amère à nos échanges et ne facilita pas la poursuite des procédures de dissociation.

J'ai tout de même tenu à ce que les choses se fassent selon les règles de l'art. Malgré nos différends, nous demeurions des cousins et il m'importait de maintenir des liens cordiaux. Je savais pertinemment que nous ne pourrions échapper aux inévitables rencontres que la vie de famille allait continuer d'occasionner. Au cours des six mois qui ont suivi, je me suis donc chargé d'initier le personnel qui allait me remplacer. Or, il a fallu embaucher trois personnes pour assumer les responsabilités qui avaient été les miennes jusque-là, c'est-à-dire un pharmacien, un préposé à la tenue de livres et un directeur de succursale.

Une situation qui, bien que gratifiante pour moi, n'a pas été sans créer un certain étonnement chez mon cousin partenaire. Peut-être mesurait-il, un peu tard cependant, qu'il n'était pas si mal entouré qu'il le prétendait… Avec le recul, je peux aujourd'hui affirmer que ce fut là une expérience particulièrement éprouvante, mais de laquelle j'ai énormément appris. J'ai dû faire les distinctions qui s'imposent entre la solidarité spontanée qu'on est en droit de s'attendre dans le cadre d'une relation de type familial et les comportements plutôt calculés qu'on retrouve d'emblée au sein d'un partenariat d'affaires.

Capital de risque

Comme je désirais éventuellement me porter acquéreur de ma propre pharmacie, je décidai de profiter de cette période de transition pour prendre la mesure de ma capacité d'emprunt. Question de me retourner d'abord vers des gens qui m'étaient familiers, je m'adressai en premier lieu à la banque avec laquelle les Pharmacies Jean Locas faisaient déjà affaire. Réputée pour l'attention particulière qu'elle disait porter aux besoins des individus et des commerces québécois, j'en déduisis que ses dirigeants allaient se montrer intéressés par mes ambitions. Je convins donc d'un rendez-vous avec le vice-président de l'établissement en question. Celui-ci connaissait d'ailleurs bien mon cousin parce que l'institution qui l'embauchait occupait des locaux dans un immeuble appartenant à Jean Locas à Saint-Hyacinthe.

L'endroit était impressionnant. Par sa taille surdimensionnée, la porte d'entrée en imposait à quiconque s'aventurait à la franchir. Le gardien de sécurité scrutait tout le monde du regard comme si tout un chacun était un braqueur professionnel. Les gens qui y circulaient affichaient une mine patibulaire comme si l'avenir du monde dépendait d'eux seuls. On se parlait à voix basse comme au confessionnal et les employés qui s'y entrecroisaient étaient d'une tenue qui aurait pu les qualifier pour le cardinalat ou la papauté.

Le bureau du vice-président n'était pas en reste : cabinet imposant, fauteuils en cuir, sièges capitonnés, coffret à cigares cubains plaqué or. Un environnement conceptualisé qui savait provoquer le déséquilibre désiré dans les rapports de forces en présence. L'échange fut d'ailleurs plutôt bref, mon interlocuteur me laissant rapidement comprendre que les critères de solvabilité auxquels je répondais ne correspondaient en rien au profil de clientèle recherché par la banque. Bien qu'à mots couverts, il me fit clairement saisir qu'il préférait miser sur des valeurs sûres plutôt que sur un débutant dont le capital était davantage constitué d'enthousiasme et de bonne volonté que de garanties et d'endossements.

Je suis donc revenu à la pharmacie, déçu, d'une part, par une attitude aussi méprisante et, d'autre part, par le peu d'intérêt que j'avais réussi à susciter. Mon expérience avait été difficile au point où j'en étais arrivé à croire que c'était là la façon de faire dans l'ensemble du monde bancaire. Jusqu'à ce que je retrouve, au fond de mon portefeuille, la carte de visite d'un certain Marvin Bickley, alors directeur de la filiale québécoise d'une grande banque torontoise. Il s'agissait d'un client régulier de la fontaine à soda de notre pharmacie de la rue Saint-Jacques : « *If ever you need something, Jean, come and see me at the bank* », m'avait-il dit un jour sans plus d'insistance. Invitation intéressée que j'avais alors considérée comme une politesse de circonstance.

Or, étant donné que son bureau était situé tout juste en face de la pharmacie que je m'apprêtais à quitter, je pris l'initiative d'entrer en contact avec lui. La sobriété des lieux et l'affabilité du personnel contrastaient singulièrement avec ce que j'avais connu quelques jours auparavant. L'attention qu'il me portait amena cet anglophone d'origine jusqu'à s'adresser à moi en français : « J'ai appris à te connaître en te regardant travailler. Je suis convaincu que, si tu te lances un jour en affaires, tu vas respecter tes engagements. La seule condition que j'exigerais est que tu te procures une bonne assurance-vie. »

J'étais complètement renversé. À part quelques salutations d'usage échangées autour du comptoir-lunch, nous n'avions entretenu aucune familiarité particulière. Et voilà qu'il se montrait disposé à m'offrir un soutien financier correspondant à mes ambitions. Je compris que, pour lui, la jeunesse et l'enthousiasme faisaient partie des risques qu'il était prêt à prendre. Il nourrissait l'intuition que le succès de l'institution qu'il représentait reposait tout autant sur le soutien à de nouvelles initiatives que sur le capital accumulé des entreprises établies. Une attitude passablement plus ouverte que celle de son vis-à-vis dont les élans patriotiques se nourrissaient davantage de tape-à-l'œil que de compromissions probantes.

Non seulement ai-je fait affaire avec cette banque pendant des années, mais je suis demeuré en contact avec monsieur Bickley jusqu'à la fin de sa vie, survenue à peine quelques années plus tard.

Homme fier et indépendant, il avait pratiquement perdu la vue, ce qui l'humiliait profondément. Je me souviendrai toujours d'un repas que j'avais partagé avec lui dans un restaurant du centre-ville. Incommodé par sa mauvaise vision, il avait, sans même s'en rendre compte, versé une bonne partie du contenu de sa bière à côté de sa chope. Profondément ému par sa maladresse inconsciente, j'avais discrètement replacé son verre afin d'éviter que le dégât ne s'étende. J'éprouvais un respect affectueux pour cet homme qui avait su déceler mes possibilités à un moment de ma vie où il importait qu'on me fasse confiance.

Il y a quelques années, alors que j'étais invité par un organisme de financement public à témoigner de mon parcours d'affaires, je me suis inspiré de l'expérience pour le moins antinomique que j'ai vécue avec ces deux banquiers. J'ai conclu mon intervention en lançant cette question aux gens présents : « À qui de ces deux prêteurs vous identifiez-vous ? » J'estimais en effet qu'il était primordial que ces bailleurs de fonds publics prennent bien conscience de l'importance du rôle qu'ils ont à jouer dans la création de nouvelles entreprises. Sans éluder la saine prudence qui doit guider leurs choix, je suis de ceux qui pensent qu'il est du devoir des gestionnaires de capital de risque de considérer l'enthousiasme et le dynamisme des jeunes entrepreneurs au même titre que les garanties qu'ils sont en mesure d'apporter. Il en va de notre prospérité économique et de notre avenir collectif.

Une fois les arrangements complétés avec Jean Locas, je me retrouvai donc au début de la trentaine avec quelques économies en poche et des sarraus bien posés sur leurs cintres. Malgré cette situation apparemment précaire, je me sentais en pleine possession de mes moyens et habité plus que jamais du sentiment que le meilleur était à venir. C'était cependant ignorer la sérieuse secousse qu'allait subir mon estime personnelle au cours de la période d'inactivité qui allait suivre.

Errance professionnelle

Au lendemain de mon séjour dans les Pharmacies Jean Locas, je suis donc parti – enthousiasme au cœur et diplôme en poche – à la recherche d'un nouveau défi. J'étais toujours disposé à travailler pour le compte de quelqu'un d'autre, mais plus à n'importe quelle condition. Ce qui m'intéressait avant tout, c'était de me porter acquéreur d'une pharmacie bien à moi.

J'avais certes quelques connaissances dans le milieu, mais j'étais parfaitement conscient que personne ne serait disposé à sacrifier ses acquis pour me faire une place au soleil. Ainsi, pendant plus d'un mois, j'ai exploré les différentes avenues que j'estimais porteuses d'un certain potentiel. Sans résultat aucun cependant. Pour moi qui avais toujours connu les horaires chargés et l'abondance à ma table de travail, le contrecoup a été difficile à encaisser. Bien que je ne me sois tout de même pas retrouvé dans l'obligation de passer le chapeau pour faire mon épicerie, cet intervalle d'errance professionnelle s'est avéré pour moi la période la plus difficile de ma vie. D'autant que j'étais le seul et unique pourvoyeur familial.

J'ai alors saisi de l'intérieur les sentiments que pouvaient éprouver ceux et celles qui se retrouvent sans emploi. Je comprends depuis la constante menace à l'estime de soi que représente une période de chômage. Plus d'un soir, au cours de ces quelques semaines, je suis moi-même rentré à la maison avec l'insidieux sentiment de ne pas avoir fait œuvre utile. Ou encore animé d'une sournoise culpabilité à l'idée de ne pas avoir convenablement su vendre mon inactivité. Ou pire, à la suite du cumul des rebuffades, habité de la peur d'être éventuellement mis en touche.

Heureusement, je savais que, dans mon cas, ces sentiments pernicieux n'étaient que temporaires. Je pouvais toujours compter sur le soutien indéfectible de mon épouse, sur la valeur de mon diplôme universitaire de même que sur la capacité de rebondir qui m'avait toujours animé. Mais je me suis tout de même promis de ne jamais oublier ce que j'étais en train de vivre. De toujours me souvenir – lorsque j'aurais de nouveau la responsabilité de gérer du personnel – que la mise à pied est le dernier de tous les recours. Parce que, comme le chante si bien Félix Leclerc, « la meilleure façon de tuer un homme, c'est de le payer à ne rien faire ».

J'ai donc poursuivi mes recherches en me rappelant que mes parents – qui avaient élevé une famille au cœur même de la Grande Dépression –, tout comme mes grands-parents – qui avaient, de part et d'autre, connu l'humiliation de la faillite –, en avaient vu d'autres et qu'ils étaient passés au travers de difficultés passablement plus éprouvantes que les miennes. Et que si monsieur Bickley, avec le sens des affaires qu'on lui reconnaissait et l'attention de tout instant qu'il portait aux personnes, n'avait pas hésité à me faire confiance, je pouvais bien faire preuve d'un minimum d'indulgence envers moi-même et d'un maximum d'assurance en mes moyens...

CHAPITRE 5

Pharmacien propriétaire

Après une dernière poignée de main échangée avec mon cousin, je suis lentement rentré à la maison. La portion «actif» de mon bilan personnel se résumait à une auto payée, à une quinzaine de milliers de dollars en épargne, à un diplôme de pharmacien et à une santé à toute épreuve. Ma condition de sans-emploi constituait cependant un «passif» qui pesait lourd en regard de mon vécu des dernières années. Mon avenir à court terme apparaissait davantage ponctué de points d'interrogation que de traits d'union. C'était là ma nouvelle réalité.

Mes intentions à court et à moyen terme étaient cependant bien arrêtées : je voulais me porter acquéreur d'une pharmacie bien à moi. Ce désir n'avait fait que grandir depuis mon tout premier emploi à la Pharmacie Montréal. Grâce au séjour que j'avais par la suite effectué dans les Pharmacies Leduc, j'avais acquis une solide expertise en matière de gestion commerciale et de service à la clientèle. Et j'avais également un certain nombre d'antennes pour discerner les tendances à venir dans le marché. J'avais apprécié les gens avec qui j'avais travaillé jusque-là, mais il m'apparaissait évident que ce ne serait pas à l'emploi de quelqu'un d'autre que je me réaliserais complètement. Le défi qui se posait alors à moi consistait à me porter acquéreur d'une pharmacie qui refléterait la perception que j'avais de la profession et qui saurait prendre avec succès les virages qui s'annonçaient.

Vigilance profitable

Lorsque j'entrepris mes recherches, je me suis d'abord rendu rue Van Horne à Outremont afin de visiter une pharmacie qui venait tout juste d'être mise en vente. Le propriétaire, un monsieur d'un certain âge, s'était montré particulièrement courtois et gentil à mon endroit: «Écoute, Jean, je pense qu'on est faits pour s'entendre. Mais je ne suis pas encore prêt à procéder. Laisse-moi un peu de temps pour régler quelques petites affaires courantes et je te rappelle dans deux semaines tout au plus.» Après lui avoir signalé que je n'avais pas l'éternité devant moi, je le quittai, animé d'un enthousiasme plutôt modéré.

Alors que je poursuivais ma recherche dans d'autres secteurs de la ville, voilà que je reçois l'appel d'un ami qui avait eu vent de mes démarches et qui demeurait tout près de la pharmacie en question: «C'est étrange ce qui se passe ici depuis une dizaine de jours, Jean. Alors que nous avons été habitués au va-et-vient tranquille de la petite voiture de livraison, voilà qu'un camion s'amène pratiquement tous les soirs, à la tombée de la nuit, pour enlever de la marchandise par la porte arrière de la pharmacie. On dirait un déménagement…» Comme je savais que le fils du propriétaire possédait également une pharmacie, cette information ne manqua pas de susciter en moi un certain sentiment de méfiance.

Moins de quinze jours plus tard, tel qu'il me l'avait annoncé, l'hésitant vendeur me rappela: «Jean, je suis maintenant disposé à parler affaires. Passe me voir au plus tôt qu'on discute des conditions.» Comme je n'étais pas sans me rappeler l'expérience pour le moins coûteuse que mon cousin Jean Locas et moi avions vécue lorsque nous nous étions portés acquéreurs de sa première pharmacie à Montréal, je fis en sorte que les choses soient mises au clair dès le début avec mon interlocuteur. «Nous connaissons bien ceux qui vont procéder à l'inventaire», lui dis-je en faisant référence aux Pharmacies Modernes, la coopérative qui s'avérait, dans ce cas, le principal fournisseur des marchandises en magasin.

« Ne te fais surtout pas du souci avec ça, Jean. Nous avons dressé l'inventaire il y a à peine deux semaines. Depuis ce temps, il n'y a eu que quelques légers mouvements de stocks. Rien pour exiger un recomptage. Tout est en règle, j'ai d'ailleurs le rapport devant moi. » Ayant bien fraîches à la mémoire les confidences récentes de mon ami résident du quartier, j'exigeai qu'un nouveau décompte soit fait par une personne indépendante au moment où la transaction s'officialiserait. « Je n'ai pas de directives à recevoir de toi, jeune homme », me répondit mon vis-à-vis d'un air offensé. « Tu l'achètes telle quelle ou tu passes ton tour. » Ce que je fis sans hésiter, quelque peu déçu d'avoir à laisser filer une occasion, mais non moins habité d'une certaine fierté d'avoir ainsi évité de me faire rouler par quelqu'un qui me pensait plus naïf que je ne l'étais.

Cela ne m'empêcha cependant pas de poursuivre mes recherches avec la même ardeur. C'est ainsi que je me retrouvai face à monsieur Georges Valade, un pharmacien propriétaire d'un établissement au coin des rues Frontenac et Hochelaga. Élu récemment député à la Chambre des communes à Ottawa, il venait tout juste d'annoncer la mise en vente de son commerce. Au travers des discussions que j'entrepris avec lui, je me rendis compte toutefois que ses intentions étaient passablement moins arrêtées qu'il l'avait d'abord annoncé. Certains jours, il se montrait des plus intéressés : « J'évalue mes affaires et je te rappelle demain pour te faire part de mon prix. » Alors que d'autres, il disait ne pas voir de quelle façon il arriverait à se départir de son commerce : « Je pense que j'ai encore de bonnes années devant moi. J'ai mes habitudes. Je crois que je vais continuer encore quelque temps... » Devant une telle valse-hésitation, je décidai finalement de laisser passer l'affaire.

Or, quelques semaines plus tard, le pharmacien député me rappelle pour m'informer que sa décision est maintenant prise ; il vend. Ce qui me laissa plutôt froid. C'est qu'au hasard de mes promenades dans le secteur, j'avais remarqué que la façade de sa pharmacie était parée d'un recouvrement qui rappelait étrangement celui du bureau de poste du coin. Était-ce lui qui avait fourni le matériel à l'établissement de la Couronne ou est-ce Sa Majesté qui l'avait accommodé avec ses surplus? Quoi qu'il en soit, la ressemblance était confondante. Ce qui m'amena à jouer de prudence avec lui: «Je vais attendre un peu, lui répondis-je, question de bien mesurer tous les impacts de l'investissement que je m'apprête à faire...»

Je n'étais tout de même pas sans me rendre compte que, en me laissant davantage guider par la vertu que par l'opportunisme, je laisserais en plan une des rares possibilités qui se présentait à moi. J'avais beau multiplier les recherches, les occasions se faisaient plutôt discrètes. Les astres ne semblaient vraiment pas s'aligner pour que je puisse enfin apposer mon nom tout en haut de la porte d'entrée d'une pharmacie. Je ne perdais pas confiance, mais ma hâte commençait à prendre sérieusement le pas sur ma patience.

Cette période de tâtonnement avait de plus certains effets pervers. Ainsi, les jours où mes recherches ne me menaient nulle part, je rentrais à la maison avec le sentiment d'être davantage une source d'encombrement qu'un soutien efficient pour ma famille. À l'arrivée des factures, je ne pouvais me soustraire à d'insidieux sentiments d'insécurité: je portais soudain une attention inaccoutumée au prix de l'essence; je me surprenais à faire un décompte précis des appels interurbains effectués au cours du mois; et je commençais à jeter un coup d'œil inquiet sur les tickets de caisse correspondant aux achats effectués en épicerie. Ce n'est pas là le genre de questionnement qui fait habituellement partie des préoccupations journalières de celui ou celle qui est assuré de recevoir son salaire à la semaine ou à la quinzaine. Il s'agit plutôt d'appréhensions qui se manifestent lorsque l'on se retrouve au nombre des «sans-emploi».

Détour salutaire

Or rien de tout cela ne m'empêchait de continuer. Comme j'avais décidé de mettre à contribution mon réseau de connaissances, je pris l'initiative d'aller rencontrer un de mes anciens confrères de classe qui possédait deux pharmacies à Montréal. L'une de celles-ci était située dans l'est de la ville, tout près de l'endroit où fut plus tard érigé le pont-tunnel Louis-Hippolyte-La Fontaine. Chemin faisant, j'arrêtai saluer un certain monsieur Cousineau, propriétaire de la pharmacie du même nom, au coin des rues Aird et Sainte-Catherine. Bien qu'il ait été un ami de mon père, je ne l'avais jamais rencontré auparavant. Je ne lui avais parlé qu'au téléphone, pour des raisons strictement professionnelles, alors que j'assurais la direction des Pharmacies Locas, dont une était d'ailleurs située à peine quelques dizaines de mètres plus loin.

«Bonjour, monsieur Cousineau. Je suis Jean Coutu, le fils du docteur Lucien et le cousin du pharmacien d'en face.» L'octogénaire établit rapidement les liens qui s'imposaient: «Oui, oui, je vois très bien qui vous êtes. D'ailleurs, l'arrivée d'une Pharmacie Locas à proximité, il y a quelques années, a créé une vive compétition à mon petit commerce de quartier.» Question de mettre les choses au clair, je m'empressai de lui faire part de ma situation: «Chose certaine, je peux vous assurer que ce n'est plus moi qui alimente la concurrence. Je me suis récemment dissocié de mon cousin et je suis présentement à la recherche d'une pharmacie dont je pourrais me porter acquéreur. Je me demandais si vous aviez déjà pensé vendre…»

Sa réaction fut aussi rapide que déroutante: «Vous êtes vraiment intéressé? Alors passez à la maison cet après-midi; il y a effectivement un moment que je pense à me retirer des affaires et je serais tout à fait disposé à discuter avec vous.» Même s'il s'agissait là de notre toute première rencontre, monsieur Cousineau connaissait tout de même bien mon père pour avoir, entre autres, effectué un séjour en Europe avec lui quelques années auparavant. Mes parents m'avaient toujours dit le plus grand bien de ce type, ce qui me mit en confiance au moment où les événements semblaient vouloir se précipiter. Petit homme trapu, longtemps engagé avec mon cousin dans la gestion des Pharmacies Modernes, ce pharmacien de quartier avait aussi été un champion joueur de crosse. Il avait d'ailleurs fait partie du club le National de Montréal, une équipe reconnue à l'époque comme une des plus difficiles à vaincre.

Je me rendis donc à sa résidence, située tout près du Jardin botanique de Montréal. Monsieur Cousineau habitait une de ces coquettes petites maisons qui constituaient la Cité-Jardin du Tricentenaire. Il s'agissait d'une sorte de coopérative d'économie et d'habitation qui avait été fondée en 1940 dans le but de promouvoir la propriété unifamiliale détachée comme modèle de vie résidentielle. La grave crise du logement que vivait le Montréal d'après-guerre avait rendu pratiquement nécessaire ce genre d'initiative. Et comme la stratégie d'action des organisations catholiques était orientée vers la promotion d'un modèle corporatiste de société, ce projet avait obtenu l'appui financier des Clercs de Saint-Viateur et de la Compagnie de Jésus, celle-ci étant mieux connue sous le nom de Jésuites.

Chemin faisant, je me suis d'ailleurs souvenu que le père Richard Arès nous avait justement sensibilisés à ce projet au moment où nous étions encore étudiants au collège Brébeuf. Celui-ci était alors directeur de *Relations*, la revue de solidarité sociale du Centre justice et foi, une autre œuvre des Jésuites canadiens. La fierté qu'affichait ce jour-là monsieur Cousineau de me recevoir dans une maison bien à lui n'était donc pas étrangère à l'initiative mise de l'avant par les religieux de l'époque pour que les Canadiens français puissent enfin devenir propriétaires après avoir été majoritairement contraints à la location pendant plus de deux siècles.

En moins d'une heure, nous nous sommes mis d'accord sur les conditions de l'entente. Je me revois encore, appuyé sur mes genoux, en train de griffonner nerveusement sur deux minuscules feuilles mobiles ce qui s'est avéré être l'offre d'achat officielle de ma première pharmacie :

Par les présentes, moi, Jean Coutu, pharmacien licencié, je m'engage à acheter la pharmacie J.B. Cousineau, 4605, Sainte-Catherine Est, pour une somme déterminée par un inventaire à être pris par M. Roméo Chalifoux, la journée de l'achat.

Conditions de vente :

1. 15 000 $ comptant (quinze mille dollars)
Solde : 2000 $ par année à un intérêt de 6 % sur le solde à chaque année.
2. Monsieur J.B. Cousineau m'offre un bail de 250 $ par mois, chauffé, pour une durée de dix ans, avec option d'achat de la propriété.
3. Jean Coutu aura le privilège de payer ledit solde de prix de vente, en tout ou en partie, en tout temps, par anticipation, sans avis ni indemnité.

Montréal, 2 juin 1960

Nous avons apposé notre signature au bas de ce document improvisé et nous avons conclu le tout par la traditionnelle poignée de main. J'étais donc parti chômeur le matin, avec l'intention de rendre visite à un ancien collègue d'études, et je me préparais à rentrer à la maison le soir même tout nouveau propriétaire d'une pharmacie en plein cœur de Montréal. Le hasard ou le destin aura voulu que je ne me rende finalement jamais rencontrer mon confrère d'antan.

« J'ai acheté la pharmacie Cousineau ; tu sais, celle qui fait face à la toute première que Jean Locas s'est procurée à Montréal. » Visiblement, la nouvelle ne suscita pas l'enthousiasme escompté chez Marcelle : « Il me semble que c'est un peu petit, non ? » Cela n'avait rien d'une grande surface, j'en convenais. L'exiguïté des lieux ne m'empêchait pas pour autant de rêver grand pour ce petit commerce de quartier...

Monsieur Cousineau et moi nous sommes finalement entendus pour arrêter le prix de la transaction finale à 35 000 $, soit l'équivalent de la valeur estimée des stocks. Je n'avais aucun supplément à débourser pour ce que l'on désigne, dans le jargon commercial, par l'achalandage, c'est-à-dire la valeur qu'ajoute à un commerce l'assiduité de la clientèle qui le fréquente. Comme j'y investissais le montant total de mes économies, soit 15 000 $, je me retrouvais donc au débit d'un montant de 20 000 $, une petite fortune à l'époque. Étant donné que je désirais amortir ma dette dans les plus brefs délais, je fis en sorte de prendre possession des lieux le plus rapidement possible. Mon empressement n'avait d'égal que la morosité qui m'habitait depuis ma séparation avec Jean Locas. J'étais impatient de voir la marquise de l'édifice afficher en toutes lettres : Jean Coutu, votre pharmacien.

Mon impression d'avoir conclu une bonne transaction se confirma par l'attitude on ne peut plus professionnelle qu'afficha monsieur Cousineau à mon endroit : « Si tu crois que ça peut t'aider, je suis prêt à me rendre disponible pour te donner un coup de main, le temps que tu jugeras nécessaire. » Il a donc continué à venir à la pharmacie pendant un certain temps. Et il ne cachait pas sa fierté en me présentant à ses clients : « Voici votre nouveau pharmacien. Je connais bien sa famille. Vous pouvez lui faire confiance… » La générosité et la bienveillance de cet homme n'avaient d'égal que son honnêteté et le respect qu'il portait aux gens.

Ce qui ne lui enlevait pas l'attachement qu'il gardait pour l'établissement où il avait exercé sa profession pendant de si nombreuses années. Un beau matin, il me prit à l'écart et me demanda en hésitant quelque peu : « Écoute, Jean, je ne veux pas revenir sur les conditions de la vente, mais, selon toi, est-ce que la petite radio qui est posée sur la tablette au mur là-bas, de même que la télé qui est derrière le comptoir, font partie des stocks que je t'ai cédés ? » Sachant très bien qu'il portait une valeur sentimentale à ces objets – le premier lui avait été offert par sa fille et le second par son fils médecin –, je lui fis la réponse qu'il souhaitait entendre : «Vous savez bien que non, monsieur Cousineau. Vous pouvez les emporter ; ils sont à vous.» Dire le bonheur de cet homme lorsqu'il est reparti… Bien que sans importance à mes yeux, les deux objets en question avaient cependant pour lui une valeur inestimable… parce qu'il les voyait avec les yeux du cœur !

Les sentiments qu'il nourrissait à mon endroit n'étaient sûrement pas étrangers aux quelques semaines qu'il avait passées en Europe avec son épouse en compagnie de mes parents. Ces voyages, peu fréquents à l'époque, étaient généralement organisés par les communautés religieuses d'ici dont les maisons mères étaient réparties un peu partout sur le Vieux Continent. C'est pour cette raison que les périples proposés se résumaient souvent à la visite des grands lieux de pèlerinage – Lourdes, Fatima, Lisieux, etc. – et à un bref séjour à Rome, le temps d'obtenir la bénédiction du Souverain pontife.

Mais il semble que les élans de conversion de certains perdaient passablement de leur ardeur au retour à Paris, escale ultime avant le retour en Amérique. On raconte en effet que bon nombre de pèlerins voyageurs, incluant certains ecclésiastiques accompagnateurs, n'hésitaient pas, le soir venu, à remiser chapelets et collets romains pour effectuer une petite visite en catimini aux Folies Bergère ou au Moulin Rouge. Question de mieux saisir, comme nous l'avait si bien dit à la blague le père Pelchat lors de nos années de collège, à quel point «la vie des filles de joie est une bien triste vie…».

D'autre part, j'ai longtemps gardé l'impression que monsieur Cousineau était peiné de n'avoir pu trouver en son fils le successeur qu'il aurait été en mesure d'espérer. Ce n'est pas que celui-ci était dépourvu de moyens, mais sa propension à picoler semblait beaucoup plus grande que son ardeur au travail. Ce qui n'a sûrement pas favorisé le climat de confiance nécessaire pour amener son père à éventuellement faire de lui l'héritier de sa pharmacie.

La tension était d'ailleurs palpable entre les deux hommes. Et elle est devenue particulièrement manifeste lorsque, quelques mois après que monsieur Cousineau m'eut remis les clés de sa pharmacie, le fils me rappela pour me proposer de s'en porter acquéreur. Sa motivation était telle qu'il se montrait même disposé à me verser un montant supérieur de cinq mille dollars à celui que j'avais déboursé. Ce que je refusai d'emblée; par conviction plus que par entêtement. Je me suis dit que si ça valait cinq mille dollars de plus pour lui, ça le valait tout aussi bien pour moi! Et puis, j'étais bien trop désireux de prendre toute la mesure du potentiel dont recelait cette pharmacie pour la céder à qui que ce soit.

Concours de popularité

Pour arriver à mes fins, je dus toutefois faire appel à différents artifices imaginatifs. Car je savais pertinemment que je ne pourrais rentabiliser mon acquisition en ne maintenant que le mince chiffre d'affaires – 67 000 $ par année – que réalisait cette pharmacie. Je n'avais pas besoin d'effectuer une savante étude de marché pour me rendre compte que ce commerce peinait à renouveler sa clientèle. Il m'apparaissait évident que je devais innover, quitte à m'aventurer hors des sentiers battus. Ce que je n'ai pas hésité à faire.

Je me suis d'abord inspiré d'une formule déjà éprouvée dans d'autres régions du pays par Rexall, une des plus importantes bannières de l'époque, qui menait également des activités de distribution. L'idée m'avait été refilée par un représentant de la compagnie, du temps où j'effectuais les achats pour les trois pharmacies de mon cousin. La campagne promotionnelle en question consistait en un concours de popularité – le *Youth Popularity Contest* – qui s'adressait spécifiquement aux jeunes de cinq à douze ans. Je décidai donc de l'adapter à ma façon de manière à relancer les ventes de l'établissement dont je venais de me porter acquéreur.

L'exercice était simple. Chaque sou dépensé dans la pharmacie gratifiait l'acheteur d'un vote pour l'enfant de son choix. Chacun des 25 garçons et des 25 filles qui parviendraient à en cumuler le plus au cours d'une période de six semaines se verrait offrir un cadeau. Ceux-ci étaient tous exposés en vitrine sous les deux tableaux qui alignaient les noms de ceux et celles qui totalisaient le plus de votes. Le jeune garçon qui présenterait le plus haut cumul allait recevoir un train électrique de marque Lionel tandis que la jeune fille qui ferait de même se verrait remettre un magnifique carrosse dans lequel prenait place une poupée qui disait « maman » quand on la couchait sur le dos. La valeur des autres prix était fonction de l'ordre au classement.

Comme il s'agissait d'un concours qui impliquait une manipulation de justificatifs, je m'assurai que la procédure de dépouillement s'effectue en toute transparence de façon à ne laisser planer aucun doute chez quelque participant que ce soit. Déjà que certaines organisations politiques arrivaient à faire voter des défunts et des déserteurs, je tenais à ce que l'opération soit au-dessus de tout soupçon. Pour ce faire, je requis les services de la troupe scoute de la paroisse en faisant appel au sens des responsabilités de ceux qui se disaient « toujours prêts ». Mes attentes étaient claires : « Tout au bout du comptoir, il y a une boîte dans laquelle seront déposés tous les votes. Elle est scellée à l'aide d'un cadenas. Il n'y a qu'une seule clé et c'est à vous que je la remets. Je vous demande de venir faire le décompte une fois par semaine. Si le tout se déroule dans l'ordre, à la fin du concours, je vous remettrai une belle tente toute neuve en guise de remerciement. »

En portant fièrement leur drapeau, les scouts se sont présentés comme prévu à la pharmacie, chaque vendredi soir, pour procéder au dépouillement des votes. Le samedi matin, j'inscrivais les résultats sur le tableau affiché en vitrine. Ce qui avait pour effet immédiat d'aviver la compétition entre les parents. Ainsi, si une mère constatait que c'était la fillette de sa voisine qui avait pris la tête du classement, elle se précipitait dans la pharmacie pour acheter de nouveau dans l'espoir de voir la sienne remonter les échelons. Pour ajouter à l'euphorie existante, les enfants n'hésitaient pas à recourir au chantage émotif, ce qui ne manquait pas de mettre une pression supplémentaire sur les parents : « Maman, il ne faut pas que tu le laisses nous devancer, sinon c'est lui qui va remporter le train électrique. » L'engouement était tel que, la dernière semaine du concours, nous avons dû mettre à jour la liste des plus méritants à toutes les quarante-huit heures.

Le sprint final a donné lieu à des manœuvres et à des stratagèmes des plus ingénieux. Ce fut entre autres le cas du troisième jeune candidat en lice qui se désolait chaque jour davantage de voir les deux premiers concurrents le distancer sans cesse. Comme il tenait à tout prix à gagner, il fit appel à un de ses oncles de Saint-Jérôme qui souffrait de diabète. Celui-ci était prêt à tout faire pour que son neveu l'emporte. Il se précipita donc à la pharmacie pour faire provision de toute la quantité d'insuline qu'il lui était possible de conserver sans qu'elle se dégrade. Il fit également bonne réserve de seringues, de produits d'hygiène et d'autres médicaments offerts en vente libre. Grâce aux achats de dernière minute de son oncle, le jeune Robert Pelletier remporta finalement le concours avec les 21 833 votes qu'il avait cumulés. Chez les filles, c'est une certaine Thérèse Trudel, avec ses 29 730 votes, qui a gagné le fameux carrosse et la poupée.

Le concours en question a remporté un succès sans équivalent pour un commerce de cette taille. Non seulement a-t-il permis de faire grimper les ventes de la pharmacie, mais il nous a offert des occasions inédites de nous rapprocher des habitués et d'attirer une nouvelle clientèle intriguée par une initiative aussi peu conventionnelle. Les gens ont pris plaisir à participer à ce concours qui s'est avéré aussi sympathique que compétitif. L'impact a été à ce point important que certaines des retombées se sont même manifestées quelques décennies plus tard…

Retombées imprévues

Dans le cadre d'un reportage télévisé réalisé il y a une dizaine d'années, la Société Radio-Canada me demanda de me rendre au coin des rues Aird et Sainte-Catherine afin de prendre des images évoquant mes débuts en tant que pharmacien propriétaire. Exercice auquel je me prêtai volontiers. Alors que je me promenais tout autour pour les besoins du reportage visuel, une dame, début quarantaine, se présenta à moi sans se soucier aucunement de l'appareillage télévisuel qui m'entourait : « Bonjour, monsieur Coutu. Comment allez-vous ? » En commerçant avisé, je lui fis une réponse à la fois formelle et courtoise tout en me retournant vers le jeune enfant qu'elle tenait par la main. « Me reconnaissez-vous ? » ajouta-t-elle en espérant, de toute évidence, une réaction plus familière de ma part. « Vous ne vous souvenez pas... C'est moi qui, dans le temps, ai gagné le carrosse avec la poupée qui disait "maman" ! Vous savez, le concours avec tous les prix dans la vitrine... »

Les caméramans et les reporters n'en croyaient pas leurs oreilles et leurs yeux. Ils étaient convaincus que c'était arrangé « avec le gars des vues ». Pourtant, il n'en était rien. Le tout relevait de la pure coïncidence. Mais fallait-il s'en étonner à ce point ? J'ai en effet toujours cru qu'une relation de confiance non seulement fidélise la clientèle, mais qu'elle inscrit également ce rapport dans le temps. C'était le cas de cette dame qui affichait clairement son appartenance aux lieux. Les liens personnalisés que nous avions établis avec ses parents se sont transmis jusqu'à elle. Et à constater l'importance qu'elle portait à se faire reconnaître, il y a tout lieu d'espérer que l'enfant qui l'accompagnait ce jour-là nous gratifierait lui aussi un jour de sa confiance.

Là ne s'arrête pas la petite histoire... Toujours dans le cadre du même reportage, on me demanda de revêtir mon sarrau et de placer de la marchandise sur les tablettes comme je l'ai fait pendant de nombreuses années. Alors que l'équipe technique s'affairait à installer leur équipement, une autre dame vint me trouver spontanément. Son gabarit et son accent ne laissaient planer aucun doute quant à ses origines baltes : « Eh, *mister* Coutu, je me rappelle de toi… » Visiblement, sa mémoire était meilleure que la mienne, parce que je n'avais aucun souvenir de cette femme. « Quand mes enfants étaient malades, tu nous donnais des médicaments et tu disais de venir te payer quand mon mari recevrait sa paye. T'en rappelles-tu ? »

Il m'était effectivement arrivé plus d'une fois d'accommoder des gens qui, à l'époque, travaillaient pour des salaires de misère sans bénéficier d'aucune protection sociale. Aussi, avant de quitter les lieux, elle me regarda droit dans les yeux en me disant : « Si c'est pas dans ton mémoire, moi je vas toujours me rappeler… » Aux représentants de la télé qui avaient été témoins de ce court échange, je ne pouvais citer plus bel exemple pour illustrer ce à quoi je m'étais consacré pendant ces trente premières années de vie professionnelle.

Ce type de service orienté vers la personne, où la valeur du client ne se limite pas au potentiel d'achat qu'il représente, est non seulement valorisant d'un point de vue personnel, mais il peut également s'avérer particulièrement profitable pour l'entreprise. Ainsi, à la fin de ma première année d'exploitation, le chiffre d'affaires de la pharmacie sise au coin des rues Aird et Sainte-Catherine était passé de 67 000 $ à 113 000 $. Une première étape qui laissait présager le meilleur pour l'avenir.

Honnêteté juvénile

Même si je commençais à me faire un nom, j'estimais que je n'avais pas encore exploré tout le potentiel que recelait cet environnement ouvrier où les enfants étaient encore la principale source de fierté des familles. Je décidai alors de m'inspirer d'une formule américaine, le Honest Kids Candy Club, afin d'attirer les plus jeunes dans mon établissement de façon que leurs parents y prennent leurs habitudes.

Adaptée sous le nom de « Club des bambins honnêtes », l'initiative consistait essentiellement en une proposition visant à inculquer des valeurs d'intégrité et d'honnêteté aux jeunes. Ceux-ci étaient invités à venir faire leurs menus achats à la pharmacie – friandises, bonbons, gommes à mâcher, etc. – et à poinçonner eux-mêmes la somme due sur une vieille caisse enregistreuse que je m'étais procurée spécifiquement pour cette campagne. Celle-ci était mise à leur disposition sans surveillance aucune, leur engagement à la transparence et à l'honnêteté demeurant l'unique condition au bon fonctionnement de l'opération.

Je leur remettais donc l'entière responsabilité d'acquitter le prix exact de ce qu'ils s'étaient procuré. Chaque jeune désireux de se prévaloir de ce privilège devait cependant signer un formulaire correspondant aux obligations auxquelles il s'engageait. Pour les encourager à persister dans leur démarche et à inciter leurs amis à faire de même, je leur octroyais occasionnellement quelques prix au hasard.

Les résultats se sont avérés fort concluants. Cette caisse présentait même des surplus avec une régularité qui ne pouvait qu'étonner. C'est que leur désir de bien faire les amenait souvent à se montrer plus catholiques que le pape. Par exemple, en déposant une pièce de vingt-cinq sous pour un achat correspondant à deux articles étiquetés au prix de dix, les jeunes oubliaient souvent de prendre la monnaie qui leur revenait. Étonnant comme la responsabilisation pouvait s'avérer passablement plus efficace que la répression ou la surveillance continue.

C'est d'ailleurs ce que corrobora un jour un enseignant d'une école du quartier. Celui-ci vint me trouver pour me faire part des changements qui s'étaient opérés chez un de ses élèves avec qui il avait maille à partir depuis longtemps. Le jeune en question avait l'habitude d'afficher des écarts de comportement – indiscipline, violence, irrespect – qui avaient fini par passablement perturber ses camarades de classe. « Mais il est pratiquement méconnaissable depuis quelque temps. Je ne sais pas ce qui s'est passé. Lorsque je l'ai questionné, il a vaguement fait allusion à un club dont il serait devenu membre... » Je m'empressai de répondre à ses interrogations en lui montrant la copie du formulaire que ce jeune avait signé. Il figurait même parmi les tout premiers à s'être inscrits au club. L'éducateur en question était renversé par la simplicité de la démarche : « Vous n'avez pas idée de l'importance des transformations qui sont en train de s'opérer chez lui. Son changement de comportement laisse désormais place à tous les espoirs. »

Je n'étais pas peu fier de l'initiative que j'avais mise en place. Des résultats de ce genre correspondaient en tous points à la perception que je me faisais de l'engagement social qu'un professionnel de la santé se doit d'avoir dans sa communauté. Le Club des bambins honnêtes venait de faire la preuve qu'une activité commerciale, aussi modeste soit-elle, peut également servir de moteur de sensibilisation à des valeurs personnelles et sociales de toute première importance pour ceux et celles qui représentent l'avenir de la société.

Lors des divers échanges que j'ai eus avec mes employés au cours des quarante années qui suivirent, j'ai souvent cité cette expérience en exemple. À mon avis, c'est faire erreur que de nous montrer incommodés par la présence d'enfants ou de jeunes dans nos commerces. C'est oublier que ce sont nos clients de demain et que les destinées de notre entreprise sont en bonne partie liées au type de relations que nous aurons entretenues avec eux dès leurs premières visites dans nos établissements. Si, au lieu de les ignorer ou de les éloigner comme on peut parfois être portés à le faire, nous leur donnons l'occasion de s'approprier les lieux et de s'y sentir à l'aise, il y a toutes les chances au monde pour qu'ils créent éventuellement des liens de confiance et de fidélité avec nous.

Même si sa taille limitait passablement son potentiel de développement, ma toute petite pharmacie de l'est de la ville s'est avérée la bougie d'allumage de tout ce qui allait suivre. En peu de temps à la barre de ce commerce, il était devenu clair pour moi que ce n'était pas seulement l'établissement qui était désormais trop exigu, mais bien l'exercice même de la profession de pharmacien qui s'était emmuré dans l'étroitesse et l'immobilisme. Et, bien qu'isolées et modestes, ces quelques expériences de départ avaient suscité chez moi le sentiment que ce qui se passait au coin des rues Aird et Sainte-Catherine posait les prémices d'importants changements à venir.

Une légère déception allait cependant jeter un voile sur l'enthousiasme que je nourrissais. Environ six mois après l'acquisition de ma première pharmacie, j'ai appris que Jean Locas avait vendu celle qu'il possédait à peine un coin de rue plus à l'est. J'ai été peiné par cette décision, d'autant que je lui avais offert d'acheter cet établissement lors de la cessation de notre contrat et qu'il m'avait servi un refus catégorique. Alors que nous étions parents, voisins pharmaciens et anciens partenaires d'affaires, voilà qu'il venait de vendre à un jeune débutant que j'avais moi-même embauché au moment où j'assurais la gérance de ses pharmacies montréalaises. Qu'il ait refusé de me vendre un de ses établissements, c'est un choix personnel que je respectais. Mais que, peu de temps après, il l'ait cédé à un étranger, je ne l'ai pas considéré comme une marque d'appréciation particulièrement grande pour les services que je lui avais rendus. J'en fus profondément remué, car non seulement s'agissait-il du seul cousin germain que j'avais, mais le fait d'avoir été élevé à ses côtés avait tissé des liens que je voyais se fragiliser d'autant par une attitude aussi cavalière.

Quelques mois plus tard, il s'est aussi départi des deux autres pharmacies qu'il possédait dans la métropole : celle de la rue Saint-Jacques ainsi que celle de la rue Laurier. Il s'est rendu compte à quel point il était devenu laborieux de gérer tout cela de Saint-Hyacinthe. Je n'en suis pas resté amer, mais je n'ai tout de même pu me soustraire à une certaine déconvenue, le temps qu'il m'a été nécessaire pour faire la part des choses.

Un second pas

Heureusement, je n'allais pas demeurer sur ma déception très longtemps. Voilà que je reçus un appel de monsieur Georges Valade, le pharmacien député qui s'était montré si indécis à peine plus d'un an auparavant. « Je suis maintenant décidé à vendre ma pharmacie. Mes occupations à Ottawa accaparant de plus en plus de mon temps, la gestion des opérations quotidiennes est devenue beaucoup trop lourde. Je vois que tu te débrouilles bien depuis que tu as fait l'acquisition de la pharmacie Cousineau. J'ai pensé que tu serais peut-être intéressé à t'en procurer une autre. »

Comme il m'avait déjà laissé sur le carreau, je choisis d'adopter une attitude plutôt distante : « J'ai déjà une excellente pharmacie ; les affaires vont très bien. Je ne sais pas si je serais prêt à réinvestir si rapidement dans une autre. Je vais songer à tout cela et je passerai vous voir lorsque j'aurai une minute. » En réalité, je comptais le faire poireauter un moment. Ce n'était peut-être pas très obligeant de ma part, mais cela me donnait le sentiment de rétablir une certaine forme d'équilibre dans nos rapports.

De crainte de louper une occasion intéressante, je me décidai toutefois, au bout de quelque temps, à aller le rencontrer. Nous en vînmes assez rapidement à un accord pour que je me porte acquéreur de son commerce. Je louais l'espace occupé par la pharmacie dans un édifice dont il demeurait propriétaire. Le tout pour une période de cinq ans. Si je désirais renouveler l'entente, je n'avais qu'à l'en informer six mois avant la date prévue d'expiration. Sans quoi, il pouvait révoquer le bail à sa guise ou en changer les conditions de façon unilatérale. Je m'étais cependant assuré qu'une clause me permette, dans ce cas, de faire une offre d'achat sur la bâtisse dont la valeur avait préalablement été établie au montant de 42 500 $. Nous conclûmes rapidement l'entente et j'orientai mes efforts à exploiter tout le potentiel de cette pharmacie.

Compte tenu que j'étais passablement occupé par la gestion des deux commerces, je ne me suis pas trop soucié de l'obligation à laquelle je m'étais soumis concernant le renouvellement du bail. Le délai imparti était donc déjà dépassé lorsque je me souvins qu'il relevait de ma responsabilité d'avertir le proprio de mes intentions. Alors que nos relations s'étaient jusque-là avérées des plus cordiales, voilà qu'il se montra particulièrement inflexible lorsque je lui fis part de mon désir de demeurer en place aux mêmes conditions. Selon ses dires, étant donné que je ne m'étais pas manifesté à l'intérieur de la plage de temps prévue à cet effet, plus aucune des conditions ne tenait. Je tentai tout de même de me prévaloir de l'option qui me permettait de présenter une offre d'achat. Mais son inflexibilité demeura la même. Il refusa les 42 500 $ en espèces qu'un huissier vint lui présenter en main propre, prétextant qu'il pouvait exiger davantage pour l'immeuble puisque, selon lui, le contrat était désormais caduc en tous points.

Ce rusé gestionnaire ne fermait cependant pas toutes les portes. Il se montra disposé à entreprendre de nouveaux pourparlers, mais à la condition expresse que le prix de vente soit revu à la hausse. Ce que mon avocat me déconseilla fortement : « Les modalités sont clairement énoncées dans le contrat de location, me dit-il. Il ne peut refuser de vous vendre au prix déjà annoncé. Toutes les conditions vous avantagent. Un juge ne pourra que vous donner raison. » C'est donc par l'entremise de nos représentants juridiques que les négociations se sont poursuivies.

Le temps s'écoulant et les échanges se multipliant entre les parties, l'impassible assurance de mon conseiller en matière de droit finit par prendre passablement de plomb dans l'aile : « Tout n'est pas autant à votre avantage que je l'avais d'abord perçu. Mes recherches démontrent en effet qu'il existe différents types d'interprétations pour des situations comparables. Peut-être aurions-nous avantage à convenir d'un règlement à l'amiable. » Quel long détour pour en arriver à une solution aussi simple. Le genre de conclusion à laquelle j'aurais très bien pu parvenir par moi-même, ai-je pensé, en me désolant de l'amateurisme du jeune avocat à qui j'avais confié ma cause. D'autant plus que le propriétaire s'était initialement montré disposé à poursuivre les discussions entre nous dans le but d'en arriver à une entente de bon gré.

Sans grande surprise, nous sommes finalement parvenus à un règlement négocié. Et le montant convenu s'est avéré à peine plus élevé que celui qui était prévu dans le bail. Je venais par conséquent de minimiser l'impact de ma négligence passée. J'ai cependant eu l'impression que, au lieu de me conseiller adéquatement, mon avocaillon avait voulu m'engager dans une bataille de coqs perdue d'avance alors que quelques échanges courtois auraient probablement suffi à dénouer l'impasse. La suite des événements n'allait que renforcer la désagréable impression que j'en retirais.

Deux semaines plus tard, je recevais la facture : des honoraires qui, à mon avis, relevaient plus de l'achat de la Place-Ville-Marie que de la prise de possession d'une petite pharmacie de quartier. Comme j'estimais que les conseils juridiques en question ne m'avaient été d'aucune utilité, je décidai de contester le compte auprès du Syndic du Barreau. Or, le comité qui fut saisi de l'affaire siégeait dans les bureaux d'un des plus importants cabinets d'avocats du centre-ville de Montréal. Ce qui me laissait plus que perplexe quant à l'intérêt que ces gens pouvaient porter à une cause aussi anodine que la mienne.

Je nourrissais donc des attentes fort modestes quant à la décision – finale et irrévocable – qui émanerait de l'évaluation de ces bonzes du droit appliqué. Ils reconnurent tout de même la légitimité de ma contestation. Mais le verdict qu'ils rendirent ne me permit en rien de crier victoire. Le réajustement à la baisse qu'ils édictèrent totalisait à peine le coût de la course de taxi qui m'avait conduit jusque-là !

Au lieu de me rebiffer, je décidai finalement de faire contre mauvaise fortune bon cœur et d'en tirer une leçon personnelle : rarement, me suis-je dit, est-on mieux placé que soi-même pour faire valoir ses droits. Je reconnaissais également la sagesse de celui qui a dit un jour : « Un mauvais arrangement vaut mieux que le meilleur des procès. » Je venais de l'apprendre à mes dépens. Chose certaine, depuis ce temps, je me suis assuré que le renouvellement d'un bail avec option se fasse toujours automatiquement, à moins que, six mois à l'avance, j'avise moi-même le propriétaire de mon intention de revoir les conditions ou de quitter. Autrement dit, une procédure qui s'avère exactement l'inverse de celle qui s'appliquait dans le cadre de l'entente que j'avais conclue précédemment avec Georges Valade.

Située à l'est de la rue Frontenac, cette pharmacie faisait face à une église fréquentée par la communauté polonaise de la métropole. Afin d'accommoder ces immigrants venus s'installer au Québec après la Seconde Guerre mondiale, je pris l'initiative d'aménager nos préparations médicamenteuses en tenant compte de l'arsenal thérapeutique traditionnel auquel ces gens étaient habitués dans leur pays. Nos compositions étaient donc passablement différentes de celles des pharmacies qui desservaient un profil de clientèle plus traditionnel. C'était ma façon à moi de leur exprimer l'importance qu'ils représentaient à mes yeux.

Ces petites attentions eurent pour effet de créer de précieux liens de proximité. Comme ils étaient tous de fervents catholiques, ils assistaient en grand nombre à la messe dominicale et, à la sortie, ils en profitaient pour s'approvisionner chez nous des produits de santé et de beauté dont ils avaient besoin. Question de devancer leurs moindres désidératas, nous faisions même provision de quelques journaux polonais, ce qui leur permettait de demeurer informés de ce qui se passait dans leur pays d'origine.

Cet échange de bons procédés avec des gens qui avaient particulièrement été éprouvés par le dernier conflit mondial correspondait, encore là, à l'idée que je me faisais de la mission première d'une entreprise de service comme la nôtre. Nous étions là pour nous adapter aux besoins des gens : qu'il s'agisse de ces immigrants, qui avaient des habitudes de vie différentes des nôtres, ou de tous ceux et celles avec qui nous partagions le même bagage culturel. Nous aurions grandement souhaité que les gens plus fortunés – comme ceux qui habitaient les luxueuses résidences de la rue Sherbrooke – descendent jusqu'à nous pour faire exécuter leurs ordonnances médicales, mais nous considérions comme un point d'honneur le fait de mériter la confiance de ceux pour qui les soins de santé occupaient une part importante du budget familial.

Environnement protégé

Un peu plus d'un an plus tard, je me suis procuré une troisième pharmacie – au coin des rues Cartier et Ontario – qui faisait jusque-là partie de la chaîne des Pharmacies Léger. Elle était située au cœur du «Faubourg à m'lasse» et l'environnement immédiat «recelait», c'est le cas de le dire, un certain nombre de gens à qui il aurait été risqué de donner le bon Dieu sans confession. Alors que nous étions encore de tout nouveaux arrivants dans le quartier, ceux-ci n'ont pas tardé à se présenter à nous avec l'intention manifeste de se procurer, sans avoir obtenu au préalable la prescription d'un médecin pratiquant, des amphétamines de même que d'autres médicaments vendus sous ordonnance. Ce à quoi j'ai opposé un refus catégorique en annonçant clairement nos couleurs : «Nous sommes des professionnels reconnus. Jamais nous n'accepterons de faire des choses qui remettraient notre réputation ou notre crédibilité en cause. Nous avons effectivement des stupéfiants et des narcotiques dans nos laboratoires, mais nous n'en faisons le commerce que sous ordonnance médicale.»

Mon propos pouvait peut-être paraître moralisateur à leurs yeux, mais je désirais établir clairement, dès le départ, le *modus vivendi* de nos échanges avant que de malheureux malentendus s'installent. Il n'était pas question pour autant de me montrer accusateur ou revêche face à ces gens qui avaient aussi à la maison une femme et des enfants qui pouvaient éventuellement avoir besoin de nos services. Aussi les ai-je assurés que je ferais tout ce qui était légalement possible pour soulager leurs moindres petites blessures, malaises ou indispositions. Le gérant qui me secondait dans mon travail avait également très bien saisi la dynamique que je cherchais à instaurer avec eux, ce qui me fut d'un grand secours. Ainsi, chaque fois que l'un d'eux était hospitalisé ou que leur épouse venait d'accoucher, nous faisions parvenir quelques fleurs accompagnées d'un petit mot d'encouragement portant la mention «De votre pharmacien». Grâce à cet échange courtois, il s'est rapidement installé un climat de confiance mutuelle, ce qui ne tarda pas à s'avérer d'une grande utilité. Surtout lorsque nous fûmes victimes d'un vol à main armée quelques mois plus tard…

C'était d'ailleurs moi qui étais à la caisse lorsque le larcin fut commis. Bien que le tout se produisit très rapidement, le visage du filou demeura bien gravé dans ma mémoire. Trois cents dollars, qu'il avait dérobés. Je suis demeuré quelques jours à m'interroger à savoir si j'allais rapporter le méfait à nos assureurs. Jusqu'à ce qu'un de ces larrons des temps modernes se présente au comptoir et s'enquiert des raisons de mon apparente indisposition. «Un hold-up? Ah, oui? Combien, dites-vous? Trois cents dollars. Un jeune boutonneux aux cheveux noirs avec des lunettes… Laissez-moi ça entre les mains. Demain, je vous rapporte votre argent.» Moins de vingt-quatre heures plus tard, il revenait effectivement déposer une enveloppe à mon attention contenant exactement la somme subtilisée quelques jours auparavant.

Je n'ai jamais su ce qui est arrivé au jeune braqueur, mais je me doute qu'il n'a pas reçu de félicitations pour son geste. En se portant aussi spontanément à notre secours, le message que ces gens voulaient faire passer à ces apprentis fripouilles était clair: «Touche pas à notre pharmacien. Il nous respecte et on lui fait confiance. Il refuse de se compromettre dans nos activités, mais, d'un point de vue professionnel, il agit avec obligeance avec nous. Et on ne veut surtout pas que personne ne l'intimide.» Faut croire que le message a porté puisque, après cette mauvaise expérience, nous n'avons jamais plus été victimes d'autres vols.

Hormis cette petite mésaventure, l'exploitation de cette pharmacie s'est avérée un atout non négligeable dans mon parcours. Ma présence comme pharmacien de quartier commença à être davantage appréciée. J'avais de plus la chance d'être entouré de gens qui avaient bien saisi le genre de proximité que je désirais créer avec notre clientèle. Parmi eux, il y avait Roger Lauzon, à qui je m'étais associé dans le cadre de mes deux plus récentes acquisitions. En plus d'être un ancien collègue de travail du temps où j'étais à l'emploi des Pharmacies Leduc, celui-ci avait également été responsable de la Pharmacie Locas, coin Laurier et du Parc, au moment où j'assurais la gérance de l'ensemble des établissements montréalais de mon cousin. Le fait que nous ayons connu un cheminement professionnel en plusieurs points comparables n'est sûrement pas étranger au succès que nous avons obtenu tout au long de notre association.

Conjoints partenaires

À la maison, la famille grandissait au même rythme que les pharmacies. Nous avions maintenant trois enfants et Marcelle, à nouveau enceinte, espérait de tout cœur donner une sœur à nos trois jeunes hommes en devenir. Même si nous tenions à ce que les entreprises commerciales que j'avais mises sur pied nous permettent un jour de jouir d'une certaine aisance, il n'était pas question de laisser nos ambitions professionnelles prendre le pas sur la place prioritaire qu'occupait la famille dans notre projet de vie. Nous avons donc misé de nouveau sur notre complémentarité afin de renforcer l'indispensable équilibre que nous avions réussi à maintenir jusque-là.

De son côté, Marcelle a continué de consacrer tout son temps et toutes ses énergies au petit monde qui l'entourait. Et malgré toutes les remises en question dont il est aujourd'hui l'objet, ce choix n'avait rien d'un sacrifice mortifiant ou d'un renoncement obligé. Marcelle avait plutôt reconnu qu'il y avait autant à construire avec nos enfants qu'il y avait à accomplir avec mes pharmacies. Cette présence continue, qui constituait pour elle une véritable mission, lui apparaissait aussi valorisante que n'importe quelle carrière ou emploi rémunérateur. Cet arrimage entre ses aspirations et ses engagements explique qu'elle ait réussi à faire de notre cellule familiale un lieu de rassemblement et de partage où chacun trouvait à donner et à recevoir.

Cela ne l'empêchait pas de faire montre d'une présence et d'une solidarité de tout instant à l'égard de ce que j'entreprenais. Bien qu'effacée par rapport à la visibilité dont je pouvais bénéficier, Marcelle s'est toujours avérée de très précieux conseil lorsque j'avais des décisions d'importance à prendre. Peu importe ce que j'avais à régler ou à surmonter, elle est toujours demeurée celle qui a le mieux su m'encourager lorsque j'étais à court d'élan et me contenir lorsque je m'emballais trop rapidement.

Cette option prioritaire pour la famille nous a cependant obligés à faire des choix impérieux. C'est ainsi que, en lieu et place de loisirs et de biens secondaires dont nous aurions pu profiter, nous avons préféré embaucher une aide-ménagère afin de libérer Marcelle de quelques-unes de ses nombreuses tâches. Aussi, même s'il s'agissait d'hébergement fort modeste, et parfois même rustique, nous louions chaque été une maison à la campagne ou au bord de la mer afin de nous rapprocher encore davantage les uns des autres. Comme ces initiatives permettaient d'ajouter à la qualité de vie de chacun, nous considérions qu'il s'agissait beaucoup plus d'un investissement que d'une dépense.

Une conception de la famille qui n'était pas sans me rappeler celle que j'avais connue à la maison du temps de mon enfance. Tout comme la Crise avait obligé mon père à se contenter de revenus fort modestes malgré le prestige de sa profession, je devais moi aussi, étant donné que tous les profits générés par mes entreprises y étaient directement réinvestis, composer avec un budget familial qui faisait beaucoup plus place à la rêverie qu'à l'enrichissement.

Ce qui m'amenait à privilégier tout ce qui était susceptible d'intensifier ce que nous vivions plutôt que de chercher à accumuler de façon purement accessoire.

Cette préséance que nous accordions à la famille ne nous a jamais privés de l'essentiel. L'étroitesse de notre petit trois et demi, où nous nous sommes entassés au cours des cinq premières années, ou la promiscuité que nous avons vécue avec des voisins pas toujours commodes dans notre première maison jumelée n'ont jamais restreint le plaisir que nous avions à nous retrouver ensemble et à voir grandir nos enfants. Nous tenions à ce que la cordialité et l'entraide infiltrent notre foyer de la même façon que nous les avions vues installées à demeure dans le minuscule logis où s'était retrouvée la famille de mon grand-père Laurendeau au lendemain de la liquidation de ses biens, ou encore au domicile de mes parents du temps où ils avaient accueilli leurs proches en difficulté. Nous préférions être entourés de gens qui trouvaient plaisir à être ensemble que de cossins dont on se lasse rapidement. Il s'agissait là d'un héritage que je partageais avec Marcelle et que nous voulions transmettre à nos enfants.

L'approche que nous privilégiions se référait à un modèle qui est aujourd'hui remis en question – on se mariait très jeune, on se pressait d'avoir des enfants et, si les circonstances le permettaient, on faisait l'acquisition de quelques biens –, mais elle avait au moins l'avantage de favoriser la mise en place de rapports familiaux basés sur l'altruisme et la gratuité plutôt que sur l'insouciance et le quant-à-soi. Bien qu'il n'ait rien eu d'un idéal achevé, ce profil de vie familiale s'inscrivait tout de même dans le cadre d'une tradition plus que millénaire qui n'avait pas laissé derrière elle que des conjoints frustrés et des enfants inhibés.

À l'ère où l'indice à la consommation est devenu plus important que le taux de natalité, la séquence menant à la fondation d'une famille m'apparaît toutefois inversée. De nos jours, il semble primordial de profiter pleinement de tout ce que notre société d'abondance peut offrir avant de se compromettre face à un conjoint ou à une famille. L'engagement semble même devenu pour plusieurs une menace à cet encombrement factice que l'on qualifie indûment de qualité de vie. Après avoir jeté aux oubliettes les semonces des curés, les diktats de la consommation seraient-ils donc devenus les nouveaux maîtres à penser en matière de vie conjugale et familiale?

En ce qui nous concerne, Marcelle et moi avons fait le choix de poser des bases solides à nos ambitions familiales avant de penser à capitaliser sur l'aisance que pouvaient nous procurer les entreprises que je dirigeais. Ce n'est qu'à un âge respectable que nous avons vraiment commencé à profiter du succès que mes activités commerciales généraient. Ai-je mis trop l'accent sur mon travail au détriment d'une présence qui aurait pu s'avérer plus profitable aux miens? Marcelle a-t-elle fait preuve d'une trop grande abnégation en regard des ambitions personnelles qu'elle aurait pu nourrir? Selon moi, ce serait faire montre de bien courte vue que de chercher à ériger en chapelle, d'une part, une conception séculaire de la famille qui est loin d'être sans failles et, d'autre part, une vision renouvelée qui cherche encore ses repères au sein d'une société en pleine mutation.

Ce qui laisse place à tous les espoirs, c'est que, bien qu'elles aient pris leurs distances face à un profil dans lequel elles ne se reconnaissaient pas, les jeunes générations n'en continuent pas moins de placer la famille au sommet de leur échelle de valeurs. Je demeure confiant que, dans leur quête de nouveaux modèles, les futurs conjoints et les prochains parents auront l'instinct et la sagesse de tirer le meilleur de l'héritage de leurs aînés tout en récupérant à l'avantage de leurs idéaux l'équilibre qui est en train de se créer entre les hommes et les femmes. L'importance accrue qu'ils accordent à la conciliation travail-famille est un exemple qui porte à croire que le meilleur est à venir.

Chose certaine, peu d'institutions ont subi des transformations aussi rapides et importantes que celles qu'a connues la famille au cours des dernières années. Devons-nous le déplorer ou nous en réjouir ? Loin de moi l'idée de vouloir magnifier une époque au détriment d'une autre. Je me refuse d'être de ceux qui, une larme au coin de l'œil, ne cessent de citer « le bon vieux temps » comme la référence absolue. Mais avant de ranger au musée des couples ceux qui, comme Marcelle et moi, comptent à leur actif plus de soixante ans de vie commune – et heureuse ! –, j'estime qu'il est d'intérêt de jeter un coup d'œil sur ce que d'autres ont vécu ou s'apprêtent à vivre afin de mieux percevoir la direction à emprunter pour l'avenir.

Une profession en évolution

Grâce aux trois pharmacies que je possédais, il m'était donné d'exercer une profession qui me comblait, mais dont les pratiques, je le sentais bien, ne pourraient éviter encore longtemps les transformations radicales qui s'annonçaient. La Révolution tranquille, qui avait atteint pratiquement toutes les sphères de la société québécoise, s'apprêtait à emporter avec elle la pratique traditionnelle de la pharmacie. Comme il s'agissait d'un milieu passablement conservateur, formé essentiellement de puristes qui se plaisaient à présenter un visage éclectique de la profession, la résistance aux changements s'annonçait vive.

Depuis le début du siècle, la profession de l'homme en sarrau blanc était en effet particulièrement bien campée. L'officine recelait des émanations et des effluves qui reflétaient le caractère un peu ésotérique des préparations dont lui seul possédait le secret. Celles-ci étaient essentiellement composées d'extraits de substances naturelles, d'éther, d'alcool, d'iode, de quinine, de mercure, de fer et de teintures de toutes sortes. C'est pourquoi on a longtemps qualifié ceux qui les préparaient d'apothicaires – appellation dérivée du grec *apotheca*, qui signifie « une boutique quelconque » –, un terme qui, avec le temps, en est venu à désigner les vendeurs de préparations médicamenteuses.

S'inspirant des pharmacies françaises et britanniques, la vente de ces produits se faisait surtout au comptoir. Les clients se retrouvaient dans l'obligation de passer une commande au pharmacien ou au commis de service pour chacun des produits qu'ils désiraient se procurer. On trouvait bien sur les tablettes des étals attenants quelques produits d'usage courant – tabac, friandises, rafraîchissements, articles de photo –, mais le pharmacien traditionnel cherchait à éviter toute compromission commerciale qui aurait pu altérer son aura de professionnel avisé.

Comme il s'agissait d'un travail peu rémunéré en regard des compétences requises, un certain nombre d'entre eux se sont résignés à faire, au cours des années, une plus large place à la portion commerciale de leurs établissements afin de porter leurs revenus à un niveau plus acceptable. C'est ainsi que l'on a commencé à retrouver dans les pharmacies des objets plus hétéroclites les uns que les autres. Il a fallu attendre la formation de grandes coopératives d'achat – comme les Pharmacies Modernes et les Pharmacies Universelles – pour voir l'offre de nouveaux produits se bonifier et se diversifier. Plusieurs pharmaciens n'ont alors eu d'autre choix que de s'initier aux techniques de gestion et de négoce.

Mais leur formation les avait mal préparés à cette commercialisation de la pratique. Bon nombre se sont alors entêtés à préserver une image de la profession qui était vouée à plus ou moins long terme sinon à disparaître, du moins à se transformer en profondeur. La pression se faisait d'autant plus grande qu'elle provenait également d'autres secteurs du commerce au détail, comme celui de l'alimentation et des grands magasins qui offraient de plus en plus de produits de santé d'usage courant qui ne requéraient pas de prescription médicale préalable.

Cela eut pour conséquence d'exacerber les antagonismes au sein du milieu professionnel. D'une part, il y avait les traditionalistes qui, désireux de préserver une image idyllique de la profession, se retranchaient derrière leurs officines. D'autre part, il y avait ceux qui, en élargissant l'éventail des produits parapharmaceutiques offerts à leur clientèle, se montraient disposés à sauter dans le train des changements qui s'opéraient dans le milieu de la pharmacie ainsi que dans les secteurs du commerce au détail.

Pour ma part, je sentais que la nouvelle dynamique qui s'apprêtait à prendre place nous conduirait vers une toute nouvelle façon d'exercer notre profession. À ce moment cependant, je n'aurais su dire exactement la forme qu'elle allait prendre. Chose certaine, je nourrissais la ferme intention de ne pas me retrouver à la remorque des transformations qui s'annonçaient...

CHAPITRE 6

Un univers en mutation

C'est à nouveau par un rapprochement à caractère familial qu'il m'a été possible de demeurer en phase avec le remodelage en cours. Alors que mon cousin Jean Locas m'avait fait accéder – bien que de façon passablement limitée – à l'actionnariat d'établissements pharmaceutiques, c'est mon beau-frère par alliance, le docteur Guy Laporte, qui m'introduisait à un partenariat professionnel qui s'avérait passablement novateur pour l'époque.

Alors que j'exploitais toujours les trois pharmacies que j'avais acquises au début des années soixante, le docteur Laporte, un omnipraticien qui avait exercé en cabinet privé pendant une quinzaine d'années avant de devenir anesthésiste, se faisait le promoteur d'un ambitieux projet de clinique médicale multidisciplinaire en plein cœur du Plateau-Mont-Royal.

Devant être érigé au coin des boulevards Saint-Joseph et Saint-Laurent, le projet de la Clinique médicale de l'Est avait comme objectif de regrouper sous un même toit plus d'une centaine de médecins – omnipraticiens et spécialistes – de toutes provenances. Le concept comprenait également un hôpital privé orienté essentiellement vers les chirurgies mineures. Puisque les initiateurs souhaitaient que les éventuels utilisateurs y retrouvent la gamme la plus complète possible de services en matière de santé, ils m'avaient approché pour que j'y ouvre une pharmacie.

Étant donné que je m'intéressais à tout ce qui s'avérait d'avant-garde, cette formule suscita spontanément chez moi l'intérêt souhaité. D'autant plus que l'approche préconisée par le mari de la sœur de Marcelle, lui aussi un ancien de Brébeuf, puisait sa motivation tout autant dans le désir d'apporter une contribution nouvelle au mieux-être de la communauté locale que dans la volonté de faire fructifier l'investissement des professionnels qui se montraient désireux de prendre part à l'aventure. Une attitude toute jésuitique de ce diplômé du conventum de 1944 qui rejoignait en tous points mes propres valeurs.

Le projet en question était constitué selon une formule de type coopératif, chacun des professionnels désireux de s'y installer devenant actionnaire de la clinique. En ce qui me concerne, en tant que partenaire, je prenais donc directement part à l'actionnariat et, en tant que pharmacien propriétaire, je devenais locataire des lieux. Et comme je bénéficiais, à titre de commerçant occupant, de l'achalandage généré par la pratique des divers professionnels de l'endroit, les frais de location qu'on exigea de moi furent ajustés à la hausse par rapport à ceux des autres locataires. De plus, étant donné que les médecins de la clinique souhaitaient qu'un pharmacien soit présent en permanence lors des heures d'ouverture de la pharmacie, je n'eus d'autre choix que de m'associer à un confrère. Cette exigence ne présentait cependant pas que des contraintes. La présence partagée en officine avec celui à qui je me joignais alors, le pharmacien René Scheffer, me permit de poursuivre l'exploitation de mes trois autres établissements sans que la qualité des services offerts ait à en souffrir. Ainsi donc, avant même que la construction ne soit achevée, la table était mise pour que la population montréalaise puisse bénéficier d'une toute nouvelle expérience en matière de services de santé.

Embêtements injustifiés

Une fois le bail de location paraphé par les administrateurs en poste, j'enclenchai les démarches requises auprès de mon ordre professionnel – qui portait alors le nom de Collège des pharmaciens – pour obtenir les autorisations nécessaires afin de procéder à l'aménagement et à l'ouverture des locaux qui nous avaient été attribués. Mais voilà que, contrairement à ce que j'avais connu lors de l'achat de mes trois premiers établissements, les procédures s'alourdirent soudain sans raison apparente. On me demanda d'abord de fournir des données qui n'étaient pas requises habituellement, puis d'en produire de nouvelles et, enfin, d'en justifier un certain nombre qui contenaient pourtant tous les détails afférents. Cette façon de faire, on ne peut plus tatillonne, eut non seulement pour effet de m'exaspérer, mais, surtout, de prolonger indûment les délais. Ce qui ne manqua pas de laisser planer certains doutes quant à la possibilité d'accueillir nos premiers clients en même temps que l'ouverture de la clinique, prévue pour la fin de l'année 1964.

Or, au moment où je m'apprêtais à exercer de la pression sur les autorités en place, un collègue pharmacien, membre d'une délégation du Collège auprès du gouvernement du Québec, confia au promoteur du projet, sans cependant savoir que Guy Laporte était mon beau-frère, que jamais mon partenaire Scheffer et moi n'obtiendrions les autorisations requises. « Une des propositions de modification à la Loi de la pharmacie que nous venons de déposer consiste à limiter à trois le nombre d'établissements que peut posséder un même pharmacien. Pas question, par conséquent, de permettre à Jean Coutu d'ouvrir une quatrième pharmacie. Seules les chaînes déjà existantes ne seront pas touchées par le nouveau règlement que nous souhaitons voir adopter le plus rapidement possible », confia le confrère en question au docteur Laporte, en se permettant même de lui proposer le nom d'un autre pharmacien en remplacement de ma candidature.

À travers ces confidences interposées, je venais de saisir la provenance de mes emmerdements. En fait, en retardant l'approbation de ma requête, le Collège des pharmaciens cherchait simplement à gagner du temps en attendant que la nouvelle loi m'empêche définitivement d'ouvrir un nouvel établissement. Pourtant, je n'aurais pas dû m'étonner que mon initiative se bute à de telles résistances. La nouvelle équipe d'administrateurs du

Collège, en poste depuis 1961, menait en effet une sorte de croisade contre l'orientation commerciale que cherchaient à donner à leurs établissements certains pharmaciens propriétaires. On assistait à une espèce de guerre larvée entre les tenants de l'orthodoxie, désireux de demeurer fidèles à l'image éthérée de l'apothicaire artisan, et les quelques intuitifs qui avaient saisi que le défi qui s'imposait désormais aux pharmaciens consistait à conjuguer harmonieusement noblesse de la profession et impératifs de la commercialisation.

« Un instant, me suis-je dit, ça ne se passera pas comme ça ! » Je me considérais comme chanceux que le hasard ait fait en sorte que mon beau-frère ait été mis au parfum de ce qui se tramait à mon insu. Mais je savais pertinemment qu'il faudrait que je prenne rapidement les choses en main si je voulais que mes intérêts soient considérés. Et comme le projet de loi en question n'avait toujours pas été débattu en commission parlementaire, j'entrepris de faire les représentations nécessaires avant que les dés ne soient tous pipés.

Ne sachant de quelle façon m'y prendre pour avoir voix au chapitre, je décidai de consulter Louis Allard, un ami pharmacien qui s'impliquait depuis longtemps en politique provinciale pour le compte du Parti libéral, alors au pouvoir à Québec. « Je vais te présenter Pierre Laporte, me dit-il, qui jouit d'un important ascendant auprès de Jean Lesage. S'il y a quelqu'un qui peut faire quelque chose pour toi, c'est bien cet homme. » Sur ces judicieux conseils, je me rendis rencontrer celui qui était alors ministre des Affaires municipales et des Affaires culturelles. Lui-même étonné par les prétentions des représentants du Collège des pharmaciens, il m'invita à venir étayer ma position devant la commission parlementaire qui s'apprêtait à se tenir par rapport à la refonte de la loi qui régit la pratique de la pharmacie au Québec : « Quand se fera la lecture de l'article qui, selon vos dires, porte préjudice à votre projet, demandez d'intervenir. J'attirerai alors l'attention du premier ministre, qui agit également à titre de président de la commission.

S'il considère comme pertinent de vous donner la parole, vous aurez alors tout loisir de faire valoir votre point de vue.»

Je me rendis donc à Québec au moment convenu. Question de prendre le pouls de ceux qui s'apprêtaient à siéger, je m'assurai d'arriver un bon moment à l'avance. Quelle ne fut pas ma surprise de constater le niveau de copinage qui existait entre les élus portés au pouvoir et ceux qui formaient l'opposition. On s'offrait des cigarettes et on se racontait des blagues à qui mieux mieux avec une familiarité comparable à celle qui s'installe entre carnavaleux les soirs de parade. Leur apparente bonhomie tranchait singulièrement avec l'antagonisme dont ils faisaient montre quand ils étaient en campagne électorale ou lorsqu'ils intervenaient en chambre. Une situation qui me rappelait étrangement les accointances complices des lutteurs, une fois accoudés au bar de l'hôtel de mon grand-père, après s'être violemment tabassés quelques heures plus tôt lors des galas qui se tenaient au parc Sohmer...

Étant donné que j'étais totalement étranger à ces cercles d'initiés, je m'interrogeai sur les véritables chances que j'avais de faire valoir mon point de vue. Mais l'enjeu s'avérant capital pour moi, je n'avais d'autre choix que d'épuiser tous les recours qui m'étaient accessibles. Ainsi donc, lorsqu'on fit la lecture de l'article de loi dont l'éventuelle application m'aurait empêché d'ouvrir un quatrième établissement, je demandai la parole. J'aperçus alors Pierre Laporte pousser du coude le premier ministre Lesage, qui se tourna aussitôt vers moi. «Vous aimeriez apporter un commentaire, monsieur?» fit-il de sa voix de baryton basse qui s'éleva soudain au-dessus du marmonnement ambiant.

Me rappelant alors les enseignements de mon titulaire de Rhétorique, le père Pelchat, je me levai sans mot dire. J'entendais en écho les précieux conseils de cet habile orateur: «Si vous désirez que les gens vous écoutent, tenez-vous d'abord bien droit devant l'assemblée et ne dites rien tant et aussi longtemps que le silence ne sera pas fait. Ce n'est qu'à ce moment que vous pourrez vous faire entendre.» L'effet ne tarda effectivement pas à se produire;

après quelques secondes, tous ceux et celles qui prenaient part à la consultation se sont retournés vers moi. Je fis d'abord rapidement le récit de mes récentes infortunes avec le Collège des pharmaciens. Puis j'exposai mon argumentation qui, de toute évidence, allait à l'encontre de la modification proposée. Je terminai en évoquant que la protection que mes collègues cherchaient à se donner, en faisant amender la Loi de la pharmacie de façon à éviter le développement de chaînes nouvelles ou déjà existantes, m'apparaissait être une mesure totalement décalée par rapport aux enjeux qui se profilaient. Et que je considérais que la pression la plus menaçante provenait plutôt des grandes structures commerciales concurrentes – comme les supermarchés – qui, selon moi, s'avéraient les premiers responsables de la fragilisation des petites pharmacies de quartier.

Une perception qui ne pouvait évidemment pas rallier Jean Dicaire, le président du Collège des pharmaciens de la province de Québec. Comme il se savait appuyé par une majorité des membres qu'il représentait, il préféra s'attarder sur les raisons qui, à ses yeux, justifiaient les lenteurs qui avaient été imposées aux procédures d'accréditation que nous avions déposées : « Monsieur le président, reprit-il, étant donné que la demande de permis d'exercice en provenance de messieurs Scheffer et Coutu a été présentée au moment où le Collège s'apprêtait à déposer sa proposition d'amendement, nous estimons qu'elle est non conforme avec l'esprit des modifications que nous souhaitons voir adopter. »

Je vis alors le visage de Jean Lesage, un avocat qui avait la réputation de posséder un caractère plutôt bouillant, passer par tout le registre des couleurs. « La version présentée plus tôt par monsieur Coutu correspond-elle bien aux faits ? » demanda-t-il à Jean Dicaire, sur un ton qui laissait clairement deviner sa profonde indisposition. « Répond-il, comme il le prétend, à tous les critères d'admission du Collège ? » ajouta-t-il. Ce à quoi le président ne put que répondre par l'affirmative. « De quel droit pouvez-vous alors prétendre appliquer une loi avant même qu'elle ne soit entérinée ?

Et comment pouvez-vous évoquer l'esprit d'une loi qui ne fait pas encore partie du Code? » ajouta le premier ministre dans un élan incendiaire. «Votre position m'apparaît en tous points injustifiable. Étant donné que le demandeur a déposé sa requête auprès du Collège avant que les amendements proposés à la loi ne fassent l'objet d'un assentiment de l'Assemblée législative, je vous enjoins de lui accorder immédiatement son permis de pratique. Nous évaluerons par la suite le bien-fondé des réformes que vous suggérez. »

La légitimité de notre démarche avait donc été pleinement reconnue. Grâce à l'intervention d'un premier ministre indigné, monsieur Scheffer et moi pouvions désormais aménager sans plus de soucis notre pharmacie dans les locaux que nous avions loués à cet effet. L'amendement proposé, qui limitait à trois le nombre d'établissements que peut posséder un même pharmacien, a par la suite été adopté au cours de la session parlementaire qui a suivi. Mais pas avant que je n'aie rejoint le groupe restreint des chaînes existantes qui, même si elles ne pouvaient désormais plus procéder à de nouvelles ouvertures ou faire de nouvelles acquisitions, demeuraient en mesure de poursuivre l'exploitation, selon le principe des droits acquis, de celles qu'elles possédaient déjà. La restriction en question a eu force de loi jusqu'en 1973.

En reprenant l'autoroute qui me ramenait à Montréal m'est revenue à la mémoire une phrase que grand-papa Louis se plaisait souvent à me répéter: «Lorsque, dans ton for intérieur, tu es convaincu d'avoir raison, n'hésite pas à prendre les moyens qui s'imposent pour faire valoir tes idées. Ne manque pas de respect envers les gens, mais va au bout de tes convictions. Le pire qui peut t'arriver, c'est qu'on ne t'écoute pas ou qu'on te dise non. » L'exhortation de mon grand-père n'avait rien de l'entêtement aveugle. Je crois plutôt qu'il s'agissait de fragments de sagesse acquis au fil du temps. J'ai, depuis, toujours considéré son conseil comme une invitation à me montrer cohérent avec les certitudes qui m'habitent, puis conséquent avec moi-même et avec les autres en les défendant avec conviction. Jusqu'à ce qu'on me prouve que je suis dans l'erreur.

Ses paroles tranchaient toutefois singulièrement avec les semonces culpabilisantes de l'époque – «Force pas ton talent; on est nés pour un petit pain; rappelle-toi que tu n'emporteras pas de sous au paradis» – qui ont empêché plus d'un entrepreneur de se lancer dans des projets à la mesure de leurs ambitions. Sans pour autant faire le procès des principes qui prévalaient à cette période de notre histoire, les exhortations de mon grand-père m'ont permis de solidifier la confiance en mes moyens et de croire en mes possibilités, et ce, même lorsque j'avais à nager à contre-courant.

Cette confrontation avec le Collège des pharmaciens s'est avérée la première d'une longue série de divergences et de tensions qui teintent nos rapports depuis plus de quatre décennies. Et comme l'organisme rassemble des professionnels de différentes tendances, les occasions d'affrontement se sont faites particulièrement nombreuses au cours des années. Mais, malgré les inévitables frustrations personnelles et les occasionnelles indispositions corporatives, je persiste à croire que c'est dans la diversité des conceptions et des perceptions de chacun que s'érigent et se bonifient les standards d'excellence auxquels le public est en droit de s'attendre de la part des professionnels de la pharmacie qui leur proposent des services.

Encadrement multiple

Afin de bien saisir les enjeux susceptibles de créer des consensus ou de soulever des tensions, il est d'intérêt de rappeler que la pratique de la profession est régie par deux instances majeures. L'Ordre des pharmaciens du Québec et le gouvernement du Québec, régisseur de la Loi de la pharmacie.

Le premier trouve ses origines en 1870. Il portait alors l'appellation d'Association pharmaceutique de la province de Québec. En 1944, il a été renommé Collège des pharmaciens de la province de Québec. Ce n'est qu'avec l'adoption du Code des professions par l'Assemblée nationale du Québec en 1974 qu'il est devenu l'Ordre des pharmaciens du Québec. Il s'agit d'un organisme d'autorégulation chargé d'assurer la protection du public en matière de services pharmaceutiques.

Par conséquent, c'est l'Ordre qui émet les permis de pratique qu'il peut révoquer en tout temps s'il juge qu'un membre est en défaut parce qu'il a dérogé au code de la profession. Pour qu'un permis de pratique soit émis, il faut que le requérant ait réussi l'examen de l'Ordre et ait complété le Programme de stages de formation pratique de l'Ordre des pharmaciens du Québec. C'est à ces conditions que l'Ordre peut assurer la population des services offerts en pharmacie et attester de la compétence des pharmaciens diplômés. C'est également l'Ordre qui propose au gouvernement du Québec les amendements et les ajouts que ses membres souhaitent voir apportés à la Loi de la pharmacie.

La première Loi de la pharmacie a été votée en 1875. C'est elle qui détermine le cadre de la pratique de la pharmacie au Québec. Aussi étonnant que cela puisse paraître, c'est aux médecins qu'elle a d'abord profité. Elle leur assurait en effet la possibilité de pouvoir continuer de vendre en toute légalité la médication qu'ils préparaient ou qu'ils stockaient dans leur cabinet de consultation. Ce qui démontre l'importance de la tutelle qu'exerçait, à cette période, le corps médical sur la pratique pharmaceutique. Ce n'est que lors de la refonte complète de la loi en 1973 que les médecins ont définitivement été écartés de la profession pharmaceutique. Cela est représentatif des difficultés qu'ont longtemps éprouvées les pharmaciens à se distinguer formellement de ceux qui, parce qu'ils possédaient le pouvoir exclusif de prescrire de la médication, en étaient venus à se reconnaître une compétence prééminente en matière de pharmacologie. Il n'y a donc pas qu'entre les pharmaciens que les occasions de tension se sont multipliées avec le temps.

Concrétisation attendue

Finalement, après toutes les péripéties qui m'avaient mené devant la commission parlementaire chargée d'étudier la refonte de la Loi de la pharmacie en 1964, monsieur Scheffer et moi avons pu ouvrir notre pharmacie au sein de ce qui était en train de devenir un des plus innovateurs complexes hospitaliers de la métropole.

Une fois démarrées, les activités de la Clinique médicale de l'Est ont vite connu un franc succès. Grâce à la modernité de ses aménagements et à la diversité des services offerts, la clinique suscita un véritable engouement auprès du public. La pharmacie, située au rez-de-chaussée, tout juste en face des ascenseurs, était particulièrement appréciée de ceux et celles qui venaient de consulter un médecin ou d'obtenir leur congé de l'hôpital. Sans que nous l'ayons pour autant recherché, le projet que monsieur Scheffer et moi avions mis de l'avant n'a pas tardé à susciter l'envie chez plusieurs de nos confrères.

Mais cela ne nous a pas empêchés de mesurer assez rapidement les limites de ce type d'établissement dont le profil ne correspondait en rien à une pharmacie de quartier. La principale limitation avait trait au faible taux de renouvellement des prescriptions médicales, produit d'appel de toute bonne pharmacie. C'est que, même si les usagers trouvaient particulièrement avantageux de pouvoir faire exécuter sur place une ordonnance liée à la consultation qui les avait amenés jusqu'à la clinique, ils préféraient cependant se présenter dans l'établissement le plus près de chez eux lorsque venait le temps du renouvellement. Nous perdions ainsi, au profit de nos compétiteurs, de précieuses ventes de médicaments disponibles uniquement sous ordonnance.

C'est à ce moment que j'ai commencé à imaginer un système qui nous permettrait éventuellement de servir nos clients, peu importe dans laquelle de nos pharmacies ils se présenteraient. La perspective d'un tel réseau, alors que je ne possédais encore que quatre établissements, pouvait certes apparaître prématurée ou utopique. Mais je savais que la mise en place d'un maillage du genre deviendrait un jour nécessaire afin de fidéliser ceux et celles qui nous faisaient confiance. Même si j'étais enthousiaste, je demeurais cependant conscient qu'il restait bon nombre de ficelles à attacher avant qu'un tel projet de réseau passe du rêve à la réalité.

Ce centre multifonctions et multiservices que fut la Clinique médicale de l'Est s'est avéré le chant du cygne de la carrière de mon beau-frère. Un service d'archives médicales, situé tout près de la bâtisse jadis occupée par la clinique, porte aujourd'hui son nom. Une reconnaissance bien méritée pour celui que plusieurs ont – au regard de son œuvre – qualifié de «médecin bâtisseur».

Notoriété menacée

Si le premier conflit mondial avait permis à l'industrie canadienne du médicament de poser les bases de son développement, la guerre de 1939-1945 a servi d'accélérateur à la création et à la production de médicaments à composantes chimiques. Et les années d'après-guerre n'ont fait qu'accentuer ce mouvement; plus de 90 % des médicaments prescrits en 1966 n'existaient pas encore en 1945. Par conséquent, l'arrivée en officine de ce type de médication, qui ne requérait plus aucune préparation préalable de la part des pharmaciens, a forcé ceux-ci à redéfinir leur rôle de même que la perception qu'ils se faisaient de leur profession.

La notoriété que leur conférait leur statut, et la confiance qu'ils avaient obtenue, ne leur étaient désormais plus acquises d'office. Les nouveaux médicaments, conçus en laboratoire et produits de façon industrielle, présentaient des avantages aussi multiples qu'indéniables. Quant à la qualité et à la fiabilité, il n'y avait pratiquement plus de préparations artisanales qui pouvaient supporter la comparaison.

Les pharmaciens n'étaient désormais plus les seuls à posséder les secrets du soulagement et de la guérison des maux. Le traditionnel mortier et l'indispensable pilon faisaient graduellement place à des flacons et des bouteilles qui contenaient des préparations et des mélanges émanant des plus récentes découvertes scientifiques en matière de pharmacopée. La tâche du pharmacien consistait de plus en plus à mesurer, à compter et à transvider des produits déjà fabriqués plutôt qu'à moudre, à mélanger et à pétrir des mixtures correspondant aux ordonnances médicales qui leur étaient soumises.

Le pharmacien allait-il pour autant être réduit à devenir un simple dispensateur de produits synthétiques préfabriqués industriellement ? Voilà une question qui, en ce milieu des années 1960, préoccupait grandement bon nombre de professionnels du milieu qui se désolaient de voir déprécier aussi rapidement leur savoir-faire traditionnel.

L'aura de l'apothicaire sombre et reclus, qui avait jusque-là été nourrie par le secret entourant la composition de ses préparations, s'est retrouvée menacée non seulement par l'arrivée de ces nouveaux médicaments vendus sur ordonnance médicale seulement, mais également par la présence grandissante de produits brevetés, offerts en vente libre, sur les tablettes de leurs établissements de même que sur celles des commerces concurrents.

Ces pilules, onguents ou sirops – aussi quelquefois appelés médecines patentées, terme emprunté de l'anglais *patent medicines* – étaient reconnaissables au numéro de brevet imprimé sur leurs étiquettes. Cette certification était délivrée par le gouvernement fédéral canadien, responsable de la législation en ce domaine. Une des lois en vigueur, votée en 1908, assurait d'ailleurs aux compagnies productrices le secret de leurs formules de fabrication. Il faudra attendre jusqu'en 1977 pour que le législateur accepte, à la suite de pressions répétées exercées par le Collège des pharmaciens, d'abroger la loi pour que les composantes principales de ces produits soient clairement affichées sur les étiquettes.

La disponibilité grandissante de ces nouveaux remèdes en bouteille, dont le conditionnement rivalisait d'ingéniosité et d'originalité pour attirer l'attention de ceux et celles qui souffraient de malaises chroniques ou occasionnels, était en phase avec l'air du temps. L'industrialisation massive des années soixante constituant le moteur de développement de la société nord-américaine, les travailleurs des usines et des manufactures occupaient de plus en plus de fonctions machinales et répétitives, et ce, dans des conditions rarement favorables au maintien d'un sain équilibre en matière de santé et de prévention. Ce qui créait un vaste marché de consommateurs potentiels pour les fabricants de médicaments brevetés qui n'ont pas hésité à profiter de la multiplication des magazines de divertissement et de la pénétration rapide de la télévision dans les foyers pour annoncer leurs produits comme des panacées modernes à tous les maux. L'argumentation publicitaire, aussi racoleuse qu'exagérée, suscitait le sentiment que quiconque pouvait désormais, à l'instar du médecin, poser lui-même un certain diagnostic à partir des malaises qu'il éprouvait. Par conséquent, les potions médicamenteuses du pharmacien de quartier, aussi apprécié et respecté qu'il ait pu être, présentaient de moins en moins d'attraits en regard de ces nouveaux « produits miracles ».

On assista ainsi à la commercialisation à grande échelle de ce que certains qualifiaient à l'époque, sans que le terme revête le sens péjoratif qu'on lui connaît aujourd'hui, de « remèdes de grands-mères ». On peut facilement deviner que la création et la mise en marché de ces nouveaux composés avaient bien peu à voir avec la recherche de pointe et l'avancement de la science. Les vertus médicinales que les fabricants prêtaient à leurs produits traduisaient mal l'opportunisme commercial qui les motivait. Ce qui fait qu'il n'était pas rare de voir annoncé une pilule ou un sirop qui prétende guérir tous les maux, depuis les cors aux pieds jusqu'aux fièvres typhoïdes.

Prétentions miraculeuses

Alors que le spectre des effets escomptés était plutôt large, certaines techniques de marketing n'hésitaient pas à cibler des clientèles très précises. C'est ainsi qu'un fabricant connut un immense succès grâce à un produit dont l'appellation laissait supposer tout autant l'empathie que l'ironie. Les Pilules rouges pour les femmes pâles et faibles prétendaient redonner aux femmes au foyer l'énergie et la jeunesse des starlettes qui envahissaient alors les écrans de cinéma. L'argumentaire de vente que l'on retrouvait sur les boîtes d'emballage était, en ce sens, on ne peut plus explicite : *La mère de famille, à la suite de toutes ses obligations, de toutes ses fatigues, verra souvent ses forces diminuer ; elle souffrira alors de maux de tête, de digestions lentes et pénibles, d'insomnies, de douleurs internes, de troubles nerveux et de toutes sortes de maux, mais les Pilules rouges, administrées dès le début, auront raison de ce triste état et lui rendront la vigueur et la santé dont elle a un si grand besoin.* Même la potion magique d'Obélix n'aurait pu nourrir de telles promesses !

Au dire du fabricant, les fameux comprimés en question possédaient vraiment toutes les vertus : *Enfin, ce sont encore les Pilules rouges que nous conseillons à la femme pour éloigner les dangers de l'âge critique et faire disparaître les multiples ennuis qui l'assaillent, comme l'affaiblissement, la mauvaise digestion, les étourdissements, les migraines, les palpitations, les bouffées de chaleur, les étouffements, les rhumatismes, l'eczéma, etc.* Tout ce bien-être annoncé grâce au seul fait que le médicament en question était censé régénérer le sang rapidement. Était-ce dû à la couleur de son enrobage ou à l'effet réel des éléments qui entraient dans sa composition ? Comme sa formule demeurait secrète, seul son façonnier le savait…

Il n'y avait pas que les femmes au teint blafard qui suscitaient l'intérêt des fabricants de produits brevetés. Les hommes qui rentraient fourbus et éreintés à la maison après une dure journée de labeur pouvaient aussi compter sur des comprimés censés les soulager des maux les plus divers. Les pilules Moro pour les hommes figuraient parmi ceux qui étaient les plus populaires. C'est du moins ce qu'on pouvait en déduire à la lecture du témoignage d'un certain monsieur Claude Danis, repris dans un encart publicitaire de l'*Almanach des Trois-Rivières* : *D'abord, j'ai eu à souffrir de l'estomac [...] ; puis des insomnies et de la faiblesse. Plus tard, à tout cela vinrent s'ajouter des rhumatismes dans les reins, les jambes et tous les membres. J'ai passé bien des semaines et des mois de ma vie souffrant. Je me suis fait soigner par plusieurs médecins. Je me suis même fait traiter à un hôpital. Mais de tout cela, j'ai obtenu moins de bien que des pilules Moro.* Une guérison qui laissait supposer de la part du témoignant une dose de foi au moins aussi grande que celle du paralytique des évangiles...

Les bénéfices des fabricants progressant au même rythme que la popularité de leurs produits, les industriels manufacturiers n'hésitaient pas à profiter de la candeur de ceux et celles qui étaient prêts à tout essayer pour soulager leurs malaises ou pour éviter les quelques déboursés supplémentaires qu'aurait exigés une visite chez leur médecin de famille. C'est ainsi qu'un professeur d'hygiène de la fin du 18e siècle au Lycée de Paris, le docteur Rouvière, mit au point ce qu'il commercialisa sous le nom Les Véritables Grains de Santé du Dr Franck. Ces granules, composés à base d'aloès, de gomme gutte et de fiel de bœuf, prétendaient régler les problèmes dus à la constipation.

Pour avoir fait bénéficier l'ensemble de la population française et canadienne de sa distinguée formule extraite de bile stérilisée, le réputé docteur est aujourd'hui considéré par plusieurs comme le précurseur de l'opothérapie moderne, ce type de traitement thérapeutique qui recourt à des cellules d'origine animale. Comme quoi les honneurs n'attendent pas le nombre des guérisons ! Pour ce qui est de la gomme gutte, il s'agit d'une résine végétale qui s'émulsionne facilement avec l'eau et qui donne une très belle couleur jaune. Elle est employée entre autres en peinture ainsi que dans la préparation de vernis utilisés par les luthiers. De là à croire qu'une défécation harmonieuse et colorée pouvait assurer une santé à toute épreuve, il n'y avait qu'un pas que le «Dr Frank» n'hésita pas à franchir.

Puisque nos hivers québécois étaient particulièrement rigoureux et que les résidences n'étaient pas isolées et chauffées comme elles le sont de nos jours, les fabricants de sirops médicamenteux contre la toux se livraient pour leur part une guerre sans merci afin d'occuper les tablettes des pharmacies et des commerces de tout acabit. On se souviendra entre autres des populaires sirops Lambert – une concoction datant de la fin du 19e siècle élaborée par un médecin de Saint-Zéphirin-de-Courval – et Buckley – que le pharmacien torontois du même nom avait fait connaître en orchestrant l'ensemble de sa promotion sur le fait que «ça goûte mauvais, mais ça marche!» Il y avait aussi certaines communautés religieuses, comme les sœurs de la Charité de la Providence, qui commercialisaient – pour la gloire de Dieu et la santé du monde! – leur sirop de gomme d'épinette. On disait souvent à la blague que deux cuillerées de cette préparation, accompagnées de deux *Je vous salue Marie* et d'un *Gloire soit au Père*, possédaient les vertus pour mettre fin à n'importe quelle toux.

Mais il n'y avait pas que les bonnes sœurs qui s'affairaient à élaborer quelques formules miracles à l'ombre de la lampe du sanctuaire. Certains curés n'hésitaient pas à quitter leurs confessionnaux pour se faire herboristes à leurs heures. C'était entre autres le cas de l'abbé Warré, dont les promesses de mieux-être se voulaient à la mesure de l'ampleur de la proéminence abdominale qu'il affichait fièrement sur les contenants cartonnés de ses tisanes. Il s'agissait au fait d'un prêtre apiculteur belge qui prônait la santé par les plantes et les produits naturels. Chacun des mélanges d'herbes qu'il avait élaborés possédait, à ses dires, ses propres vertus thérapeutiques. Qu'il s'agisse de l'estomac, du foie, des reins ou des intestins, à chaque organe correspondait un panachage unique.

C'est cependant le sirop d'anis Gauvin qui remportait la palme au plan des prétentions, en laissant entendre que son utilisation était même susceptible de ramener les tout-petits à la vie : *[Le sirop d'anis*

Gauvin] a arraché des milliers d'enfants à la mort. C'est un remède que l'on devrait toujours avoir à la maison en cas de besoin urgent. Il guérit: coliques, diarrhée, dysenterie, choléra des enfants, rhume, toux, bronchite, coqueluche, dentition douloureuse, manque de sommeil et toutes les maladies du jeune âge. En vente partout: 25 sous la bouteille. Ce n'était tout de même pas cher payé pour une résurrection annoncée...

Diversification de l'offre

Bien que les prétentions de plusieurs de ces produits aient pu s'avérer discutables, ceux-ci arrivaient à séduire et à convaincre une part de plus en plus grande de notre clientèle traditionnelle. Mieux informés par les articles de vulgarisation médicale et davantage sollicités par la publicité, les gens s'attendaient désormais à trouver ces produits en grand nombre sur les tablettes de nos pharmacies. Et comme ceux-ci étaient également offerts dans d'autres types de commerces au détail, une vive concurrence en matière de prix s'est rapidement installée entre les différents points de vente. Ce qui eut comme conséquence directe de transposer à l'avant-plan la dimension commerciale de l'exercice de la pharmacie, et qui ne fut pas sans heurter les sensibilités d'une majorité de professionnels attachés à la dimension plus traditionnelle de la pratique. Plusieurs s'interrogeaient à savoir s'ils n'étaient pas appelés à ne devenir que des revendeurs de médicaments préfabriqués en usine ou concoctés par des spécialistes improvisés.

D'autre part, voyant leurs intérêts menacés et désirant que la consommation sans cesse croissante de médicaments brevetés n'entraîne pas trop de problèmes d'intoxication et de surconsommation chez les usagers, le Collège des pharmaciens répéta les pressions auprès du gouvernement afin de faire interdire leur vente ailleurs que dans les pharmacies. Mais les représentations entreprises se sont rapidement confrontées à l'imposant lobby des différentes corporations concernées dont celui, particulièrement puissant et influent, de l'alimentation. À cette résistance s'ajoutaient les velléités des politiciens qui évaluaient la pertinence de ce type de requête en fonction du nombre de votes qu'ils seraient susceptibles de gagner ou de perdre selon la position qu'ils adopteraient. J'ai été à même de le constater lors de la commission parlementaire à laquelle furent soumis les changements proposés. J'ai vu le visage de certains élus s'assombrir lorsqu'un jeune député a éloquemment fait le compte des électeurs de sa circonscription susceptibles d'être touchés par une éventuelle attribution exclusive de la vente de médicaments brevetés aux pharmaciens.

Le genre de préoccupation qui n'épargnait personne, y compris Jean Lesage, celui-là même qui s'était montré si solidaire de ma cause quelques années auparavant et qui, au terme des discussions menées autour desdits produits, déclara : « Lorsque je suis en campagne électorale dans un petit village du Québec qui ne peut compter sur la présence d'une pharmacie, je trouve rassurant de pouvoir me procurer des aspirines dans une épicerie de l'endroit. » Il est alors devenu évident qu'un ordre professionnel comme le nôtre, qui regroupait à peine plus d'un millier de membres, ne faisait pas le poids face à des considérations aussi singulièrement politiques.

La question qui se posait alors était de savoir de quelle façon nous allions composer avec cette industrialisation d'une importante partie de la pharmacopée qui se voyait désormais régie, comme tout autre produit de consommation, par les lois du marché. L'image élitiste de la profession de pharmacien était par conséquent appelée à se redéfinir complètement. Nous n'étions désormais plus les seuls à détenir le secret des préparations médicamenteuses. Notre savoir-faire artisanal était dorénavant menacé par des corporations solidement structurées et fortement capitalisées qui se gardaient bien de révéler la formule de leurs composés. Le rapport de forces était d'autant plus inégal que ces grandes compagnies possédaient de vastes réseaux de distribution et qu'elles étaient en mesure de maintenir une gamme de prix des plus compétitifs.

Ces nouvelles donnes allaient également provoquer de profonds bouleversements sur le plan des relations que les gens entretenaient avec leur pharmacien. Les rapports de confiance et de bonhomie qui avaient prévalu jusque-là se préparaient à faire place à des rapports d'intérêt beaucoup plus étroits basés sur la disponibilité des nouveaux produits qui arrivaient sur le marché de même que sur les prix de vente affichés. Le savoir-faire que les pharmaciens avaient acquis en matière de préparations médicinales n'était désormais guère plus valorisé que les recommandations d'usage apparaissant sur les contenants des médicaments de fabrication industrielle. La fidélité d'un client envers son pharmacien ou son établissement allait désormais s'établir sur de toutes nouvelles bases.

Cet inversement des rapports n'atteignit cependant pas les médecins. À la fin des années soixante, alors que les gens devaient encore payer pour une visite chez leur praticien, personne n'aurait pensé troquer son médecin traitant pour un autre qui se serait satisfait de quelques sous de moins pour une consultation. La connaissance que le généraliste ou le spécialiste possédait de son patient constituait une valeur qui, aux yeux de la population en général, ne pouvait faire l'objet d'un quelconque marchandage. L'aval qui était donné au médecin était donc toujours fonction du pouvoir de guérison qu'on lui reconnaissait. Ce qui n'était plus le cas des pharmaciens, dont l'expérience et le savoir-faire se voyaient désormais remplacés par des préparations produites à la chaîne.

La nouvelle dynamique qui s'installait allait également redéfinir les principes de gestion de la pharmacie. Comme ses préparations artisanales étaient désormais remplacées par des cachets de fabrication industrielle disponibles sur prescription médicale ainsi que par des médicaments brevetés offerts en vente libre, il devenait de plus en plus difficile, pour le pharmacien propriétaire, d'inclure ses tarifs professionnels et ses frais généraux d'exploitation à l'intérieur des prix exigés. Étant donné que les gens avaient depuis toujours considéré que l'expérience et le savoir-faire du pharmacien étaient «compris dans le prix», la perspective d'ajouter des frais, si minimes soient-ils, aux coûts exigés pour les nouveaux médicaments arrivant sur le marché n'apparaissait même pas comme une alternative possible aux yeux des clients. Question de mesurer jusqu'à quel point ceux-ci étaient réticents à reconnaître cet apport spécifique, il m'est quelques fois arrivé de leur demander, sans toutefois les menacer de mettre mes projets à exécution, un petit montant supplémentaire à leur facture «pour services professionnels rendus». Tant chez ceux qui ont cru à une mauvaise blague de ma part que chez les autres qui ont pensé qu'il s'agissait bel et bien d'une nouvelle directive, l'exercice a suscité autant de réticences que l'annonce d'une nouvelle augmentation d'impôts!

Cela démontre les changements radicaux que les professionnels de la pharmacie allaient être appelés à faire. Les profits émanant de l'exercice de leur profession ne pourraient à l'avenir que provenir de la marge qu'ils arriveraient à dégager entre les conditions négociées auprès de leurs fournisseurs et les prix de vente qu'ils seraient en mesure d'afficher. Un défi qui s'annonçait exigeant pour les pharmaciens qui percevaient ces impératifs commerciaux comme des menaces à la noblesse de la profession.

Réalignement stratégique

Pour ce qui est de mes propres entreprises, je notais par ailleurs un certain ralentissement dans la progression du chiffre d'affaires des quatre établissements qui s'affichaient sous mon nom. Un phénomène somme toute prévisible puisque nous avions investi des efforts considérables afin de relancer les trois premières pharmacies dont je m'étais porté acquéreur de même que pour poser les assises de la Clinique médicale de l'Est. Nous avions désormais atteint une vitesse de croisière qui, pour des pharmacies de quartier, constituait pratiquement un sommet.

Si je voulais que mes entreprises continuent sur leur élan, il fallait que j'élabore de nouvelles formules de développement. Et je bénéficiais d'acquis non négligeables pour ce faire. Je pouvais compter sur des employés qualifiés qui s'étaient familiarisés avec le fonctionnement d'ensemble d'une pharmacie. Nos clients appréciaient notre travail ainsi que tous les efforts que nous déployions chaque jour afin de mieux les servir. Mais ce n'était plus suffisant pour compenser la guerre de prix qui s'amorçait sur les produits d'appoint et les médicaments offerts en vente libre.

En ce qui me concerne, durant toute cette période, j'ai cherché par différents moyens à maintenir des prix qui, tout en présentant un attrait pour la clientèle, ne constituaient pas une concurrence déloyale pour mes collègues. Force a été de reconnaître que j'étais de plus en plus entouré de concurrents qui offraient systématiquement des escomptes aux segments de marché les plus convoités : les autres spécialistes de la santé, les représentants des forces de l'ordre, les prêtres et les membres de communautés religieuses, etc. Autrement dit, des catégories de la population qui étaient en mesure de leur assurer un « retour d'ascenseur » lorsque le besoin se ferait sentir : un début d'incendie à maîtriser, un cambrioleur à retrouver, une faveur divine à obtenir... Une formule qui présentait certes certains avantages, mais qui ne saurait résister aux nouvelles donnes du marché.

Les besoins en matière de santé se diversifiant et les types de médications se multipliant, les attentes, on ne peut plus légitimes, de notre clientèle se transformèrent rapidement. Les gens souhaitaient toujours retrouver derrière le laboratoire de leur pharmacie un professionnel qui puisse exécuter avec minutie les ordonnances émises par leur médecin tout en leur prodiguant les conseils afférents. Mais ils désiraient également avoir accès au choix complet – en quantité et au meilleur prix – des nouveaux produits offerts en vente libre qui faisaient l'objet de campagnes publicitaires dans la presse écrite et dans les médias électroniques. Ce qui amena progressivement l'ensemble des pharmacies à offrir à leur clientèle une gamme de produits passablement comparables. Ce faisant, les établissements ne se distinguaient plus les uns des autres sur la base de l'expertise que leurs professionnels de service avaient acquise en matière de préparations médicamenteuses, mais plutôt sur le seul critère des prix de vente affichés.

C'est alors que je me suis dit que, si mes médicaments ne pouvaient plus être les meilleurs – puisqu'il s'agissait des mêmes qui se retrouvaient d'une pharmacie à une autre –, ils pouvaient cependant être les «meilleurs marchés»…

CHAPITRE 7

Un concept en gestation

Si l'univers professionnel dans lequel j'évoluais s'apprêtait à connaître de profondes transformations, la société québécoise, quant à elle, était déjà montée à bord du train des changements depuis le tout début des années soixante. En moins de temps qu'il s'en était fallu pour que je procède à l'ouverture de quatre pharmacies, on avait entrepris la construction d'un métro, on s'apprêtait à accueillir la planète entière dans le cadre d'une exposition universelle et on complétait la construction du plus imposant barrage hydroélectrique au monde.

En marge de ces réalisations d'envergure s'opérait une révolution sociale, politique et culturelle qui allait entraîner une importante redéfinition des valeurs morales et spirituelles qui avaient jusque-là façonné la société «canadienne-française». Ainsi, alors que le pape et les évêques s'entassaient dans la chapelle Sixtine pour l'ouverture du second concile œcuménique, nos églises locales commençaient à se vider de leurs fidèles. Et bien que la controversée encyclique *Humanæ Vitæ* prohibait toute méthode artificielle de régulation des naissances, les Québécoises adoptaient, sans plus s'en formaliser, la pilule contraceptive, une découverte qui s'avérera un facteur déterminant dans le rééquilibrage des rapports homme-femme.

Sur le plan politique, le nouveau gouvernement formé par «L'équipe du tonnerre» de Jean Lesage se montrait déterminé à faire accéder le Québec au rang de la modernité. Au moment où l'ère de prospérité d'après-guerre confortait ses assises, les nouveaux gouvernants s'affairaient à assurer à tous les Québécois, sans égard à leur statut social ou à leurs ressources financières, un accès à l'éducation, aux soins de santé, à la culture de même qu'à l'aide de l'État en cas de besoin. Cette volonté de soustraire les services publics de la gouverne des autorités religieuses, pour les placer aux mains des pouvoirs civils, marquait la fin de la collusion qui avait longtemps prévalu au Québec entre l'Église et l'État.

C'est ainsi que, par toute une série de lois et de mesures nouvelles, on a vu apparaître le ministère de l'Éducation, le ministère des Affaires culturelles ainsi que celui de la Famille et du Bien-Être social. Les institutions d'enseignement, désormais dégagées du prisme religieux à travers lequel elles devaient orienter leurs contenus, n'avaient plus comme mission première de former de bons chrétiens, mais plutôt des professionnels et des techniciens compétents en mesure de relever les innombrables défis qu'imposaient les nouvelles découvertes technologiques. D'autre part, pour une première fois, la culture était enfin reconnue comme un élément essentiel de la vie en société. Comme le disait le premier ministre de l'époque: «Le gouvernement ne crée pas la culture et ne la dirige pas non plus… il cherche tout simplement à créer le climat qui facilite l'épanouissement des arts.» Enfin, le secours aux plus démunis – qui, jusque-là, avait essentiellement consisté en un exercice de charité chrétienne – se transformait progressivement en un service structuré offert par l'ensemble de la société à ceux et celles qui peinaient à se relever des durs coups de la vie.

Sur le plan de la santé, le Québec mettait également en place toute une série de procédures visant à combler l'inquiétant retard qu'il avait accumulé au cours des décennies précédentes à l'égard des autres provinces canadiennes. Pour bien comprendre l'ampleur des changements qui s'amorçaient, il est intéressant de jeter un coup d'œil sur les différentes étapes qui ont amené le gouvernement du Québec à accélérer le processus d'implantation d'un programme de soins de santé qui soit en mesure de répondre aux exigences d'une société en pleine mutation.

Universalité progressive

Contrairement à la croyance populaire, c'est à un politicien social-démocrate de l'ouest du pays que nous sommes d'abord redevables du système de soins de santé que nous connaissons aujourd'hui au Québec. Désireux d'extraire les résidents de sa province de la détresse dans laquelle la Grande Dépression des années trente les avait plongés, Tommy Douglas, premier ministre de la Saskatchewan, fut le premier à instaurer, en 1947, un programme provincial d'assurance hospitalisation entièrement financé par les fonds publics. Son initiative s'inscrivait directement dans l'esprit de l'article 25 de la Déclaration universelle des droits de l'homme qui allait stipuler que toute personne « a droit à la sécurité en cas de chômage, de maladie, d'invalidité, de veuvage et de vieillesse ».

Inspiré par cette initiative, Paul Martin père, alors ministre de la Santé nationale et du Bien-Être social sous le gouvernement libéral de Louis Saint-Laurent, élabora pour sa part un projet de loi permettant à l'ensemble des Canadiens de bénéficier d'avantages semblables à ceux des résidents de la Saskatchewan. Malgré la résistance des compagnies d'assurances et des principales entreprises concernées, il réussit tout de même à convaincre les parlementaires canadiens du bien-fondé de son initiative et à déposer un projet de loi correspondant à la Chambre des communes.

Mais le processus nécessita de longues discussions et c'est finalement John Diefenbaker, dont le Parti progressiste-conservateur venait de ravir le pouvoir aux libéraux, qui décréta, en 1958, la première loi canadienne d'assurance hospitalisation. Le programme correspondant mis en place garantissait des soins hospitaliers financés par les fonds publics à l'ensemble des Canadiens d'un océan à l'autre. Il s'agissait en fait d'un programme à frais partagés où le gouvernement fédéral s'engageait à payer la moitié des coûts inhérents à son implantation. Cette assurance couvrait les frais de séjour à l'hôpital ainsi que certains services qui y étaient reliés, comme la radiologie et les médicaments reçus pendant la période d'hospitalisation, mais ne couvrait pas les honoraires médicaux. Son application ne pouvait cependant se faire de façon arbitraire, car, étant donné que le domaine de la santé est de compétence provinciale, le programme en question devait recevoir l'aval de chacune des provinces.

Dans les faits, la majorité d'entre elles y trouvèrent leur compte. Dès l'année suivante, l'Alberta, la Colombie-Britannique, le Manitoba et Terre-Neuve mirent sur pied un régime d'assurance hospitalisation selon la formule proposée par le gouvernement fédéral. La Saskatchewan, qui avait été l'instigatrice dans le domaine, finit par faire de même. Puis en 1959, l'Ontario, le Nouveau-Brunswick, la Nouvelle-Écosse et l'Île-du-Prince-Édouard emboîtèrent le pas. Le Yukon et les Territoires du Nord-Ouest suivirent de peu.

De son côté cependant, le premier ministre du Québec, Maurice Duplessis, désireux de maintenir ses distances face au pouvoir en place à Ottawa, refusa de se prévaloir de la formule proposée. La position du chef de l'Union nationale s'inscrivait dans une logique qui l'avait conduit, lors de son retour au pouvoir en 1945, à faire abolir la Commission d'assurance maladie du Québec mise sur pied deux ans auparavant par les libéraux de Joseph-Adélard Godbout. «La meilleure assurance contre la maladie, c'est la santé», se plaisait à répéter le bouillant député de Trois-Rivières afin de justifier sa résistance.

Alors qu'une majorité de Canadiens ne craignaient plus de se ruiner en se présentant à l'hôpital pour recevoir des soins, Tommy Douglas, toujours à la tête du gouvernement de la Saskatchewan, s'affairait à bonifier le régime en place afin d'en faire un véritable régime d'assurance maladie. Son combat se heurta cependant à une forte résistance de l'establishment médical qui alla jusqu'à déclencher une grève pour manifester son désaccord. Mais la témérité et la conviction de Douglas eurent raison de ses opposants. Il réussit à faire adopter la première loi d'assurance maladie en

1961, assurant du fait à tous les résidents de la province un accès universel et gratuit aux médecins de même qu'aux soins qu'ils prodiguaient. Or, comme il s'apprêtait à se rendre à Ottawa pour prendre la direction du Nouveau Parti démocratique (NPD), c'est son successeur, Woodrow Lloyd, qui lança officiellement le nouveau programme correspondant l'année suivante.

Inspiré par la réussite du plan Douglas et pressé d'agir par l'énergique chef du NPD désormais en poste dans la capitale fédérale, le premier ministre Diefenbaker, lui-même Saskatchewanais, nomma dans la foulée le juge Emmett M. Hall à la tête de la Commission royale d'enquête sur les services de santé, avec pour mandat d'« [...] enquêter sur les services existants et identifier les besoins en soins de santé pour les Canadiens ». L'objectif ultime était d'en arriver à une proposition qui permettrait de « [...] fournir aux Canadiens les meilleurs soins de santé possible ».

Pendant ce temps au Québec, le gouvernement libéral de Jean Lesage, nouvellement porté au pouvoir à l'été 1960, accélérait la mise en place de nouvelles mesures. Une des premières initiatives prise par l'Assemblée législative, l'ancêtre de l'actuelle Assemblée nationale, fut d'amener le Québec à adhérer au régime d'assurance hospitalisation à frais partagés du gouvernement fédéral dont bénéficiaient, depuis déjà un moment, les résidents de l'ensemble des provinces canadiennes. Puis à peine plus d'un an après, en juin 1962, les parlementaires québécois adoptaient la Loi des hôpitaux. Ce faisant, le gouvernement se portait acquéreur de tous les établissements hospitaliers de la province, reléguant au second plan les communautés religieuses qui les avaient érigés et qui en avaient jusque-là assuré la gestion.

Puis, dans le même élan, Lesage mettait sur pied le Comité d'étude sur l'assistance publique, dont il confia la présidence au juge Émile J. Boucher et la direction à Claude Castonguay, un jeune actuaire-conseil de la région de Québec. Ce comité avait comme mandat de procéder à une évaluation complète des diverses lois existantes dont l'approche, particulièrement arbitraire, consistait à assurer une aide de l'État d'après les mérites, observés ou présumés, des demandeurs. Les éventuels méritants – selon qu'ils étaient âgés, aveugles, invalides, inaptes au travail, etc. – étaient d'abord considérés en fonction de la catégorie dans laquelle ils pouvaient être catalogués plutôt que selon les besoins qu'ils pouvaient éprouver. Ce pouvoir discrétionnaire avait d'ailleurs largement été utilisé par le régime Duplessis afin de conforter ses assises ou pour s'attirer de nouveaux sympathisants au cours de la vingtaine d'années pendant lesquelles ses représentants avaient occupé les banquettes du Salon bleu.

Ainsi, malgré les affrontements et les lenteurs, d'une part, provoqués par la volonté des provinces de protéger les compétences qui leur étaient reconnues par la Constitution canadienne dans le domaine de la santé et, d'autre part, accentués par un gouvernement central désireux d'exercer son pouvoir de dépenser dans un domaine qui touche de près la qualité de vie des Canadiens, tout indiquait que l'on se dirigeait, à plus ou moins court terme, vers une plus grande accessibilité des soins de santé. Ce qui allait considérablement changer la façon de pratiquer des médecins et bousculer l'univers passablement sclérosé des pharmaciens.

Solidarité professionnelle

Avec la métamorphose qui s'opérait, et particulièrement avec l'entrée en vigueur de la Loi des hôpitaux, les médecins québécois se sont vus transformés du jour au lendemain en fournisseurs de services pour l'État, du moins en ce qui concerne ceux qu'ils donnaient en milieu hospitalier. Eux qui avaient l'habitude de transiger avec la religieuse économe de l'établissement ou avec un confrère administrateur, voilà qu'ils se retrouvaient contraints d'instaurer de tout nouveaux rapports avec un vis-à-vis – l'État provincial – dont la structure était passablement plus imposante et contraignante que ce qu'ils avaient connu auparavant.

Cela les amena à se regrouper en deux instances syndicales : la Fédération des médecins omnipraticiens du Québec et la Fédération des médecins spécialistes du Québec. La première fut mise sur pied en 1962 et la seconde trois ans plus tard. L'objectif était de se doter chacune d'un organe de représentation à l'image de l'ensemble de la profession et susceptible d'équilibrer les échanges avec ce tiers payeur qu'était devenu l'État. C'est mon beau-frère Guy Laporte qui fut l'instigateur du projet pour les médecins omnipraticiens. Il regroupa d'abord les diverses associations médicales qui avaient été mises sur pied un peu partout sur le territoire québécois depuis la Deuxième Guerre mondiale, puis il rallia la majorité des médecins généralistes qui faisaient encore cavaliers seuls. Comme il s'agissait d'un rassembleur naturel qui bénéficiait de la confiance de l'ensemble de ses collègues, les membres de ce tout nouveau regroupement le portèrent spontanément à la présidence.

« Pourquoi ne faites-vous pas comme nous ? » qu'il me demanda une fois que son organisation fut mise en place. « Les changements qui nous amènent à revoir nos façons de percevoir notre dû en tant que médecins ne manqueront pas de vous affecter à votre tour dans un avenir plus ou moins rapproché. Comme pharmaciens, vous allez éventuellement devoir vous aussi négocier des conditions de remboursement avec le gouvernement en place. Déjà plusieurs des programmes qui s'apprêtent à être instaurés prévoient que le coût de certains médicaments sera payé par l'État. Si vous voulez que vos intérêts soient bien représentés, vous auriez tout avantage à vous regrouper comme nous venons de le faire. »

Tout au long de mon parcours, mon beau-frère avait toujours été de précieux conseil pour moi. Comme son argumentation rejoignait en tous points ma propre réflexion, je portai d'autant plus attention à ses propos. Il n'existait effectivement aucune structure spécifiquement vouée à la défense de nos intérêts. Ce n'était pas la responsabilité du Collège des pharmaciens, dont le rôle consistait à réglementer la pratique de la profession et à protéger le public. Il y avait bien l'Association des pharmaciens détaillants de Montréal (APDM), mais cet organisme, fondé en 1939, avait surtout comme but de soutenir et d'encadrer la représentation auprès des fabricants et des grossistes. Même si l'APDM obtint une charte provinciale en 1957, pour devenir l'Association des pharmaciens détaillants de Montréal et de la province de Québec (APDMQ), elle est demeurée très partiellement représentative, ne réussissant à regrouper qu'à peine plus du tiers des propriétaires de pharmacies de détail. Elle était de plus limitée par les éléments constituant de sa charte, qui ne l'autorisait qu'à faire des recommandations au nom de ses membres, et non à les représenter officiellement dans le cadre d'une éventuelle négociation avec un partenaire.

Il n'existait donc aucun organisme de type syndical, officiellement mandaté, pour s'exprimer au nom de l'ensemble de la profession. En voyant les avantages que les médecins avaient retirés à se regrouper, je me suis dit que le temps était venu d'en faire autant. Comme la Fédération des médecins omnipraticiens du Québec semblait fort bien fonctionner, je proposai à mon beau-frère, dans un premier temps, de nous regrouper – médecins et pharmaciens – au sein d'un même syndicat. Mais nous avons rapidement constaté qu'il existait une trop grande divergence d'intérêts entre nos deux professions pour que nous trouvions avantage à faire de même.

Je n'ai alors eu d'autre choix que de me retourner vers mes pairs. Or, même si je jouissais d'un ascendant favorable auprès d'un bon nombre de mes collègues, il n'a pas été facile de s'entendre sur des préoccupations communes et de créer un consensus. Heureusement, je n'étais pas le seul à désirer que cette organisation voie le jour. Je bénéficiais entre autres de l'appui de Louis Michaud, un pharmacien d'expérience qui avait acquis une enviable réputation dans l'ouest de la ville et qui était également convaincu de la nécessité et de l'urgence d'agir.

À force de lobbying et de représentation, je réussis à convaincre une majorité de membres de l'Association des pharmaciens détaillants de Montréal et de la province de Québec (APDMQ), ainsi qu'une bonne partie des pharmaciens isolés un peu partout sur le territoire, à se regrouper au sein d'une toute nouvelle entité syndicale qui allait porter le nom d'Association professionnelle des pharmaciens du Québec (APPQ). Et pour nous assurer que l'instance soit vraiment représentative, Louis Michaud, grâce à l'influent réseau de relations qu'il possédait dans le milieu anglophone, convainquit l'Independant Retail Drugists Association, le pendant de langue anglaise de l'APDMQ, de joindre nos rangs peu de temps après.

Comme j'étais celui qui avait pris l'initiative et mené le projet à son terme, plusieurs pensèrent que la présidence me revenait d'emblée. «Non, merci», que je me suis empressé de répondre à ceux qui insistaient. «C'est gentil de penser à moi, mais je considère qu'il y a parmi nos membres des gens dont le profil correspond beaucoup mieux aux exigences de l'emploi. Je suis disposé à faire ma part, mais pas à occuper la présidence.» Au fait, j'étais surtout convaincu que j'avais beaucoup plus à apporter comme trésorier que comme président. Connaissant bien la nature des gens, je pressentais que la gestion des dépenses s'avérerait un enjeu susceptible de soulever des tensions et de provoquer des affrontements. Et comme on se bouscule rarement au portillon pour assumer ce genre de tâches, je n'eus pas de difficultés à hériter des fonctions de secrétaire et de trésorier.

Étant donné que chacun était accaparé par ses obligations quotidiennes et que personne ne disposait de temps pour assister à des réunions ou élaborer des dossiers, nous avons donc dû mettre sur pied une organisation qui soit à la fois dépouillée, souple et efficace. Pour ce faire, nous nous sommes inspirés de la formule de type pyramidale qui existait déjà au sein de la Fédération des médecins omnipraticiens du Québec. Cette structure reliait le président à dix directeurs régionaux; ceux-ci étaient responsables de cinq pharmaciens désignés de leur territoire qui, pour leur part, étaient en lien avec leurs collègues qui pratiquaient dans la même région. L'information était ainsi en mesure de circuler en moins de temps qu'il n'en fallait pour ranger quelques flacons sur les tablettes de nos laboratoires.

C'est à travers les échanges amorcés dans le cadre de la mise en place de cette organisation que j'ai connu Louis Michaud. Il était celui des directeurs régionaux qui représentait la partie ouest de la métropole. Diplômé de l'Université de Montréal en 1952, il connaissait bien ce secteur pour y avoir travaillé alors qu'il était étudiant et pour s'y être implanté une fois son diplôme en poche. «Quand je suis arrivé de ma Grand-Mère natale – la ville, bien sûr –, je ne connaissais personne à Montréal», m'avait-il raconté un jour. «Il m'a fallu trouver du travail tout en poursuivant mes études universitaires. Lorsque je suis allé frapper chez Kane's, il s'agissait du trente-cinquième établissement où je me présentais afin de me trouver un boulot à temps partiel. J'ai offert au proprio de me mettre à l'essai, sans rémunération, pendant une semaine et de juger par la suite si je pouvais faire l'affaire. Grâce aux tâches qu'on m'avait confiées, j'en ai profité pour faire un grand ménage du local. Je suis convaincu que ça n'avait jamais autant brillé. L'idée était sûrement bonne puisque c'est ce qui a convaincu le patron de m'embaucher… au double du salaire que je m'apprêtais à lui demander!»

À sa sortie de l'université, Louis Michaud s'est associé à un confrère, Léopold Deneault, pour ouvrir un premier établissement au coin du boulevard O'Brien et de la rue Dudemaine. Ce partenariat prit fin un an plus tard lorsque Louis ouvrit une seconde pharmacie au coin des rues Barclay et Côte-des-Neiges qui, en plus de posséder une fontaine à soda, était reconnue comme la première à Montréal à fonctionner selon le principe de libre-service. Quelques années plus tard, il s'associa de nouveau avec Léopold Deneault pour ouvrir une autre pharmacie, cette fois-ci au sein de la Clinique médicale Saint-Laurent sur le boulevard Sainte-Croix, non loin de la Côte-Vertu à Ville Saint-Laurent.

Dès nos premiers échanges, Louis Michaud et moi nous sommes reconnus des affinités. Il était le genre d'entrepreneur qui ne se laissait pas intimider par l'ampleur de la tâche et qui n'hésitait pas à foncer lorsqu'il était convaincu que ses idées étaient les bonnes. Nos parcours respectifs avaient donc de nombreux points en commun et les regards que nous portions sur la profession se rejoignaient de plusieurs façons. Nous affichions entre autres tous deux la même fierté d'exercer une profession qui contribuait à améliorer les conditions de vie des gens. Nous n'éprouvions cependant aucune gêne ou une quelconque forme de culpabilité à l'idée de rapprocher les activités professionnelles pharmaceutiques de l'exercice d'un commerce qui pouvait s'avérer profitable. Un sentiment qui était loin d'être partagé par l'ensemble des collègues et qui allait nous attirer de nombreuses critiques.

Trésorier philosophe

Les premières initiatives prises par l'Association professionnelle des pharmaciens du Québec furent de circonscrire nos attentes et d'établir le genre de rapport que nous voulions établir avec les institutions et les corporations avec lesquelles nous étions appelés à transiger. Nous en étions à nos premières armes, mais nous nous sommes passablement bien débrouillés. Au bout d'un an, l'association était sur les rails et nous comptions déjà à notre actif quelques ententes bien concrètes qui mettaient la table aux changements en profondeur qui se dessinaient. Il nous restait par conséquent à faire un rapport officiel à nos membres dans le cadre de la première assemblée annuelle.

Nous avons convenu de nous réunir à Québec où le Château Frontenac, pour la circonstance, nous octroyait des tarifs fort convenables. Il s'agissait certes d'un endroit prestigieux, mais, comme plusieurs se targuaient de pratiquer une profession de puristes qui les plaçaient au-dessus des considérations bassement matérielles, nous nous sommes dit qu'ils seraient en mesure de se discipliner eux-mêmes quant aux dépenses qu'ils auraient à engager au cours du week-end en question.

Il semble cependant que quelques-uns des organisateurs et membres de la direction n'aient pas été animés du même genre de préoccupations. C'est du moins ce que je constatai lorsque, au retour du congrès, je commençai à accuser réception des frais engendrés par certains d'entre eux. Un s'était fait servir pour dîner une pintade flambée accompagnée d'un grand cru comme on en retrouve dans les caves les plus prestigieuses. Pour le petit-déjeuner du lendemain, un autre s'était fait livrer à sa chambre des fraises et du champagne, comme le faisaient de grands seigneurs à une autre époque. Bien que ces extravagances n'aient été l'affaire que d'une minorité, je n'arrivais pas à comprendre que des organisateurs responsables et redevables envers leurs membres puissent se les permettre.

Comme il était de mon rôle d'intervenir, mais que je voulais éviter de me donner des airs de justicier, je choisis de faire usage des approches philosophico-astucieuses de mes profs de Brébeuf. «Je paie ton addition si tu me dis que tu manges ça chez toi», lançai-je à celui qui semblait particulièrement apprécier le gibier à plumes. «Est-ce le genre de petit-déjeuner que tu as l'habitude de prendre avant de te rendre au travail?» demandai-je à celui qui, de toute évidence, se contentait habituellement, comme tout le monde, de garnir ses toasts de beurre d'arachide et de confiture. On peut deviner qu'en refusant de payer pour de telles exagérations je ne me suis pas attiré que de la sympathie. Mais j'estimais que, en tant que responsables d'un organisme de représentation, nous n'avions pas à profiter de notre position pour nous accorder des privilèges aux frais de nos membres. Déjà que la cotisation annuelle représentait une dépense importante pour plusieurs d'entre eux, je considérais qu'il était inconvenant d'abuser de la confiance qu'ils avaient déposée en nous.

Ce que j'allais devoir rappeler plus d'une fois à notre président. Malgré toutes ses qualités et son évidente bonne volonté, celui-ci était souvent porté à nourrir quelques idées de grandeur. Ainsi, après qu'il eut été confirmé à la présidence par l'assemblée générale, il me demanda de faire paraître un avis de nomination dans l'ensemble des journaux de la province. «C'est important, qu'il me dit, on représente tous les pharmaciens du Québec. Il s'agit d'une mission qui se doit d'être connue du grand public. Je passe chez le photographe demain afin qu'on puisse accompagner d'une photo le texte du communiqué.»

Quelques jours plus tard, je reçois une facture correspondant à la séance en question. La description des services rendus faisait mention de plusieurs reprises et de nombreuses retouches. «Écoute, André», que je lui dis, en lui offrant d'assumer les frais de base, «si tu n'es pas capable de te montrer tel que tu es, il vaut peut-être mieux s'en tenir au texte. Une telle somme pour te refaire une beauté, jamais je ne pourrai justifier cela auprès de nos membres.» Comme par enchantement, le fait de lui remettre la facture a eu pour effet direct et immédiat de rendre la campagne d'information soudain moins essentielle. Disons que j'avais un peu profité du fait qu'il s'était fait «tirer le portrait» pour lui «tirer la pipe».

En me montrant aussi rigoureux, j'avais peut-être infligé quelques blessures à son orgueil, mais ça ne l'a pas empêché pour autant de très bien faire son travail. En moins de deux ans, il avait réussi à instaurer un climat de respect auprès des représentants de l'État de même qu'à créer une dynamique d'entraide et de partage entre nous. Ce qui n'était pas une mince tâche puisque, historiquement, les pharmaciens étaient plutôt demeurés isolés et peu enclins à unir leurs efforts pour faire valoir leurs droits.

Cette étape de mon parcours s'est avérée fort enrichissante pour moi. J'étais convaincu du bien-fondé de la mise sur pied de notre syndicat et j'ai vraiment eu le sentiment de faire œuvre utile en m'y consacrant comme je l'ai fait. Lorsque l'équilibre dans les rapports de force se voit menacé par des divergences d'intérêts trop importantes, la présence d'une association qui regroupe des voix qui ne sauraient se faire entendre autrement devient parfois nécessaire. Ce fut le cas avec l'Association professionnelle des pharmaciens du Québec.

Représentation justifiée

Cette incursion d'un corps professionnel comme les pharmaciens dans l'univers syndical s'inscrivait dans le long processus qui avait conduit le syndicalisme canadien et québécois de la clandestinité à l'illégalité, puis de l'ignorance à l'évitement, et enfin de la tolérance à la reconnaissance.

Il faut en effet remonter au 19e siècle, au moment où l'on passait des méthodes de fabrication artisanales à un système de production industrielle, pour voir s'instaurer un type de relation employeur-travailleurs qui remette en question l'approche maître-serviteurs qui avait jusque-là caractérisé les relations en milieu de travail. Ce n'est qu'en 1872 que le Parlement canadien adopta la Loi des syndicats ouvriers qui reconnaissait l'existence des associations de travailleurs mises sur pied en majeure partie par des immigrants britanniques qui avaient expérimenté ce genre de regroupement dans leur pays d'origine avant de venir s'installer ici.

Mais il s'agissait là d'une bien timide reconnaissance puisque les activités syndicales, les grèves et autres manifestations publiques demeuraient toujours interdites. Il a fallu attendre au tout début du 20e siècle pour que le gouvernement fédéral légalise définitivement les syndicats. Et ce n'est qu'à la fin de la Seconde Guerre mondiale qu'une nouvelle loi permit les négociations collectives, octroya le droit de grève – sauf pour les employés des services publics et parapublics – et obligea les employeurs à négocier de bonne foi avec les représentants de leurs employés. Ce qui eut pour effet immédiat d'accélérer le mouvement de syndicalisation qui avait été amorcé.

Puis vinrent les années cinquante et soixante où l'on vit les centrales syndicales se structurer et croître en nombre afin de faire profiter leurs membres de la prospérité générée par l'essor des grandes corporations industrielles et manufacturières. Au Québec, il ne restait que les employés de l'État qui ne jouissaient pas des mêmes privilèges que leurs vis-à-vis du secteur privé. Ce qui n'était pas sans créer un déséquilibre, car, avec la nationalisation de l'électricité, la création de la Caisse de dépôt et placement et de la Société générale de financement, la mise en place de l'assurance hospitalisation, la réforme de l'assurance maladie, la création des ministères des Affaires sociales, des Affaires culturelles puis de l'Éducation, l'État était devenu le plus important employeur québécois.

Si, dans un premier temps, le premier ministre Lesage s'est montré réticent à entreprendre des pourparlers avec ses employés des secteurs publics et parapublics – en rappelant, avec une attitude aussi régentée qu'officielle, que « la reine ne négocie pas avec ses sujets » –, c'est finalement lui qui a entrepris la plus importante réforme sur le plan des relations de travail. Il implanta d'abord, en 1964, le premier véritable code du travail, faisant ainsi du Québec une figure de proue en ce qui concerne la législation dans le domaine. Puis en remplacement du processus d'arbitrage qui existait en cas de conflit – jusque-là, aucun salarié de l'État n'avait même le droit de se syndiquer –, il fit voter une nouvelle loi qui reconnaissait, sauf pour les pompiers et les policiers, le droit de grève dans le secteur public. À partir de ce moment, avec plus de 40 % de ses travailleurs détenant une accréditation syndicale, le Québec présentait le taux de syndicalisation le plus élevé en Amérique du Nord.

En cherchant à établir un meilleur équilibre entre ceux qui créaient la richesse et ceux qui en étaient les artisans, les objectifs poursuivis par les syndicats s'inscrivaient dans la mouvance sociale-démocrate engendrée par la Révolution tranquille. Ainsi, les travailleurs de la construction, les manœuvres en usine et les ouvriers des mines pouvaient désormais exercer leurs fonctions dans des conditions qui ne mettent plus en péril leur santé et leur sécurité. Les employés de la fonction publique étaient pour leur part assurés de conserver leur emploi sans égard aux humeurs de ceux qui détenaient ou qui s'emparaient du pouvoir politique. Et les employés de petites et moyennes entreprises, désireux d'améliorer leurs conditions de travail, ne craignaient plus d'avoir à composer avec la duplicité de leur patron : « Je ne t'oublie pas, mon gars. Je continue de penser à toi. Sois patient ; un jour, ton tour viendra… »

Il s'agit là d'acquis qui ont largement contribué à valoriser la dimension humaine du travail et à faire accéder le Québec au rang de la modernité. Mais en ce début de troisième millénaire, n'y a-t-il pas lieu de se demander si le syndicalisme québécois, en élevant certains acquis au rang de dogmes et en adoptant des positions plus proches du corporatisme institutionnel que du coopératisme ouvrier, n'a pas ramené le balancier à une position limite qu'il s'est lui-même appliqué, en d'autres temps, à dénoncer ? Au moment où les rapports d'équilibre qui ont été créés entre les employés et ceux qui les embauchent se voient menacés par la mondialisation de l'économie et l'émergence des nouveaux marchés, n'y a-t-il pas lieu de se demander si le militantisme antagonique n'est pas en train de faire dévier le syndicalisme de sa mission sociale, pour l'amener à verser dans un égocentrisme qui place ses membres en marge des nouveaux enjeux qui redéfinissent présentement la configuration du marché du travail ?

Comparaisons révélatrices

Ces questions se sont posées à moi de façon particulièrement percutante lorsque, au début des années quatre-vingt-dix, au lendemain de la Révolution de velours, on me demanda de me rendre en République tchèque afin de partager mon expérience avec un groupe de pharmaciens de l'endroit désireux d'adapter la structure des établissements qu'ils dirigeaient aux exigences de l'économie de marché. En m'attardant de plus près à une pharmacie notamment représentative du modèle qui avait été conçu au sein du régime communiste, j'ai constaté à quel point la formalisation systématique des relations de travail pouvait scléroser une entreprise, démobiliser ses employés et la rendre résistante à tout changement.

L'établissement en question, un des plus vastes du réseau, était situé en plein centre-ville de Prague. Même si cette capitale comptait plus d'un million d'habitants et était en phase de devenir un des principaux attraits touristiques de la planète, la pharmacie n'accueillait les clients, malgré les files d'attente qui s'allongeaient aux portes, que de huit heures à midi puis de quatorze à dix-huit heures. Cet horaire restreint n'était pas dû à une pénurie de personnel ; l'établissement comptait plus de trois cents employés. C'est plutôt sur le plan de l'organisation du travail que le processus se retrouvait en décalage par rapport à la demande.

Chaque employé se voyait assigné à des tâches tellement spécifiques que les procédés d'exécution semblaient empruntés directement d'un film à succès de l'époque du cinéma muet. Celui qui était affecté à l'étalage de la marchandise ignorait un client qui cherchait un produit en tablettes ; un autre à qui on avait confié l'entretien hygiénique du matériel de laboratoire ne se préoccupait aucunement des déchets qui pouvaient se retrouver sur le plancher de l'espace client ; et, plutôt que de leur répondre directement comme ils étaient habilités à le faire, les pharmaciens diplômés guidaient vers des commis au service les clients qui demandaient des informations sur des produits offerts en vente libre.

Chacun exerçait les tâches qui lui étaient confiées à l'intérieur d'un étroit corridor, bordé, d'un côté, par l'illusion qu'en segmentant sans cesse les fonctions on multipliait les emplois et resserré, de l'autre, par l'assurance tranquille que les privilèges acquis les rendaient imperméables à tout changement. En trouvant ainsi aisance et contentement dans une structure qui ignorait la compétition et qui ne tenait pas compte des attentes des clients, les plus motivés comme les moins ambitieux se retrouvaient, de façon plus ou moins consciente, engagés sur l'insidieuse pente de l'inadéquation et de l'inadaptabilité.

« La désillusion risque d'être grande », me suis-je empressé de dire au jeune responsable de la pharmacie praguoise qui semblait croire que la transition vers une économie de marché pourrait se faire en conservant un modèle de travail aussi rigide. « Si vous n'effectuez pas un virage radical, dans votre façon tant de penser que d'agir, la robotisation et l'informatisation risquent de bientôt exécuter le travail machinal et routinier dans lequel plusieurs de vos employés semblent se complaire et trouver leur sécurité. Il serait dommage que le passage que vous souhaitez faire se trouve menacé par l'inflexibilité de vos précédents accords de travail. »

Au-delà des politesses de circonstance, je sentais que mes propos rencontraient une vive résistance. Peu de ces gens semblaient disposés à faire preuve de la souplesse nécessaire pour reconsidérer leurs acquis à la lumière de la valeur ajoutée que représentait un régime basé sur l'initiative des individus plutôt que sur la capacité de l'État à les prendre en charge. Je les sentais profondément partagés entre les prérogatives – même aliénantes – qu'ils avaient cumulées et les concessions – exigeantes mais prometteuses – qui étaient indissociables du tournant qu'ils souhaitaient prendre. On peut deviner que les affrontements vers lesquels ils se dirigeaient n'ont pas facilité, et encore moins accéléré, la transition recherchée.

À la lumière de cette expérience, je n'ai pu éviter de me demander si nos regroupements de travailleurs locaux étaient en mesure de faire montre du niveau d'adaptabilité qui semblait si cruellement faire défaut à leurs vis-à-vis tchèques. Est-ce qu'un refus systématique de réévaluer quelque avantage ou acquis que ce soit ne risque-t-il pas de retarder la nécessaire adaptation des entreprises et des travailleurs occidentaux aux nouvelles exigences des marchés planétaires de la même façon qu'il a freiné celle des travailleurs des pays de l'Est il y a deux décennies ? La refondation de nouvelles bases de l'activité économique et sociale n'exige-t-elle pas que l'exercice du leadership des syndicats aille au-delà de la gestion d'un fonds de placement et de la syndicalisation d'employés d'œuvres humanitaires ?

Avec la sensibilisation qui s'est exercée depuis plus d'un demi-siècle, tant chez les employeurs que chez les employés, je demeure confiant que les parties en cause sauront faire preuve de la sagesse et de la clairvoyance requises afin de négocier les importants virages qui se profilent à l'horizon. Dans le nouveau type de collaboration qui est appelé à s'installer, les attitudes de suffisance qui étaient le lot de beaucoup trop d'employeurs n'ont pas plus leur raison d'être que les postures d'antagonisme qu'ont nourries trop longtemps les organismes représentant les travailleurs. Les nouveaux impératifs économiques, sur lesquels nous n'exerçons désormais qu'une influence bien relative, exigent la mise en place d'une nouvelle forme de dialogue. Selon moi, il s'agit là du principal défi que patrons et employés auront à relever au cours des prochaines années.

Pour y arriver, je considère cependant que nous aurons à réviser complètement nos modalités d'échange. Présentement, il est de coutume que les représentants des parties patronales et syndicales n'engagent des pourparlers qu'à compter du moment où la convention collective qui les lie est parvenue à échéance. Il n'y a alors pas à s'étonner que le ton emprunté soit souvent teinté de l'animosité émanant du cumul des griefs que se sont adressés les parties depuis la signature de la dernière entente. Ce qui fait place à une méfiance insidieuse qui bousille souvent les meilleures intentions. D'un côté, on a l'impression que le vis-à-vis ne veut rien donner et, de l'autre, que les demandes sont exagérées. C'est le cul-de-sac avant même d'avoir entrepris les pourparlers.

Au risque de paraître naïf, je demeure convaincu que, si les parties se mettaient d'accord pour que s'instaure un dialogue permanent entre leurs représentants respectifs, la négociation d'une nouvelle convention collective cesserait d'apparaître comme une bataille de coqs à finir. Elle s'avérerait plutôt l'aboutissement prévisible d'un processus continu qui aurait éliminé au passage les plus vifs irritants. L'instauration d'un tel type de collaboration, basé sur un minimum de confiance et d'ouverture, permettrait de suivre l'évolution des besoins des travailleurs de même que les impératifs avec lesquels l'entreprise se doit de composer. Il s'agit cependant d'une initiative qui représente un défi de taille lorsqu'on constate – avec beaucoup de désolation en ce qui me concerne – que des échanges spontanés entre un patron et un représentant syndical sont devenus à ce point rares qu'ils apparaissent désormais suspects aux yeux de plusieurs de ceux et celles qui en sont témoins.

Je suis familiarisé avec l'arsenal d'objections qu'on me servira de part et d'autre. Je n'ai surtout pas la prétention d'avoir le monopole des bonnes idées. Il s'agit d'une réflexion parmi d'autres qui mérite d'être discutée et bonifiée. J'estime cependant que le cul-de-sac vers lequel nous nous dirigeons nous oblige à revoir nos positions et à avancer de nouvelles propositions. C'est ce que j'ai tenté de faire ici, comme je l'avais fait il y a tout près de cinquante ans lors de la mise sur pied de l'Association professionnelle des pharmaciens du Québec.

Initiative avortée

Une fois que les assises de l'Association professionnelle des pharmaciens du Québec furent posées, Louis Michaud et moi avons eu une première occasion de mesurer si la connivence qui s'était spontanément installée entre nous était en mesure de nous conduire vers un projet de collaboration bien concret. Tout comme moi, ce collègue de l'ouest de la ville regardait évoluer, non sans un brin d'envie, la Pharmacie Montréal qui continuait de marquer le pas en matière d'escomptes et de prolongement des heures d'ouverture. Ce qui lui donna un jour l'idée d'emprunter le populaire concept et de l'appliquer à trois autres établissements de façon que les gens puissent retrouver la célèbre enseigne à quatre différents endroits stratégiques dans la ville. Cette initiative novatrice comprenait également l'ajout de deux centres de distribution, un à Laval et un autre à Longueuil, de façon à desservir la clientèle qui n'aurait pas eu facilement accès aux quatre éventuelles succursales de la Pharmacie Montréal.

Bien que, de la façon dont le projet était ficelé, nous ayons été les deux partenaires qui possédaient les actifs les moins imposants, nous jouissions cependant d'une renommée – lui dans l'ouest de la ville et moi dans l'est – qui compensait la minceur de nos investissements. Chacun à notre manière, nous avions réussi à gagner le respect de nos concurrents et de nos fournisseurs de même que la fidélité de la clientèle que nous desservions. Nous étions par conséquent confiants que les gens que nous nous apprêtions à approcher tendraient une oreille attentive à notre projet.

J'entrai d'abord en contact avec Gilles Cloutier, propriétaire de la pharmacie qui portait le même nom et qui était située dans la partie nord de Montréal. Je le connaissais bien puisqu'il était un de mes anciens confrères de collège et de faculté. La Pharmacie Cloutier était bien établie dans la métropole grâce à ses deux cent cinquante employés et, surtout, aux vingt-cinq voitures qui assuraient le service de livraison. Mais comme plusieurs collègues du milieu, je m'interrogeais sur la plus récente stratégie d'affaires qui avait été mise en place. En effet, même si l'entreprise générait plus de 70 % de ses revenus par des commandes livrées à domicile, Gilles Cloutier venait d'inaugurer de tout nouveaux locaux qui s'étendaient sur une superficie de plus de huit mille pieds carrés. Un véritable Taj Mahal de la pharmacie montréalaise, qui représentait un intérêt certes évident pour le type de projet que nous souhaitions mettre en place, mais qui apparaissait en porte-à-faux par rapport à ce qui constituait son fonds de commerce.

Puis dans un second temps, Louis Michaud se rendit rencontrer Jean Duquet, le fils du propriétaire du célèbre établissement de la rue Sainte-Catherine, afin de le convaincre des avantages qu'il retirerait d'un tel projet. Ces deux-là se connaissaient bien pour s'être souvent retrouvés sur les mêmes terrains de golf à exercer leur passion pour ce sport. Étant donné la familiarité qui teintait leurs relations, nous avions le sentiment que le fils Duquet trouverait intérêt à notre proposition malgré la position privilégiée qu'il occupait dans le milieu de la pharmacie.

L'idée pouvait sembler saugrenue, elle ne manquait pas moins d'originalité et d'audace. Chacun des quatre partenaires aurait investi le total de ses actifs dans le projet. Étant donné que je possédais les établissements les plus modestes, le plan prévoyait que j'assume la gérance de ce nouveau consortium. Les premières discussions laissèrent transparaître un certain intérêt. Jusqu'au moment où Gilles Cloutier se désista : « Je doute fortement que le chiffre d'affaires généré par ma participation dans ce projet commun se compare ou surpasse celui de la pharmacie que je possède. » Il n'en fallait pas plus pour que, ajouté à l'hésitation de Jean Duquet, le tout tombe à l'eau. Le premier projet réunissant Louis Michaud et Jean Coutu ne porterait donc pas le nom de Pharmacie Montréal. Une seconde occasion de nous associer n'allait cependant pas tarder à se présenter à nous. Cette fois-ci, elle allait nous être offerte par des gens avec qui nous entretenions déjà des relations d'affaires sur une base presque quotidienne.

Escomptes avant tout

Comme Louis Michaud possédait beaucoup d'entregent en affaires, il entretenait d'excellentes relations avec les différents grossistes qui assuraient notre approvisionnement régulier. Il était particulièrement proche de la firme Painchaud, qui s'avérait un dynamique distributeur de produits de consommation courante comme le chocolat, les bonbons et les cigarettes. Percevant qu'il pourrait ajouter une dimension supplémentaire à nos relations d'affaires, un de leurs représentants nous invita un jour à nous rendre à Toronto constater de visu de quelle façon les *discount stores* de l'endroit avaient mis au point un concept particulièrement audacieux : « Ils n'y vendent que des médicaments brevetés et des produits d'usage courant ; mais à un prix qui défie toute concurrence. On vous invite à nous accompagner lors de notre prochaine visite. Ça pourrait peut-être vous donner des idées pour lancer quelque chose de semblable ici au Québec. »

La formule présentait effectivement plus d'un attrait. Il s'agissait d'immenses espaces bien éclairés, où s'alignaient de profondes étagères remplies de produits de santé, d'hygiène et de beauté. Non seulement le choix était-il complet, mais les prix affichés se situaient bien en deçà de ce que nous étions en mesure d'offrir. En effectuant leurs achats en très grande quantité, ces chaînes arrivaient à négocier des prix de gros fort avantageux auprès des fournisseurs et à livrer, par conséquent, une vive concurrence aux pharmacies traditionnelles. Ce type de commerce existait déjà chez nous, mais à une échelle beaucoup plus réduite. Ce qui distinguait les *discount stores* torontois, c'était le pouvoir d'achat que leur procurait le nombre d'établissements qui faisaient partie de la chaîne. Les économies qu'ils proposaient à leurs clients avaient de quoi ébranler les plus sceptiques. À la suite de cette visite, Louis Michaud et moi sommes d'ailleurs rentrés à Montréal fort songeurs.

Or, alors que nous évaluions la viabilité d'une telle formule de ce côté-ci de la rivière des Outaouais, voilà que le gouvernement du Québec, sous la recommandation du Collège des pharmaciens, adopta un amendement à la Loi de la pharmacie qui obligeait les établissements à avoir un pharmacien diplômé en service de façon continue pendant les heures d'ouverture. Il s'agissait là d'un changement qui allait obliger les pharmaciens propriétaires à revoir complètement l'organisation interne du travail. La majorité des pharmacies comptaient effectivement sur l'expertise de commis d'expérience qui, bien que ne possédant pas la formation universitaire exigée pour ce faire, étaient tout de même en mesure de fabriquer certaines préparations médicamenteuses, d'assurer un service de qualité et de voir à la supervision des opérations en pharmacie. Même si l'application du règlement prévoyait une période de transition afin de permettre aux pharmaciens propriétaires de s'adapter, nous nous retrouvions dans l'obligation de nous départir d'un certain nombre de ces commis qui constituaient un important capital professionnel et humain.

Plutôt que de joindre les rangs des sans-emploi, certains d'entre eux prirent le risque d'ouvrir de petits magasins à escomptes. Mais ils se retrouvèrent vite fragilisés par la déficience de leurs structures et la faiblesse de leur pouvoir d'achat. Plusieurs autres cependant, dont une majorité de ceux qui étaient à notre emploi, se virent contraints de postuler des emplois qui ne mettaient pas en valeur l'expertise et l'expérience qu'ils avaient acquises auprès de nous. Ce fut là l'élément déclencheur qui nous incita à lancer le projet d'une chaîne de magasins à escomptes – spécialisés dans la vente de produits d'hygiène, de beauté et de santé –, inspirés du modèle que nous avions vu à Toronto. Constatant que nous pourrions éventuellement confier la gérance de ces établissements aux maîtres commis que nous avions nous-mêmes formés, nous nous sommes assurés de les intéresser au projet afin de les garder dans notre giron.

Comme il s'agissait d'une initiative d'envergure qui nécessitait une mise de fonds importante, Louis Michaud et moi avons sollicité la collaboration de la firme Painchaud – celle-là même qui nous avait sensibilisés à ce genre de projet – et National Drugs, un autre fournisseur avec qui nous entretenions des liens d'affaires privilégiés. Nous fîmes de même avec Jacques Masse et Gilles de Bellefeuille, deux gestionnaires que nous avions appris à connaître au cours des années. Comme le Collège des pharmaciens s'opposait à ce que le mot «pharmacie» soit utilisé dans l'appellation commerciale d'un établissement de ce genre, nous avons donné le nom de «Farmaterias» au nouveau type de commerce que nous venions de créer et qui, nous l'espérions, allait faire sa marque au Québec. Nous en avons confié la gestion quotidienne à Masse et de Bellefeuille tandis que Michaud et moi avons continué de nous occuper de nos pharmacies respectives.

La nouvelle formule, qui, en fait, se voulait un amalgame entre ce qui existait en Ontario et, de façon plus restreinte, dans notre propre milieu, gagna rapidement en popularité. Les gens appréciaient trouver en quantité et à très bas prix les produits de santé, d'hygiène et de beauté d'usage courant qu'ils voyaient annoncés un peu partout. Et comme ils étaient avantageusement conseillés par du personnel d'expérience qui connaissait bien leurs besoins et leurs attentes, l'implantation de cette nouvelle proposition de service s'est avérée fructueuse. Étant donné que la question des prix était devenue le nerf de la guerre, nous avions le sentiment d'avoir touché une corde particulièrement sensible des consommateurs.

Puisqu'il fallait nous assurer un roulement de stocks élevé afin de maintenir les prix de détail au plus bas, nous avons ouvert plus de dix-sept Farmaterias sur l'ensemble du territoire montréalais. J'ai même transformé en l'une d'elles la pharmacie que je possédais au coin des rues Cartier et Ontario. Bien que la formule ait connu un succès évident, Louis Michaud et moi n'éprouvions cependant qu'une satisfaction relative. Notre proposition répondait certes à un besoin, mais nous étions conscients qu'elle ne comblait pas toutes les attentes. Il y avait toujours les petits *discounters* qui tentaient tant bien que mal d'offrir des prix comparables aux nôtres. Puis il y avait les pharmacies de quartier concurrentes qui, tout comme nous, offraient des escomptes systématiques à leurs clients privilégiés : 10 % aux religieuses, pas de taxes ; 15 % aux religieux, avec taxes ; 10 % aux pompiers et aux policiers ; 25 % aux dentistes et le prix coûtant aux médecins.

Comme toutes les pharmacies vendaient les mêmes produits et les mêmes médicaments, Louis Michaud et moi ne pouvions prétendre que les nôtres étaient meilleurs. Nous étions cependant habités du sentiment qu'ils pouvaient être offerts à bien meilleur marché. Nous avons donc continué à évaluer toutes sortes de solutions pour y arriver. C'est finalement un de mes clients qui m'indiqua la route à suivre dans ce carrefour où nous étions parvenus.

Client de bon conseil

Alors que j'étais de service à ma pharmacie de la rue Sainte-Catherine se présente monsieur Tremblay, un client des plus réguliers. Résident du quartier, il correspondait au profil type de l'ouvrier de l'époque. Époux d'une femme à la santé fragile et père d'une famille de quatre jeunes enfants vulnérables à tous les maux saisonniers, monsieur Tremblay était un habitué. Nous nous connaissions bien et j'appréciais la clientèle de ce brave homme qui travaillait fort afin que les siens ne manquent de rien. Petit salarié, il occupait même un second boulot le soir dans une école afin de boucler ses fins de mois.

Un jour qu'il attendait que j'exécute une ordonnance qu'il m'avait remise, voilà que le docteur Cousineau, le fils de celui qui m'avait vendu la pharmacie, se présente en toute hâte au comptoir en ignorant pratiquement la présence de monsieur Tremblay : « Jean, qu'il me dit, je pars en vacances dans quelques jours et j'ai besoin de différents accessoires de voyage. En même temps, j'aimerais renouveler le contenu de la petite réserve de médicaments que je tiens dans mon cabinet pour accommoder mes clients. J'ai tout indiqué sur cette liste. Je te confie ça et je repasse récupérer le tout un peu plus tard. »

Jusque-là, il n'y avait rien de bien particulier à signaler. À part peut-être l'attitude un peu cavalière avec laquelle le médecin avait contourné mon client. C'est plutôt lorsqu'il tourna les talons pour reprendre sa course que son interpellation me figea littéralement sur place : « ... et n'oublie surtout pas de m'accorder mon escompte ! » Pour la première fois, je mesurais l'ampleur de l'incongruité de la situation. D'un côté, un travailleur, soutien d'une nombreuse famille, qui se voyait dans l'obligation de débourser une portion significative de ses revenus afin d'assurer le bien-être des siens. Et de l'autre, un médecin prospère qui, en plus d'exiger les honoraires usuels à ses clients, en profitait pour faire un bénéfice supplémentaire sur les médicaments qu'il leur vendait dans le cadre de ses consultations. Le premier se voyait contraint de tout payer au prix de détail tandis que le second bénéficiait systématiquement d'une généreuse remise sur l'ensemble des achats qu'il effectuait.

Ineptie que monsieur Tremblay ne manqua pas, de façon respectueuse mais non moins directe, de me faire remarquer : « Et moi, monsieur Coutu, suis-je trop pauvre pour bénéficier d'un escompte ? » La situation ne pouvait être plus embarrassante ; sa remarque me frappa de plein fouet. Il a entièrement raison, que je me suis dit, ce sont des clients comme lui qui assurent le succès de mon commerce et je ne le reconnais d'aucune façon. Pire encore, j'accorde des conditions telles au médecin de quartier que, en revendant à profit la médication achetée chez moi à rabais, il me crée une compétition directe.

Sans trop m'en rendre compte, j'en étais venu à favoriser ceux qui en avaient le moins besoin tandis que j'imposais des conditions plus contraignantes à ceux qui peinaient à payer le total de leurs achats. Je venais de vivement me le faire rappeler. Je n'allais jamais plus l'oublier. Je me suis dit que, désormais, ce serait tous les monsieur Tremblay de ce monde qui allaient pouvoir bénéficier des meilleurs prix en venant acheter chez nous…

CHAPITRE 8

Les années charnières

Pour l'observateur intéressé que j'ai toujours été, l'année 1969 coiffait une décennie marquée par des changements d'ordre personnel et collectif tout aussi rapides que radicaux. Et ce, dans tous les domaines de l'activité humaine. «Toujours plus vite, toujours plus loin», telle semblait être la devise de ceux et celles qui initiaient les différentes transformations ou qui orientaient les mutations en cours.

Alors qu'hier encore nos grands-parents se déplaçaient à cheval, voilà que le Concorde nous permettait désormais de voyager d'une capitale à l'autre à la vitesse du son. Et en réalisant le rêve du président Kennedy – «Nous irons sur la lune avant la fin des années soixante» –, l'astronaute américain Neil Armstrong donnait des allures de banlieue rapprochée à ce qui constituait, depuis des millénaires, l'objet de nos rêveries : «Un petit pas pour l'homme, mais un bond de géant pour l'humanité.»

Que ce soit sur la route des nuages ou au ras des pâquerettes, les enjambées dans le cours de l'histoire se multipliaient à un rythme effréné. Les idées les plus saugrenues et les rêves les plus fous s'échafaudaient les uns après les autres sous nos yeux. Ainsi, par un après-midi ensoleillé d'avril, une équipe de baseball professionnel inaugurait son calendrier local au stade du parc Jarry. Pour l'amateur que je suis, c'était comme si le père Noël avait décidé de reprendre du service en plein cœur d'été. Avec ce premier *play ball* des ligues majeures en sol canadien débutait une histoire d'amour entre les Expos et leurs partisans qui allait connaître son lot de bonheurs et de désillusions. À ce moment-là cependant, j'étais loin de me douter que je me retrouverais un jour directement impliqué dans son avenir.

Sur le plan politique, les projets de loi qui formaient le feuilleton législatif étaient représentatifs des changements d'attitudes et de comportements qui étaient en train de s'opérer dans toutes les couches de la population. Ainsi, à peine un an après son arrivée au pouvoir, le gouvernement de Pierre Elliott Trudeau adoptait le *Bill Omnibus* qui permettait, entre autres, la diffusion et la vente de contraceptifs, interdites jusque-là. «L'État n'a pas sa place dans les chambres à coucher de la nation», arguait le premier ministre canadien, se distinguant ainsi de la position de l'Église catholique qui affirmait un an plus tôt que «[...] tout acte matrimonial doit rester ouvert à la transmission de la vie».

Et c'est toujours en 1969 qu'a été franchi le dernier pas séparant la rectitude moralisatrice qui avait caractérisé les années d'après-guerre du relativisme désinvolte qui allait marquer la fin du 20e siècle. Pendant que nos jeunes actrices québécoises se dévêtaient pour la première fois sur nos écrans de cinéma, et que les jeunes hippies en faisaient tout autant à Woodstock, un ex-Beatle s'installait au lit avec sa conjointe dans un hôtel du centre-ville pour promouvoir la paix et la fraternité. Changement radical de perspective lorsqu'on pense qu'à peine deux ans auparavant les agents de l'escouade de la moralité sommaient à comparaître deux jeunes danseuses d'une troupe de ballet africain parce qu'elles s'étaient présentées les seins nus sur la scène de la Place-des-Arts. «Quand ça bouge, c'est obscène!» aurait mentionné un des policiers impliqués. Autres temps, autres mœurs. Visiblement, un profond changement dans les mentalités s'était opéré en bien peu de temps.

D'autre part, plusieurs des changements annoncés par les artisans de la Révolution tranquille étaient devenus des réalités de la vie quotidienne. Les premières polyvalentes et les nouveaux cégeps accueillaient désormais, sans égard à leur statut social ou à leur capacité de payer, tout étudiant désireux de se doter d'une formation générale ou professionnelle. Et en engrangeant les économies que les salariés réalisaient grâce au nouveau programme de la Régie des rentes du Québec, la Caisse de dépôt et placement permettait à ces travailleurs d'entrevoir leur retraite avec plus de sérénité que ceux qui les avaient précédés. Ainsi, après avoir été longtemps reconnus comme des besogneux et des locataires, voilà que les Québécois se montraient déterminés à prendre la place qui leur revenait et à façonner eux-mêmes leur avenir.

Le mouvement qui avait amené le Québec à adopter un virage social-démocrate destiné à éliminer les inégalités existantes entre les privilégiés et les moins favorisés n'allait pas se limiter aux domaines de l'éducation et du travail. Le secteur de la santé s'apprêtait également à subir des transformations majeures qui non seulement allaient obliger les médecins à reconsidérer la forme et l'étendue de leur pratique, mais qui allaient également remuer en profondeur l'univers sclérosé de la pharmacie. Un défi qui, à l'image de cette année 1969, allait galvaniser l'imaginaire de tout entrepreneur porteur d'intuitions novatrices...

D'un rapport à un autre

Mille neuf cent soixante-neuf allait également assurer une suite concrète aux travaux des différents comités qui avaient été mis en place au cours de la décennie qui s'achevait pour fournir à nos dirigeants une estimation précise des changements qu'il restait à apporter dans le domaine de la santé. C'est le comité Boucher qui, le premier, paracheva ses travaux en 1963. À travers les diverses recommandations de son rapport, il présentait une vision complètement différente de l'aide sociale. Il exprimait le souhait que toute personne sans ressource puisse avoir droit à l'aide de l'État sans égard aux raisons qui avaient pu la conduire à la précarité. « L'État n'a pas à se préoccuper d'être charitable ; il a cependant le devoir d'être juste. C'est pourquoi il importe qu'il reconnaisse clairement le droit du citoyen à l'assistance lorsque celui-ci est dans le besoin », avançait-il avec insistance. Ses recommandations sous-tendaient l'idée qu'une éventuelle réforme des lois québécoises sur l'aide aux nécessiteux aurait tout avantage à s'inscrire dans le cadre d'une politique sociale et économique d'ensemble. «Auparavant, on considérait que, si une personne était pauvre, c'était de sa faute. Aujourd'hui, on sait mieux que la pauvreté est souvent due à des facteurs économiques ou sociaux sur lesquels l'individu ne peut exercer aucun contrôle», ajoutait-il en conclusion.

En 1964, la commission Hall déposait à son tour son rapport. Celui-ci exprimant la nécessité «d'offrir des services de santé complets, universels et parrainés par le gouvernement à travers le pays». La commission suggérait également au gouvernement en poste à Ottawa de conclure des ententes avec les provinces afin de répartir les frais relatifs à l'éventuelle implantation d'un régime correspondant.

Les recommandations de la commission Hall et du comité Boucher ne tardèrent pas à trouver écho auprès des dirigeants politiques en poste. À Ottawa, le gouvernement minoritaire de Lester B. Pearson, désireux de poursuivre les réformes amorcées par l'implantation du régime d'assurance hospitalisation à travers le pays, mit en place en 1966 un programme d'assurance maladie à frais partagés avec les provinces qui prévoyait l'accès gratuit et universel aux services médicaux. Afin de convaincre les provinces du bien-fondé de son initiative, il entreprit avec elles des négociations avec comme objectif que la loi entre en vigueur le 1er juillet 1968.

Désireux d'assurer son autonomie dans le domaine de la santé, le gouvernement de l'Union nationale de Daniel Johnson père, qui venait de défaire le Parti libéral à Québec, refusa d'adhérer à ce nouveau programme. Question de gagner du temps, il instaura plutôt, la même année, la Commission d'enquête sur la santé et le bien-être social afin de dresser un bilan de la situation au Québec et, éventuellement, de mettre en place un programme d'assurance maladie spécifique à la «Belle Province». Claude Castonguay, celui-là même qui avait dirigé le Comité d'étude sur l'assistance publique, fut nommé à la direction de cette nouvelle commission d'enquête.

À peine un an plus tard, au moment où Expo 67 battait son plein, le comité Castonguay déposa le premier volume de son rapport recommandant spécifiquement la mise en place d'un régime d'assurance maladie universel et gratuit pour tous les résidents du Québec. Le premier ministre Johnson, plutôt enclin à limiter le soutien de l'État aux plus démunis, se laissa tirer l'oreille. Mais devant les pressions de l'opinion publique et des députés de l'opposition, il finit par déposer à l'Assemblée nationale le projet de loi n° 8, portant sur la mise en place d'un régime d'assurance maladie qui épousait les grandes lignes du rapport Castonguay et respectait les conditions fixées par Ottawa. Le projet mourut toutefois rapidement au feuilleton puisque, échéancier électoral oblige, le Parlement fut dissous quelques jours plus tard.

Pendant ce temps à Ottawa, la Loi canadienne sur les soins de santé entra en vigueur, comme prévu, le 1er juillet 1968, au lendemain de l'arrivée au pouvoir de Pierre Elliott Trudeau. Une fois de plus, alors que les autres provinces canadiennes s'apprêtaient à adhérer une à une au plan que proposait le fédéral, le Québec choisissait de faire bande à part en s'installant sur la voie de service.

Naissance planifiée

Depuis le début des travaux du Comité d'étude sur l'assistance publique, qu'avait présidé le juge Émile J. Boucher, nous savions que la réforme qui s'annonçait au Québec allait largement déborder le cadre de la santé pour tenir compte de l'ensemble des besoins que pouvaient éprouver des individus lorsqu'ils se retrouvaient dans des situations précaires. En recommandant l'adoption d'une loi unique d'aide sociale, il devenait évident que l'on se dirigeait à plus ou moins long terme vers une universalisation des soins de santé et, par conséquent, vers un éventuel partenariat de l'État québécois avec les pharmaciens professionnels de la province.

Le régime d'assurance maladie gratuit et universel était à nos portes et son éventuelle instauration, en rendant accessible à tous l'accès à un médecin, allait par conséquent augmenter sensiblement l'achalandage dans nos pharmacies. Dans cette perspective, si nous voulions sauter dans le train des changements qui se préparaient, il nous fallait réagir rapidement. Restait à voir de quelle façon s'y prendre.

Comment, dans les circonstances, ne pas me rappeler la remarque que m'avait servie mon client monsieur Tremblay. C'est lui qui m'avait déjà indiqué la voie à emprunter lorsqu'il m'avait demandé s'il était trop pauvre pour bénéficier d'un escompte. Le message que sous-tendait sa désolation, c'est que la croissance de nos établissements commerciaux reposait désormais sur les incitatifs que nous allions accorder à tous ses semblables pour qu'ils nous gratifient de leur commerce.

Il y avait bien les Farmaterias qui connaissaient un certain succès. Mais nous constations que le concept ne répondait qu'en partie aux désirs exprimés ou nourris par la clientèle. C'est que les clients, désireux de réaliser de réelles économies, se montraient agacés d'avoir à se présenter à deux endroits distincts, et parfois distants, afin de se procurer tout ce dont ils avaient besoin en matière de santé, d'hygiène et de beauté. Un premier, la pharmacie traditionnelle, afin de faire exécuter leurs ordonnances médicales, et un second, les Farmaterias, afin de se procurer les produits qui allaient se retrouver dans leur salle de bain, leur armoire à pharmacie ou leur trousse de maquillage.

En rapprochant nos expériences quotidiennes des perspectives de changement qui s'annonçaient, il est devenu évident, pour Louis Michaud comme pour moi, que la seule formule susceptible de fidéliser notre clientèle et de répondre à l'éventuelle explosion de la demande consistait à appliquer le concept de magasin à escomptes à nos pharmacies traditionnelles et à intégrer les deux approches en une seule et même offre. Une proposition inédite qui revisiterait complètement le concept de la pharmacie telle que nous l'avions connue jusqu'à ce jour. Pour ce faire, nous avons d'abord pensé transformer nos Farmaterias de façon qu'elles deviennent ces pharmacies nouveau genre. Mais nous avons rapidement écarté cette option, car celles-ci ne possédaient pas l'espace et l'emplacement requis pour répondre aux exigences d'un concept aussi novateur.

Nous inspirant des expériences cumulées dans nos établissements traditionnels ainsi que de celles acquises dans les Farmaterias, Louis Michaud et moi avons finalement esquissé les contours de ce qui allait devenir les premières Pharm-escomptes Jean Coutu : de vastes espaces, impeccablement propres et abondamment éclairés, où toute la marchandise – à l'exception des médicaments vendus sur ordonnance – serait offerte en quantité et disposée de façon qu'elle se retrouve à portée de main des clients. L'officine des pharmaciens serait située tout au fond du commerce, afin que tous ceux et celles qui allaient pénétrer et circuler dans nos établissements puissent constater les avantages qu'ils auraient à faire leurs achats chez nous. Il s'agirait de commerces attrayants et conviviaux où tous les messieurs Tremblay de la province aimeraient se retrouver et seraient en mesure de bénéficier des meilleurs prix en ville.

Mais pour ce faire, il nous fallait augmenter très sensiblement notre volume de ventes afin d'obtenir des conditions d'approvisionnement plus avantageuses que toutes celles qui étaient offertes à nos compétiteurs. Heureusement, grâce à la saine gestion que Masse et de Bellefeuille avaient assurée à l'ensemble du réseau des Farmaterias, nous jouissions d'un excellent dossier de crédit auprès de nos fournisseurs. Nous étions convaincus qu'ils allaient se montrer accommodants le jour où nous mettrions notre projet à exécution. Pour ce qui est des clients qui nous faisaient déjà confiance, nous avions le ferme sentiment qu'ils n'hésiteraient pas à nous suivre dans cette nouvelle aventure. Dans la mesure, bien évidemment, où nous allions leur assurer le même service rapide et courtois. Ce qui ne présentait pas de problème puisque, pour nous, il n'était pas question de faire quelque concession que ce soit à cet égard.

En matière de disponibilité requise et d'investissement nécessaire, ce projet se différenciait en tous points de ce que nous avions réalisé jusque-là. Louis Michaud et moi avons donc dû faire certains choix afin de pouvoir nous y consacrer entièrement. Nous avons d'abord annoncé notre démission de l'Association professionnelle des pharmaciens du Québec. Question d'agir en toute transparence avec nos collègues, nous avons même clairement affiché nos intentions. « Vous allez vous casser le nez », nous ont dit plusieurs, offusqués à l'idée de voir la noble profession de pharmacien « profanée » par des initiatives aussi mercantiles.

Puis dans un second temps, nous avons décidé de liquider les Farmaterias, Jacques Masse et Gilles de Bellefeuille en conservant chacun une, question de ne pas se retrouver Gros-Jean comme devant dans l'éventualité où le concept de pharmacie à escomptes ne connaîtrait pas le succès espéré. Comme il s'agissait de deux hommes de confiance avec qui nous avions entretenu une longue habitude de travail, Louis Michaud et moi avons décidé de leur confier la gestion quotidienne des établissements qui allaient naître du nouveau concept que nous étions en train d'élaborer.

Grâce au fruit de la vente des Farmaterias, nous avons réussi à rassembler le capital nécessaire pour la réalisation de ce que nous considérions être comme le projet de notre vie. En y ajoutant nos petites économies, il nous était ainsi possible de conserver nos pharmacies de quartier, c'est-à-dire celle que Louis Michaud possédait au coin des rues Barclay et Côte-des-Neiges ainsi que celle qu'il exploitait au sein de la Clinique médicale Saint-Laurent. Et il en était de même des miennes sises au coin des rues Aird et Sainte-Catherine, Frontenac et Hochelaga, en plus de celle de la Clinique médicale de l'Est.

Ainsi, en ce tout début d'année 1969, qui allait voir, pour la première fois, un homme débarquer sur la Lune et des voyageurs monter dans des avions qui se déplaçaient à la vitesse du son, Louis Michaud et moi nous préparions à mettre sur pied un concept de pharmacie qui était tout aussi original qu'ambitieux. Il restait maintenant à trouver l'endroit et le moment.

Shopping profitable

Comme il s'agissait d'une formule qui s'adressait à une large clientèle, nous souhaitions éprouver prioritairement le concept dans un milieu populaire. Or mon épouse, originaire tout comme moi des quartiers est de la métropole, avait conservé, malgré le fait que nous habitions aux limites ouest de la ville depuis quelques années, certaines de ses habitudes sur le Plateau-Mont-Royal. À cette période, le profil des résidents était en train de se transformer assez singulièrement, passant de celui d'ouvriers et de cols bleus à celui de professionnels et de cols blancs. Au cours des années soixante, des aménagements avaient été apportés à l'avenue du Mont-Royal afin de la transformer en un axe routier d'importance. En plus d'avoir été élargie et repavée, on y avait construit, tout juste en retrait de la populaire rue Saint-Denis, la station de métro Mont-Royal qui allait devenir une des plus fréquentées du réseau. Beaucoup de gens se plaisaient même à qualifier cette avenue de « deuxième rue Sainte-Catherine ».

Marcelle retournait assez régulièrement dans le quartier où l'on retrouvait, entre autres, le populaire magasin à rayons L.N. Messier. Cet endroit, qui était considéré comme le Dupuis Frères du Plateau, attirait passablement de clients grâce à ses campagnes promotionnelles accrocheuses. Certains se souviendront peut-être de sa célèbre vente de voitures Mini Austin 850 pour 850 $. Afin de s'assurer que ses initiatives commerciales portent le coup, le fréquenté commerce avait requis les services du populaire et apprécié annonceur Roger Baulu – le Yves Corbeil de l'époque – à titre de porte-parole officiel. Quand il était question d'attirer la clientèle et de faire sonner les tiroirs-caisses, L.N. Messier n'avait pas d'équivalent en matière d'idées originales.

Intéressée au premier plan par les projets que mon partenaire Michaud et moi nourrissions, Marcelle avait attiré mon attention sur les nombreuses transformations qui avaient été apportées dans le quartier au fil des ans. Appelés à desservir une clientèle un peu plus fortunée, quantité de commerces s'étaient installés au rez-de-chaussée des bâtiments à logements qui longeaient l'avenue. Et dans les nombreuses petites rues parallèles s'entassaient les unes contre les autres des maisons résidentielles de trois étages où logeaient des familles qui pouvaient compter de quatre à dix personnes. Chacune des habitations s'étendant sur quelque vingt-cinq pieds de façade, Marcelle et moi en étions venus à déduire, en présumant qu'il s'y trouvait l'équivalent d'une personne au pied courant, que le quartier comptait approximativement une centaine de milliers de personnes. Notre recherche s'est donc concentrée dans ce secteur. C'est finalement au coin des rues Garnier et Mont-Royal que nous avons trouvé des locaux suffisamment grands pour y installer le type de pharmacie auquel nous songions.

En pénétrant dans les locaux laissés vacants par le locataire précédent, nous avons mesuré toute l'ampleur du projet que nous nous apprêtions à concrétiser. Nous disposions de 5000 pieds carrés pour installer de la marchandise, ce qui était sans commune mesure avec les 1200 que faisait mon petit établissement de la rue Sainte-Catherine ou les 2500 pieds qu'occupaient en moyenne les pharmacies de quartier les plus spacieuses. Seules la Pharmacie Montréal, avec ses 5000 pieds carrés par étage, et la plus récente des Pharmacies Cloutier, avec ses 8000, présentaient une superficie supérieure.

Il fallait maintenant nous procurer les stocks nécessaires pour occuper cet espace. Les pharmacies que j'avais possédées jusqu'à ce moment logeaient des marchandises d'une valeur pouvant varier de vingt-cinq à quarante mille dollars. Or, lorsque nous avons procédé à l'évaluation de nos besoins en fournitures de toutes sortes, le montant totalisait plus de deux cent quarante mille dollars. Il a donc fallu nous montrer astucieux afin de concevoir des étalages qui rendent cette marchandise accessible à la clientèle tout en ne s'écrasant pas sous le poids qu'ils devaient supporter.

Nous nous sommes également assurés que l'éclairage mette bien en évidence l'ensemble des articles offerts et que tout l'espace, des plus petits recoins aux plus vastes comptoirs, soit d'une propreté exemplaire. J'estimais en effet que, en tant que spécialistes de la santé, nous ne pouvions nous permettre quelque faille que ce soit de ce côté. Notre intention était de devenir un modèle de référence tout autant dans le domaine de la santé que dans l'univers du commerce au détail. C'est pour cette raison que nous n'avons pas lésiné sur les moyens à mettre en place et que nous avons sensibilisé nos employés à cet aspect afin qu'ils y portent une attention toute particulière.

Pari gagné

La date d'ouverture officielle fut arrêtée au 2 juin. Afin de nous assurer que toute la ville soit informée de l'événement que nous voulions créer, nous avons tôt fait de réserver des espaces publicitaires dans l'hebdo de quartier. Nous avons fait de même dans le populaire *Dimanche-Matin* qui, à ce moment-là, était le seul journal publié en ce premier jour de la semaine. Et comme il appartenait à Jacques Francoeur, un ami de la famille, je me suis empressé de communiquer avec lui afin de réserver la toute dernière page, la deuxième plus consultée de chacun des numéros. «Tu es chanceux, me dit-il, l'annonceur qui avait l'habitude d'occuper l'espace vient tout juste de se désister. Si tu la veux, elle est à toi pour deux cents dollars.»

C'est avec une fébrilité sans nom que nous nous sommes affairés à la préparation de l'annonce en question. Nous voulions porter un grand coup de façon que tout le monde perçoive clairement nos intentions. Non seulement proposions-nous des soldes encore jamais vus, mais nous poussions l'audace jusqu'à étiqueter certains articles de montants à peine plus élevés que leur prix coûtant. Et comme nous voulions que les aubaines s'appliquent à tous les produits, nous avons même étendu notre offre aux médicaments vendus sous ordonnance en adoptant un slogan publicitaire qui relevait tout autant de la témérité que de la stratégie marketing : *Nous ne sommes pas gourmands ; 99 sous, c'est suffisant !*

Nous voulions ainsi signifier à notre clientèle que seulement quatre-vingt-dix-neuf cents étaient ajoutés au prix coûtant de chacune des ordonnances qui étaient exécutées chez nous. Ce qui ne manquait pas de conforter ceux et celles qui étaient des habitués de nos pharmacies de quartier et d'ébranler les autres qui découvraient qui nous étions à travers cette offensive publicitaire. Enfin, en choisissant le nom de commerce « Pharm-escomptes Jean Coutu », nous profitions indirectement, sans pour autant faire de fausse représentation, de la popularité et de la notoriété du comédien bien connu qui incarnait à cette période le personnage du Survenant dans la populaire série télévisée du même nom.

Il n'en fallut pas plus pour que les collègues, tenants de l'orthodoxie, grimpent aux barricades. « Avec des prix comme ceux-là, jamais il ne pourra tenir le coup », murmuraient certains en parcourant le journal ou en observant les prix affichés en vitrine. « Ce ne sera pas long avant que l'on assiste à la fermeture », chuchotaient d'autres, en imaginant que leurs propos ne me seraient pas rapportés, « il ne pourra jamais faire ses frais avec des marges aussi minces. »

Leurs observations auraient pu s'avérer à-propos dans un contexte d'exploitation restreinte comme c'était le cas pour une petite pharmacie de quartier. Mais avec le type de commerce que nous étions en train de créer, toutes les données se trouvaient chamboulées. En augmentant très sensiblement notre volume de ventes, il nous devenait ainsi possible de négocier des prix d'approvisionnement particulièrement avantageux auprès de nos fournisseurs. La viabilité du concept des pharmacies à escomptes ne reposait donc plus uniquement, contrairement à la façon de faire traditionnelle, sur la capacité de payer de la clientèle, mais plutôt sur notre aptitude à faire rouler les stocks en magasin.

J'étais parfaitement conscient que cette méthode n'allait pas m'attirer de nouveaux amis à l'intérieur des cercles professionnels. Mais là n'était pas mon intention. Je voulais surtout faire contrepoids à l'arbitraire mentalité que beaucoup de pharmaciens avaient entretenue au cours des ans, à savoir que la société leur devait reconnaissance à cause du rôle essentiel qu'ils jouaient dans le maintien de la santé de la population de même qu'en raison des connaissances particulières, sinon insaisissables, qu'ils avaient acquises. Selon moi, la nature même de la profession plaçait le pharmacien au service des gens, et non le contraire. Je ne voulais pas partir en croisade à ce propos, mais je tenais cependant à ce que nos établissements reflètent clairement cette approche que Louis Michaud et moi préconisions.

Et le temps allait rapidement nous donner raison. Le lundi 2 juin 1969, dès 8 h 30 le matin, le monde attendait en file en face de la pharmacie. On se pressait de part et d'autre pour s'assurer d'être parmi les premiers à pouvoir pénétrer à l'intérieur. J'avais eu beau me montrer confiant, j'arrivais à peine à croire ce que je voyais. La réaction de la clientèle dépassa tous les espoirs que j'avais pu nourrir. L'affluence s'est maintenue de la sorte toute la journée. Louis Michaud et moi avons passé le plus clair de notre temps à contrôler les mouvements de la foule, laissant entrer un nombre de personnes équivalent à celui qui sortait. Les réactions allaient de la stupéfaction – « C'est absolument incroyable ; je n'ai jamais vu d'aussi bas prix ! » – à l'incrédulité – « Ça ne se peut pas ; ça doit être du stock volé ! »

Contrairement à ce que nous avions connu avec les Farmaterias, le phénomène ne s'est pas estompé avec le temps. Il s'est poursuivi à ce rythme pendant des jours, voire des mois. Comme le journal *Dimanche-Matin* était distribué dans tous les quartiers de la ville et ailleurs en province, les gens se sont mis à venir de partout au Québec. Peu importe l'heure du jour, la pharmacie était toujours bondée de monde. Plusieurs des clients qui se présentaient arrivaient avec la liste de leur sœur, de leur belle-mère ou de leur voisine. De l'ouverture à la fermeture, les gens faisaient la queue aux six caisses enregistreuses que nous maintenions en fonction sans arrêt. Un phénomène qui, en plus de nourrir les cancans du quartier, faisait l'objet de reportages dans les médias. Le jeudi et le vendredi, jours traditionnels de paie, Louis Michaud et moi devions reprendre le contrôle de la foule à compter de 17 h. Afin de remercier les gens de leur patience, nous avions installé en permanence sur le trottoir une petite table où nous offrions le café gratuitement.

Mais notre popularité n'a pas tardé à nous mériter les avertissements du service des incendies de la Ville de Montréal. Lors d'une visite de routine, les inspecteurs avaient en effet remarqué, en se rendant au sous-sol, que le plancher de l'étage commençait à ballonner à certains endroits. « Avec tout le poids de la marchandise sur les tablettes et le nombre de personnes qui se retrouvent en même temps dans votre commerce, vous risquez un éventuel effondrement. Vous allez devoir renforcer le tout… » Nous avons donc fait installer une dizaine de poutres de soutènement aux endroits stratégiques, question de nous assurer que nos clients ne risquent pas de se blesser en effectuant leurs achats.

Ainsi, en moins d'un an, nous avons décuplé le chiffre d'affaires que Louis Michaud et moi réalisions dans nos pharmacies de quartier. Les revenus de ce nouvel établissement étaient équivalents à ceux d'un magasin à rayons. Grâce au volume de ventes généré et aux marges bénéficiaires que nous dégagions à partir de nos approvisionnements en quantité, il devenait possible de réaliser des bénéfices supérieurs à ce qui se faisait dans le milieu. Cela confirmait notre intuition de départ et laissait nos détracteurs en déficit d'argumentation. Notre succès n'était pas tributaire de savantes études de marché, mais plutôt du flair avec lequel nous avions perçu les tendances qui se dessinaient.

L'air du temps

En fait, tout était une question de synchronisme. Louis Michaud et moi avons été en mesure d'apporter la bonne réponse – les pharmacies à escomptes – à la bonne question – « Monsieur Coutu, suis-je trop pauvre pour pouvoir bénéficier d'un escompte ? » Et tout cela, au bon moment. Le 13 juin, à peine onze jours après l'ouverture de la première pharm-escomptes, l'Assemblée nationale sanctionnait le projet de loi créant la Régie de l'assurance maladie du Québec. Nous aurions cherché à être en parfaite concordance avec les événements d'actualité que nous n'aurions pas mieux réussi.

En plus d'avoir apporté un élément de nouveauté, nous étions parvenus, par nos observations et nos réflexions, à devancer les désidératas de la clientèle. Ce que plusieurs avaient qualifié de témérité relevait plutôt de la perspicacité. C'est ce que je me plais aujourd'hui à rappeler à ceux qui veulent savoir s'il existe une recette du succès en affaires. S'il est un secret, c'est celui d'apprendre à toujours avoir un pas d'avance sur ce qui vient, de façon à bien saisir les tendances qui se dessinent. Mais il faut aussi faire attention de ne pas trop se projeter dans le temps, car cela risque d'être aussi néfaste que d'accuser du retard. C'est pour cette raison que certains savent tirer avantage d'un bon positionnement alors que d'autres se cassent littéralement le nez.

C'est entre autres le cas de l'ancien constructeur automobile américain Hudson Motor Car. Fondée au début du siècle dernier, l'entreprise avait comme ambition de gagner les faveurs d'une clientèle populaire en offrant des modèles dont le prix de détail ne franchirait pas la barre psychologique des mille dollars. La formule semblait visiblement répondre aux attentes puisque, à sa première année d'activité, l'entreprise en vendit 4000 unités. Ce qui, en 1909, représentait un véritable phénomène de vente !

Désireux de poursuivre sur sa lancée, le constructeur ne cessa d'innover afin d'augmenter l'avance qu'il prenait sur la compétition :

freins hydrauliques, levier de changement de vitesse monté sur la colonne de direction, suspension plus souple, etc. Si bien qu'en 1929, avec des ventes combinées de 300 000 unités, la compagnie se classait au troisième rang des constructeurs automobiles, tout juste derrière Ford et Chrysler.

Croyant que sa capacité à flairer les tendances du marché la mènerait encore plus loin, l'entreprise se lança alors dans la production de modèles compacts moins énergivores, un segment du marché complètement ignoré par les grands constructeurs. Ce faisant, elle signa son arrêt de mort. Après avoir vendu 21 000 unités de son nouveau modèle l'année de son lancement, elle ne réussit qu'à trouver 14 preneurs l'année suivante. Elle dut fermer ses portes dans les mois qui suivirent lorsqu'elle a été rachetée par son principal compétiteur... de voitures compactes!

L'erreur d'Hudson Motor Car aura été d'avoir été un peu trop en avant de son temps à une étape précise de son évolution. C'est qu'au début des années cinquante, au moment où la compagnie a lancé son modèle économique, ce segment de marché était, à toutes fins utiles, inexistant. C'était l'époque où le prix de l'essence – vendu à peine quelques sous le litre – favorisait l'usage des gros modèles de voitures dont une simple accélération était en mesure, comme on le disait dans le temps, « de faire voler les trente sous par le tuyau d'échappement ».

À l'époque où le *standing* social se mesurait encore à la grosseur de la voiture que l'on possédait, l'idée du constructeur américain était vraiment déphasée par rapport aux tendances du marché. Si cette même compagnie avait attendu les premiers chocs pétroliers des années soixante-dix pour prendre une telle initiative, elle aurait pu s'accaparer d'un marché prometteur tout en passant pour une entreprise visionnaire et d'avant-garde. Mais en se compromettant vingt ans trop tôt, elle s'est fait hara-kiri. C'est pour cette raison que je dis qu'il faut toujours être en avant de son temps, mais pas trop, juste assez. Et, évidemment, jamais en arrière puisque, ce faisant, on se place soi-même en retrait de ceux qui marquent le pas.

Voilà tout un défi pour nos jeunes entrepreneurs. À l'heure où les téléphones intelligents nous branchent en temps réel à tout ce qui se passe sur la planète, il sera intéressant de constater de quelle façon les plus perspicaces seront en mesure de faire une lecture éclairée des tendances qui se dessinent dans les différents domaines de l'activité sociale et économique du 21ᵉ siècle. À l'âge respectable que j'ai atteint, je ne serai peut-être pas en mesure de constater de quelle façon les plus clairvoyants et les plus intuitifs se démarqueront. C'est bien là un des rares regrets que je nourris.

Inévitables changements

Pour ce qui est du concept que nous venions d'instituer sur l'avenue du Mont-Royal, il se situait certes loin du modèle traditionnel cité en exemple au sein du Collège des pharmaciens et dans les facultés de pharmacie de nos universités. Il était cependant en phase avec les habitudes de consommation des Nord-Américains qui privilégient avant toute chose le prix et l'accessibilité d'un produit. En ce sens, ceux-ci se distinguent singulièrement des consommateurs européens qui, eux, accordent une grande importance à l'image de marque d'un bien de consommation. C'est d'ailleurs pour cette raison qu'ils se montrent généralement disposés à payer le prix pour un produit qui affiche une signature célèbre ou un logo reconnu. Ce n'est pas l'effet du hasard si la France est le royaume des *labels* de prestige.

À la recherche de produits de grande utilité et faciles d'accès, les gens d'ici sont beaucoup plus sensibles aux prix et à la gamme de choix qui leur est offerte. Donc, de chercher à les attirer avec des prix avantageux n'a rien de racoleur ou de mesquin ; il s'agit plutôt d'un sain rapport d'offre et de demande. Il ne faut jamais oublier que la pratique de la pharmacie est, et demeurera toujours, un commerce tout autant qu'une profession ; avec tous les avantages et toutes les contraintes que l'exercice comporte.

Par ailleurs, le contexte dans lequel se retrouvait la profession à la fin des années soixante nous obligeait à pousser plus loin notre réflexion. Avec l'essor constant de l'industrie pharmaceutique, il était devenu évident que le temps où nous avions à préparer nous-mêmes des médicaments – toniques, sirops et pommades – était définitivement révolu. Déjà à l'époque, les tablettes de nos laboratoires se dégarnissaient des flacons et des creusets servant aux préparations artisanales pour faire place aux armoires de rangement destinées aux arrivages grandissants de médicaments à composantes chimiques que produisaient en série les grands laboratoires européens ou nord-américains.

Par conséquent, il devenait de plus en plus difficile de nous faire reconnaître pour notre expertise et notre savoir-faire particuliers. Si, jusque-là, le client s'était montré disposé à débourser le petit supplément que nous ajoutions à nos mixtures pour couvrir nos frais professionnels, il n'allait certes pas se montrer aussi conciliant lorsqu'il nous resterait qu'à mesurer la quantité de liquide ou à faire le décompte du nombre de comprimés requis par l'ordonnance que le médecin lui avait remise. Comment l'en blâmer? Il n'y avait effectivement pas un pharmacien qui savait compter mieux ou plus rapidement qu'un autre.

Il en était de même des produits en vente libre – Tylenol, Band-Aid, Vaseline et autres du genre – qui n'étaient pas meilleurs parce qu'ils étaient offerts sous une enseigne plutôt qu'une autre. Seuls les prix affichés allaient convaincre les clients de porter leur choix sur un établissement particulier. Le même principe allait s'appliquer aux médicaments vendus sous ordonnance, dont les prix ne seront fixés par l'État qu'avec l'arrivée, au cours des années quatre-vingt-dix, de l'assurance médicaments. L'espace de manœuvre des pharmaciens propriétaires allait désormais dépendre uniquement de la marge bénéficiaire qu'ils arriveraient à dégager entre les conditions d'approvisionnement obtenues de leurs fournisseurs et les prix proposés à leurs clients. Le secret de la réussite résidait par conséquent dans l'accroissement particulièrement significatif de leur volume de ventes.

L'avenir n'était plus aux pharmacies de quartier, mais bien aux grandes surfaces à escomptes. Notre première initiative en ce sens s'était montrée clairement concluante. Il n'y a donc pas à s'étonner que nous nous soyons graduellement désintéressés de nos établissements traditionnels pour nous concentrer sur ce nouveau défi. D'autant que le concept commençait à faire ses adeptes. De plus en plus de collègues, d'un peu partout au Québec, venaient en effet nous trouver en exprimant le désir de se joindre à nous. Ce qui accentuait l'urgence d'accélérer le petit pas d'avance que nous avions pris sur la concurrence si nous ne voulions pas nous faire damer le pion.

État, tiers payeur

C'était d'autant plus impérieux qu'à la même période l'univers de la santé au Québec continuait de subir de profondes transformations. Les libéraux de Robert Bourassa, qui avaient pris le pouvoir lors des élections du 29 avril 1970, s'empressèrent d'inscrire le projet de loi – portant sur la mise en place d'un régime d'assurance maladie – au feuilleton de l'Assemblée nationale du Québec. Claude Castonguay, celui-là même qui avait présidé les destinées de la Commission royale d'enquête sur la santé et le bien-être social, fut nommé ministre de la Santé et des Services sociaux après s'être fait élire dans le comté de Louis-Hébert. Dès son arrivée au cabinet, il s'appliqua à faire adopter la Loi de l'assurance maladie et à mettre en place la panoplie de réformes correspondant aux recommandations qu'il avait formulées dans ses rapports.

Ces changements radicaux et rapides allaient profondément transformer le paysage de la santé au Québec. La gratuité et l'universalité du système offraient désormais la possibilité à tous les Québécois d'accéder aux services d'un médecin sans égard à leurs revenus. Une mesure qui, bien qu'ayant obtenu l'appui de la majorité de la population, fit l'objet d'une forte résistance de la part des médecins spécialistes. Ceux-ci sont même allés jusqu'à recourir à la grève afin de manifester leur opposition. Seule la promulgation de la Loi sur les mesures de guerre, le 1er novembre 1970, à la suite de l'enlèvement d'un diplomate britannique et d'un ministre du cabinet Bourassa – le jour même de l'entrée en vigueur du régime d'assurance maladie –, eut raison de leur résistance et permit l'instauration des nouveaux services.

Ainsi, au moment où la province vivait une des pires crises sociales et politiques de son histoire, plus de quatre millions de Québécois et de Québécoises se retrouvaient inscrits au régime et 10 000 médecins se voyaient désormais rémunérés par la Régie de l'assurance maladie du Québec. Cette dernière a d'ailleurs eu à gérer plus de dix-sept millions de demandes de paiement au cours de la première année de fonctionnement. En démocratisant ainsi l'accès aux soins de santé, il ne fallait pas être devin pour prévoir que la consommation de médicaments des Québécois et des Québécoises s'accroîtrait sensiblement et rapidement au cours des années qui allaient suivre.

Dire que l'année 1970 s'est avérée riche en changements de toutes sortes s'avère un euphémisme. La trajectoire qu'avait empruntée la santé au Québec avait toutes les allures d'un lancement en orbite. Et avant que ne se termine cette année, nous complétions la fusion amorcée en janvier de l'Association des pharmaciens détaillants de Montréal et de la province de Québec (APDMQ) et de l'Association professionnelle des pharmaciens du Québec (APPQ) – que j'avais mise sur pied quelques années auparavant – sous l'appellation unique d'Association québécoise des pharmaciens propriétaires (AQPP).

Il s'agissait d'une initiative nécessaire, car, avec les perspectives de changement qui se dessinaient, nous savions pertinemment que, tout comme nos collègues médecins, nous allions de plus en plus être appelés à réclamer à l'État les frais professionnels engagés par la mise en place progressive des différents programmes d'assistance publique. Cela allait d'ailleurs débuter dès l'année suivante, en 1971, alors que le gouvernement du Québec instituait une loi qui assurait le remboursement des frais de médicaments pour les personnes âgées et les assistés sociaux.

Au feu !

C'est un événement beaucoup plus spectaculaire qui allait mobiliser nos énergies en ce début d'année 1971. Le 4 mars – alors que le premier ministre du pays, Pierre Elliott Trudeau, convolait en justes noces avec Margaret Sinclair sous le soleil de Vancouver – s'abattait sur Montréal ce qui a alors été qualifié de « tempête du siècle ». Balayant tout sur leur passage, des vents de plus de cent kilomètres-heure endommagèrent les installations électriques, privant de service des milliers d'abonnés pendant plusieurs jours. Plus de 42 centimètres de neige s'étaient accumulés sur la métropole en moins de sept heures ; à la fin de la tempête, on en comptait plus de soixante. La ville fut pratiquement paralysée pendant pas moins de quatre jours. Les bancs de neige s'élevaient jusqu'au deuxième étage des maisons. Seuls les motoneigistes et les skieurs arrivaient à se déplacer librement.

Comme cette fameuse tempête a rapidement paralysé toute activité, nous en avons profité, au lieu de fermer nos portes, pour effectuer un grand ménage de l'établissement et préparer une vente d'après-tempête. Depuis bientôt deux ans que notre pharmacie à escomptes de l'avenue du Mont-Royal était en activité, la popularité de la formule nous avait à peine laissé le temps de renouveler les stocks en magasin et de parer aux demandes les plus pressantes. La majorité de nos employés habitant dans le quartier et les environs, nous avons pu procéder rapidement et ainsi redonner à notre établissement l'air de jeunesse qu'il avait lors de son ouverture. À la fin de la seconde journée, en compagnie de

Michaud, Masse et de Bellefeuille, je jetai un coup d'œil avec fierté sur le travail réalisé en imaginant déjà la bousculade qui prendrait place lorsque les gens se verraient informés des aubaines que nous leur avions préparées. Mais la vie nous réserve parfois quelques surprises…

Voilà qu'à deux heures de la nuit je reçois un appel téléphonique m'informant que la pharmacie est en proie à un incendie. Malgré les difficultés à circuler, je me rendis aussitôt sur place pour constater l'ampleur des flammes. Celles-ci se projetaient à plus de dix mètres dans les airs. Le feu s'était transmis à l'ensemble de l'établissement. À constater la vitesse avec laquelle le brasier se propageait, il ne faisait aucun doute que nous étions pour accuser des pertes considérables. Je n'eus d'autre choix que de me rendre à l'évidence et de laisser les experts en sinistre fermer les lieux de façon sécuritaire. Ceux-ci allaient plus tard nous apprendre qu'un sèche-cheveux, demeuré branché dans le salon de coiffure qui prenait place à l'étage, était à l'origine de l'incendie.

Devant l'ampleur des dégâts, il nous a fallu prendre des décisions rapides. Heureusement, nos biens faisaient l'objet d'excellentes protections ; même nos profits étaient assurés. Et comme ils s'avéraient passablement élevés depuis l'ouverture, nous avons pu nous appuyer sur cette protection pour mettre en confiance nos employés quant au sort réservé à leurs jobs. «Tout le monde va continuer de recevoir son salaire, leur dis-je, mais vous allez devoir mettre l'épaule à la roue afin que nous puissions reprendre nos activités le plus rapidement possible.»

Après consultation avec mes partenaires, nous avons décidé, en accord avec notre assureur, de recouvrer tous les stocks qui étaient récupérables. Nous avons travaillé vingt-quatre heures sur vingt-quatre, sept jours par semaine. Tous les produits encore utilisables ont été nettoyés un à un et étiquetés par catégories : A pour ceux qui n'étaient pas du tout abîmés ; B pour ceux qui ne l'étaient que légèrement ; C pour ceux qui avaient été plus lourdement endommagés par l'eau ou la fumée, mais qui pouvaient toujours être utilisés ou consommés. En l'espace de dix jours, nous avions ainsi fait le décompte complet de tout ce qui n'avait pas été ravagé par les flammes. Impressionnés par le travail réalisé, les représentants de la compagnie d'assurances répondirent à notre initiative en faisant montre à leur tour d'une collaboration empressée afin que les indemnités nous soient versées le plus rapidement possible.

Prévus s'étendre sur une période de trois mois, les travaux de réfection ont été complétés en moins de dix semaines. Comme la nouvelle disposition des lieux nous permettait d'entasser encore plus de marchandise, nous n'avons pas lésiné pour augmenter les quantités et diversifier le choix. De 240 000 $ en stock que nous avions l'habitude de maintenir sur nos tablettes, nous sommes passés à près de 400 000 $. Et nous avons lancé une offensive publicitaire sans précédent sur les ondes de la radio et dans les pages des journaux. Étant donné que nous avions fait les manchettes lors de l'incendie, nous n'avons pas eu à nous expliquer longuement sur les raisons de notre fermeture temporaire de même que sur la hâte qui nous animait à l'idée de reprendre du service.

Alors que nous nous apprêtions à souligner le second anniversaire de l'ouverture initiale, nous avons accueilli nos clients dans des locaux entièrement réaménagés. En plus des rabais sur la marchandise régulière nouvellement arrivée, nous avions installé en des endroits stratégiques de la pharmacie de grandes tables de liquidation sur lesquelles nous avions déposé tous les produits qui n'avaient été que légèrement endommagés par l'eau et la fumée. Nous en avions récupéré une bonne quantité ; nous avons donc dû procéder par étapes. Cela a donné l'occasion à deux de nos gérantes d'expérience de mettre en place une opération qu'il était plus fréquent de retrouver dans le cadre d'une tombola qu'au sein d'une pharmacie : « Mesdames, messieurs, dans l'allée des produits hygiéniques, vous trouverez des tubes de pâte à dents – habituellement vendus 59 cents – au prix incroyable de neuf sous ! Hâtez-vous d'en profiter, l'offre se limite aux quantités disponibles sur les tables. » C'était la ruée à tout coup. La frénésie qui s'emparait des clients donnait à ce genre d'opération des allures de mise en vente de billets pour les séries éliminatoires de la coupe Stanley.

En quelques jours, nous avons écoulé presque tout le stock récupéré de l'incendie. Il ne restait que quelques articles épars qui n'avaient pas trouvé preneurs. Nous avons alors décidé de les offrir gracieusement en les déposant sur un présentoir improvisé, à l'extérieur, en face de la pharmacie. Mais la gratuité rendait les gens tellement suspicieux que plusieurs n'osaient se servir, alors que les quelques-uns qui se risquaient attendaient que personne ne les voie avant d'enfouir en toute hâte un de ces produits au fond de leur poche ou de leur sac à main.

Avec une offensive publicitaire et promotionnelle de la sorte lors de la réouverture, nous n'avons que renforcé le capital de sympathie que nous possédions déjà. Non seulement nos clients sont-ils revenus, mais ils se sont montrés encore plus enthousiastes qu'avant l'incendie. Même s'il s'agissait d'une épreuve dont nous nous serions passés, nous sommes finalement sortis grandis de cette mésaventure. Nous avons reçu un dédommagement appréciable de la part de nos assureurs, nous avons bénéficié de l'appui de nos fournisseurs lorsqu'est venu le temps de nous réapprovisionner et nous avons pu nous assurer la fidélité de nos employés.

Tout compte fait, les deux premières années de la pharmacie à escomptes de l'avenue du Mont-Royal se sont avérées une expérience comme on en vit une seule fois dans une vie. La bonne réponse à la bonne question au bon moment. Juste en avant de son temps, mais pas trop. Il s'agissait du concept qui donnait naissance à toute une chaîne qui allait marquer le pas pour les quarante années à venir dans l'univers de la pharmacie au Québec.

Concept étendu

Conscients de l'impact que nous avions créé auprès du grand public, nous nous sommes dit que nous ne pouvions en rester là. Il était vite devenu évident que notre superpharmacie de l'avenue du Mont-Royal ne pourrait répondre seule à la demande que nous avions suscitée. Et comme nous venions de faire la preuve qu'un établissement pharmaceutique peut très bien prendre un virage résolument commercial sans sacrifier quoi que ce soit à la qualité des services professionnels offerts, nous n'étions pas naïfs au point de croire que la compétition nous regarderait aller sans réagir. Nous nous doutions bien que, parmi ceux qui avaient annoncé notre faillite éventuelle lors de notre ouverture en juin 1969, il y en aurait pour reprendre la formule à leur compte et tenter de nous doubler à la sortie du virage que nous venions de prendre.

C'est pourquoi Masse, de Bellefeuille, Michaud et moi, nous avons décidé d'agir rapidement et d'ouvrir une seconde pharmacie à escomptes avant la fin de l'année. Puisqu'il s'agissait d'un concept populaire qui s'adressait au grand public, nous nous sommes dirigés du côté de Verdun en privilégiant toujours la même approche : publicité accrocheuse et répétée dans les médias locaux, heures d'ouverture prolongées et prix défiant toute concurrence.

L'accueil fut aussi enthousiaste que celui que nous avions reçu sur l'avenue du Mont-Royal. Il est alors devenu clair pour nous qu'un mouvement était lancé et que nous nous dirigions vers l'établissement d'une chaîne. Ce projet allant canaliser l'essentiel de nos préoccupations, nous avons donc décidé de nous départir progressivement de nos pharmacies de quartier. Louis Michaud a vendu à son partenaire Léopold Deneault la participation qu'il possédait dans sa pharmacie de la Clinique médicale Saint-Laurent. Pour ma part, j'ai fait de même avec la Clinique médicale de l'Est. Il s'agissait non seulement d'une décision d'affaires visant à concentrer nos efforts sur la nouvelle formule que nous étions en train de créer, mais également d'une obligation imposée par la

Loi sur la pharmacie qui exigeait qu'un pharmacien ne possède pas plus de trois établissements.

Convaincu tout comme moi que les pharmacies à escomptes représentaient la formule de l'avenir, Louis Michaud ne tarda pas à faire de sa grande pharmacie de la rue Barclay la troisième pharm-escomptes du groupe. L'événement prenait une signification particulière puisque, ce faisant, nous exportions le concept – populaire s'il en est un – dans un quartier reconnu pour son profil plutôt bourgeois. À notre grande satisfaction, l'impact fut le même. Ce qui démontre que la formule que nous avions mise de l'avant n'était pas que la résultante d'une volonté de gagner davantage de sous, mais qu'elle correspondait bel et bien à l'air du temps. Comme nous avions l'intention d'étendre le concept, nous avons confié la gérance de l'ensemble des établissements à Gilles de Bellefeuille, et Jacques Masse est devenu le coordonnateur responsable des ouvertures.

L'objectif que Louis Michaud et moi nous étions donné était désormais à portée de main. Tous les messieurs Tremblay de la province pourraient bientôt bénéficier des meilleurs prix en pharmacie, parce que nous étions pour les considérer désormais comme des clients privilégiés au même titre que tous les autres qui franchissaient nos portes...

CHAPITRE 9

De pharm-escomptes à chaîne

Avec l'essor que connaissaient les trois premières pharm-escomptes, il ne faisait plus de doute qu'un mouvement de fond était enclenché et que le concept était là pour demeurer. Signe incontestable de succès, de plus en plus de collègues pharmaciens – directeurs de chaînes existantes ou propriétaires d'établissements indépendants – s'inspiraient de nos méthodes en diversifiant la gamme des produits qu'ils offraient et en allongeant les heures d'ouverture de leurs établissements. Personne cependant n'était en mesure d'approcher notre politique de bas prix qui demeurait, avec notre service personnalisé, le fer de lance de notre stratégie commerciale.

D'autre part, si le Québec s'était engagé dans un important virage social-démocrate au cours des années soixante, ce sont les impératifs économiques qui allaient esquisser les nouvelles tendances qui se profilaient en ce début de décennie. En haussant de plus de 70 % le prix du baril de pétrole brut et en réduisant sensiblement la production, en réaction à l'occupation des territoires palestiniens par Israël, l'Organisation des pays exportateurs de pétrole provoquait une onde de choc qui allait modifier de façon importante le comportement des consommateurs. Cette situation provoqua une inflation des prix et entraîna une stagnation de l'activité économique. Un choc qui s'est avéré particulièrement brutal après les années de croissance rapide que nous avions connues à la suite de la Seconde Guerre mondiale.

Cette première grande crise du pétrole s'inscrivait en porte-à-faux avec le remodelage qui s'opérait dans nos agglomérations urbaines. En effet, chez nous comme partout ailleurs en Amérique, les années soixante-dix ont été marquées par le développement rapide des banlieues. Ce qui n'avait été jusque-là qu'exploitations agricoles ou terrains vagues se transformait progressivement en proprettes petites villes en mesure d'offrir tranquillité et espaces verts aux jeunes familles. En inscrivant à sa grille-horaire quotidienne une émission comme *Madame banlieue*, la radio de Radio-Canada traduisait bien l'importance que revêtait cette nouvelle réalité.

Par ailleurs, même si l'on notait une présence grandissante des femmes sur le marché du travail, une majorité de mères de famille demeurait encore à la maison. Et comme ce sont elles qui effectuaient l'essentiel des achats reliés aux besoins courants, elles sont vite devenues des cibles de choix pour les annonceurs. Ceux-ci n'hésitaient d'ailleurs pas à formater la publicité de leurs produits en fonction des nombreuses responsabilités qu'elles assumaient au sein de la famille. Ce sont là quelques aspects qui allaient grandement influencer la croissance de nos pharmacies. Non seulement allions-nous devoir tenir compte en priorité des nouvelles habitudes de ces banlieusardes, mais il nous faudrait bientôt penser à exporter le concept de pharmacies à escomptes en périphérie des grands centres urbains.

Bien que la crise de l'or noir nous ait appelés à la saine prudence en ce qui a trait à notre plan de développement, elle rendait cependant notre politique de prix plus pertinente que jamais. Il n'était pas nécessaire de recourir aux gourous du marketing pour deviner que les gens, en voyant leur pouvoir d'achat diminuer, chercheraient plus que jamais à tirer le maximum des sommes qu'ils engageaient pour se procurer des biens et services. Dans ce contexte, nous estimions que le concept que nous avions mis de l'avant faisait partie des solutions qui s'imposaient. Pour nous, il s'agissait non seulement d'une occasion d'affaires, mais également d'une responsabilité que nous avions envers notre clientèle.

Comme on ne peut être à la fois à la salle et aux fourneaux, j'ai dû fermer, non sans une certaine nostalgie, ma petite pharmacie sise au coin des rues Aird et Sainte-Catherine. Elle était trop exiguë pour s'accommoder de la nouvelle formule. C'était beaucoup plus qu'une décision d'affaires, car, avec la première pharm-escomptes de l'avenue du Mont-Royal, elle représentait un des deux pôles majeurs de mon parcours. En acceptant que soit remplacée l'enseigne affichant *JEAN COUTU, votre pharmacien* de la façade de l'établissement que j'avais acquis de monsieur Cousineau, je tirais un trait sur une partie de ma vie au cours de laquelle j'avais appris à maîtriser les techniques inhérentes à ma profession et à me faire la main en prévision des courants qui se pointaient.

Puis en septembre 1973, nous ouvrions une quatrième pharm-escomptes rue Ontario. En tant qu'associés à parts égales, Louis Michaud et moi totalisions ainsi six établissements, le nombre maximum que la Loi de la pharmacie nous permettait de posséder en tant que partenaires. Or, comme notre intention était de poursuivre sur notre lancée, et que les demandes provenant de pharmaciens propriétaires désireux de se joindre à nous commençaient à se faire de plus en plus nombreuses et pressantes, nous nous sommes vus dans l'obligation de considérer d'autres avenues afin de poursuivre nos objectifs tout en respectant les règles établies.

Avant même que la question légale se pose, Louis Michaud avait commencé à s'interroger sur l'importance du fardeau financier que représenteraient, pour lui comme pour moi, les éventuelles ouvertures de nouvelles pharm-escomptes. Les coûts et les risques étaient très élevés pour deux individus qui avaient tout investi ce qu'ils possédaient dans une telle aventure. «Si jamais nous ratons notre coup avec une de ces superpharmacies, nous pourrions nous retrouver dans une position financière fort précaire», m'avait sagement rappelé mon collègue et partenaire. Par ailleurs, l'incorporation, qui nous aurait d'une certaine façon protégés des pires infortunes, ne pouvait faire partie des solutions envisageables. La loi spécifiait en effet que le maximum de trois établissements par pharmacien s'appliquait également aux corporations et aux groupes d'individus.

«Nous pourrions adopter une formule de franchisage, me dit Louis Michaud un bon matin. Les pharmaciens désireux de se joindre à nous pourraient ainsi profiter de notre approche commerciale tout en demeurant propriétaires de leur établissement. Nous leur céderions un droit d'exploitation afin qu'ils puissent opérer sous notre marque de commerce. Ce faisant, il nous serait ainsi possible de partager les risques et de créer une chaîne sans contrevenir à quelque loi ou réglementation.» Son idée m'apparaissait particulièrement à-propos. Il s'agissait d'un type de partenariat où l'entrepreneurship de nos éventuels associés pourrait être mis de l'avant de façon avantageuse. Ce qui, à mes yeux, s'avérait un gage de succès qu'il importait de considérer.

Audacieuse intuition

Ce que Michaud ne m'avait pas dit cependant, c'est que sa réflexion s'étendait bien au-delà du principe. «En fait, ajouta-t-il, nous pourrions même tester la formule en faisant de la Pharmacie Montréal notre premier franchisé.» Sur le coup, j'ai pensé qu'il s'agissait d'une mauvaise blague. La Pharmacie Montréal, la Mecque des pharmacies; celle-là même qui m'avait offert mon premier emploi dans le domaine. Même si nous commencions à lui créer une sérieuse compétition, elle n'en demeurait pas moins un endroit de référence. Les commerces qui avaient pignon sur rue tout autour avaient d'ailleurs encore l'habitude de citer l'endroit dans chacune de leurs offensives publicitaires: «Venez magasiner chez nous; nous sommes situés à quelques pas de la Pharmacie Montréal.» Afin d'augmenter leur achalandage, nombre de petits commerces avaient effectivement fait en sorte de s'en rapprocher, comme le font aujourd'hui les boutiques spécialisées en recherchant l'environnement d'un magasin à grande surface.

Cependant, comme tout concept qui tarde à se renouveler, la formule qui avait fait de l'endroit un succès avait plutôt mal vieilli.

La Pharmacie Montréal demeurait un endroit de prédilection dans les univers professionnel et commercial de la ville, mais son image de marque commençait à perdre passablement du lustre et de l'éclat qui avaient fait sa renommée depuis son ouverture. Le gigantisme de son espace, réparti sur six étages, de même que les rabais qu'elle pouvait offrir sur certains produits ne suffisaient plus à lui assurer la première position en matière de commerce pharmaceutique. Les habitués comme les visiteurs commençaient d'ailleurs à se montrer de moins en moins enclins à attendre pour se faire servir.

Car, contrairement à ce que nous avions institué dans notre établissement de l'avenue du Mont-Royal, aucun produit n'était offert en vente libre à la Pharmacie Montréal. Souvent après avoir fait la file pendant un long moment, les clients devaient se présenter à un des nombreux commis présents sur place pour lui faire part de ce dont ils avaient besoin. Celui-ci devait par la suite fouiller dans un des innombrables tiroirs du comptoir derrière lequel il était posté, ou encore aller chercher l'article en question sur les tablettes d'une des immenses étagères qui recouvraient les murs des deux premiers étages de la pharmacie. Ce manège était à reprendre pour chacun des produits que le client désirait se procurer. Sans compter le temps nécessaire à la préparation des ordonnances dans les officines de l'arrière-boutique.

Pour ajouter à la lourdeur de la procédure, les paiements se faisaient au comptoir où les commandes avaient été déposées. Chaque commis ou chaque pharmacien se devait donc de jouer les caissiers de service en plus de vaquer aux tâches qui lui étaient assignées, ce qui nécessitait la présence continue sur les lieux d'une grande quantité d'employés. Avec le temps et les habitudes acquises, beaucoup d'entre eux en étaient même venus à adopter le genre de mentalité affectée qui laisse croire que, à cause de leur statut et de l'accès exclusif qu'ils possèdent aux drogues et poisons de toutes sortes, les employés de pharmacie jouissent d'une certaine forme de pouvoir sur ceux et celles qui s'adressent à eux. Mais dans les faits, la nature des rapports avait bien changé. Les gens exigeaient désormais d'avoir rapidement et directement accès aux produits dont on leur vantait les mérites dans les réclames publicitaires qui étaient diffusées un peu partout. Et si pouvoir il y avait, il se retrouvait beaucoup plus dans les exigences renouvelées de la clientèle que dans les habitudes des commis de pharmacie.

Enfin, bien que les prix affichés à la Pharmacie Montréal soient demeurés attrayants, ils étaient cependant supérieurs à ce que les gens pouvaient désormais retrouver dans nos pharm-escomptes. Et avec les blitz publicitaires que nous faisions de façon régulière dans les différents médias, plus personne n'ignorait que les meilleures aubaines en pharmacie avaient désormais cours à notre enseigne. Louis Michaud avait par conséquent raison de dire que les heures de gloire de la Pharmacie Montréal étaient derrière elle. L'ère de changement que monsieur Charles Duquet avait instaurée cinquante ans auparavant semblait non seulement révolue, mais complètement dépassée.

Celui à qui nous devions ce concept audacieux était par ailleurs décédé depuis 1966. En son temps, monsieur Duquet s'était montré de ces visionnaires capables de devancer de quelques pas les changements à venir. Mais cet esprit d'entrepreneuriat ne s'était vraisemblablement pas communiqué à son fils lorsqu'il lui avait cédé la gouverne de l'entreprise. Il semble même que celui-ci ait été plutôt mal préparé à prendre la relève.

De caractère plutôt intransigeant et autoritaire, le fondateur de la Pharmacie Montréal avait souvent eu des mots avec son garçon. Et il ne se gênait pas pour le vilipender en présence de fournisseurs, de partenaires d'affaires, de collègues de travail et même de clients. Cela n'avait en rien aidé à renforcer l'estime personnelle de cet éventuel héritier. Pour se déculpabiliser d'avoir agi de la sorte, monsieur Duquet refilait quelques billets verts au jeunot vexé en l'enjoignant d'aller jouer au golf. Ce qui a sans doute contribué à former le genre de gestionnaire plutôt mollasson qu'il était devenu.

L'idée de Louis Michaud d'intégrer la Pharmacie Montréal dans notre réseau à titre de franchisé arrivait donc à point nommé, tant pour cet établissement de grande surface que pour la chaîne que nous nous apprêtions à constituer. Ce mariage d'intérêts présentait en effet plusieurs avantages pour les deux partenaires. En intégrant la distinguée institution de la rue Sainte-Catherine dans son réseau naissant, les Pharm-escomptes Jean Coutu se préparaient à gagner en prestige et en renommée tandis que, de son côté, la Pharmacie Montréal allait récupérer à son avantage un nouveau concept lui permettant d'insuffler le supplément de dynamisme dont elle avait prestement besoin.

Personne à l'époque ne pouvait cependant imaginer que « La plus grande pharmacie de détail au monde » se retrouve incorporée au sein d'un réseau qui, bien qu'il ait rapidement fait ses preuves, n'existait tout de même que depuis quatre ans. Nous avions toutefois un atout de taille dans notre jeu. En effet, Louis Michaud connaissait bien le fils Duquet. Il s'agissait de deux amateurs de golf qui, après avoir souvent croisé le fer sur les mêmes terrains, avaient entretenu des relations passablement familières en marge des allées et des verts. Et comme Jean Duquet ne représentait pour moi qu'une connaissance professionnelle, il revenait de soi que Louis Michaud initie les approches devant mener à d'éventuelles négociations. Ce qu'il fit avec tout le doigté et le pouvoir de persuasion dont il était capable. Si bien qu'après quelques mois d'intenses pourparlers, Jean Duquet acceptait que la Pharmacie Montréal devienne la cinquième Pharm-escomptes Jean Coutu.

Premier franchisé de prestige

Nous venions de réaliser tout un coup. C'était comme si un petit gîte touristique faisait du plus grand hôtel du centre-ville son premier franchisé ; ou qu'une pizzeria de quartier se porte acquéreur du plus chic restaurant de la ville ; ou qu'une ligue de garage réussisse à attirer dans ses rangs le club de hockey Le Canadien. Autrement dit, le type de transaction qui créait l'étonnement général dans le milieu des affaires et qui ranimait le scepticisme à notre endroit dans l'univers pharmaceutique.

À tous points de vue, les changements s'annonçaient passablement radicaux. Pour Jean Duquet d'abord. En passant de maître absolu des lieux à pharmacien franchisé, c'était comme s'il était rétrogradé de roi à duc dans son propre royaume. Mais en homme perspicace et diplomate qu'il était, il a vite compris qu'il allait y trouver son avantage. Comble de bouleversement, l'appellation commerciale qui avait fait depuis si longtemps l'orgueil de la famille allait disparaître au profit d'un concurrent. C'était plus qu'un symbole de l'univers pharmaceutique qui s'estompait, c'était un des principaux centres d'attraction de la ville qui faisait l'objet d'un remodelage en profondeur.

Pour la première fois en cinquante ans, la Pharmacie Montréal allait fermer ses portes la nuit. Nous allions limiter les heures d'ouverture de 9 h à 23 h tous les jours, fins de semaine incluses. Il n'y aurait plus de service de livraison; notre concept, basé sur les bas prix, exigeait que les gens viennent faire leurs achats sur place. Nous avons fermé l'atelier de mécanique automobile et le poste d'essence. En tant que spécialistes de la santé, nous estimions que les crevaisons et les vidanges d'huile ne relevaient pas de nos compétences. Pour ce qui est de l'espace client, nous avons complètement réaménagé le rez-de-chaussée et le premier étage en rendant les produits offerts en vente libre directement accessibles aux clients. Nous avons allégé les tâches des pharmaciens et des commis de service en engageant des caissières. Pour ceux et celles qui y avaient leurs habitudes, il s'agissait d'une véritable révolution.

En phase avec ces réaménagements d'ordre structurel, nous avons lancé une offensive publicitaire sans précédent. Comme nous occupions la dernière page des journaux les plus populaires, les changements qui allaient s'opérer au célèbre établissement du

916, Sainte-Catherine Est ne tardèrent pas à être connus de tous. Notre accroche publicitaire avait non seulement tout pour attirer de nouveaux clients, mais elle tenait également compte de l'attachement que les habitués avaient pour l'endroit depuis le début : « En 1934, la Pharmacie Montréal osait afficher des prix aussi bas que trois sous. En 1973, les Pharm-escomptes Jean Coutu vous offriront – le 18 octobre, jour d'ouverture – 5000 articles vendus au prix de trois sous ou plus, comme au bon vieux temps. »

Ce n'est pas sans une certaine dose d'émotion que nous avons vu, quelques jours avant l'ouverture, l'immense affiche lumineuse qui coiffait l'édifice – *La plus grande pharmacie de détail au monde* – être décrochée de son socle pour faire place à l'imposante marquise qui occupait la largeur du bâtiment tout au-dessus de la porte d'entrée : *Pharm-escomptes Jean Coutu – Jean Coutu et Louis Michaud, propriétaires.* Une réalisation dont nous n'étions pas peu fiers, mais dont nous mesurions pertinemment les risques et les exigences.

Tel qu'on l'avait annoncé, l'ouverture officielle eut lieu le jeudi 18 octobre 1973. Dire l'atmosphère qui y régnait… on se serait cru le jour d'un septième match de finale de la coupe Stanley ! C'était la frénésie totale. Les gens faisaient des files interminables sur le trottoir afin de pouvoir constater par eux-mêmes les nombreux changements que nous avions apportés à « leur » Pharmacie Montréal. Les caméras des grandes chaînes de télévision étaient présentes pour rapporter des images. Les gens de la radio s'y étaient installés afin d'y faire des reportages en direct tout au cours de la journée, et les journalistes de la presse écrite noircissaient leurs carnets de notes de commentaires qui relevaient tout autant de l'étonnement que de l'éloge. L'audacieux pari que Louis Michaud et moi avions pris était gagné. Aussi incroyable que cela puisse paraître, la Pharmacie Montréal était devenue une Pharm-escomptes Jean Coutu !

En procédant par la formule du franchisage, nous contournions les limites imposées par la Loi de la pharmacie et nous pouvions désormais multiplier le concept à notre guise. Comme l'avait si bien mentionné Louis Michaud dans le cadre d'une interview qu'il avait accordée à cette période, « il s'agissait d'offrir à d'autres confrères diplômés la possibilité de s'associer à nous, en respectant les critères de propreté, qualité, bas prix et service courtois. Sans compter le travail, bien sûr. » La formule d'affaires consistait effectivement en un véritable partenariat au sein duquel franchiseur et franchisés y trouvaient leurs intérêts. Pour leur part, les pharmaciens propriétaires apportaient l'expertise et la réputation qu'ils avaient acquises dans leur milieu. En ce qui nous concerne, grâce à l'étendue de notre pouvoir d'achat et à l'impact de nos campagnes publicitaires, nous étions en mesure d'effectuer leurs approvisionnements à bien meilleur prix et de les doter d'une visibilité sans commune mesure avec celle qu'ils avaient pu s'offrir du temps où ils travaillaient isolément.

Entité corporative

Comme nous comptions désormais cinq pharm-escomptes dans notre réseau naissant, il est vite devenu nécessaire de créer une nouvelle entité administrative indépendante qui assurerait la gestion de l'ensemble du réseau des franchisés. Incorporée sous l'appellation Farmico – issue d'une fusion des noms Michaud et Coutu –, la compagnie avait comme mandat de fournir à ses membres, moyennant certains frais de franchisage, des services de gestion informatisée, d'approvisionnement, de distribution, d'étalage et de marketing. Cette nouvelle entité, qui était aussi la gardienne de l'appellation commerciale, allait plus tard devenir le Groupe Jean Coutu.

Grâce à la mise en place de Farmico, il nous devenait ainsi possible de transiger de façon encore plus ferme avec les compagnies manufacturières de produits pharmaceutiques. Étant donné le pouvoir d'achat sans cesse grandissant que nous possédions, nous pouvions obtenir des conditions d'approvisionnement auxquelles aucun autre établissement du genre ne pouvait aspirer. Il s'agissait d'un aspect particulièrement important de notre travail, car c'est grâce aux rabais exceptionnels obtenus de nos fournisseurs qu'il nous devenait par la suite possible d'ajuster à la baisse nos prix de détail.

C'est également à travers l'exercice de nos activités de grossiste et de distributeur indépendant que nous avons créé des marques maison qui, tout en affichant des prix manifestement inférieurs aux marques nationales, étaient en mesure d'offrir une qualité tout aussi comparable. Nous étions animés de la conviction qu'un client qui trouve les meilleurs produits aux meilleurs prix risque fortement de conserver ses habitudes d'achat à l'endroit où il les a dénichés. Non seulement désirions-nous offrir des services de qualité à ceux et celles qui nous gratifiaient de leur commerce, mais nous voulions par-dessus tout établir une relation de confiance avec eux.

Au cours des années, notre politique de franchisage est pratiquement demeurée inchangée. En tant que franchiseur, nous nous occupons de tout ce qui a trait à l'aspect administratif de l'exploitation de chacune des Pharm-escomptes Jean Coutu. Relevant du siège social de l'entreprise – Farmico à l'époque, le Groupe Jean Coutu (PJC) inc. aujourd'hui –, des spécialistes s'occupent d'effectuer les achats auprès des fournisseurs, d'orchestrer les campagnes publicitaires, de coordonner la mise en place en pharmacie, d'assurer les approvisionnements dans les différentes succursales, de gérer les stocks, de former les employés et d'exploiter le système informatique.

Parmi les conditions qui régissent nos ententes, il y a celles concernant les salaires et les prix de vente affichés sur les produits. Étant donné que le succès d'un commerce comme le nôtre est basé sur la compétence des employés que nous sommes en mesure de recruter, nous élaborons nous-mêmes, comme franchiseurs, la grille salariale correspondant à chacune des fonctions. Pour attirer dans nos équipes de travail les employés répondant aux standards professionnels les plus élevés, nous nous assurons que les salaires offerts soient toujours supérieurs à la moyenne de ce qui est consenti dans notre sphère d'activité. Et chaque pharmacien propriétaire franchisé est tenu de respecter les barèmes que nous établissons. Il demeure toujours libre d'accorder aux gens qu'il embauche de meilleures conditions que celles imposées par nos consignes, mais il ne peut cependant jamais offrir moins.

Pour ce qui est de notre politique de prix, le principe est sensiblement le même. Nous déterminons les prix de tout ce qui fait l'objet de promotions ponctuelles ou permanentes. Le pharmacien franchisé peut toujours afficher un prix plus bas que ceux proposés, mais il ne peut cependant pas vendre plus cher. De cette façon, chacun de nos clients est assuré de trouver les aubaines annoncées, et ce, peu importe dans lequel de nos établissements il se présente. Nos pharmaciens propriétaires sont également tenus de s'approvisionner chez nous à moins qu'ils arrivent à prouver qu'ils sont en mesure d'obtenir de meilleures conditions ailleurs. Ce qui, en plus de quarante ans de franchisage, ne s'est encore jamais produit puisque nous possédons toujours le plus important volume d'achats.

Une fois libérés de l'ensemble des charges administratives, nos pharmaciens franchisés peuvent alors se consacrer plus librement à l'essentiel de leurs tâches, c'est-à-dire le service à la clientèle. Car bien assumer son rôle de pharmacien, ce n'est pas se faire acheteur, publiciste ou étalagiste. C'est plutôt prendre le temps de bien expliquer à un client la posologie et les contre-indications d'un médicament d'ordonnance qu'il vient de se procurer. Il s'agit là de ce pourquoi il a été formé et des raisons pour lesquelles nous l'avons engagé. Ce ne sont pas seulement les meilleurs prix que nous souhaitons proposer dans nos pharmacies, mais également les meilleurs conseils.

Complémentarité gagnante

Comme nous sentions que l'expansion allait se faire passablement rapidement, Louis Michaud, qui assumait alors l'ensemble des tâches liées à la gestion et à l'administration, n'hésita pas à poser les plus hautes exigences à ceux qui venaient se joindre à nous. Plusieurs des communications internes qu'il faisait parvenir à nos pharmaciens partenaires en faisaient d'ailleurs foi : « Un vrai patron consacre au moins le double d'heures qu'un employé ou presque. Un vrai patron qui débute en affaires a deux priorités essentielles : sa famille et son commerce. Il s'implique dans toutes les activités de son entreprise. Il motive et forme ses employés. Il s'informe et visite d'autres commerçants. Il demande conseil quand il hésite. Il veut être le meilleur et il enseigne à ses employés à nourrir les mêmes ambitions. C'est ça, un vrai commerçant ! »

En tant que président de Farmico, Louis Michaud veillait également à la formation de ceux et celles à qui nous nous apprêtions à confier les responsabilités les plus importantes de nos établissements. Afin de les familiariser avec notre culture d'entreprise, ces gens étaient invités à effectuer un stage à notre première pharm-escomptes de l'avenue du Mont-Royal. En plus d'y côtoyer des gens particulièrement expérimentés, ils étaient ainsi en mesure de prendre le pouls de ce qui s'était avéré l'étincelle de départ de cette grande aventure. « Il faut qu'ils fassent leurs preuves, rappelait avec justesse mon associé. Nous aimons apprécier les qualités de leadership, de compétence et d'esprit de service de chacun avant de les lancer dans la mêlée. Quelqu'un qui n'aime pas le commerce, le contact avec le public, n'a pas affaire dans nos établissements. »

Du fait que j'assumais pour ma part les responsabilités reliées aux achats, à la publicité, à la politique de prix et à la gestion des ressources humaines, je me permettais d'ajouter mon grain de sel lorsque les occasions se présentaient. J'ai encore en main une note de service datant du milieu des années soixante-dix dans laquelle je rappelais quelques éléments qui font que les meilleurs se distinguent des convenables : « La journée commence à l'extérieur de la pharmacie ; rappelez-vous que c'est de là que les clients nous jugent. Après avoir jeté un coup d'œil à l'apparence extérieure de votre établissement, interrogez-vous à savoir si vous aimez ce que vous voyez. En n'oubliant surtout pas que l'impression que vous laisse ce premier coup d'œil a toutes les chances d'être celle qu'éprouveront vos clients. » J'ai toujours beaucoup insisté sur ce point, car il m'apparaît inconcevable qu'un commerce du domaine de la santé présente une allure délabrée. C'est beaucoup plus qu'une question d'image, c'est une question de crédibilité.

La table était donc mise pour que la chaîne prenne son véritable essor. Nos premiers établissements avaient déjà atteint leur seuil de rentabilité, notre structure administrative était bien en place et notre concept ne cessait de gagner en popularité. Comme la formule suscitait l'envie, nous étions conscients que nous allions devoir redoubler d'efforts afin de maintenir nos compétiteurs à distance. Notre vigilance se trouvait justifiée, car, de 1972 à 1976, la part de marché des chaînes de pharmacies a fait un bond de 5,8 % à 40 %. Ce qui montre à quel point le scepticisme de beaucoup de nos confrères de la profession s'est rapidement transformé en envie et en souhait d'en faire tout autant.

« Le jour où plus personne ne copiera le concept des pharm-escomptes, avais-je alors dit à nos employés, mais où nous devrons, nous, reprendre la formule de quelqu'un d'autre, il y aura de quoi nourrir de profondes inquiétudes. » Mais cette possibilité ne faisait pas partie des perspectives prises en compte par Louis Michaud et moi. Nous nous étions imposés dans le milieu et il ne faisait pas de doute dans notre esprit que nous étions là pour continuer à marquer le pas. « Nous allons travailler d'arrache-pied, comme nous l'avons toujours fait, avais-je ajouté en mettant fin à mon petit laïus, et nous demeurerons les chefs de file. »

Publicité radiophonique

Nous nous retrouvions alors dans un contexte particulièrement favorable. Les années soixante-dix correspondent en effet à l'âge d'or des radios commerciales. Plus de quarante stations ouvrirent leurs portes à travers la province au cours de cette décennie. Ce média est vite devenu un moyen privilégié pour rejoindre la clientèle que nous souhaitions attirer dans les établissements que nous nous apprêtions à ouvrir. Et comme nous nous adressions à une large clientèle, nous nous sommes tournés vers des personnalités particulièrement appréciées de l'auditoire afin qu'elles prêtent leur voix aux messages publicitaires que nous souhaitions diffuser. Il est important de rappeler que c'était l'époque où les animateurs de radio réalisaient souvent eux-mêmes les capsules publicitaires qui ponctuaient leurs émissions. Question de ne pas nous faire damer le pion par personne, nous avons monopolisé tous ceux et celles qui exerçaient une certaine influence auprès des auditeurs. Nous estimions que, si les gens accordaient une grande crédibilité à ces vedettes de la radio, ils feraient de même avec les commerces auxquels celles-ci accepteraient de s'identifier.

Nous avons tout d'abord retenu les services de Madame X sur les ondes de la populaire station CKVL. Bien que son nom d'emprunt puisse aujourd'hui laisser supposer un tout autre genre d'activité, madame Reine Charrier était la confidente publique de prédilection de l'époque. Entreprenante et innovatrice, elle fut la première femme à animer une tribune téléphonique. De sa voix affirmée et rassurante, elle répondait aux questions des auditeurs – qui, au fait, étaient essentiellement des auditrices – sur tout ce qui touchait la dimension humaine de la vie quotidienne. Et comme le niveau d'instruction de l'époque était plutôt limité et que l'éducation familiale accusait souvent de sérieuses lacunes, les questions entourant la sexualité occupaient une bonne part de ses émissions quotidiennes. Mais elle savait faire usage de diplomatie et de bon sens afin de rassurer chacune des personnes qui se confiaient à elle.

J'avais établi une certaine complicité avec cette femme qui savait rejoindre le cœur des gens. Comme il s'agissait d'une habituée de nos établissements, il lui était facile de personnaliser les réclames publicitaires qu'elle faisait pour nous. Je l'entends encore se lancer dans une improvisation spontanée au lendemain d'un de nos échanges: «Vous pouvez vous en remettre à monsieur Coutu. C'est un pharmacien de confiance. Je suis en mesure de vous l'affirmer parce que je fréquente personnellement ses établissements. Il met vraiment tout en œuvre pour que ses clients trouvent chez lui de tout au meilleur prix.» Étant donné que cette dame possédait une enviable crédibilité, de même qu'un énorme capital de sympathie, ce genre d'intervention avait un impact encore plus grand que tout ce qui aurait pu être formulé par les meilleurs publicistes de l'époque.

Nous avions également recruté le comédien Émile Genest, qui s'était fait connaître en interprétant le rôle de Napoléon dans la populaire série télévisée *Les Plouffe*, le premier téléroman de la télévision québécoise. Une espèce de Roy Dupuis de son époque, il a eu maintes fois l'occasion d'exercer ses nombreux talents et son irrésistible charme sur les écrans de cinéma du Québec et d'Hollywood. Au début des années 1970, il s'était joint à la célèbre équipe d'animateurs de la station CJMS, où les auditeurs se plaisaient à l'appeler familièrement «Mon oncle Émile». Le seul fait d'ajouter la voix chaude et sensuelle d'Émile Genest à nos annonces publicitaires nous assurait d'une écoute attentive.

Une journée où il s'était présenté à la pharmacie afin de remplir certaines formalités reliées au rôle qu'il jouait pour nous, j'en avais profité pour l'inviter à prendre le lunch avec moi. Une fois montés à bord de ma voiture, j'ai attendu qu'il s'installe de façon sécuritaire avant de démarrer. «Est-ce qu'on attend quelqu'un d'autre?» avait-il demandé sur un ton qui laissait facilement deviner sa légendaire impatience. «J'attends que tu boucles ta ceinture de sécurité», que je lui répondis, même si c'était bien avant que le port ne devienne obligatoire. Mon geste n'avait rien d'un excès de zèle. Je ne voulais surtout pas qu'il arrive quoi que ce soit à une vedette d'une telle envergure!

Quelle ne fut pas ma surprise, le lendemain matin, de l'entendre reprendre à sa façon l'anecdote en question dans le cadre de son émission matinale. « Dans les Pharm-escomptes Jean Coutu, vous allez rencontrer des gens qui prennent vraiment soin de vous. J'en ai eu une nouvelle preuve pas plus tard qu'hier. Alors que je m'apprêtais à me déplacer en sa compagnie, monsieur Coutu a refusé de démarrer sa voiture avant que je n'aie bouclé ma ceinture de sécurité. Voilà un exemple concret de gens qui prennent vraiment à cœur le bien-être et la sécurité de leurs clients. » Comme quoi un service en attire un autre…

D'autre part, nos slogans publicitaires reprenaient, comme il est coutume de le faire dans le cadre de campagnes destinées à augmenter l'achalandage d'un établissement, notre appellation commerciale – les Pharm-escomptes Jean Coutu – de façon répétée et continue. Ce qui eut pour effet, grâce à l'immense popularité qu'a connue la radio à cette époque, de nous faire connaître et re-connaître de l'ensemble de la population.

Homonyme profitable

Que ce soit sur le plan publicitaire, administratif ou commercial, le nouveau modèle d'affaires que nous exploitions exigeait que nous fassions figure de pionniers dans presque tous les domaines d'activité. Ce qui nous a sans cesse obligés à faire appel à notre créativité et à notre détermination. Car, à aucun moment, nous n'avons eu droit à quelque subvention ou programme d'aide que ce soit. L'entreprise reposant uniquement sur ce que Louis et moi y avions investi, nous n'étions redevables à personne d'autre des succès qui venaient couronner chacune des étapes de notre crois-sance, si ce n'est à la complicité et à l'enthousiasme de nos employés et partenaires. La chance y était pour bien peu. Et si elle a joué un rôle, elle ne relevait que du fait que je portais exacte-ment le même nom qu'un des comédiens les plus connus et les plus appréciés au Québec à cette époque. Un hasard de la vie dont je ne me suis cependant pas refusé de profiter.

Homme de théâtre, Jean Coutu pouvait s'enorgueillir de faire partie de la distribution de nombreux classiques sur les différentes scènes de la province. Mais c'est avec l'arrivée de la télévision, au début des années cinquante, qu'il s'est fait surtout connaître en interprétant le rôle du Survenant dans l'adaptation télévisée du populaire roman de Germaine Guèvremont. En incarnant avec brio ce personnage mystérieux et épris de liberté, le jeune comédien montréalais ajoutait de ce fait à l'immense pouvoir de séduction qu'il possédait déjà. Si la romancière avait surnommé son héros d'aventure « le grand dieu des routes », le milieu artistique n'hésitait pas à qualifier le comédien de « charmeur de ces dames ».

Pour ma part, mes occupations traditionnelles me tenant loin des caméras de télé et des journaux à potins, bon nombre de personnes ont longtemps eu l'impression, en se présentant dans nos pharmacies, de faire leurs achats dans un commerce qui appartenait au populaire comédien. « Est-ce que Jean Coutu vient souvent à sa pharmacie ? » me demandaient, en cachant mal la fébrilité qui les animait, plusieurs clientes en ignorant totalement que je portais le même nom que celui qui les faisait fantasmer. « Vous savez », que je leur répondais pour ne pas les décevoir, « il ne se présente pas très souvent… sauf certains dimanches soir pluvieux. Mais il ne s'en fait pas une obligation comme s'il s'agissait de la messe dominicale. » Étant donné que la méprise ne s'avérait aucunement préjudiciable, je ne sentais pas le besoin d'apporter plus de précisions.

Le grand dérangement

Si notre omniprésence à la radio – à laquelle s'ajoutaient les nombreux encarts publicitaires que nous faisions paraître dans les quotidiens de la province et les différents journaux de quartier – permettait à nos clients de profiter des meilleurs prix en ville, on peut deviner qu'elle ne créait pas l'unanimité chez l'ensemble des collègues de la profession.

D'autant que notre politique de prix réduits s'appliquait à l'ensemble des produits que nous offrions dans nos établissements, et non pas – comme il est coutume de les qualifier dans le jargon commercial – aux produits d'appel. Chez nous, la politique des meilleurs prix consistait en un engagement permanent envers notre clientèle; les escomptes offerts n'étaient pas que des artifices temporaires servant à attirer habitués et badauds dans nos établissements pour mieux gonfler leur panier d'achat par la suite. Autrement dit, il n'était pas question de réduire le prix d'un article de consommation courante pour en augmenter un autre «en douce» dont la valeur était peu connue du public. Par exemple, nous n'aurions jamais abaissé substantiellement le prix d'un tube de pâte à dents pour hausser celui d'un médicament vendu sur ordonnance.

De façon générale, l'ensemble de la marchandise disponible sur nos tablettes était offert à des prix réduits de 12 à 30 % comparés à ceux que l'on retrouvait dans des commerces semblables. Et lorsque nous menions une offensive publicitaire ciblée, les prix pouvaient faire l'objet d'une réduction supplémentaire de 10 à 15 %. De plus, afin de maximiser l'impact de nos encarts publicitaires, nous accolions des jetons ou des coupons-rabais aux réductions annoncées. Ainsi, des comprimés destinés à combattre un rhume, normalement vendus 2,50 $ la boîte de 24 unités, pouvaient être offerts en promotion à 1,19 $; pour bénéficier de ce prix, les clients devaient cependant se présenter à la caisse avec le jeton ou le coupon correspondant.

Apposé en signature, notre logo était toujours accompagné du pilon et du mortier, symboles utilisés depuis l'Antiquité par tous ceux – apothicaires aux temps anciens, puis pharmaciens à l'ère moderne – à qui était confiée la préparation des ordonnances médicales. Enfin, nous profitions de la visibilité offerte par les vitrines de nos établissements afin de faire l'étalage des produits qui faisaient l'objet de promotions ponctuelles ou régulières.

En somme, nous œuvrions à promouvoir ce que nous avions à offrir avec le même enthousiasme et le même professionnalisme que ceux qui nous animaient lorsque nous exécutions des ordonnances médicales. Une approche qui correspondait en tout point aux conclusions d'une étude menée par un économiste respecté dans le cadre de la Commission d'enquête sur la santé et le bienêtre social qui avait conduit, quelques années auparavant, à l'instauration du Régime d'assurance maladie au Québec. Constatant comme nous que la pharmacie traditionnelle peinerait à survivre au remodelage des règles du marché qui était en train de s'opérer, ce spécialiste recommandait de décloisonner la vente de médicaments de façon que la libre concurrence en assure une plus grande disponibilité au moindre coût. Ces propositions furent d'abord accueillies avec enthousiasme par le gouvernement qui, déjà engagé dans un processus de démocratisation des soins de santé, voyait son nouveau rôle de tiers payeur être appelé à sans cesse s'accroître avec le temps.

Question de prendre le pouls des milieux concernés, les dirigeants politiques mirent en place, au début des années soixantedix, toute une série de consultations populaires concernant l'impact que pourrait avoir l'application de ces recommandations dans le cadre d'une éventuelle refonte de la Loi de la pharmacie. Les professionnels du milieu, tout comme les gens de la rue, furent ainsi invités à exposer leurs points de vue et à faire connaître leurs attentes. Ce qui eut pour effet d'exposer au grand jour les légendaires différends existants entre les puristes de la pratique pharmaceutique et les tenants du commercialisme. Ceux prônant l'orthodoxie, qui formaient encore une relative majorité au sein du Collège des pharmaciens, arguaient qu'un règlement favorisant la commercialisation de la pratique augmenterait les risques de surconsommation et d'intoxication par les médicaments. Pour leur part, les tenants du libéralisme, dont j'étais, faisaient valoir que la formule des superpharmacies permettrait, au contraire, aux pharmaciens en service, libérés des tâches techniques ou étrangères à la pratique elle-même, de se rendre plus disponibles à la clientèle pour la conseiller sur les dangers liés à l'automédication.

Il ne fallait pas être prophète ou devin pour comprendre que la fronde publique, menée par des professionnels qui refusaient de prendre en compte l'évolution irréversible dans laquelle se trouvait emportée la profession pharmaceutique, était essentiellement dirigée contre la formule que Louis Michaud et moi avions mise de l'avant. Notre politique commerciale dérangeait visiblement ceux qui constataient que nous étions en train de tracer une nouvelle voie qui ne s'effacerait pas au premier vent contraire. Mais les racines des antagonismes étaient profondes et les résistances étaient grandes. Les pressions que les conformistes exercèrent sur la corporation professionnelle de même que sur les représentants politiques finirent par les sensibiliser à un certain nombre de leurs doléances.

Ainsi, après de nombreuses discussions qui s'étendirent sur plus de quatre ans, ils réussirent à faire adopter un certain nombre de règlements qui allaient passablement restreindre la marge de manœuvre de ceux qui étaient déjà montés à bord du train du changement. Ces mesures concernaient essentiellement la publicité de même que la tenue d'une pharmacie. Une d'elles précisait qu'un pharmacien ne pouvait qu'« annoncer ou permette qu'on annonce à la radio, à la télévision, dans les journaux, revues, périodiques ou autres imprimés tout ou partie de ce qui est indiqué à l'article 3.01 ». L'article cité en référence indiquait, pour sa part, qu'un pharmacien « ne peut inscrire sur sa carte professionnelle autre chose que : son nom et celui de ses associés, s'il y a lieu ; sa profession ; ses titres universitaires ; son adresse, son numéro de téléphone et ses heures de service ; et le symbole graphique de l'Ordre ». Ce qui signifiait, en clair, qu'il devenait impossible de continuer de mener le type de campagnes publicitaires que nous avions mises de l'avant – où nous annoncions une sélection de produits à rabais – sans contrevenir aux nouveaux règlements.

Enfin, un autre article indiquait qu'« une pharmacie doit être tenue dans un lieu distinct et indépendant de tout autre local ». Il nous obligeait à « former, à l'intérieur de l'établissement utilisé par le pharmacien, un local constitué de murs fixes se touchant les uns les autres et d'une hauteur minimale de sept pieds, qui soit uniquement réservé à la conservation et à la vente des médicaments, poisons et produits pharmaceutiques». En d'autres mots, il nous fallait désormais élever une cloison entre l'officine où s'affairaient les pharmaciens et l'espace où étaient offerts les médicaments en vente libre de même que les produits d'hygiène et de beauté. Comme si la protection de la santé publique avait à voir avec la disposition d'un commerce et le type d'étalage des produits offerts.

Divergences idéologiques

Dès l'entrée en vigueur de ces règlements, Louis Michaud et moi, au nom de l'ensemble des franchisés que nous représentions, avons intenté une poursuite en nullité contre l'Ordre des pharmaciens du Québec. Et nous avions plusieurs raisons pour ce faire. Tout d'abord, grâce à l'important réseau de relations que nous avions créé, nous savions pertinemment que l'application de cette nouvelle réglementation était loin de faire l'unanimité au sein des membres pharmaciens. À peine la moitié s'y est d'ailleurs conformée au cours des mois qui ont suivi. D'autre part, mon partenaire et moi estimions qu'une importante responsabilité nous incombait en regard de nos franchisés pour qui les changements exigés risquaient de les obliger à engager de lourds déboursés afin de procéder à la reconfiguration de leur établissement.

La bagarre juridique s'éternisa. Les requêtes furent portées d'une instance à une autre; reçues à certaines étapes, rejetées à d'autres et, enfin, portées en appel jusqu'à ce qu'il n'y ait plus de recours possible. À travers ce va-et-vient juridique, on nous fit en prime porter l'odieux de pratiques qui avaient pourtant cours chez certains de nos compétiteurs, qui eux – je ne sais par quel hasard – ont pourtant été épargnés de toute accusation.

C'est ainsi qu'on nous reprocha de faire un usage inconvenant du mot « escomptes » par l'intermédiaire de nos marques de commerce – Pharm-escomptes, Pharmacies Escomptes, et Pharm Rx Escomptes –, cette façon de nous identifier tissant, prétendait-on, une relation trop intime entre pharmacie et commerce. Inconvenance qui ne semblait cependant pas poser problème dans le cas des chaînes Pharmabec, Pharma Plus, Pharmaprix et Pharmaxi dont les établissements se multipliaient pourtant sans qu'on leur adresse les mêmes reproches. On déplorait également le fait que l'usage que nous faisions du mortier et du symbole Rx – « accédé populairement au statut de désignation graphique de la profession de pharmacien » – contribuait, par effet de retour, à mousser la vente des produits parapharmaceutiques qui étaient offerts dans nos établissements.

Pendant tout ce temps, convaincus que nos initiatives étaient justifiées et que ces préoccupations se situaient bien loin des attentes de la clientèle – le meilleur juge, à notre avis, dans ce genre de situation –, nous avons poursuivi nos compagnes publicitaires malgré les ordonnances d'injonction qui étaient prononcées contre nous. L'enjeu était trop important pour que nous laissions quelques militants rétrogrades nous dicter la voie à suivre.

Cela amena le comité de discipline de l'Ordre à faire usage d'un vocabulaire pour le moins incisif à notre endroit lorsque vint le temps de déterminer de quel genre d'infraction nous étions coupables. L'instance en question considéra que notre façon d'agir, « répétée de façon provocante, [était] une cause de scandale dans la profession, [constituait] une négation de l'autorité de l'Ordre sur ses membres, [mettait] en doute le bien-fondé des mesures prises par l'Ordre pour la protection du public et [portait] atteinte à la crédibilité de la profession ». Ce qui en disait long sur la bataille idéologique qui était menée.

Le tout se termina par une entente à l'amiable avec l'Ordre des pharmaciens du Québec au début des années quatre-vingt. Nous nous sommes conformés aux règlements portant sur la publicité et la tenue de pharmacie en ajustant nos campagnes publicitaires selon les normes édictées et en dressant les murs indiqués. Nous avons abandonné toute référence au mot «escomptes» dans nos appellations commerciales, le nom de Jean Coutu évoquant désormais à lui seul le type de commerce que nous exercions de même que la profession que nous pratiquions. Et mon fils Michel a habilement transformé le symbole de la profession en redisposant les lettres PJC de façon à évoquer le mortier sans donner l'impression de le reproduire intégralement.

Sans verser dans le ressentiment ou la frustration, je ne peux m'empêcher de penser que nous avons fait les frais d'une guerre larvée entre traditionalistes et progressistes dont l'issue ne pouvait se soustraire à l'élan de modernisme qui allait, tôt ou tard, emporter la profession de pharmacien. Lorsqu'on regarde de quelle façon notre modèle d'affaires et nos politiques commerciales ont été calquées depuis par l'ensemble des professionnels du milieu, il devient difficile d'affirmer que nous étions dans l'erreur.

De plus, le fait que le nom évoqué par notre marque de commerce fasse référence à quelqu'un de facilement identifiable n'est sûrement pas étranger aux emmerdes qu'on nous a fait subir et dont ont été épargnés nos compétiteurs. C'était peut-être, comme le mentionnait le comité de discipline de l'Ordre des pharmaciens du Québec avant d'annoncer les sanctions qui allaient nous être imposées, le prix à payer pour «faire partie d'une chaîne qui a été et qui est encore un chef de file en matière de publicité»…

Réaménagement et déménagement

Même si nous commencions alors à être présents un peu partout sur le territoire montréalais, les activités de notre première pharm-escomptes, sise au coin de la rue Garnier et de l'avenue du Mont-Royal, ne connurent pas de baisse de fréquentation pour autant. Il devenait cependant de plus en plus contraignant d'avoir à accommoder autant de gens dans des locaux qui, de surcroît, ne s'avéraient plus suffisamment adéquats pour offrir en tablette tous les nouveaux produits qui arrivaient sur le marché. Si bien qu'en 1975 nous avons emménagé dans les locaux laissés vacants par un supermarché Dominion, situé tout juste en face, de l'autre côté de l'avenue du Mont-Royal. L'édifice en question comptait deux étages de 12 500 pieds carrés chacun. En comparaison de ce à quoi nous étions habitués, c'était comme si nous passions d'une patinoire de quartier à un aréna ultramoderne. Nous avons aménagé la pharmacie au rez-de-chaussée, une clinique médicale au premier étage et l'entrepôt au sous-sol. Ce qui s'avéra, dans ce dernier cas, une amélioration dont nous seuls pouvions en mesurer toute la pertinence.

Depuis 1973, nous effectuions nos activités d'approvisionnement et de distribution à partir du sous-sol de notre première pharm-escomptes. Activités qui relevaient tout autant de la péripétie que de l'intendance. Ainsi, chaque matin à mon arrivée, je devais placer un appel téléphonique auprès de chacun des directeurs de nos différents établissements pour m'enquérir de leurs besoins en médicaments d'ordonnance, en médicaments brevetés et en produits d'hygiène et de beauté. J'assurais moi-même le suivi à chacune des commandes en recourant aux stocks alors disponibles en entrepôt ou en me réapprovisionnant auprès des fournisseurs. Une petite camionnette assurait par la suite la livraison aux diverses pharmacies. Un véritable travail d'artisan. Tout se faisait manuellement à l'aide de petits carnets où l'on notait les commandes et d'encombrants fichiers où l'on enregistrait les mouvements de stocks. Notre nouvel aménagement nous permit donc de rapprocher le niveau d'efficacité de nos activités de distribution de celui de nos activités de vente au détail.

Cependant, même si notre nouvel entrepôt présentait nombre d'avantages, il a rapidement peiné à suivre le rythme de croissance de nos nouvelles pharmacies. Ce qui nous a contraints, à plus de trois reprises au cours des années qui suivirent, à déménager nos pénates dans de plus vastes locaux. Nous nous sommes finalement installés à demeure dans le quartier industriel de Longueuil, en y aménageant le siège social de même qu'en y faisant construire un immense entrepôt doté d'installations ultramodernes facilitant nos activités de distribution.

Par ailleurs, comme les systèmes d'informatisation de données commençaient à se développer, nous avons également mis sur pied le Centre d'information Rx Ltée, une filiale de Farmico, qui avait pour mission de diriger le développement, l'implantation et la gestion des systèmes informatiques au sein de la compagnie et de son réseau de franchises. En faisant confiance à ces énormes machines, qui suscitaient autant d'euphorie chez les plus jeunes que de scepticisme chez les plus expérimentés, nous faisions de nouveau figure de pionniers dans notre domaine.

Nous avons de plus aménagé une garderie entièrement équipée, permettant ainsi à plusieurs parents de demeurer près de leur progéniture tout en s'évitant le pénible va-et-vient du matin et du soir vers une garderie de quartier. Nous avons de même fait construire un centre sportif des plus modernes, incluant une piscine intérieure, et un terrain de balle-molle avec éclairage complet pour les parties disputées en soirée. Nous voulions ainsi faire montre à nos employés de l'importance que nous leur accordons et de la reconnaissance que nous souhaitons également leur manifester. Non seulement désirons-nous qu'ils puissent jouir des conditions d'emploi les plus avantageuses dans notre domaine, mais nous souhaitons également que leur lieu de travail devienne un endroit des plus agréables où ils se plaisent à passer leurs journées et, s'ils le désirent, quelques-unes de leurs heures de loisirs.

Nouvelles législations

Au cours de la décennie soixante-dix, il n'y a pas que les conditions économiques et sociales qui ont contribué à remodeler l'univers de la pharmacie. Nos élus ont également procédé à une refonte des différentes lois régissant notre pratique. Ainsi, avant que ne prenne fin l'année 1972, toutes les provinces et les territoires canadiens possédaient leur propre régime d'assurance maladie, en ce qui concerne tant les soins hospitaliers que ceux dispensés dans les cliniques et les cabinets. Tous les frais reliés aux activités professionnelles des médecins étaient, par conséquent, désormais payés par l'État.

La même année au Québec, on assista à l'entrée en vigueur de l'assistance médicaments qui assurait la couverture par le régime public des frais reliés à leur consommation par les personnes âgées et les assistés sociaux. Un régime qui, bien que réservé à un segment restreint de la population, a eu un effet direct sur l'augmentation de la demande en pharmacie. Et comme cette initiative prévoyait la rémunération à l'acte de l'exécution des ordonnances pour les prestataires du régime, elle nécessita la signature d'une entente officielle entre le gouvernement du Québec et l'Association québécoise des pharmaciens propriétaires. Une situation qui a amené ces derniers à apprécier les solides assises syndicales qu'ils s'étaient données pour les représenter.

Puis l'année suivante, en 1973, alors que le système professionnel québécois comptait trente-huit ordres différents, le gouvernement du Québec institua le Code des professions qui entraîna de ce fait la création de l'Office des professions du Québec. La nouvelle législation préserva entre autres le principe de surveillance de la pratique par les professionnels eux-mêmes, mais elle distinguait clairement les syndicats des corporations. Le Collège des pharmaciens de la province de Québec devint alors l'Ordre des pharmaciens du Québec. Dans le contexte général de révision des lois constituant les nouveaux ordres professionnels, l'Ordre des pharmaciens profita de l'occasion pour proposer des changements à la Loi de la pharmacie.

Deux des changements apportés ont eu une influence particulière sur notre pratique. Le premier étant qu'un pharmacien ou une société de pharmaciens pouvait désormais posséder plus de trois pharmacies. L'autre étant que chaque établissement devait, à compter de ce moment, aménager ses locaux de façon que l'espace occupé par l'officine du pharmacien soit clairement démarqué des étalages regroupant les produits parapharmaceutiques et autres d'usage courant offerts en vente libre.

D'autre part, avant que ne se termine cette année 1973, le gouvernement libéral de Robert Bourassa déclencha des élections qui le reportèrent au pouvoir avec plus de 102 des 106 sièges alors disponibles à l'Assemblée nationale. Étant donné que la majorité des réformes proposées par la commission d'enquête qu'il avait dirigée avaient été mises en place alors qu'il occupait les fonctions de ministre de la Santé et des Services sociaux, Claude Castonguay, qui joua également un rôle prépondérant dans l'institution du Code des professions, décida de ne pas se représenter. Il n'en demeure pas moins un des principaux artisans des nombreux changements qui ont mené à la mise en place de notre système de santé.

De même, à la fin de la décennie, le gouvernement fédéral, de qui relève la législation relative à la vente et à la distribution des médicaments brevetés, apporta des amendements à la loi les régissant, en obligeant les fabricants à publier leurs formules de fabrication. C'est ainsi que l'on apprit que le fameux sirop d'anis Gauvin contenait de l'élixir parégorique, un mélange composé d'acide benzoïque, de camphre, d'anis et... d'opium ! On comprit ainsi mieux pourquoi les mères de famille le trouvaient si efficace pour soulager leurs nourrissons lorsqu'ils perçaient leurs dents ou qu'ils souffraient de coliques. En frottant leurs gencives avec la préparation en question ou en leur en faisant ingurgiter quelques gouttes, les poupons s'endormaient le sourire aux lèvres, « transportés » qu'ils étaient au-delà de leurs malaises. Des résultats que ne manquaient pas de rappeler les réclames publicitaires qui prétendaient que le sirop d'anis Gauvin n'avait pas d'égal pour soulager toutes les maladies de l'enfance...

Enfin, en confirmant leur statut de produit d'utilisation courante, la nouvelle réglementation enlevait de facto tout espoir aux pharmaciens d'éventuellement se réapproprier – comme cela avait été le cas pendant quelques mois au cours du siècle précédent – la vente exclusive des produits brevetés. Une situation qui soulignait une fois de plus l'impuissance de la profession à réglementer sa propre pratique et à contrôler la distribution de ces fameux produits – aux formules aussi improbables qu'aléatoires –, qui promettaient soulagement et guérison en moins de deux : « Aucun remède pour femmes, par l'univers entier, n'a reçu autant et d'aussi éloquents témoignages. Aucun autre n'a opéré autant de guérisons de troubles féminins et ne possède autant d'amies reconnaissantes que le Composé végétal de Lydia E. Pinkham. » Devant de telles affirmations, le thaumaturge de l'oratoire Saint-Joseph faisait bien piètre figure. Surtout que ce fameux composé contenait un pourcentage d'alcool presque aussi élevé que celui du whisky...

Vent en poupe

Quant à nous, il y a longtemps que nous n'attendions plus après nos instances corporatives pour aller de l'avant. À la fin de la décennie, nous comptions, par l'entremise de la société Farmico, quarante-huit pharm-escomptes à travers la province. Après l'acquisition de la Pharmacie Montréal, nous avions ouvert de nouvelles succursales à Montréal – rue Jarry –, puis à Valleyfield, Sainte-Foy, Trois-Rivières, Sept-Îles, Drummondville, Jonquière et un peu partout au Québec. Certains anciens collaborateurs étaient même revenus se joindre à nous. C'est ainsi que notre dix-neuvième accord de franchisage a été conclu à l'avantage d'une pharmacie de Ville Saint-Laurent appartenant à monsieur Léopold Denault, l'ancien associé de Louis Michaud au sein de la pharmacie qu'ils avaient possédée ensemble à la jonction du boulevard O'Brien et de la rue Dudemaine au début des années soixante.

Pour notre dixième anniversaire en juin 1979, nous avons lancé une offensive promotionnelle en lien avec l'année de l'enfant. Celle-ci n'était pas sans rappeler certains éléments de la fameuse campagne que nous avions mise de l'avant au cours des mois qui avaient suivi l'acquisition de ma première pharmacie, rue Sainte-Catherine. Nous avons fait tirer cinq cents bons d'achat d'une valeur de 125 $ échangeables dans n'importe quel magasin Sports Experts à travers le Québec. Seuls les moins de quatorze ans étaient admissibles à ce concours.

Nous n'avons pas manqué d'impliquer également chacun des directeurs des pharm-escomptes qui faisaient alors partie du groupe. Il nous a ainsi été possible de réunir une somme de 15 000 $ qui a été remise à l'Association québécoise des camps de vacances avec, pour mandat, d'avantager des enfants peu fortunés de manière qu'ils puissent participer à des activités organisées en milieu rural au cours de l'été qui allait suivre. Nous n'étions plus à l'ère des trains électriques Lionel et des poupées qui disent «Maman» lorsqu'on les prend, mais il demeurait tout aussi important pour nous de tenir compte des jeunes générations dans le cadre de nos activités commerciales visant à nous faire mieux connaître.

Travail et intuition

Alors que les prix du pétrole s'apprêtaient à grimper de nouveau en flèche et que les taux d'intérêt poursuivaient leur progression pour éventuellement dépasser la barrière psychologique des 20 %, nous poursuivions notre croissance à un rythme accéléré. Pour Louis Michaud et moi, il n'était pas question de se laisser décourager par la morosité économique ambiante qui prévalait à l'aube des années quatre-vingt. Comme je le rappelais lors d'une fête corporative organisée afin de souligner le dixième anniversaire de notre fondation, «il fallait être habité d'une certaine intuition pour bien saisir les attentes et les besoins du public en 1969. Il nous reste maintenant à redoubler d'efforts afin de demeurer les plus aptes à répondre à ses exigences. »

Un appel à la détermination et à la persévérance qui allait peu de temps après revêtir une connotation bien particulière en ce qui me concerne personnellement…

CHAPITRE 10

Seul à bord

En ce siècle où l'exploitation de l'or noir s'est avérée le facteur prédominant de développement, le début des années quatre-vingt a été marqué par un second choc pétrolier d'importance. Résultat direct de l'arrivée au pouvoir, tous deux en 1979, de l'ayatollah Khomeiny en Iran et de Saddam Hussein en Irak. L'entrée en guerre de ces deux pays allait provoquer une flambée des prix du pétrole qui ne manqua pas de causer d'importants ressacs partout sur la planète. En moins de temps qu'il n'en fallut à Wayne Gretzky, alors la nouvelle vedette de la Ligue nationale de hockey, pour s'inscrire dans le livre des records, le prix du baril de pétrole brut avait plus que doublé.

Au cours de la même période, Margaret Thatcher accédait aux fonctions de premier ministre du Royaume-Uni et Ronald Reagan devenait le quarantième président des États-Unis. La politique économique qu'ils préconisaient tous deux, orientée vers la libéralisation des échanges et la lutte à l'inflation, eut comme conséquence directe de créer la rareté du dollar américain et de provoquer une hausse vertigineuse des taux d'intérêt, accentuant de ce fait les contrecoups de la crise engendrée par les conflits au Moyen-Orient.

La crise de l'endettement qui s'ensuivit provoqua un profond déséquilibre du système financier international. Au point où, le 15 août 1982, le Mexique annonçait qu'il n'était plus en mesure de rembourser sa dette. Plus près de nous, d'un point de vue tant individuel que familial, les perspectives n'étaient guère plus réjouissantes. Au Québec, les taux d'intérêt sur prêts grimpèrent jusqu'à 20 % et plus d'un travailleur sur six se retrouva au chômage. Les faillites d'entreprises se multiplièrent et les familles peinèrent à trouver des moyens de boucler leur budget. L'ambiance était à la morosité, quand ce n'était pas à l'inquiétude et au découragement.

En ce qui nous concerne cependant, les affaires n'avaient jamais été aussi florissantes. Notre réseau de pharmacies enregistrait des ventes records et nous ne cessions de procéder à l'ouverture de nouvelles succursales. Louis Michaud et moi avions le sentiment que notre formule commerciale, basée sur des escomptes avantageux et des bas prix permanents, correspondait plus que jamais aux besoins de l'époque. Si, d'une part, nous peinions à convaincre nos collègues de la profession de la pertinence de notre façon de faire, l'actualité, d'autre part, venait largement nous donner raison. En ce difficile début de décennie, on pouvait donc affirmer que l'entreprise que Louis Michaud et moi avions mise sur pied avait atteint sa vitesse de croisière. Malgré l'incertitude engendrée par le contexte économique difficile, tout nous permettait d'entrevoir l'avenir avec confiance et optimisme.

Croisée de chemins

Louis et moi avions constitué un partenariat d'affaires dont une bonne part du succès reposait sur notre complémentarité. Grâce à ses affinités avec l'univers bancaire et à ses multiples connaissances des modalités inhérentes à l'investissement et au crédit, Louis Michaud assumait avec enthousiasme et habileté l'ensemble des aspects liés à la gestion financière de la compagnie. Il était particulièrement doué pour analyser l'évolution des marchés monétaires et en tirer profit pour l'entreprise.

En ce qui me concerne, je me sentais beaucoup plus à l'aise dans la gouvernance quotidienne des différents services que nous offrions à nos franchisés. Je me plaisais dans la gestion du personnel ainsi que dans les tâches liées à l'approvisionnement, au mouvement des stocks de même qu'au marketing et à la publicité.

En constatant à quel point notre partenariat corporatif baignait dans l'huile, plusieurs de nos proches et de nos collaborateurs n'hésitaient d'ailleurs pas à en faire allusion avec un brin d'ironie : « Michaud, c'est les piasses, tandis que Coutu, c'est les cennes. » Taquinerie complaisante qui, bien qu'elle n'ait pas manqué de nous faire sourire, reflétait une perception qui n'était pas dénuée de liens avec la réalité.

Mais au-delà de ce qui avait toutes les allures d'une association condamnée au succès permanent, j'estimais que Louis Michaud et moi en étions arrivés à la croisée des chemins. Alors que plusieurs partenaires d'affaires se seraient satisfaits des réussites cumulées et auraient trouvé une stimulation accrue à travers les défis qui s'annonçaient, je nourrissais une réflexion qui s'avérait d'un tout autre ordre. Même si notre avenir financier semblait désormais assuré, il m'apparaissait de plus en plus évident que la dynamique qui nous avait animés depuis le départ n'était plus génératrice des mêmes élans.

D'une part, Louis Michaud était aux prises avec des problèmes d'ordre personnel qui ne manquaient pas de le préoccuper grandement. D'autre part, il y avait mes fils qui, diplômes universitaires en main, commençaient à faire montre d'un intérêt évident à s'impliquer dans l'entreprise. Mon partenaire, et néanmoins ami, avait également des enfants tout aussi pourvus de ressources et d'ambitions que les miens, mais il n'y avait pas de doute dans mon esprit que, en tentant de faire équipe, ces jeunes auraient peiné à travailler ensemble. J'avais en effet constaté, à plus d'une reprise, que les intérêts des uns et des autres divergeaient sensiblement quant à la place qu'ils se voyaient occuper dans la compagnie. C'est entre autres ce qui m'a amené à faire part à mon associé des réflexions qui m'habitaient avec une transparence correspondant à celle qui avait toujours teinté nos rapports.

« Louis, nous formons une équipe gagnante depuis nombre d'années maintenant. Depuis nos tout premiers rapprochements lors de la mise sur pied du syndicat des pharmaciens, je me considère comme privilégié d'avoir fait équipe avec toi. Les résultats parlent d'eux-mêmes. Mais je doute que la formule qui nous a si bien servis jusqu'à maintenant puisse porter l'entreprise là où elle est désormais appelée à se rendre», que je lui dis, un jour que nous étions attablés au restaurant. «Pour ne rien te cacher, j'ai l'intention de racheter ta participation dans l'entreprise», ai-je ajouté, le laissant visiblement stupéfait. «Pourquoi dis-tu cela? Il y a treize ans que nous travaillons ensemble et nous nous sommes toujours bien entendus», qu'il me demanda, en tentant de ne pas trop laisser transparaître le malaise qu'il éprouvait.

Ma volonté de devenir propriétaire unique de Farmico n'avait rien à voir avec un quelconque conflit personnel ou un différent irréconciliable. Elle émanait plutôt d'un désir de maintenir, dans chacun de nos établissements pharmaceutiques, cet esprit de service et de proximité avec notre clientèle sur lequel reposait une bonne part de notre succès. Ce n'est pas que je craignais le désengagement de Louis Michaud à cet égard, mais, avec les changements rapides qui s'annonçaient, je voulais éviter que les impératifs liés au financement et à la rentabilité viennent obnubiler cet aspect fondamental qui déterminait, et qui définit toujours, la culture de l'entreprise que nous avions édifiée ensemble.

«Écoute, Louis, je ne passerai pas par quatre chemins. Je doute qu'il soit de nos intérêts respectifs de maintenir notre association. De deux choses l'une: j'achète tes parts ou tu te portes acquéreur des miennes.» Je comprenais très bien à quel point une proposition aussi inattendue pouvait le heurter. Mais j'avais la ferme conviction qu'il s'agissait là de la meilleure façon d'agir. «J'ai longuement réfléchi et je compte t'offrir un montant représentatif de tout l'investissement personnel et financier que tu as mis dans l'entreprise. Je peux t'assurer que tu ne seras pas désavantagé par la proposition que je m'apprête à te faire.»

Initiative à double tranchant

Non seulement avais-je le désir d'être équitable envers ce partenaire qui s'était toujours montré loyal et fidèle envers moi, mais, d'un point de vue strictement légal, je me devais aussi de faire preuve de probité. En effet, *notre convention d'actionnaires comportait une clause coercitive, mieux connue sous l'appellation de shutgun* dans le jargon des affaires. Bien qu'elle puisse être déclinée de plusieurs façons, la particularité de cette option consiste à offrir la possibilité à un actionnaire, lié par convention à un ou plusieurs autres partenaires, de présenter, en tout temps, une offre d'achat ou une proposition de vente de ses actions aux autres détenteurs. Comme on peut le deviner, cela évite que la propriété, partielle ou totale, d'une entreprise passe aux mains d'intérêts étrangers sans que les actionnaires concernés aient pu, prioritairement, se prévaloir des mêmes conditions.

Dans ce genre de transaction, il est de coutume que ce soit celui qui initie l'éventuelle transaction qui détermine le prix d'achat ou de vente. Or, bien que le vis-à-vis se retrouve dans l'obligation d'accepter ou de refuser l'offre qui lui est faite, il a cependant la possibilité de reprendre à son compte les conditions de l'offrant et d'obliger ce dernier à lui céder ses actions au prix initialement annoncé. Autrement dit, si je faisais une offre que mon partenaire jugeait inférieure à la valeur estimée de ses actions, il aurait eu tout loisir d'acheter les miennes au même prix – ce que, légalement, je ne pouvais refuser – et de devenir alors l'actionnaire unique à prix de rabais.

D'autre part, si je lui faisais une offre trop généreuse et que, par opportunisme, il acceptait, je me serais retrouvé dans l'obligation de payer les coûts trop élevés d'un achat dont j'aurais moi-même gonflé la valeur. C'est pour cette raison qu'on considère que ce type de transaction comporte un effet « boomerang », l'initiateur ne pouvant jamais présumer avec certitude de la position qu'il occupera une fois que son ou ses vis-à-vis auront fait connaître leurs intentions. Il s'agit donc d'une option à manipuler avec beaucoup de soin lorsqu'on songe à s'en prévaloir.

Comme nous n'étions que deux actionnaires, que nous avions investi le même montant initial dans l'entreprise et que notre participation avait désormais la même valeur actuarielle, il devenait inévitable que, une fois mon offre déposée, un seul de nous deux allait se retrouver propriétaire. Or, même si le processus peut paraître quelque peu cavalier aux yeux de non-initiés, je me doutais que mon partenaire, une fois l'effet de surprise estompé, saurait considérer ma proposition avec intérêt. Louis Michaud était d'abord et avant tout un businessman qui, bien qu'excellent pharmacien, trouvait davantage plaisir à dégager des marges bénéficiaires qu'à manipuler des comprimés et des sirops. Comme le dit l'adage : à chacun ses talents. Et, dans son cas, le moins que l'on puisse dire, c'est qu'il ne s'était pas ménagé pour faire profiter l'entreprise de tous ceux qu'il possédait.

Il y avait également un autre élément, plus intangible mais non moins appréciable, que mon collègue partenaire ne pouvait ignorer dans l'offre d'achat que je m'apprêtais à déposer. C'était la valeur marchande de l'appellation commerciale des établissements qui opéraient sous une franchise de la société Farmico. Les Pharm-escomptes Jean Coutu étaient en effet devenues une référence dans l'univers pharmaceutique au Québec. D'abord en raison des liens spontanés qui s'exerçaient avec le nom du comédien bien connu. Si les hasards de la vie avaient fait en sorte que je possède, parmi la colonie artistique québécoise, un homonyme des plus appréciés du grand public, je ne pouvais ignorer que cela servait particulièrement bien les commerces qui s'affichaient sous ce même nom.

C'est d'ailleurs Louis Michaud qui, dès le début, avait lui-même insisté pour que nos pharmacies reproduisent bien clairement mon nom sur les enseignes lumineuses ainsi que dans les nombreux encarts publicitaires que nous produisions. « Lorsque je gérais seul mes premiers établissements dans l'ouest de la ville, m'avait-il alors dit, ils portaient les noms de Pharmacie Barclay et de Pharmacie O'Brien. À part quelques habitués, personne n'était au courant qu'ils m'appartenaient. J'ai constaté l'impact que pouvait représenter un commerce identifié au nom de son propriétaire lorsque nous nous sommes associés pour ouvrir notre première pharm-escomptes. Les gens avaient le sentiment de se rendre chez quelqu'un plutôt que de simplement pénétrer dans un établissement commercial. L'atmosphère était beaucoup plus conviviale que ce que j'avais connu auparavant. »

Je ne pouvais que lui donner raison. Bien avant notre aventure commune, j'avais moi-même expérimenté ce à quoi Louis Michaud faisait référence. Lorsque j'assurais la gérance des pharmacies de mon cousin – qui portaient toutes trois le nom de Pharmacie Jean Locas –, les clients avaient la certitude, même s'il n'en était rien, que la gouverne quotidienne de l'endroit était assurée par mon cousin de Saint-Hyacinthe. Lorsqu'ils demandaient à voir le patron, c'est Jean Locas qu'ils s'attendaient à voir surgir derrière le comptoir et non un jeune débutant qui n'avait que le prénom en commun avec « le vrai *boss* ». Ce qui fait une fois de plus la démonstration que, dans une relation commerciale, quelle qu'en soit l'importance, on cherche d'abord et avant tout à faire affaire avec des gens plutôt qu'avec une entité administrative.

Après avoir pris la mesure de toutes ces considérations, je remis donc à Louis Michaud le document qui contenait tous les détails de ma proposition d'achat. « Peut-être que je serais moi-même intéressé à acquérir tes parts », qu'il me répondit spontanément. C'était son droit et j'étais parfaitement conscient qu'il avait tout loisir d'exercer cette option. « As-tu songé à ce que tu ferais si je te retournais l'offre ? » qu'il ajouta, bien au fait que je n'aurais alors pas d'autre choix que d'accepter. « Je demeurerais sans doute dans l'univers de la pharmacie. Et même si, en te vendant, je me voyais dans l'obligation de te céder également les marques de commerce correspondantes – Pharm-escomptes Jean Coutu, Pharmacies à escomptes Jean Coutu et Farmico –, rien ne m'empêcherait d'exploiter d'autres établissements sous le nom de "Pharmacie Jean Coutu" ou de "Jean Coutu, pharmacien". D'autant que le Collège des pharmaciens nous oblige à apposer notre nom sur chacune de nos signatures corporatives. »

Louis Michaud était un homme d'affaires avisé ; il savait fort bien qu'il avait peu de chances de sortir gagnant d'une situation où nous nous serions livré une compétition sur la base d'appellations en plusieurs points comparables. J'ai d'ailleurs vite compris que sa réaction première relevait beaucoup plus d'un réflexe stratégique que d'une volonté arrêtée de devenir le seul maître à bord. Visiblement, il ne nourrissait pas le même enthousiasme que moi à vouloir porter l'aventure plus loin. Il revint d'ailleurs auprès de moi à l'intérieur des délais prescrits pour me faire part de son accord de principe. Nous nous sommes entendus rapidement sur les quelques éléments qu'il souhaitait voir s'ajouter à notre entente, dont celui de demeurer propriétaire d'un établissement à l'intérieur de la chaîne que nous avions créée ensemble. Une concession que je me fis grand plaisir de lui accorder en la bonifiant de privilèges qu'on ne fait qu'à des partenaires à qui l'on porte une haute estime.

Dissociation coûteuse

Bien que les choses se soient passées correctement, je n'irai tout de même pas jusqu'à dire qu'il a accepté la situation avec gaieté de cœur. En agissant de la sorte, je l'obligeais à se dissocier d'une réussite professionnelle dont il avait été un des artisans majeurs, à un moment où il se voyait de plus contraint à faire d'autres deuils éprouvants dans sa vie personnelle. Tous les sous qu'il en a récoltés n'ont pu atténuer complètement les quelques élans d'amertume – tout à fait compréhensibles – qui en ont résulté. Ce qui ne m'a pas empêché de demeurer convaincu que c'était la meilleure chose à faire pour le bien-être et l'avenir de la compagnie. Pour lui également, suis-je porté à penser, lorsque je vois avec quel succès il a par la suite réussi dans ses différentes entreprises.

Toutefois, afin que je puisse soutenir l'offre d'achat que j'avais faite à mon partenaire de la première heure, j'ai dû m'endetter considérablement. Non seulement je n'en avais pas l'habitude, mais, avec des taux d'intérêt avoisinant les vingt pour cent, je n'avais surtout pas l'intention de laisser un aussi considérable emprunt alourdir très longtemps les bilans d'exercice de la compagnie.

Je réunis alors mes plus proches collaborateurs, Jacques Masse et Yvon Béchard, respectivement vice-présidents aux opérations et aux finances, afin d'établir une stratégie qui nous permettrait de rembourser les banquiers le plus rapidement possible. Nous avons d'abord convenu de geler nos salaires tout en continuant, malgré la précarité de la situation économique, de réviser à la hausse ceux de nos employés. Nous avons également procédé à une gestion plus resserrée des stocks de façon à maximiser le taux de roulement. Nous avons par la suite concentré notre stratégie publicitaire afin de cibler de façon encore plus précise les segments de clientèle qui assuraient l'essentiel de nos revenus.

En optimisant ainsi nos modalités de gestion et en stimulant chacun à mettre l'épaule à la roue avec détermination et enthousiasme, nous avons été en mesure de recevoir une quittance complète des dettes que j'avais contractées en moins de trente-six mois. Une performance, peu commune dans les circonstances, que je me suis empressé de souligner auprès des deux vice-présidents concernés – qui n'avaient pas hésité à faire preuve de l'abnégation requise – en bonifiant sensiblement leurs conditions de travail et en les gratifiant d'une participation significative au rendement de l'entreprise.

Gérance insensible

Si l'arrangement assurait l'avenir financier de Louis Michaud et de toute sa famille, il représentait également pour moi une plus-value d'une importance susceptible de confronter certaines des valeurs auxquelles j'accordais la plus grande considération. En me portant acquéreur de la totalité du capital-actions de l'entreprise, j'augmentais certes ma part de risques, mais je multipliais également par deux mon potentiel de profitabilité. Et en tenant compte de la progression que l'entreprise avait enregistrée au cours des récentes années, je n'avais pas besoin d'une étude actuarielle pour imaginer que le retour que je pouvais anticiper sur investissement était sans commune mesure avec ce que j'avais connu lors de ma première expérience au coin des rues Aird et Sainte-Catherine.

Ce que je redoutais avant tout, c'est que ma profession de pharmacien se trouve occultée par l'importance que prendraient désormais la gestion et l'administration dans ma vie de tous les jours. J'étais devenu pharmacien pour me rapprocher des gens et non pour m'engager dans une course effrénée aux marges de profit. Ce n'est pas qu'à mes yeux ces deux considérations soient incompatibles. C'est que j'estime essentiel que les avantages que l'on peut retirer de l'exploitation d'une entreprise ne doivent jamais nous faire perdre de vue les raisons pour lesquelles nous nous sommes lancés en affaires. Et heureusement, pour me rappeler à cette réalité, j'ai toujours eu frais à la mémoire une expérience de jeunesse qui m'avait beaucoup marqué et qui est toujours demeurée déterminante par la suite dans ma façon de «faire des affaires».

Lorsque j'étais encore tout jeune garçon, mon père m'invitait souvent à monter en voiture avec lui lorsqu'il allait visiter les malades qu'il soignait à domicile. À chaque fois, c'était une véritable fête pour moi. Il s'agissait d'une occasion privilégiée de passer un moment de proximité avec lui et de découvrir des quartiers de la ville qui ne m'auraient jamais été accessibles autrement. C'est dans le cadre d'une de ces balades que j'ai un jour découvert que la perception que les gens pouvaient se faire de l'entrepreneuriat pouvait prendre des formes tout aussi différentes qu'étonnantes.

Alors que nous étions arrêtés au poste d'essence pour faire le plein, je me rendis attendre mon père dans le petit local attenant à l'atelier de mécanique, là où les gens allaient payer leur dû. Au moment où je m'y trouvais entrèrent deux hommes qui, si je me fie aux familiarités qu'ils échangèrent, se connaissaient depuis un bon moment. « Dis donc, Roger, j'ai récemment appris que tu t'étais lancé en affaires ! » dit le plus vieux, visiblement envieux de l'initiative de son vis-à-vis. Avec un petit air de suffisance démontrant qu'il faisait désormais partie du cercle privilégié des gens d'affaires, l'autre répliqua aussitôt : « Certainement, mon Paul ; et la première chose que j'ai faite en commençant ma nouvelle carrière, ç'a été de donner mon cœur aux cochons ! »

Tout enfant que j'étais, je ne pouvais imaginer ce que signifiait ce langage. D'autant que, à cette époque où je me préparais à ma confirmation et à ma première communion, les seules personnes qui m'apparaissaient dignes que je leur offre mon cœur étaient le petit Jésus ou sa sainte mère, l'Immaculée Conception. Mais comme mon père se pressait pour compléter sa tournée de visites, j'en ai conclu que ce n'était pas le moment de lui demander des explications. Chose certaine cependant, cette conversation m'avait marqué profondément. Comment des gens pouvaient-ils en arriver à donner leur cœur aux cochons pour réussir en affaires ?

Comme on peut le deviner, ce n'est que beaucoup plus tard que j'ai saisi la véritable signification de cette boutade. J'ai alors compris que, dans la perspective de certaines gens, la bonne marche des affaires nécessite que l'on se désensibilise complètement à l'égard des gens qu'on prétend servir. Autrement dit, pour réussir en tant qu'entrepreneur, il vaut mieux ne pas avoir de cœur. Que les affaires sont les affaires et que la vie se passe loin ailleurs, en retrait du commerce et du négoce. D'où l'avantage de confier le plus rapidement possible son cœur aux cochons pour qu'ils n'en fassent qu'une bouchée.

Prospérité trompeuse

Cette perception, méprisante et réductrice, qui en vient à justifier les pires excès, va à l'encontre de tout ce qui m'avait été inculqué. Selon moi, si la quête de profit doit se faire au détriment de la valorisation de la dimension humaine, elle n'a pas sa raison d'être. Gagner de l'argent et faire œuvre utile sont non seulement compatibles, ils sont même complémentaires.

Je considère en effet que les paroles que l'on prête au bon vieux Horace, ce poète de l'Antiquité reconnu comme un modèle d'équilibre et de mesure – «L'argent est un bon serviteur mais un bien mauvais maître» –, sont plus d'actualité que jamais. Selon moi, c'est une erreur de penser que le cumul des sous peut se révéler un véritable facteur d'accomplissement dans la vie. Je crois plutôt que l'argent n'est qu'un moyen, parmi d'autres, qui nous est offert pour réaliser des choses qui, elles, peuvent s'avérer des facteurs d'édification pour nos semblables de même que pour le monde en devenir.

En ce qui me concerne, je ne crois pas que quelqu'un ait davantage de chances de se réaliser pleinement du simple fait qu'il possède plus que d'autres. Je considère plutôt que c'est la mise en commun de nos talents, et des efforts que nous sommes disposés à déployer pour les faire profiter, qui est susceptible de nous procurer une véritable satisfaction et de susciter le respect autour de nous. Et si, par surcroît, cette combinaison nous assure la prospérité, il s'agit là d'un privilège que l'on se doit de reconnaître pour les responsabilités qu'elle comporte et non pour l'orgueil factice qu'elle procure.

Car si le rôle d'un compositeur est de faire de la musique, d'un peintre de produire des tableaux et d'un auteur d'écrire des romans, celui d'un entrepreneur, dans la conduite de ses affaires, est de créer de la richesse. Pour lui, comme pour la société qui lui en offre les possibilités. Mais cette richesse ne demeure qu'une résultante pour laquelle il ne vaut aucunement la peine de se désensibiliser. Elle n'est qu'un moyen mis à notre disposition pour contribuer à de meilleurs rapports d'équilibre entre les individus et pour favoriser un type de création susceptible, selon moi, d'humaniser l'argent. Sinon, celui-ci finira par nous posséder et ceux qui se complaisent dans son cumul mourront avec lui.

« À quoi servirait-il à un homme de gagner le monde entier si c'est pour perdre sa vie ? » Bien au fait de ce qui habite le cœur de l'homme, le fils du charpentier de Nazareth a bien su confronter ses contemporains à la futilité de l'argent. L'interrogation m'apparaît tout aussi pertinente aujourd'hui pour ceux et celles qui pensent que leur fortune leur survivra. C'est là, à mon sens, faire preuve de profonde méprise. On se rappellera des Mozart, Rembrandt et Victor Hugo. Parce que leurs œuvres, à cause des sentiments qu'elles inspirent, continueront à perpétuer leur mémoire. Mais qui se souviendra d'un riche ? Avec beaucoup de chance, peut-être de quelques mécènes... à condition qu'ils aient laissé leur nom à un musée, une fondation ou une salle de concert. Qu'on ne s'y trompe pas, toutefois. Les œuvres dont ils auront contribué à assurer la pérennité demeureront toujours l'objet d'une admiration sans commune mesure avec tout l'argent qu'ils auront pu générer ou accumuler. Et ce n'est surtout pas parce qu'ils auront donné leur cœur aux cochons que les plus performants inspireront quelque sentiment édifiant à leur suite.

Je n'ai jamais su si l'entrepreneur en devenir, rencontré au hasard de cette balade avec mon père, avait atteint les objectifs qu'il s'était fixés en se lançant en affaires. Ce dont je peux témoigner cependant, c'est qu'il m'a grandement aidé à situer et, avec le temps, à maintenir dans le bon ordre les valeurs que j'avais fait le choix de privilégier dans ma vie.

Débordements frontaliers

Une fois que les transactions ont été complétées avec Louis Michaud, je me suis dit que le temps était venu d'étendre quelque peu notre présence hors des frontières du Québec. Comme j'avais toujours privilégié la prudence en matière d'expansion, nous avons d'abord choisi de nous rapprocher des concentrations francophones que l'on retrouve aux abords des Maritimes. Nous nous sommes donc établis en premier lieu à Edmundston, tout juste à la frontière du Québec et du Nouveau-Brunswick. Au royaume de la Sagouine… et des fameuses ployes.

Comme la majorité de ceux qui ne s'étaient jamais rendus dans cette province, je n'avais jamais entendu parler de ces crêpes-pains si populaires dans cette région nord-ouest de la province, mieux connue sous le nom de Madawaska. Sorte de galette de sarrasin, la ploye est surtout utilisée comme substitut au pain durant les repas. Trempée dans le sirop, elle peut aussi bien agrémenter le petit-déjeuner ou le dessert. Devenue maintenant un accompagnement pittoresque suscitant l'intérêt des touristes, la ploye occupait autrefois une place de choix sur la table des familles nombreuses. Par respect pour les traditions locales, j'en ai bien sûr goûté, mais je n'ai cependant jamais poussé ma sollicitude avec les gens de la place jusqu'à en offrir dans nos pharmacies du Nouveau-Brunswick…

Pour établir nos premières franchises dans ce coin de pays où le Saint-Laurent se jette dans l'Atlantique, nous nous sommes d'abord rapprochés de la famille Brau qui jouissait d'une excellente réputation dans le réseau des pharmacies de détail. Grand amateur de voitures, Peter Jon Brau a malheureusement perdu la vie dans un accident d'automobile. À sa mémoire, nous avons par la suite créé le prix Peter Jon Brau décerné chaque année à la pharmacie la plus méritante de notre réseau. Une façon à nous de reconnaître l'apport de pionniers et de leaders dans leur milieu.

Une fois le pied posé en terre madawaskayenne, nous avons lentement poursuivi notre pénétration sur le territoire en nous concentrant d'abord sur la partie nord de la province : Grand-Sault, Campbellton, Shediac, Moncton, Fredericton, Bathurst, Caraquet et Tracadie. Puis nous nous sommes associés à la famille Ford, aussi bien connue et qui possédait des pharmacies à Moncton et Riverview. Chacune de ces initiatives s'est avérée un franc succès, car les gens du Nouveau-Brunswick appréciaient retrouver chez eux une marque de commerce qui leur était familière et qui était reconnue pour la qualité de ses services professionnels de même que pour sa politique de prix des plus concurrentielles.

Nous comptons aujourd'hui seize pharmaciens propriétaires d'un établissement affichant notre appellation commerciale. Il s'agit pour nous d'une opération qui s'est toujours avérée particulièrement stimulante et profitable. Nous sommes ainsi en mesure d'affirmer avec fierté que, dans chaque endroit de la province où une pharmacie du Groupe Jean Coutu tient une place d'affaires, elle fait figure de leader dans son milieu.

Il y en a tout de même une qui est investie d'une mission quelque peu particulière. Il s'agit de l'établissement de la petite municipalité de Sackville, située tout juste aux frontières de la Nouvelle-Écosse. Par cette présence discrète mais non moins active dans ce territoire un peu plus éloigné, nous veillons ainsi à saisir toute bonne occasion qui pourrait se présenter d'étendre nos activités à l'ensemble des provinces maritimes.

Au cours de la même période, nous avons également ouvert quelques établissements du côté de l'Ontario, en nous concentrant d'abord près des frontières de la rivière des Outaouais, là où les gens nous connaissaient déjà. Puis nous nous sommes aventurés un peu plus vers la partie ouest de la province. Dans ces milieux essentiellement anglophones, nous avons créé la marque Maxi Drugs, plus inspirante pour la clientèle anglo-saxonne que le nom d'un comédien de langue française incarnant un obscur coureur des bois de la Belle Province. La première phase de l'opération ontarienne, plus orientée vers notre clientèle naturelle, s'est avérée plus concluante que la seconde qui, bien qu'intéressante, s'est retrouvée rapidement confrontée à la difficulté d'entreprendre une expansion, dans un univers culturel et linguistique différent, sans nous porter acquéreurs d'une chaîne déjà existante. Nous nous sommes par conséquent repliés sur le territoire frontalier avec, comme objectif, de relancer un jour cette initiative dans le cadre d'une opération plus imposante et plus structurée.

À la suite de ces initiatives qui nous ont rappelé clairement où se trouvaient nos intérêts premiers, nous nous sommes concentrés sur notre croissance au Québec. D'autant que la concurrence locale se faisait de plus en plus féroce. Ce qui nous a poussés à faire appel à notre créativité afin d'augmenter et de fidéliser notre clientèle.

Ambiguïtés politiques

Si l'année 1980 a marqué un tournant d'importance pour l'entreprise, elle s'est également avérée mémorable dans l'histoire politique du Québec. En effet, le mardi 20 mai se tenait le premier référendum portant sur l'avenir de la province au sein du Canada. Lors de la campagne électorale de 1976, René Lévesque s'était engagé à consulter la population en ce sens si le Parti québécois était porté au pouvoir.

En habile politicien qu'il était, Lévesque avait flairé que son projet rencontrerait une certaine résistance. C'est pour cette raison qu'il a préféré proposer une démarche progressive plutôt qu'une formule irréversible qui aurait enclenché de facto le retrait du Québec de la confédération canadienne, en posant une question qui ne risquait pas de refermer quelque porte derrière lui : « Le gouvernement du Québec a fait connaître sa proposition d'en arriver, avec le reste du Canada, à une nouvelle entente fondée sur le principe de l'égalité des peuples ; cette entente permettrait au Québec d'acquérir le pouvoir exclusif de faire ses lois, de percevoir ses impôts et d'établir ses relations extérieures, ce qui est la souveraineté, et, en même temps, de maintenir avec le Canada une association économique comportant l'utilisation de la même monnaie ; aucun changement de statut politique résultant de ces négociations ne sera réalisé sans l'accord de la population lors d'un autre référendum ; en conséquence, accordez-vous au gouvernement du Québec le mandat de négocier l'entente proposée entre le Québec et le Canada ? »

Cette idée de mandater le gouvernement en place à Québec afin qu'il entreprenne des démarches plus dirigées dans le but de se réapproprier un certain nombre de pouvoirs d'Ottawa m'apparaissait séduisante. C'est pour cette raison que, après moult hésitations, j'ai finalement voté « Oui » lors de ce premier référendum. Comme il y avait un engagement ferme de la part du gouvernement concerné de revenir vers la population avant d'enclencher quelque processus que ce soit d'accession à l'indépendance, j'estimais que le risque était peu élevé d'y perdre au change. L'équipe en place avait fait montre d'un dynamisme évident depuis qu'elle était au pouvoir et il y avait de bonnes raisons de croire que, à l'intérieur des limites qu'elle s'était données, la démarche proposée avait des chances de renforcer la position du Québec à l'intérieur du Canada.

Il me semble d'ailleurs que le contexte du moment se prêtait bien à ce type d'initiative. Chacun à leur façon, les deux figures politiques dominantes de l'époque, Pierre Elliott Trudeau et René Lévesque, s'étaient portées à la tête d'initiatives relativement audacieuses afin de rassurer, d'un côté, les francophones du pays et, de l'autre, les Québécois de langue française quant à leur statut et à leurs droits des deux côtés de la rivière des Outaouais. Pour ce faire, le premier avait fait voter la Loi canadienne sur les langues officielles et le second avait fait adopter la Charte québécoise de la langue française. Mais, de toute évidence, ces initiatives ne s'étaient pas avérées suffisantes pour poser le couvercle sur la marmite où bouillonnait l'éternel débat constitutionnel.

Comme on le sait tous aujourd'hui, le rendez-vous historique annoncé par René Lévesque n'a pas eu lieu. Le résultat de cette consultation populaire a confirmé ce que les sondages avaient largement prédit : à près de soixante pour cent, les Québécois ont préféré le fédéralisme canadien à la souveraineté politique. Saisissant bien que la démarche n'avait pas élucidé le fond du problème, Lévesque nous annonça le soir même qu'il y aurait « une prochaine fois ». Une déclaration qui me fit presque regretter de m'être prononcé en faveur de la démarche proposée. Pour moi, l'exercice avait été fait et le temps était maintenant venu de passer à autre chose.

La suite relève de l'histoire. Après le second référendum, le Québec se retrouva plus déchiré que jamais. Au cours des années, plutôt moroses, qui suivirent, on continua de voter massivement, aux scrutins fédéraux, pour le Parti libéral et, aux élections provinciales, pour le Parti québécois. Est-ce à dire que la boutade d'Yvon Deschamps – « Ce que veut le vrai Québécois, c'est un Québec indépendant dans un Canada fort ! » – représente le juste profil politique de ceux et celles qu'on qualifiait jusqu'à une époque récente de « Canadiens français » ? Difficile de ne pas penser que notre humoriste national avait visé plutôt juste en esquissant à la blague ce qui, pour l'observateur impartial, pouvait paraître aussi paradoxal qu'insaisissable.

Paradoxe culturel

Avec le temps, j'en suis venu à penser que ce serait faire erreur de chercher une quelconque forme de logique dans les réflexes politiques des Québécois. Car nos options sont tout autant teintées de pragmatisme que de coups de cœur. En nous complaisant dans ce qui a toutes les allures d'une macédoine idéologique, nous avons le sentiment d'assurer un refuge à notre identité culturelle. Il n'y a qu'à voir avec quelle régularité, au cours des cinquante dernières années, nous avons porté au pouvoir à Québec un traditionnel parti de droite en alternance avec un parti social-démocrate de gauche modérée. Tout comme à Ottawa, depuis plus de vingt ans, où nous déléguons simultanément une députation de tendance néolibérale aux côtés d'une autre qui, au nom des intérêts québécois, accepte de jouer le jeu parlementaire tout en sachant très bien qu'elle n'accédera jamais au pouvoir.

Bien que mon regard sur la situation ne relève en rien de l'anthropologie ou de la sociologie, je me permets d'avancer une explication à cette ambivalence en toute apparence chronique. Comment, d'un côté, ne pas reconnaître dans nos origines gauloises ce désir récurrent de nous affirmer – et de nous montrer même frondeurs à l'occasion – face à un vis-à-vis susceptible de présenter une menace à notre identité ? Et comment, de l'autre, ne pas déceler une part de notre héritage anglo-saxon dans cette prudence exacerbée qui nous rappelle sans cesse l'importance de ne pas mettre tous nos œufs dans le même panier lorsqu'il est question de notre place et de notre rôle au sein de l'échiquier politique ?

Cette ambivalence, elle est plus qu'idéologique, elle est culturelle. On peut facilement l'observer dans d'autres aspects de nos vies. D'un côté, nous vantons les beautés de nos grands espaces, mais, de l'autre, nous nous précipitons sur les plages américaines, été comme hiver, aussitôt que nous en avons la possibilité et les moyens. Comme nous nous exclamons devant le talent de nos poètes locaux, tout en nous précipitant sur les traductions de best-sellers de la littérature internationale. Y a-t-il alors lieu de s'étonner que nous fassions de même lorsque nous sommes convoqués aux urnes ?

Loin de moi cependant l'idée de croire qu'il s'agit là d'une carence ou d'une limite. Au contraire, je crois même que cette spécificité qui nous définit s'avère un facteur déterminant pour notre survie, immergés que nous sommes dans une marée anglo-saxonne. Et personnellement, je ne me sens pas étranger à ce que d'aucuns pourraient qualifier de dispersion idéologique. J'ai souvenance d'une période où je n'ai pas hésité à voter successivement pour René Lévesque à Québec, Pierre Elliott Trudeau à Ottawa et Jean Drapeau à Montréal. C'est que j'étais tout simplement convaincu que, dans les circonstances, et à cette étape précise de notre parcours politique et social, ces trois hommes étaient ceux qui pouvaient le mieux assurer la gouverne à chacun de leur palier de gouvernement respectif.

J'ai eu l'occasion de faire part de la complémentarité des sentiments qui m'habitent lorsque je me suis un jour retrouvé en ondes à la radio, dans le cadre d'une émission à laquelle participait le premier ministre de l'époque, monsieur Bernard Landry. Après que ce dernier eut affirmé haut et fort qu'il était «en amour avec le Québec», l'animateur se retourna spontanément vers moi afin de connaître mes humeurs politiques. «Moi aussi, je suis en amour avec le Québec, que je m'empressai de répondre, mais ma blonde demeure au Canada.»

Comme de plus en plus de gens, et de jeunes en particulier, je perçois que les enjeux se situent désormais à d'autres niveaux. Avec la perméabilité qu'ajoute de nos jours la mondialisation à nos frontières linguistiques et culturelles, je doute que le repli et l'isolement représentent les solutions de l'avenir. Je crois que les défis se posent désormais beaucoup plus en termes d'interaction que d'affrontement. Plus d'un jalon a d'ailleurs été posé en ce sens au cours des récentes décennies. Ne serait-ce que sur les plans de la culture et des affaires, on compte de plus en plus de créateurs et d'entrepreneurs québécois de langue française qui se démarquent ailleurs au pays ainsi qu'à travers la planète sans qu'ils aient eu à rencontrer de résistances comparables à celles d'antan. Et comment ne pas reconnaître un signe, bien que timide, dans le nombre de jeunes anglophones qui s'appliquent à apprendre le français? Qu'est-ce qui est le plus important: fixer des yeux le rétroviseur ou porter le regard vers l'avant?

Quelle que soit notre option politique, que nous fassions partie de ceux qui estiment que «les Québécois forment une nation au sein d'un Canada uni» ou des autres qui croient que «nous sommes quelque chose comme un grand peuple », je persiste à croire que nous avons acquis le niveau de confiance nécessaire en nos moyens et en nos ressources afin de vraiment faire valoir nos intérêts collectifs au sein de la confédération canadienne sans continuellement brandir la menace de retrait.

Traitements calculateurs

Bien que certains d'entre eux agissent de façon qui n'honore pas toujours leur profession, je nourris tout de même un profond respect pour les hommes et les femmes politiques. J'estime en effet qu'il faut être animé d'un certain courage et d'une bonne dose d'abnégation pour accepter de s'éloigner de sa famille et de son champ d'activités quotidiennes pour accepter d'avancer des idées et de porter des projets qui font d'eux l'objet de constantes critiques.

Il y en a, bien sûr, qui s'y lancent par opportunisme. C'est décevant et déplorable à la fois, mais, comme dans toute activité appelant le don de soi, force est de constater que la vocation n'est pas donnée à tout le monde. Cependant, pour avoir connu un certain nombre de politiciens, je ne crains pas trop d'affirmer que la majorité présente les qualités morales et professionnelles qui font d'eux des représentants dignes de notre confiance. Mais comme les gratifications demeurent bien en deçà des niveaux d'exigence et de responsabilité, il n'y a pas à s'étonner que nous éprouvions tant de difficulté à recruter les meilleurs afin de former l'élite politique dont nous aurions tant besoin.

C'est pour cette raison que je considère qu'il est impératif de revoir complètement leur forme de rémunération. J'estime en effet que ces gens sont sous-payés. À quel point sommes-nous conscients que, pour assumer des responsabilités comparables dans n'importe quelle autre sphère d'activités corporatives ou institutionnelles de la société, ces hommes et ces femmes seraient gratifiés d'honoraires et de conditions de travail nettement supérieurs à ce que nous leur consentons, souvent à regret, comme élus?

En nous montrant aussi calculateurs à leur endroit, il n'y a pas à s'étonner que les moins vertueux n'hésitent pas à faire des entorses à leurs principes lorsque se présentent les occasions, pas toujours convenables, d'empocher quelques dollars de plus. Où se situe la logique dans nos standards de rémunération lorsqu'on se contente du fait que nos élus gagnent, pour une année complète de service – qui exige d'eux une disponibilité totale et constante –, un salaire même pas comparable à ce qu'empochent certaines de nos vedettes sportives pour quelques matchs au cours d'une saison?

La conséquence de cela, c'est que nous nous retrouvons avec des représentants politiques qui sont redevables à des gens qui, par intérêt personnel, ont facilité leur élection. À partir de là, députés et ministres se retrouvent entraînés dans un engrenage duquel il devient bien difficile de se dégager. C'est la raison première qui justifierait, selon moi, une hausse substantielle de leurs revenus. Au risque de passer pour naïf et rêveur, je persiste à croire qu'il nous faudrait inventer une façon de faire qui leur assurerait une indépendance financière minimale. Sinon, il ne nous reste qu'à nous retourner vers des candidats célibataires, riches et en santé. De quoi donner plus d'un mal de tête aux recruteurs concernés…

À ces rémunérations majorées, j'ajouterais une importante réévaluation à la hausse du régime de retraite des élus, et ce, sans égard, comme ça l'est en ce moment, au temps pendant lequel ils ont siégé. Si la société a reconnu l'importance, pour ses travailleurs, de leur assurer de généreux régimes de retraite, pourquoi ne ferait-elle pas de même pour ceux et celles qui la représentent? Et, d'autre part, si les entreprises sont obligées de verser des compensations aux employés qu'elles congédient, pourquoi les institutions politiques ne feraient pas de même avec ceux et celles qui les ont servies?

Je sais pertinemment que je risque de faire grimper la pression de bon nombre d'électeurs qui estiment que nos représentants politiques jouissent de conditions avantageuses pour remplir les mandats qui leur sont confiés. Sans avoir en main de calculs précis en mesure d'étayer mes propos, je suis convaincu que de telles dispositions ne pèseraient pas plus lourd sur les budgets de l'État que les pertes engendrées par toutes les magouilles rapportées lors de dispendieuses commissions d'enquête publiques au cours desquelles se multiplient d'étonnantes pertes de mémoire...

En procédant à une telle refonte, j'estime que nous serions en mesure de dégager quelque peu nos élus de la préoccupation constante de se faire réélire afin de conserver ce qui est devenu leur gagne-pain. Ce souci, qui peut vite devenir une obsession, vient souvent obnubiler la capacité des gens en place de prendre les décisions qui s'imposent en faisant fi des lobbys qui cherchent à les influencer. Lorsque, dans la vie d'un homme ou d'une femme politique, ce qui compte avant tout, c'est d'être élu de nouveau, il arrive souvent qu'il cherche à s'y prendre de n'importe quelle manière. Comme l'avait si bien dit Maurice Duplessis à un éminent représentant de l'Église qui l'invitait à s'en remettre à la volonté divine à la veille d'un scrutin imminent : « Vous savez, monseigneur, les élections, ça ne se gagne pas uniquement avec des prières ! »

Combien a-t-on vu de politiciens et de politiciennes se retrouver, à la fin de leur mandat ou à la suite d'une cuisante défaite électorale, dans une situation particulièrement précaire d'un point de vue professionnel et financier parce qu'ils avaient joué un rôle secondaire ou qu'ils n'étaient pas admissibles aux pleines compensations du régime de retraite existant. Certains se sont même retrouvés, selon l'importance du temps où ils avaient siégé, complètement déphasés par rapport à leur profession. D'autres ont peiné à se retrouver un emploi à la mesure de leur formation et de leur expérience parce qu'ils traînaient avec eux l'image de la défaite. Et comme personne n'aime à s'entourer de perdants... Selon moi, il s'agit là d'une situation à laquelle il serait important de remédier le plus rapidement possible.

Il faudrait surtout éviter qu'en bout de piste ceux qui se présentent au scrutin et qui perdent leurs élections se retrouvent dans une situation moins précaire que ceux qui sont élus et qui, conséquemment, seront éventuellement appelés à quitter leur siège après un certain nombre d'années de service. Les seuls qui sont au-dessus de ces considérations sont les chefs de parti. Étant donné qu'ils retiennent une majeure partie de l'attention médiatique, ils conservent un certain respect de la part de la population et, comme ils ont tissé un enviable réseau d'influence, ils présentent un intérêt pour beaucoup d'employeurs. Certains tirent même avantage de la situation en publiant leurs mémoires.

Je ne suis pas assez naïf pour croire que ces quelques propositions élimineront tous les abus. La politique est, et demeurera, un milieu de relations et d'influence. Avec tout ce que cela comporte de vertus et de vices. Mais j'ose croire que de telles initiatives, même modestes, seraient susceptibles d'atténuer quelque peu le cynisme exacerbé qui prévaut présentement au sein de toutes les couches de la population. Pour le mieux-être et l'avenir de la société, il est absolument nécessaire que les jeunes non seulement reprennent confiance dans nos institutions politiques, mais qu'ils trouvent intérêt à s'y impliquer activement. Il en va de notre survie collective.

Clients investisseurs

À preuve que tout ce qui se fait en politique n'est pas que répréhensible, le 27 mars 1979, à l'occasion du discours du budget pour l'année qui allait suivre, Jacques Parizeau, alors ministre des Finances du Québec, annonçait la création du Régime d'épargne-actions du Québec (REAQ). Le programme poursuivait essentiellement trois objectifs : l'allégement fiscal des contribuables, l'augmentation de la proportion de capital-actions dans les portefeuilles des ménages québécois, de même que l'accroissement du capital permanent des entreprises.

Pour les Québécois et les Québécoises, qui s'étaient historiquement montrés conservateurs dans la gestion de leurs épargnes, il s'agissait d'une façon de s'initier en douce aux aléas des marchés boursiers. La proposition gouvernementale ne manquait effectivement pas d'attraits. Chaque contribuable, disposé à assumer la part de risque de ce genre d'investissement, pouvait déduire de son revenu imposable le coût des actions admissibles des sociétés participant au régime. Il n'y eut donc pas lieu de s'étonner que celui-ci ait connu un franc succès dès les premières années où il fut mis en place.

Cette initiative du gouvernement québécois ne pouvait s'avérer plus en phase avec nos intentions à court et à moyen terme. Nous nous préparions en effet, à ce moment-là, à faire notre entrée en Bourse. Ainsi, lorsque nous avons procédé, en 1986, le REAQ était au summum de sa popularité. Étant donné que nous possédions un excellent bilan financier, notre titre est rapidement devenu un des plus recherchés dans le cadre de ce programme grâce auquel les contribuables québécois pouvaient se porter acquéreurs d'une partie des entreprises desquelles ils se procuraient des biens et services.

Notre inscription aux Bourses de Montréal et de Toronto, ajoutée à notre admissibilité à ce programme, s'est avérée un apport considérable pour la capitalisation de notre entreprise. Sur le plan professionnel, cette initiative est venue accroître la crédibilité de la compagnie en la situant parmi celles qui donnaient le ton sur le marché des investisseurs. Elle ajoutait de plus du poids à la décision que j'avais prise quelques années plus tôt de racheter les actions de mon partenaire cofondateur.

C'est également d'un point de vue personnel que cette décision revêtait une grande importance à mes yeux. En effet, depuis que je m'étais porté acquéreur de l'actionnariat de Louis Michaud, je faisais cavalier seul. Et cette situation n'était pas sans nourrir chez moi un certain inconfort. Mais en nous tournant vers l'épargne publique, cela nous rendait redevables à plusieurs instances : conseil d'administration, assemblée des actionnaires, lois régissant les marchés financiers, institutions gouvernementales, etc. En plus de nous obliger à une totale et constante transparence, notre présence en Bourse nous contraignait à une autodiscipline susceptible de nous tenir le plus éloignés possible d'une gestion trop hardie ou désinvolte qui aurait pu fragiliser nos acquis et restreindre notre capacité de développement. Comme l'entreprise avait déjà à composer avec une expansion particulièrement rapide, je voulais éviter qu'elle s'emballe au point de s'éparpiller à tout vent et de courir à sa perte. Autrement dit, notre présence sur les marchés boursiers, en plus de générer des capitaux neufs, me permettait de renouer avec le regard, attentif mais non moins stimulant, d'un « vrai *boss* ».

Étant donné que la crédibilité de l'entreprise reposait déjà sur de solides assises avant même de voir défiler ses lettres d'appel sur les fils de presse, notre émission d'actions ne tarda pas à gonfler sa capitalisation. Cela nous permit de faire l'acquisition de plusieurs chaînes déjà existantes. C'est ainsi que les pharmacies Cadieux, Chartier, Sarrazin & Choquette et Cloutier en vinrent, chacune à leur tour et avant la fin des années 1980, à afficher l'enseigne des Pharm-escomptes Jean Coutu. Bien que l'opération ait pu paraître cavalière aux yeux de certains, il n'en était rien. Les propositions que nous faisions à ces chaînes permettaient plutôt à chacune de leurs composantes d'améliorer leurs conditions d'exploitation. D'ailleurs, non seulement tous les établissements qui sont devenus nos franchisés ont retrouvé leurs billes, mais plusieurs d'entre eux se sont même mis à afficher des résultats nettement supérieurs à ceux qu'ils avaient réalisés auparavant.

Pour ce qui est du Régime d'épargne-actions du Québec, il a par la suite subi de nombreuses transformations par rapport à ses objectifs et à ses modalités d'application. Il connut même un essoufflement majeur au cours des années 1987-1988. Malgré différentes tentatives de relance au cours des cinq années qui ont suivi, la réponse des contribuables n'a pas été celle espérée. Au point où un moratoire a été décrété en 2003 par les dirigeants gouvernementaux. Une récente décision annonçait qu'un programme apparenté, mais conçu sous une tout autre forme, allait être mis en place. Reste à voir s'il saura susciter un intérêt aussi grand.

En transformant en entreprise publique un commerce que deux pharmaciens associés avaient érigé grâce à la mise en commun de leurs épargnes personnelles, nous offrions ainsi la possibilité à ceux et celles qui le désiraient de devenir actionnaires de l'établissement pharmaceutique qu'ils avaient adopté. Une façon bien à nous non seulement de nous rapprocher encore plus de nos clients, mais d'en faire des partenaires privilégiés.

Dans le processus de mise en vente des actions, je m'étais cependant assuré qu'il ne puisse y avoir une prise de contrôle de la compagnie par des intérêts étrangers à ma famille immédiate. Il s'agissait là d'une volonté que je nourrissais depuis le moment où je m'étais rendu compte que l'exercice de ma profession pouvait me permettre d'accumuler un capital suffisamment étoffé pour assurer l'avenir des miens. Il me restait maintenant à réfléchir sur la façon dont je transmettrais les leviers de pouvoir inhérents à la direction quotidienne des opérations. Une situation que bien des quidams envient pour les bénéfices financiers qu'elle procure, mais qui déchanteraient rapidement lorsqu'ils constateraient le poids de responsabilités qu'elle comporte…

CHAPITRE 11

Charité bien ordonnée

À l'aube des années 1990, on retrouvait plus de deux cent cinquante pharmacies affichant notre logo sur l'ensemble du territoire québécois. Une étape marquante dans notre plan de développement. Même si chaque établissement affichait mon nom en façade, cette réussite était loin d'être l'affaire d'un seul homme. Elle était plutôt le résultat du travail dévoué et constant de toute une équipe, du personnel d'entretien aux vice-présidents.

Par ailleurs, bien que le modèle d'affaires que nous avions créé ait été désormais repris par un nombre grandissant de nos compétiteurs, nous tirions une grande fierté d'être reconnus comme l'établissement pharmaceutique vers lequel les gens d'un peu partout préféraient se diriger lorsque venait le temps d'effectuer leurs achats en matière de santé, de beauté et d'articles d'usage courant. Il n'y avait pas de marge bénéficiaire en mesure de me procurer davantage de fierté que d'entendre les gens dire qu'ils appréciaient trouver tout ce dont ils avaient besoin dans «leur Jean Coutu».

J'avais le sentiment qu'ils retrouvaient quelque chose de comparable à ce que d'autres avant eux, à une autre époque, avaient apprécié en pénétrant dans le cabinet de consultation de mon père ou en se présentant au comptoir de réception de l'hôtel de mon grand-père. Si, à travers la chaîne que nous avions mise en place, les gens retrouvaient de cette attention que mes aïeuls avaient portée à la dimension humaine de chaque personne, je considérais que, si réussite personnelle il y avait, c'est là qu'elle se situait.

Comme cet esprit de service faisait maintenant partie intégrante de la culture d'entreprise, Marcelle et moi nous sommes dit que le temps était venu que je prenne une certaine distance par rapport à la gestion des affaires courantes. La compagnie reposait désormais sur de solides assises et nous avions la chance de compter sur un personnel qualifié et des plus dédiés à la progression du Groupe et de ses franchisés. Il s'agissait de circonstances particulièrement favorables pour enclencher les processus liés au partage de l'actionnariat et à la transmission des pouvoirs.

Transmission à risques

Nous n'étions cependant pas sans ignorer qu'il s'agissait là d'une opération délicate dont le succès était loin d'être assuré. Au Québec, en effet, seulement 30 % des entreprises familiales réussissent avec succès le passage de la première à la deuxième génération. Et parmi celles qui y parviennent, à peine 10 à 15 % survivent à la transmission suivante. Quant à celles qui cherchent à franchir le cap séparant la troisième de la quatrième génération, seulement de 3 à 5 % y arrivent. Le défi était donc de taille si nous désirions que la compagnie conserve le caractère familial que nous avions toujours voulu lui conférer.

Dans un premier temps, nous avons réparti entre nos cinq enfants les actions donnant accès au contrôle de l'entreprise. Ce faisant, nous leur donnions la possibilité de réaliser leurs ambitions et d'assurer à leur tour la sécurité financière de leur propre famille. Mais nous n'étions pas sans connaître tous les risques que l'aisance matérielle, surtout acquise en bas âge, peut comporter. Aussi avons-nous pris soin de faire en sorte que chacun de nos héritiers ne soit pas indépendant de fortune au point d'en venir à penser qu'il n'avait plus qu'à se laisser porter par la réussite de l'entreprise. Les valeurs inhérentes au travail et aux efforts que celui-ci exige sont trop chères à nos yeux pour que Marcelle et moi épargnions nos enfants de cette précieuse expérience.

C'est là une des raisons qui nous a amenés à leur confier des postes au conseil d'administration de la compagnie afin qu'ils prennent la juste mesure du travail de tous ceux et celles qui génèrent le capital qui leur assure cette aisance. Nous estimions ainsi qu'ils se retrouveraient dans une position privilégiée pour constater que rien ne leur est acquis et qu'il s'en faut parfois de peu pour passer de la prospérité à la banqueroute. Les exemples de mes deux grands-pères n'étaient-ils pas là pour nous le rappeler?

Nous avons de plus instauré une formule de prise de décision de façon qu'aucun d'entre eux ne puisse imposer sa volonté à ses frères et sœurs. Nous voulions ainsi éviter que se répètent les malheureuses expériences de florissantes entreprises de chez nous qui se sont effondrées à la suite de déplorables guerres de pouvoir entre les héritiers.

D'autre part, même si nous constations un intérêt manifeste de la part de chacun pour ce que la compagnie allait devenir, cela ne leur conférait pas pour autant les aptitudes requises pour assumer des responsabilités de premier plan dans l'équipe de direction. Une participation active à l'actionnariat pose certes un certain nombre d'exigences, mais cela demeure sans commune mesure avec la gestion des activités quotidiennes qui, elle, ne laisse aucune place à l'improvisation.

Comme tout entrepreneur qui arrive à mettre sur pied une entreprise susceptible de lui survivre, je n'étais tout de même pas sans espérer qu'au moins un de nos enfants puisse un jour occuper les plus hautes fonctions. Sans exiger que celui ou celle qui se montrerait intéressé présente un profil comparable au mien, il m'apparaissait cependant impératif que ces responsabilités soient assumées par un pharmacien de formation. Notre raison d'être étant d'abord et avant tout la santé et le bien-être de nos clients, je ne voulais pour rien au monde qu'un chef de la direction, aussi qualifié soit-il en matière de gestion, implante une philosophie d'entreprise qui s'éloigne de la dimension humaine de ceux et celles que nous étions appelés à servir. Notre succès était d'abord redevable à la proximité que nous avions établie avec nos clients. Selon moi, il aurait été particulièrement risqué que l'éventuel successeur s'estimant en mesure d'assurer la direction générale n'incarne pas cet objectif prioritaire.

Or, Marcelle et moi avons toujours refusé que nos enfants fassent les frais de nos désirs au détriment de leurs aspirations personnelles. C'est pourquoi, dès leur plus jeune âge, nous les avons toujours encouragés à poursuivre les projets qui les faisaient rêver plutôt que de les diriger vers ceux qui nous avaient personnellement animés. Une exhortation qu'ils n'ont d'ailleurs pas manqué de prendre en compte lorsqu'est arrivé le temps d'arrêter les choix qui allaient orienter leur vie.

Talents diversifiés

C'est ainsi que Louis, l'aîné de la famille, a choisi de se donner une formation musicale… comme percussionniste ! Comme on peut le deviner, les divers instruments sur lesquels il s'est longtemps affairé à reproduire des harmonies avaient bien peu à voir avec l'atmosphère feutrée des officines où son père travaillait. Ce n'est que plus tard, après qu'il eut constaté que l'exercice de son art ne lui permettrait pas de réaliser tous les projets qu'il nourrissait, qu'il nous fit part de son désir de joindre les rangs de l'entreprise. Comme je n'ai jamais voulu que mes enfants jouissent d'un statut privilégié du simple fait qu'ils pouvaient m'appeler « papa » lorsqu'ils me croisaient dans les corridors, il a débuté, comme ses frères et ses sœurs au temps de leurs études, tout au bas de l'échelle, c'est-à-dire entre les rayons mal éclairés de nos entrepôts improvisés de l'avenue du Mont-Royal. Mais il ne tarda pas à s'intéresser aux activités de négoce qui s'y tenaient et à y prendre goût. Ce qui l'amena graduellement, après avoir cumulé différentes responsabilités en pharmacie, à se joindre à nous au siège social de Longueuil à titre de directeur des approvisionnements. Son impressionnante mémoire le sert aujourd'hui avantageusement dans son travail où il est impérieux de se rappeler les prix des divers articles de même que les différentes conditions offertes par les fournisseurs.

De son côté, son frangin Michel fut le premier à se doter d'une formation susceptible d'éventuellement l'amener à occuper des postes de direction au sein de grandes organisations. Après l'obtention d'un baccalauréat en finance et d'une licence en lettres légales à l'Université de Sherbrooke, il se dota d'un MBA à l'Université de Rochester dans l'État de New York. Après avoir passé quelques mois à diriger des opérations de relance au profit de certains de nos établissements canadiens, Michel s'installa aux États-Unis où il mit en place les structures relatives aux initiatives que nous nous apprêtions à mettre de l'avant.

Les deux filles, quant à elles, avaient des champs d'intérêt tout à fait différents qui allaient les maintenir plutôt loin de la gestion corporative et des ordonnances à compléter. Marie-Josée s'est d'abord dotée d'une formation en littérature française à l'Université d'Aix-en-Provence. Elle a ensuite obtenu un certificat en publicité à l'Université de Montréal avant de compléter un baccalauréat en administration des affaires à l'École des hautes études commerciales de Montréal. Quant à Sylvie, la cadette de la famille, elle a choisi de mettre à profit ses talents artistiques et créateurs en ouvrant sa propre boîte de consultation en design intérieur. Même si elles ne manquaient pas de talents et de ressources pour poursuivre d'enviables carrières, toutes deux ont délibérément choisi, la première avec cinq enfants et la seconde avec quatre, de réaliser leur rêve le plus cher qui était de consacrer l'essentiel de leurs énergies au bien-être de leur famille et à l'éducation de leurs enfants. Ce qui a tout lieu de les rapprocher du parcours de leur mère qui, tout en s'avérant un appui constant et indéfectible aux activités que je poursuivais à l'extérieur, a toujours nourri la conviction que l'éducation la plus complète à offrir à un enfant est tout autant composée de temps passé avec lui à la maison que de connaissances acquises dans son milieu scolaire.

François Jean semblait finalement présenter le profil le mieux adapté à l'emploi. C'est après avoir obtenu un baccalauréat en administration des affaires de l'Université McGill que le cadet de mes fils se sentit rattrapé par la vocation de pharmacien dont il avait d'abord perçu un premier appel du temps de ses études collégiales. Or, comme les exigences pour exercer la profession sont passablement élevées, François a dû compléter une partie de sa formation préuniversitaire – essentiellement celle ayant trait aux sciences de la santé – afin de se qualifier pour entreprendre les études qui allaient le conduire à l'obtention du diplôme lui permettant de pratiquer la pharmacie.

Une fois ce complément de formation acquis, il posa sa candidature à l'Université de Montréal de même qu'auprès d'autres institutions américaines dont le curriculum était conçu de façon à favoriser la pratique de la profession tant au Canada qu'aux États-Unis. Après avoir obtenu sa licence en pharmacie de l'Université de Samford dans le Sud-Est américain, il fit d'abord un stage dans un établissement d'une des plus importantes chaînes des États-Unis avant de rentrer au pays animé du désir de se porter acquéreur d'une pharmacie au sein du Groupe.

Mais le parcours qui s'ouvrait devant lui ne s'est pas avéré aussi dégagé qu'il y paraissait. L'Ordre des pharmaciens du Québec, organisme reconnu par la loi pour délivrer les permis d'exercice, refusa dans un premier temps de reconnaître le diplôme de François. Comme il avait poursuivi une formation légèrement différente de celle offerte par les deux universités québécoises qui donnaient le cours de pharmacie, on le considéra comme un étudiant étranger, l'obligeant de ce fait à reprendre deux cours afin d'obtenir son permis de pratique. Déterminé qu'il était à se rendre au bout de sa démarche, il n'hésita pas à répondre à ces nouvelles exigences ainsi qu'à obtenir les permis lui permettant d'exercer la pharmacie non seulement au Québec, mais également dans l'ensemble du Canada de même qu'aux États-Unis.

À constater les détours qu'il lui a fallu prendre pour arriver à ses fins, je me suis alors rendu compte que les résistances qui étaient nées de l'approche commerciale que j'avais conçue par rapport à la pratique de la pharmacie semblaient s'être transmises, avec une diligence et une application aussi étonnantes que désolantes, à ceux qui délivraient les reconnaissances officielles. Sans aller jusqu'à dire qu'on s'est servi de la demande de François pour me reprocher mes façons de faire, tout porte à croire que le capital de sympathie que notre nom de famille avait obtenu au sein de la population ne semblait pas avoir trouvé d'équivalent chez certains décideurs de la profession.

Ainsi donc, de façon planifiée et progressive, j'ai transmis les rênes de la compagnie à celui qui était tout aussi familiarisé avec les bilans d'exercices financiers qu'avec la liste des médicaments qui faisaient partie de la pharmacopée officielle. Question d'assurer une saine transition, je suis demeuré à la présidence du conseil d'administration. Mais je ne me suis pas ingéré dans les activités quotidiennes pour autant, bien que plusieurs aient trouvé que je ne m'en tenais pas assez loin. J'entrais plutôt dans ce processus de changement animé de la conviction que, lorsque vient le temps de passer le témoin, il est impératif de libérer le corridor de course pour que celui qui prend le relais puisse donner sa pleine mesure. Pour rien au monde je ne voulais me retrouver au rang de ces entrepreneurs qui finissent par asphyxier complètement l'entreprise qu'ils ont bâtie de toutes pièces parce qu'ils se croient immortels ou indispensables.

À compter de ce moment, il m'a donc été possible de me vouer avec plus de liberté et de latitude à d'autres types d'activités qui me tenaient particulièrement à cœur mais auxquelles je n'avais pu consacrer, faute de disponibilités, tout le temps que j'aurais bien voulu. Or si j'avais réussi à planifier harmonieusement mon retrait progressif de la gestion quotidienne des affaires, c'est plutôt au hasard d'une rencontre qu'allaient se dessiner les contours de mes nouveaux projets.

Proposition inédite

Je ne saurais dire si c'est parce que je ne suis pas suffisamment sélectif ou si c'est à cause de l'éducation que j'ai reçue, mais j'ai rarement refusé de rencontrer quelqu'un qui sollicitait un rendez-vous avec moi pour des raisons qui semblaient justifiées. J'ai toujours considéré que c'était là la moindre des obligeances pour quelqu'un qui prétendait diriger une entreprise vouée au service des gens. Je ne me suis jamais senti à l'aise avec ce genre de patrons qui croient gagner en crédibilité et en respect en se donnant des airs de monarque. Si mon père occupait l'essentiel de sa seule journée de congé à recevoir gratuitement en consultation des voisins campagnards qu'il connaissait à peine, je considère que je peux bien me permettre de porter une oreille attentive à ce que des gens qui s'intéressent à nos activités ont à me proposer. D'autant que je dispose désormais de plus de temps pour ce faire.

C'est ainsi que, peu de temps après avoir transféré les dossiers prioritaires sur le bureau de François, je me suis retrouvé en face de deux jeunes travailleurs humanitaires réfléchis et particulièrement bien articulés. Après avoir été actifs au Mali pendant nombre d'années, ils étaient à mettre sur pied un projet d'entraide internationale qui s'inspirait des différentes expériences qu'ils avaient connues dans certains des villages les plus isolés du pays. Leur objectif était de mettre en place des moyens simples et adaptés afin que les habitants de l'endroit se prennent en main et arrivent éventuellement à s'extirper par eux-mêmes du cercle vicieux de l'indigence. « Nous aimerions que vous parrainiez un de ces villages », qu'ils me dirent après avoir brossé un tableau exhaustif des situations les plus urgentes.

Ma connaissance du continent africain se limitant à l'actualité qu'en rapportaient les médias et aux reportages télévisés étalant les beautés de l'univers animalier, je me suis d'abord montré plus méfiant qu'intéressé. Comme bien des gens, j'avais entendu parler de toutes sortes d'histoires aussi loufoques qu'affligeantes concernant l'utilisation qui pouvait être faite de l'aide apportée par les organismes internationaux et les œuvres caritatives : extorsion par les autorités en place, détournement par les intermédiaires locaux, négligence par les indigènes des structures mises en place, accroissement incessant des demandes, enlisement systémique dans la dépendance à l'aide internationale, etc.

Je me suis également rappelé qu'il y avait ici même, à travers les différents services du siège social de l'entreprise, un certain nombre d'employés qui participaient déjà à des programmes d'entraide humanitaire coordonnés par des organismes internationaux. La formule est connue : on adopte un enfant à qui l'on est jumelé ; avec les dons effectués, l'agence intermédiaire subvient à ses besoins essentiels. En retour, cette dernière informe régulièrement son parrain en lui expédiant un petit mot faisant mention des progrès réalisés grâce à sa générosité. Un procédé qui s'avère plus personnalisé qu'un don anonyme souvent appelé à s'amenuiser à travers les dédales administratifs.

« C'est déjà bien, mais là n'est pas notre approche », me répondirent mes deux interlocuteurs lorsque je leur demandai si leur projet ne ferait pas double emploi. Reconnaissant toute la valeur du parrainage individuel, ils déploraient toutefois le fait qu'il s'agissait d'interventions se limitant à une seule personne à la fois. Le risque étant, par conséquent, de susciter l'envie chez ceux et celles, souvent nombreux, qui l'entourent et qui ne peuvent compter sur une générosité comparable.

« Le programme que nous désirons mettre en place consiste à vouloir donner une chance à l'ensemble d'une communauté de rompre le cycle de l'isolement et de l'indigence. Notre stratégie consiste à doter ceux qui sont dans le besoin de moyens simples et efficaces d'exploiter les ressources qu'ils possèdent déjà. Puis, dans un second temps, de leur montrer à se les approprier convenablement de façon qu'ils atteignent un minimum d'autosubsistance. »

Ils ajoutèrent que leur projet avait également comme objectif de contrer le phénomène d'urbanisation qui avait tendance, à l'image des sociétés occidentales, à s'étendre à l'ensemble de ce continent désertique. La pauvreté et le dénuement amènent en effet les jeunes générations à s'exiler vers les grands centres dans le but de trouver du travail et d'améliorer leurs conditions de vie. Or, étant donné que peu y trouvent les avantages qu'on leur fait miroiter, nombre d'entre eux plongent dans une misère endémique encore plus grande que celle qu'ils ont quittée et se voient souvent contraints à s'adonner à la mendicité ou à la criminalité afin de survivre. Et comme le départ de leur village est souvent considéré comme une vile défection aux yeux de leurs aînés, ils n'osent, par honte ou par orgueil, revenir sur leur décision et regagner le patelin qui les a vus grandir. Ce qui a pour effet de fragiliser encore davantage un tissu social déjà menacé.

« Comprenez-nous bien, qu'ils me dirent, notre intention n'est pas de vouloir changer le monde ou les façons de faire qui fonctionnent déjà bien. Mais en créant des projets rassembleurs, nous croyons que les liens de solidarité intergénérationnels qui, historiquement, leur ont permis de passer au travers des pires épreuves s'en trouveraient renforcés. Nous pensons également qu'un minimum de réalisations profitables à long terme insufflerait un nouvel essor aux villages concernés en les rendant beaucoup plus attrayants pour les jeunes générations. Celles-ci auraient alors le goût de s'y implanter à demeure et d'y élever une famille. Sans compter l'inévitable effet d'entraînement que pourraient susciter de telles initiatives auprès des communautés avoisinantes. »

Leur argumentation me plaisait bien. Cette volonté d'œuvrer à transformer en partenaires des gens qu'ils voulaient aider – plutôt qu'en simples bénéficiaires – me semblait beaucoup plus susceptible de réussir que bien d'autres projets qui engloutissaient des sommes souvent disproportionnées par rapport aux résultats escomptés ou obtenus. De plus, en transformant les approches et procédés de tout un village, je me disais que la nouvelle se répandrait rapidement et que les résultats inciteraient le voisinage à vouloir faire de même.

Je me risquai alors à leur demander le coût de ce que pouvait représenter l'adoption d'un village. « Soixante-cinq mille dollars, qu'ils me dirent. Avec un tel montant, nous sommes en mesure de creuser un puits, de planter des arbres et de soutenir différentes formes de culture locale. En considérant l'apport des deux autres corporations que nous avons approchées avant vous, il nous serait alors possible de lancer l'opération dans trois premiers villages en périphérie de Bamako, la capitale. »

« Un instant que je leur dis, un village, ce n'est pas rien ; c'est beaucoup plus que quelques photos de jolis petits minois tout souriants qu'on appose sur la porte de notre réfrigérateur ! » Pour m'être déjà impliqué, à titre personnel, dans des projets d'aide communautaire ici au Québec, je ne pouvais m'empêcher de songer à l'ampleur de la responsabilité, financière et personnelle, que pouvait représenter un projet d'une telle envergure. Mais ces deux gars-là me semblaient sincères et bien intentionnés. Les connaissances qu'ils avaient acquises lors de leurs séjours prolongés dans ces milieux, ajoutées au sérieux de leur argumentation, finirent par me convaincre.

J'en parlai alors aux gens qui m'entouraient ; la grande majorité partagea spontanément mon enthousiasme. Au point où nous avons décidé d'en faire un projet corporatif en lançant l'opération « 24 heures Afrique ». D'une part, les employés qui désiraient participer à l'initiative acceptaient qu'une partie du salaire qui leur serait versé au cours de cette journée soit remise au fonds dédié à ce projet. D'autre part, l'entreprise s'engageait à égaler, en plus de l'équivalent de la participation des employés, la somme des dons que les clients de chacun de nos établissements ajouteraient en complément de leurs achats réguliers.

Sur le plan des apports individuels, l'exercice pouvait paraître modeste. Mais la mise en commun des efforts de chacun ne tarda pas à générer une somme passablement impressionnante. Je me rappellerai toujours d'une dame de la Côte-Nord qui nous avait envoyé un billet de dix dollars accompagné d'un petit mot qui en disait long sur la générosité qui l'animait : « Même si ma famille vit au seuil de la pauvreté, je nous considère comme chanceux de pouvoir tout de même nous loger, nous habiller et nous couvrir convenablement. Je tiens à faire preuve de solidarité avec ceux et celles qui, en se mettant au lit le soir, ne savent même pas s'ils auront de quoi manger le lendemain. » En déposant son offrande dans la boîte réservée à cet effet, j'eus le sentiment qu'elle était de celles qui insufflaient une âme au projet que nous nous apprêtions à mettre sur pied.

Au bilan de l'exercice, nous avons même dépassé l'objectif global que nous nous étions fixé. L'adoption d'un premier village, aux confins de l'Afrique, devenait donc chose possible. Je n'étais pas peu fier de ce résultat, que je m'apprêtais à annoncer à l'ensemble de nos employés de même qu'aux généreux clients qui avaient accepté de nous appuyer dans cette démarche, lorsque je reçus un appel téléphonique qui eut l'heur de me laisser pour le moins... déstabilisé.

La famille s'agrandit

« Les deux autres entreprises que nous avions approchées viennent de se désister », m'annoncèrent ceux qui m'avaient convaincu de m'impliquer dans ce projet, avec une hésitation dans la voix qui, d'un côté, ne cachait pas leur déception, mais qui, de l'autre, laissait clairement transparaître leurs attentes de me voir porter au secours des deux villages devenus ainsi orphelins avant même d'être adoptés. À vrai dire, j'étais habité d'un sentiment comparable à celui d'une femme enceinte à qui on annonce qu'elle porte des triplets. Refuse-t-on de poursuivre une grossesse désirée pour la simple raison qu'elle s'annonce plus prodigue qu'on ne l'avait imaginée ? « Quand on aime, on ne compte pas ! » se plaisait à me répéter ma grand-mère lorsque j'avais le sentiment que la vie se montrait un peu trop exigeante à mon endroit. Je rassurai donc mes deux jeunes quémandeurs en leur disant que je ne les laisserais pas tomber.

Cependant, si la compagnie avait fait preuve d'une générosité remarquable en m'appuyant spontanément dans le cadre du projet initial, je considérais qu'il aurait été peu convenable de revenir une nouvelle fois auprès des employés et des clients pour leur demander de se porter responsables des nouveaux projets dans lesquels je me préparais à m'engager. C'est alors que Marcelle et moi avons convoqué une réunion de famille pour faire part à nos enfants de la façon dont nous comptions composer avec l'heureuse, mais néanmoins inattendue, situation.

« L'entreprise se porte bien et elle nous permet tous de profiter amplement des largesses de la vie. Votre mère et moi croyons le temps venu de faire preuve d'une générosité qui exige davantage que le partage du superflu dont nous disposons. » Les bases de la Fondation Marcelle et Jean Coutu venaient d'être posées. « Nous vous invitons à considérer cette nouvelle entité comme le dernier-né de la famille. »

Chacun de nos enfants s'est spontanément montré enthousiaste face à ce projet et disposé à s'impliquer dans la mesure de ses disponibilités. J'ai d'abord vendu une part significative des actions que je possédais dans l'entreprise afin de créer le capital de base pour la mise sur pied de la Fondation. Afin de nous assurer que la gestion ne soit pas redevable qu'à nos belles intentions et à notre bonne volonté, nous avons offert à Marie-Josée, intéressée à assumer la direction générale, l'occasion de mettre à profit sa formation en finances et en administration.

Comme nous voulions éviter de disperser nos sous et nos énergies, nous nous sommes donné deux objectifs en lien direct avec les causes dans lesquelles, à titre corporatif ou individuel, nous nous étions déjà impliqués : l'aide aux personnes démunies – que ce soit autour de nous ou ailleurs dans le monde –, ainsi que la lutte aux drogues. Ce dernier aspect demeurait de toute première importance à nos yeux, car nous estimions que la dépendance aux stupéfiants créait un grand tort à trop de jeunes talentueux qui, demain, compteraient parmi ceux qui seraient appelés à orienter les destinées de la société et à redéfinir le profil des nouvelles familles.

En mettant sur pied la Fondation Marcelle et Jean Coutu, nos activités philanthropiques se positionnaient clairement en marge des activités de l'entreprise. Mais le Groupe ne se soustrayait pas pour autant à ses responsabilités sociales. Nous avons en effet toujours cru qu'il était de notre devoir de remettre une partie des profits que nous générions à des œuvres qui répondaient plus spécifiquement à nos sensibilités ou à des organismes centralisateurs qui se spécialisaient dans la redistribution des fonds recueillis. Pour diriger ces sommes avec discernement et efficacité, nous avions la chance de pouvoir compter sur notre vice-président Jacques Masse qui, malgré les nombreuses responsabilités administratives qu'il avait à assumer, portait un grand intérêt à ces activités caritatives.

En tant que dirigeant d'entreprise, je m'estime privilégié d'avoir toujours pu compter, aux périodes de prospérité comme aux phases d'austérité, sur l'appui inconditionnel de nos actionnaires à l'égard de nos activités philanthropiques. Non seulement acceptent-ils que ces différentes initiatives amortissent quelque peu le rendement de leurs actions, mais la majorité d'entre eux affichent une fierté manifeste de partager la propriété d'une corporation qui se préoccupe de jouer un rôle actif dans la communauté.

D'autre part, la Fondation Marcelle et Jean Coutu est essentiellement constituée d'actions du Groupe Jean Coutu qui ont été rétrocédées par moi ou par les membres de ma famille; sa valeur est, par conséquent, appelée à varier selon la fluctuation des cours boursiers. Et comme nous désirons assurer une constance dans les appuis offerts aux organismes envers lesquelles nous nous sommes engagés, nous procédons régulièrement à une évaluation de son rendement et, le cas échéant, nous n'hésitons pas à procéder à de nouveaux mouvements de capitalisation. La constitution et la réglementation propres à la

Fondation en assurent toutefois l'entière indépendance par rapport à l'entreprise publique qui gère près de quatre cents établissements pharmaceutiques.

Enfin, le type d'activités dans lesquelles nous nous impliquons peut varier passablement d'une année à l'autre. Les priorités sont définies en fonction des urgences qui sont pointées par nos membres bénévoles de même que par les spécialistes qui nous conseillent. Ainsi, à certaines périodes, une majeure partie des sommes disponibles est affectée au soutien de projets d'entraide locale, alors qu'à d'autres, d'importants montants sont dirigés vers des projets humanitaires à dimension internationale.

Au-delà de l'engagement

Nos activités ne se limitent cependant pas qu'à gérer des fonds, à accuser réception des demandes, à procéder à leur évaluation et à émettre des chèques. Nous tenons à ce que notre engagement aille au-delà d'une coupe de ruban, d'un remerciement dans un rapport d'activités ou d'une mention sur une plaque commémorative à l'entrée d'un centre d'aide. Cela ne signifie pas pour autant que nous désirions nous substituer à ceux et celles dont c'est le rôle d'intervenir auprès des personnes à qui nous souhaitons venir en aide. Notre compétence ne se situe pas à ce niveau et nous ne nourrissons aucune prétention de cet ordre. Nous voulons cependant prendre certains moyens pour faire en sorte que les sous que nous distribuons soient utilisés à bon escient.

C'est ainsi que, pour toute nouvelle demande qui répond à nos critères de sélection, un de nos collaborateurs bénévoles se rend d'abord sur place afin de se familiariser avec les besoins évoqués. Il fait par la suite un rapport au conseil d'administration de la Fondation, qui décide du niveau d'aide à apporter. Cette même personne est ensuite chargée d'assurer un suivi régulier auprès de l'organisme concerné de façon que nous demeurions en phase avec l'évolution des besoins qui ont été préalablement déterminés. Pour ce qui est des projets que nous soutenons à l'extérieur du pays, nous procédons, dans la mesure du possible, de la même façon.

Cela explique ce pourquoi, avant de répondre favorablement aux travailleurs humanitaires qui m'avaient demandé de parrainer trois villages maliens, je me suis moi-même rendu sur place afin de mieux saisir la dynamique à laquelle on m'avait sensibilisé. Étant donné que j'en étais à ma première visite dans ce pays, je suis d'abord descendu à Bamako. Puis je me suis rendu, avec des véhicules de fortune et à travers des routes à peine carrossables, dans quelques-uns des villages avoisinants que m'avaient pointés les deux jeunes hommes qui m'avaient sollicité. Pour y constater que les défis qu'il y avait à relever étaient de dimension titanesque. Malgré un accueil des plus chaleureux de la part des villageois, mon enthousiasme fut vite refroidi par les constatations que je fis à mon retour dans la capitale.

Moi qui ne me suis jamais senti à l'aise dans tout ce qui s'élevait à plus de dix centimètres du sol, voilà qu'à la fin de ce périple j'ai dû regagner Bamako dans un de ces bimoteurs déglingués qui auraient donné la chair de poule aux plus expérimentés des pilotes de brousse. Quelle ne fut pas ma surprise de découvrir, du haut de la portion semi-désertique que nous survolions, d'immenses espaces verts où fleurissaient de magnifiques plantations de fruits exotiques. Aussi étonné que sceptique, je demandai au pilote s'il connaissait les gens qui exploitaient ces cultures qui s'étendaient à perte de vue. « Les manguiers que vous voyez ici appartiennent à l'épouse du président ; les bananiers que vous apercevez plus loin sont la propriété de son beau-frère et les papayers que nous survolerons un peu plus tard sont exploités par son oncle. »

En demandant davantage d'avis autour de moi, on m'informa que ces fruits, une fois récoltés, étaient pratiquement tous destinés à l'exportation et que les profits générés par leur vente étaient déposés, bien à l'abri, dans des paradis fiscaux. Je n'ai évidemment pas fait enquête pour savoir si tout ce qu'on me racontait relevait de faits vérifiables ou de légendes urbaines, mais c'était l'évidence même que les retombées principales de ce commerce ne bénéficiaient pas aux populations locales. Ce qui me convainquit d'autant plus de la pertinence de faire quelque chose pour que les indigènes puissent tirer profit de ce qui poussait sur leur propre territoire.

C'est alors qu'on nous mit en contact avec un organisme local, connu et respecté de la communauté, qui se faisait une spécialité de coordonner des projets favorisant un développement économique, social et durable pour l'ensemble des populations locales. Il nous devenait ainsi possible d'initier de premiers projets avec un minimum d'assurance quant à l'utilisation qui serait faite des fonds que nous allions mettre à leur disposition. En rentrant à Montréal, j'avais l'impression d'avoir vu notre « dernier-né de la famille » faire ses premiers pas sur le continent africain...

Spécificités culturelles

Une fois posées les premières bases de nos interventions, nous nous sommes tournés vers les trois villages que nous avions adoptés. Sur la recommandation de nos partenaires, nous avons d'abord choisi de creuser des puits afin que les gens aient accès à des quantités d'eau douce suffisantes pour entreprendre différents types de cultures. Il y avait bien eu quelques initiatives en ce sens auparavant de la part des résidents, mais la limitation des moyens et l'absence d'outillage adéquat avaient souvent eu raison de leurs meilleures intentions et de leur bonne volonté.

Spécificités culturelles obligeant, la mise en chantier du premier projet ne s'est pas amorcée aussi rapidement que nous l'avions imaginé de ce côté-ci de l'Atlantique. C'est ainsi que nous avons d'abord dû nous assurer la sympathie du chef du village, personnage incontournable pour quiconque désire initier quoi que ce soit susceptible de concerner l'ensemble de la communauté. Même s'il ne jouit plus de l'ascendant qu'il a déjà exercé, le chef demeure toutefois celui qui suscite encore le plus de respect et de déférence de la part de l'ensemble des villageois. Et comme il s'agit d'une société qui est demeurée respectueuse des valeurs inhérentes à la hiérarchie et à l'ancienneté, il était impensable d'aller de l'avant sans d'abord obtenir son accord.

S'il s'avère nécessaire d'exercer un lobby préalable auprès du vieux sage de l'endroit, c'est surtout auprès de son pendant féminin que le véritable acquiescement importe. C'est-à-dire auprès de celle qui, sans en porter le titre ou la reconnaissance, exerce le leadership sur l'ensemble des femmes de la communauté. Dans ce type de société à caractère patriarcal, la présidente locale des Femmes du Mali joue en effet un rôle officieux, mais non moins efficient, de liaison et de représentation auprès de cette portion de la société qui est pratiquement dépourvue de tout pouvoir social ou politique. Concrètement, son ascendant sur la communauté est largement supérieur à celui du chef élu ou déclaré. Si, dans nos sociétés basées sur les lois et les réglementations, il nous faut obtenir les autorisations préalables des autorités en place – mairie, service d'urbanisme, direction de l'environnement, etc. – pour instaurer un projet à caractère civil ou communautaire, au pays des sorciers et des marabouts, c'est autour d'une femme comme elle que se crée le consensus ou que se cristallise la résistance.

Nous l'avons d'ailleurs expérimenté de l'intérieur lorsque vint le temps d'entreprendre l'excavation d'un premier puits. Pour des questions d'ordre pratique, nous avions spontanément songé à l'installer à proximité d'un des carrefours les plus fréquentés du village. Une décision qui fut loin d'être saluée par les dames de l'endroit. C'est que, dans les sociétés africaines, il relève de la responsabilité des femmes, levées les premières aux petites heures du matin, d'aller puiser l'eau nécessaire à l'hygiène et à la restauration quotidienne. Or, comme les puits artisanaux déjà existants étaient pour la plupart situés en périphérie des zones les plus habitées, ces dames devaient souvent mettre une bonne heure pour effectuer l'aller-retour. Une contrainte qui, à l'inverse de ce que nous avions imaginé, était loin de leur peser.

C'est qu'il s'agissait pour elles d'un des rares moments de la journée où elles pouvaient s'éloigner quelque peu des obligations familiales dont elles avaient presque toute la charge. Chemin faisant, loin des regards indiscrets et des semonces de leurs conjoints, elles en profitaient pour fraterniser et s'échanger quelques confidences. Ces habitudes, ancrées au cœur de leur quotidien, représentaient souvent leur seul moment de loisir de la journée. Ce fut pour nous une occasion privilégiée de saisir que, même si nous sommes animés des meilleures intentions du monde, l'amélioration des conditions de vie ne peut se faire au détriment des habitudes culturelles établies. Le puits fut donc creusé suffisamment en retrait pour que la gent féminine de l'endroit puisse continuer de profiter de ces moments de complicité qui leur étaient si précieux.

D'autre part, comme on peut le deviner dans un pays semi-désertique comme le Mali, l'eau est un objet de préoccupation quotidienne. On la souhaite, on l'espère, on l'attend, on la fête, on la glorifie presque. Étant donné que la pluie ne tombe que de façon épisodique, il devient impératif d'en faire une réserve en prévision des longs mois où elle se fait totalement absente. C'est pourquoi, après avoir procédé à l'excavation des premiers puits, nous avons cru bon de mettre sur pied un plan d'humidification des terres arides. L'idée était non seulement de créer une culture locale, mais également d'établir un cycle permanent de production qui puisse éventuellement en permettre le commerce.

Grâce à la participation enthousiaste de Jacques Masse qui, en tant que bénévole à la Fondation, a su s'entourer de personnes tout aussi compétentes que celles qui le secondaient dans ses fonctions de vice-président, un certain nombre de réservoirs ont été érigés afin de conserver une partie de la quantité d'eau laissée par les abondantes pluies saisonnières. Il devenait ainsi possible de planter des arbres et de faire pousser à leur ombre quelques-uns des légumes les plus résistants aux conditions arides. Lentement mais sûrement, au fil des années, nous avons ainsi vu surgir du sol désertique un minimum de denrées en mesure de garnir plus généreusement les tables des populations locales.

Le tout ne s'est évidemment pas fait du jour au lendemain. Car l'opération consistait non seulement à leur fournir des moyens qui ne leur étaient pas familiers, mais également à changer certaines mentalités qui les avaient souvent amenés à altérer ce que d'autres organismes, avant nous, avaient mis à leur disposition. C'est la raison pour laquelle nous nous sommes souciés de sensibiliser les gens à la valeur de ces nouvelles structures. Pour ce faire, nous avons exigé des populations concernées une participation de chacun de leurs membres aux coûts engendrés par la mise en place des nouvelles infrastructures. Étant donné leurs moyens limités, les montants qui leur étaient réclamés étaient essentiellement symboliques. Mais la démarche a tout de même eu pour effet d'instaurer chez eux un sentiment d'appartenance en regard des nouvelles installations. Ce faisant, il devenait par la suite plus facile de les convaincre de l'importance d'en assurer la protection et l'entretien.

Initiatives locales

Toujours dans l'idée d'assurer une dimension inclusive aux initiatives que nous menions dans cette région, la Fondation a également offert à ceux et celles qui présentaient des qualités de leadership d'aller suivre une formation spécialisée en agronomie à l'étranger afin qu'ils puissent, à leur retour, former et diriger des équipes locales dans le but d'assurer la croissance et la pérennité de ce qui avait été mis en place. Cette initiative complémentaire prenait la forme de bourses d'études leur donnant accès aux facultés universitaires reconnues comme les plus compétentes dans le domaine.

Notre soutien à l'éducation, un domaine qui nous tenait particulièrement à cœur, ne s'est pas limité qu'aux plus doués. Nous nous sommes également investis dans la construction d'institutions d'enseignement de premier niveau au cœur même des villages concernés. Pour ces jeunes de l'endroit, l'école n'est pas une contrainte qui leur est imposée, mais bien un privilège auquel ils aspirent. Dans notre perspective, il allait de soi que, après avoir assuré l'accès à l'eau potable, nous leur permettions d'étancher leur soif d'apprendre.

Nous avons également soutenu la mise en place d'infrastructures sportives en mesure de s'intégrer harmonieusement aux milieux où nous nous sommes impliqués. En aménageant des terrains de soccer et de basketball – deux sports dont la pratique ne nécessite pas d'équipements coûteux –, nous estimions qu'il s'agissait là de moyens à la fois divertissants et stimulants d'insuffler une saine fierté chez les jeunes en regard de leur village et d'éventuellement les amener à y prendre racine une fois qu'ils auraient atteint l'âge adulte.

Même si elles demeuraient fort limitées par rapport à l'ampleur des besoins, ces premières réalisations ont rapidement inspiré des villages avoisinants. Plutôt que de s'en prendre aux installations qui suscitaient leur envie, ceux-ci ont préféré se prendre en main à leur tour. Si bien que la Fondation parraine aujourd'hui des initiatives de la sorte dans près d'une quarantaine de villages de la région. Et ce dont nous sommes le plus fiers, c'est que, pour la majorité d'entre eux, nous n'exerçons plus qu'un rôle de soutien à distance. Ce sont désormais essentiellement des Maliens et des Maliennes qui initient les projets qu'ils jugent prioritaires, qui les coordonnent et qui en assurent la bonne marche.

Enfin, la témérité et la détermination aidant, ils en sont même arrivés à mettre en place un mini-réseau commercial leur permettant d'acquérir, en échange de leurs surplus de production, des denrées qu'ils n'arrivaient pas à produire eux-mêmes. Cela a donné naissance aux premières coopératives d'épargne et de crédit. Et ce qui est d'autant plus stimulant, c'est que l'effet d'entraînement a largement dépassé l'aspect strictement économique. Cette prise en charge leur a inspiré suffisamment confiance en leurs moyens pour qu'ils en arrivent aujourd'hui à puiser à même leurs propres ressources créatrices afin de trouver les solutions aux différents problèmes qui se posent à eux.

C'est le cas d'un producteur de papayes qui devait parcourir de longues distances pour écouler sa production excédentaire dans des régions où ce fruit était particulièrement en demande. Comme il transportait sa précieuse cargaison dans une charrette de fortune, ces fruits à chair molle, gorgés de jus lors de la cueillette, arrivaient à destination dans un état qui s'approchait davantage de la purée maison que de la denrée comestible. Cela rendait son activité plus déficitaire que rentable. Inspiré par l'esprit d'initiative qui commençait à se développer dans la communauté, il décida de récupérer les éléments climatiques à son avantage.

Avec quelques branches de bambou, il aménagea un séchoir sur lequel il étendit ses fruits après avoir pris soin de les ouvrir en deux. Une fois bien sèches, les papayes pouvaient ainsi être coupées en morceaux et mises en poche à l'abri des pertes. Il proposa par la suite à un producteur d'arachides de la région de mélanger ses cacahuètes à ses fruits séchés. En unissant leur savoir-faire et leurs efforts, ils arrivèrent à mettre en marché un produit comparable à celui que l'on retrouve aujourd'hui dans les comptoirs de nos supermarchés, sur les étals des boutiques spécialisées de même que… sur les tablettes de nos pharmacies !

Il s'agit là d'un exemple parmi tant d'autres qui a permis à la Fondation Marcelle et Jean Coutu de grandir au rythme des gens à qui elle est venue en aide. Au bilan de l'exercice, je serais embêté de déterminer qui, de ceux que nous avons aidés ou de ceux qui se sont impliqués avec nous, a le plus profité, d'un point de vue strictement humain, de ces diverses expériences. Privés de l'essentiel, ces gens demeurent quand même intrinsèquement habités d'une joie de vivre contagieuse qui laisse songeur par rapport au désabusement chronique de nos sociétés occidentales pourvues des moyens les plus modernes.

C'est d'ailleurs la désolante réalité à laquelle s'est retrouvée confrontée sœur Emmanuelle, cette religieuse enseignante si chère au cœur des Français, lorsqu'elle est rentrée à Paris après avoir partagé sa vie avec les plus pauvres des plus pauvres du Caire, en Égypte. « Je n'ai jamais autant ri que dans un bidonville. On trouvait toujours des occasions de s'amuser », confie-elle dans ses mémoires, se permettant même d'ajouter : « Au bidonville, beaucoup de pauvres étaient riches. C'était merveilleux. Ils n'étaient attachés à rien. »

Diversification progressive

En marge de nos premières réalisations en Afrique, divers autres projets à caractère international sont venus s'ajouter à nos activités, dont celui de l'éducation à Haïti. Si nous nous étions frottés à la pauvreté en Afrique, j'oserais dire qu'en cette portion de l'île d'Hispaniola c'est à la misère que nous avons été confrontés. J'ai même eu l'impression que la proximité des Haïtiens avec les Amériques, dont ils reçoivent des images télé par le biais des appareils installés dans les bars, suscitait en eux plus de découragement que d'espoir.

Comme le pays est devenu un relais important pour le trafic de cocaïne en provenance de Colombie et à destination des États-Unis, nous avons cru de notre devoir de nous investir dans l'éducation des jeunes qui, dès leur tendre enfance, sont déjà mis au service, contre rémunération, des familles plus aisées de l'endroit. En collaboration avec une communauté religieuse extrêmement dynamique qui est implantée sur place, nous avons convaincu ces « employeurs » de libérer ceux qu'on appelle là-bas les *ti moun service*, l'espace de quelques heures pendant la journée, afin qu'ils puissent fréquenter l'école que nous avons construite.

Jusqu'à ce jour, l'expérience s'est avérée particulièrement positive, stimulant même, devant la fière allure de l'établissement que nous parrainons, ceux qui habitent aux alentours à mieux entretenir leurs propres demeures. D'autre part, comme l'école est située dans une partie montagneuse de l'île, elle a été relativement épargnée du terrible tremblement de terre de janvier 2010. Mais cette épreuve de la nature, ajoutée à l'indigence endémique qui continue de sévir dans l'ensemble du pays, nous a tristement rappelé qu'il reste encore beaucoup à faire.

Dans la mesure de nos moyens, nous tentons également de mettre l'épaule à la roue lorsque des catastrophes du genre frappent des pays qui sont dépourvus de ressources financières ou d'infrastructures politiques et sociales. Ce qui a pour résultat de grever nos budgets d'exploitation presque chaque année. Une situation qui a plutôt l'heur de me réjouir. Je considère alors ce déséquilibre financier comme une pressante invitation à nous faire encore plus généreux à l'égard de la Fondation afin qu'elle puisse étendre davantage son réseau d'entraide.

Il n'y a pas qu'à l'étranger que la Fondation s'implique dans des projets d'importance. En 2005, afin de combler la pénurie de pharmaciens et de répondre aux besoins grandissants des spécialistes qui effectuent des recherches sur le cancer, nous avons contribué au financement de la construction de deux nouveaux centres de formation – les pavillons Marcelle-Coutu et Jean-Coutu – sur le campus de l'Université de Montréal. Le premier regroupe les activités de l'Institut de recherche en immunologie et en cancérologie, tandis que le second abrite pour sa part les activités d'enseignement des sciences biomédicales de la Faculté de pharmacie.

Discrétion appréciée

Il s'agit là de réalisations qu'il est difficile de passer sous silence. On ne construit pas des écoles, des centres professionnels ou de petits hôpitaux en pensant qu'il est possible de faire preuve d'une discrétion semblable à celle d'un médecin sans frontières ou d'un religieux missionnaire. Cette reconnaissance, appréciée, est loin de faire partie de nos objectifs ou de nos attentes. En matière de visibilité, l'approche de la Fondation se situe plutôt tout à fait à l'opposé de la politique commerciale du Groupe. En fait, nous tentons toujours d'agir avec la discrétion dont faisait preuve mon grand-père hôtelier quand il se faisait le dépositaire des gages des « gars de bois » lorsqu'ils rentraient chez eux au printemps. « On se désole du fracas d'un mur qui tombe, mais on n'entend pas l'herbe qui pousse… », disait-il.

C'est ainsi que, bon an, mal an, nous nous engageons dans plus de trois cents organismes ici au Québec. Nous donnons priorité à ceux dont le sous-financement menace directement l'aide aux personnes qui sont dans le besoin. Nous cherchons de même à soutenir ceux qui éprouvent des difficultés à s'organiser ou à maintenir un minimum de structures en place. Quelle que soit la taille de l'organisme que nous appuyons, nos interventions demeurent toujours motivées par le désir qu'il atteigne éventuellement l'autonomie la plus complète possible. Nous sommes une main tendue et non une bouée de sauvetage…

Selon les données disponibles, il existerait environ 80 000 organismes – dont plus de 25 000 au Québec – impliqués dans le domaine de la philanthropie. Une statistique qui traduit bien la dimension limitée de nos interventions et qui nous rappelle que ce n'est pas à nous de sauver le monde… mais qu'il est de notre devoir de faire quelque chose pour qu'il se porte mieux. Le don le plus valorisant qui soit, c'est celui de son temps. Et celui qui est le plus efficace, c'est celui de ses sous. À condition qu'on puisse en disposer…

Lorsque, étudiant, je faisais équipe avec le « Kid » Gratton dans le cadre des opérations de déblaiement de la neige, je me souviens l'avoir entendu me raconter qu'un jour il était allé rencontrer un de ses anciens patrons, propriétaire d'une entreprise familiale, pour lui demander une augmentation de salaire. «Ma petite paye n'arrive plus à fournir aux besoins de ma marmaille…, avait-il argumenté. Je suis même prêt à prendre plus de responsabilités ou à faire des heures supplémentaires s'il le faut», avait-il ajouté pour faire montre de sa bonne volonté.

«Je ne peux malheureusement rien faire pour toi, avait répondu le pingre employeur, parce que je fais déjà beaucoup la charité et qu'il ne m'en reste pas assez pour te payer davantage.» Le «Kid» avait beau avoir lamentablement échoué ses examens de Rhétorique au collège Saint-Laurent, il n'était pas dépourvu de répartie pour autant. «Si je gagnais un peu plus, peut-être que moi aussi j'aurais le plaisir de faire la charité!» avait-il répliqué sans plus de manières. Il n'y a effectivement pas de plus grand plaisir que de donner. Mais encore faut-il avoir quelque chose à partager. Le «Kid», lui, avait compris cela depuis longtemps.

Il s'agit là d'une anecdote qui m'est toujours restée gravée dans la mémoire et qui n'est pas étrangère à toute l'importance que j'accorde à la Fondation. En mettant celle-ci sur pied en 1990, j'avais l'impression de faire porter un peu plus loin le message de mon ancien, et non moins coloré, compagnon de travail. Car, par les activités que la Fondation soutient un peu partout, j'ai le sentiment que, même indirectement, c'est tous ceux et celles qui gravitent autour de nos établissements – clients, fournisseurs, personnel, actionnaires – qui participent à faire reculer chaque jour un peu plus les frontières de la solitude et de l'indigence.

CHAPITRE 12

Au pays de l'oncle Sam

Alors que se pointait la dernière décennie du 20e siècle, l'heure était à la multiplication et aux développements des nouvelles technologies. Il n'y avait de communications qui vaillent sans qu'elles ne présentent une convergence de tout instant entre l'image, le son et la vidéo. Les tours de Michel le Magicien et les pitreries de Passe-Montagne ne faisaient plus le poids aux côtés des prouesses numériques de Super Mario et de Zelda. De même, une auto ne suscitait d'attrait que si elle était coiffée de la petite antenne flexible indiquant qu'un téléphone cellulaire permettait de recevoir et de placer des appels de l'intérieur même du véhicule. Et grâce à la démocratisation d'Internet et à la propagation du système de géopositionnement par satellite – l'intrigant GPS –, l'univers et les chemins pour le parcourir étaient désormais à portée d'écran.

En marge de ces innovations, nous assistions à un décloisonnement des frontières géopolitiques. L'effondrement du Mur de Berlin, à l'automne 1989, en avait éloquemment été le précurseur. D'autre part, la libéralisation des marchés n'était plus qu'une lubie des romans de science-fiction. En posant ses jalons un peu partout sur la planète, la mondialisation était en train de devenir une réalité bien concrète avec laquelle dirigeants d'entreprise et représentants politiques allaient désormais devoir composer. C'est d'ailleurs dans ce contexte que les gouvernements canadien et américain ont apposé leurs signatures, le 2 janvier 1988, au bas du premier traité de libre-échange entre le Canada et les États-Unis.

Cette entente, qui venait d'abord confirmer l'importance des liens commerciaux qui s'étaient établis entre les deux pays au fil du temps, avait également pour but de faciliter l'accroissement des échanges entre exportateurs et importateurs d'un côté comme de l'autre de la frontière. Comme on a pu s'en rendre compte par la suite, lors de sa mise en application dans certaines sphères d'activité commerciale, ce traité comportait un certain nombre de limites. Mais force est de constater qu'il s'inscrivait dans une perspective de mondialisation naissante à laquelle deux pays aux profils économiques aussi semblables ne pouvaient échapper.

De premiers pas

En ce qui nous concerne, nous n'avons pas attendu la ratification d'accords officiels entre Ottawa et Washington pour poser le pied sur le territoire américain. En 1987, nous avons d'abord fait l'acquisition d'une première pharmacie dans la ville de Springfield, au sud-ouest du Massachusetts. Il s'agissait d'un établissement de petite taille qui avait jusque-là été détenu par un sénateur d'État. La transaction nous assurait également la propriété du centre commercial dans lequel prenait place la pharmacie en question. Celui-ci comprenait entre autres de vastes locaux laissés vacants par un supermarché qui venait de déménager ses pénates dans une autre partie de la ville. Nous en avons profité pour y aménager les premiers bureaux de ce qui allait devenir le siège social de Jean Coutu Group (PJC) USA, l'entité administrative sous laquelle seraient placées les activités commerciales que nous comptions implanter en sol américain.

L'ensemble de ces nouvelles opérations fut confié à mon fils Michel, qui nourrissait un intérêt pour cet immense marché depuis le moment où il avait entrepris sa formation en droit à l'Université de Sherbrooke. Grâce au séjour qu'il avait effectué aux États-Unis dans le cadre de ses études universitaires à Rochester, il en était venu à se familiariser passablement bien avec les habitudes de consommation de nos voisins du sud. Ce qui faisait de lui le candidat tout désigné pour assumer la direction de cette nouvelle entité.

Peu de temps après ce premier achat aux USA, nous avons procédé à cinq ouvertures supplémentaires dans la région. Chacune d'elles fut placée sous l'enseigne Maxi Drugs, une marque de commerce que nous avions créée au moment où nous avons entrepris l'exploitation de nos premières pharmacies canadiennes au-delà des frontières du Québec. Au cours des deux années qui ont suivi, nous avons ainsi pu apprivoiser les systèmes de santé existants dans ce pays où le capital fait loi, même dans le secteur de la santé.

En effet, contrairement à l'approche sociale-démocrate qui prévaut en la matière dans les provinces canadiennes – où la gamme complète des soins médicaux est accessible à l'ensemble de la population et où elle est payée par l'État à partir des impôts qu'il prélève auprès des contribuables –, aux États-Unis, la santé est d'abord et avant tout un *business*. Les services offerts par les professionnels ou les institutions concernés sont considérés comme des biens qui s'acquièrent et se paient.

Les médecins exercent leur profession à la manière de libres entrepreneurs – en facturant leur clientèle à l'acte en fonction des services rendus – et les hôpitaux – gérés par des corporations privées qui sont redevables à leurs bailleurs de fonds, en attente d'un retour sur investissement – se retrouvent en concurrence directe les uns par rapport aux autres. Afin d'avoir accès aux soins requis en cas d'accident ou de maladie, les citoyens sont par conséquent appelés à se prévaloir, parmi le vaste choix de programmes qu'offrent les compagnies d'assurances, du régime individuel ou collectif qui correspond le mieux à leur capacité de payer de même qu'à l'importance qu'ils accordent à leur santé. Ainsi, dans ce qui est considéré comme la plus imposante puissance de la planète, où la richesse excessive côtoie de près une pauvreté déplorable, il est justifié de dire que les soins de santé constituent d'abord des privilèges avant d'être des services.

Pour compenser les insuffisances du système, le président Lyndon B. Johnson a mis en place, en 1965, dans le cadre de sa campagne de «guerre contre la pauvreté», deux régimes publics

– *Medicare* et *Medicaid* – afin de venir en aide aux segments de la population qui n'étaient pas en mesure de se prévaloir d'assurances privées. Le premier s'adresse principalement aux personnes âgées de même qu'à ceux et celles qui sont handicapés. Le second, institué au même moment, a essentiellement été conçu à l'intention des individus et des familles à faible revenu. Bien qu'il se soit agi d'un effort louable de la part du gouvernement en place à Washington, il laisse toujours en plan quelque quarante-trois millions de citoyens américains qui n'ont toujours pas accès à des soins de santé minimaux. Une iniquité que le nouveau président d'origine afro-américaine semble cependant déterminé à faire disparaître.

Même si notre présence demeurait embryonnaire, les premiers résultats émanant de notre opération américaine se sont avérés fort positifs. Si bien que nous nous sommes portés acquéreurs, en 1990, de la chaîne Douglas, dont les seize établissements étaient situés dans le Rhode Island, petit État voisin du Massachusetts où nous avions d'abord posé le pied. Cette transaction portait ainsi à vingt et un le nombre de pharmacies – toutes placées sous l'enseigne Maxi Drugs – que nous possédions désormais sur le territoire. Ce qui confirmait notre intuition de départ et nous laissait entrevoir d'encourageantes perspectives de développement.

Une acquisition capitale

L'occasion d'occuper une plus grande place ne tarda pas à se présenter. Cinq ans plus tard, en 1995, nous faisions l'acquisition de la chaîne de pharmacies Brooks, qui comprenait 251 établissements répartis dans six États de la Nouvelle-Angleterre de même que dans le nord de l'État de New York. La transaction faisait également de nous les propriétaires d'un vaste entrepôt, auquel était juxtaposé un centre de distribution, dans la petite municipalité de Dayville au Connecticut. En paraphant l'entente qui faisait de Jean Coutu Group (PJC) USA le nouveau propriétaire de la chaîne de pharmacies Brooks, nous quadruplions le chiffre d'affaires de nos activités américaines et nous nous retrouvions ainsi propulsés parmi les quinze plus importantes chaînes de vente au détail de produits pharmaceutiques en Amérique du Nord.

L'intégration de cette acquisition représentait un défi de taille pour nous. Du seul aspect des ressources humaines, nous augmentions nos effectifs de plus de 5000 nouveaux employés. Sur le plan des approvisionnements, nos carnets de commandes auprès des fournisseurs se voyaient radicalement gonflés par les besoins de tous ces nouveaux établissements. Les réajustements s'annonçaient donc importants et nombreux, mais nous possédions les ressources pour ce faire. À notre siège social de Longueuil, nous pouvions compter sur des employés-cadres qualifiés et enthousiastes à l'idée de voir l'entreprise pour laquelle ils se dévouaient prendre une telle expansion. Plusieurs d'entre eux n'ont d'ailleurs pas hésité à s'engager à fond afin de faire profiter leurs nouveaux collègues américains de l'expertise et de l'expérience qu'ils avaient acquises dans le cadre de notre développement au Québec.

Puisque les activités liées à l'approvisionnement et à la distribution jouent un rôle crucial dans l'élaboration et le maintien d'une politique commerciale concurrentielle, nous avons d'abord mis l'accent sur l'intégration des systèmes informatiques servant les réseaux américain et canadien afin de centraliser, à notre siège social de Longueuil, l'ensemble des opérations liées à la gestion des stocks. Un défi susceptible de faire craindre le pire pour tout informaticien ou programmeur qui a déjà eu à fusionner deux systèmes informatiques qui ont préalablement été conçus de façon différente et indépendante. Mais nos spécialistes du Centre d'information Rx – la division du Groupe Jean Coutu qui gère le réseau québécois – ont fait un travail colossal. En moins de quatre mois, une toute nouvelle infrastructure informatique a été remodelée et mise à niveau afin de répondre aux exigences, toutes aussi nombreuses que différentes, en provenance des deux côtés de la frontière. Un tour de force qui n'est pas étranger à la rapidité avec laquelle nous avons pu nous approprier la gestion de la chaîne Brooks.

Au cours de la même période, nous nous sommes également portés acquéreurs d'un édifice à bureaux dans la ville de Warwick au Rhode Island afin d'y aménager le nouveau siège social de l'entreprise. Nous avons de plus entrepris la réfection de l'entrepôt de Dayville pour en faire un centre de distribution ultramoderne doté de tous les équipements de pointe en la matière. À la fin des travaux, nous disposions ainsi de plus de 300 000 pieds carrés d'espace de stockage et de cinquante quais d'embarquement afin de recevoir et d'expédier la marchandise. Enfin, comme Brooks constituait une marque reconnue et respectée, non seulement l'avons-nous conservée, mais nous en avons profité pour placer sous cette appellation l'ensemble des établissements que nous avions achetés ou ouverts depuis le début de notre aventure américaine.

Grâce à tous ces aménagements, nous savions que nous étions désormais en mesure de rivaliser avec n'importe lequel de nos compétiteurs américains, que ce soit sur les plans des prix de détail ou du service à la clientèle. Sans pour autant nourrir l'idée que la conquête des États-Unis était à notre portée, nous étions convaincus d'avoir trouvé, dans la mise en commun de notre expertise canadienne et du dynamisme de la chaîne Brooks, la formule qui faisait de nous un joueur d'importance sur le marché américain.

Concentration géographique

Une fois que les travaux d'aménagement à notre siège social de Warwick et à nos entrepôts de Dayville ont été complétés, nous avons concentré nos efforts sur le resserrement de notre réseau de distribution. Ainsi, comme les établissements que nous avions acquis de la chaîne Brooks étaient situés passablement plus au sud des États frontaliers du Québec, nous avons conclu avec l'importante chaîne Rite Aid une transaction qui ressemblait davantage à un échange de bons procédés qu'à une acquisition ou à une vente d'établissements. Nous leur avons cédé les pharmacies Brooks que nous possédions dans l'État du Maine, près d'une trentaine, et ils nous ont cédé en retour, en plus d'une somme d'argent complémentaire, un nombre équivalent d'établissements qui leur appartenaient dans le Rhode Island et le Massachusetts. Ce qui accentuait notre présence dans ces deux États tout en nous délestant des contraintes que représentait le fait d'avoir à gérer des établissements – ceux du Maine – qui, depuis l'achat de Brooks, se retrouvaient éloignés de nos centres de gestion et de distribution.

Puis, quelques années plus tard, en 1999, nous nous sommes portés acquéreurs de onze établissements de la chaîne City Drugs. Ces pharmacies étaient principalement situées dans le Vermont et dans le nord de l'État de New York. Cela consolidait notre présence dans la portion nord-est des États-Unis. Ainsi, à la fermeture de l'exercice financier en 2001, nous comptions un total de 293 franchisés au Québec, en Ontario et au Nouveau-Brunswick. À ces activités canadiennes venait s'ajouter la gestion des 251 pharmacies de la chaîne Brooks. Les résultats en provenance des deux côtés de la frontière étaient des plus satisfaisants. Notre modèle d'affaires et notre stratégie d'expansion étaient cités en exemple un peu partout et nos valeurs sur les marchés boursiers ne cessaient de grimper. Je me réjouissais certes de ces résultats, mais l'expérience de la vie ne manquait cependant pas de me rappeler que mon grand-père Laurendeau, à une autre époque et avec les résultats que l'on connaît, avait sûrement lui aussi connu ces mêmes élans de douce euphorie…

Si la peur est mauvaise conseillère, la prudence et le discernement sont cependant de très bon conseil. Stimulés par notre essor et encouragés par les excellents résultats que nous enregistrions pour l'ensemble de nos activités commerciales américaines, nous avons fait l'acquisition, en 2002, de quelque quatre-vingts des huit cents établissements qui faisaient affaire sous la marque Osco Drugs. Ces pharmacies étaient essentiellement situées dans la région de Boston, une ville phare de la côte Est américaine où nous souhaitions depuis longtemps nous implanter. Comme les activités de cette importante chaîne de pharmacies étaient surtout concentrées dans l'ouest et le Middle West du pays, cet ensemble d'établissements, isolés dans la portion nord-est, faisait figure d'un électron libre qu'il devenait de plus en plus onéreux pour celle-ci de maintenir dans son giron.

Après l'achat des pharmacies Brooks, l'acquisition de la chaîne Osco représenta certainement la transaction la plus significative de notre avancée américaine. En comptant les nouvelles ouvertures que nous avions faites en cours d'année, cette acquisition porta à 333, l'équivalent de ce que nous totalisions au Canada, le nombre de pharmacies que nous possédions aux États-Unis. Une progression dont nous n'étions pas peu fiers, mais qui tenait à beaucoup plus qu'à un total grandissant d'enseignes commerciales sur le territoire. Notre satisfaction provenait tout autant de l'heureux amalgame que nous avions réussi à créer entre l'enviable capital d'intérêt que la marque Brooks s'était acquis aux États-Unis et l'expertise qui avait assuré le succès de notre entreprise au Québec.

Une formule à succès qu'allait même souligner l'influente revue professionnelle *Drug Topics* en nommant Brooks Pharmacy Network « La chaîne de pharmacies de l'année 2001 » aux États-Unis. Une réalisation qui s'avérait le couronnement d'efforts conjugués des équipes de travail canadiennes et américaines et qui nous insufflait confiance et dynamisme afin de poursuivre sur notre lancée.

Opportunité majeure

Lorsqu'une entreprise comme la nôtre atteint un certain plateau dans son processus de croissance, une question se pose alors, à savoir jusqu'où il est souhaitable de poursuivre le développement sans risque de fragiliser son équilibre financier ou de s'éloigner des intuitions initiales qui lui ont permis de se démarquer.

Cette question se posa avec d'autant plus d'acuité lorsque, au printemps 2004, le géant américain de la vente au détail J.C. Penney décida de mettre en vente la chaîne de pharmacies qu'il possédait. Ses dirigeants estimaient que les 2800 établissements pharmaceutiques, qui faisaient affaire sous la marque Eckerd, n'affichaient plus la rentabilité désirée et ils souhaitaient concentrer leurs efforts dans des secteurs d'activité qui leur étaient plus familiers.

Redevables de leurs origines à la famille du même nom, les premières pharmacies Eckerd avaient vu le jour dans la région de Tampa Bay en Floride au début des années cinquante. Au moment de leur mise en vente, la chaîne était considérée comme la quatrième plus importante aux États-Unis en plus de se situer en tête du peloton dans la couronne sud du pays. Elle comptait des établissements dans plus de vingt-trois États, des territoires désertiques de l'Arizona jusqu'aux limites nord de l'État de New York. Le Texas et la Floride en totalisaient plus de mille deux cents à eux seuls. Dans ce dernier État, si cher aux Québécois, la marque avait longtemps été une référence dans le domaine de la pharmacie de détail. Mais à cause des difficultés qu'elle connaissait depuis quelques années déjà, Walgreens, le leader incontesté au pays, avait réussi à s'imposer comme l'enseigne de référence.

Ceux qui détenaient le contrôle de l'entreprise désiraient vendre l'ensemble des établissements à un seul et même acheteur. Cela n'était pas sans poser un certain nombre de contraintes aux chaînes concurrentielles déjà établies dans les États où les pharmacies Eckerd étaient particulièrement présentes. Aux États-Unis comme au Canada, il existe en effet des agences de réglementation empêchant des entreprises d'exercer un monopole dans les secteurs de l'économie où elles déploient leurs activités. Un géant comme Walgreens ne pouvait par conséquent être considéré comme un acheteur potentiel à cause de son imposante présence dans l'État de prédilection des *Snowbirds* canadiens. C'est à ce moment que CVS, alors la chaîne numéro deux aux USA et le principal compétiteur d'Eckerd, manifesta son intérêt pour les établissements que J.C. Penney avait à offrir dans les régions où elle était moins présente.

Consumer Value Stores – CVS – possédait alors plus de quatre mille pharmacies aux États-Unis. À l'exception d'un certain nombre affichant son enseigne au Texas, en Arizona et au Nevada, elles étaient majoritairement réparties dans l'est du pays. L'entreprise s'était imposée comme un joueur majeur en 1997 en faisant l'acquisition des 2500 établissements de la chaîne Revco Discount Drug Stores. À l'époque, la transaction avait été considérée comme la plus importante du genre dans l'histoire de la pharmacie de détail aux États-Unis. Il était donc prévisible que les dirigeants de CVS se montrent intéressés par les établissements affichant l'enseigne Eckerd.

En ce qui nous concerne, notre intérêt se portait surtout sur les pharmacies Eckerd qui avaient pignon sur rue dans les États de la côte Est américaine, là où nous étions déjà présents et où nous nourrissions certaines velléités d'étendre nos activités. Et comme Consumer Value Stores était pour sa part intéressé par les établissements que possédait Eckerd dans les États qui étaient situés au sud et à l'est de la Californie, nous avons décidé de nous rapprocher afin de faire une offre combinée à J.C. Penney pour l'ensemble de ses 2800 pharmacies.

Le marché proposé consistait en l'achat, par Consumer Value Stores, des 1250 établissements situés dans les États constituant la *Sun Belt*, tandis que nous nous portions acquéreurs des 1560 répartis dans les États de la côte Est – de la Nouvelle-Angleterre jusqu'aux frontières nord de la Floride. Grâce à cette offre partagée, chacun y trouvait ainsi son compte : cette acquisition nous propulsant dans le peloton de tête pour ce qui est du commerce de la pharmacie de détail aux États-Unis ; CVS, pour sa part, devenant le plus important propriétaire de pharmacies au pays de l'oncle Sam, dépassant du coup, avec plus de 5400 établissements, la chaîne Walgreens qui avait mené le bal jusque-là.

Délais perturbateurs

Le vendeur se montra intéressé par la formule d'achat que nous lui proposions, mais les négociations s'avérèrent particulièrement longues et ardues avant que nous en venions à un accord de principe. Ce faisant – les échanges s'étendirent sur une période de presque un an –, nous n'avons pu éviter que l'information concernant l'éventuelle cession de l'entreprise à des intérêts étrangers et concurrentiels soit connue de la presse affaires et des gens qui étaient à l'emploi de cette entreprise. Cela eut un impact passablement négatif sur le personnel en place, plusieurs salariés commençant à s'inquiéter de ce qui adviendrait de leur boulot.

L'appréhension se fit particulièrement grande chez les pharmaciens d'expérience qui étaient en poste dans les établissements phares du réseau Eckerd. Comme il ne s'agissait pas de pharmaciens propriétaires, mais plutôt de salariés à l'emploi de la chaîne – il s'agit là du modèle de référence dans l'univers pharmaceutique aux États-Unis –, ceux-ci sont vite devenus les cibles des chaînes concurrentes qui, désireuses de profiter de la situation, ont exercé de vives pressions sur plusieurs d'entre eux afin qu'ils joignent leurs rangs. Étant donné que l'incertitude est plutôt mauvaise conseillère – surtout dans l'univers pharmaceutique où les besoins en personnel sont particulièrement élevés –, plusieurs d'entre eux ont préféré répondre favorablement aux offres qui leur étaient faites plutôt que d'attendre pour prendre la juste mesure des perspectives susceptibles de s'ouvrir à eux dans le cadre de la restructuration qui se préparait. Enfin, comme l'attention de la haute direction d'Eckerd était essentiellement dirigée vers les discussions en cours, les embauches qu'elle effectuait pour compenser les départs ne respectaient pas toujours les niveaux d'exigence qui lui auraient permis d'intéresser les meilleurs candidats.

Ce qui fait que, lorsque nous avons procédé à la signature des accords finaux, nous nous sommes retrouvés en possession d'une compagnie qui, du point de vue de son capital humain, s'était passablement dépréciée au cours de cette période où les négociations avaient traîné en longueur. Il s'agit là d'un élément auquel, contrairement à nos habitudes, nous n'avons peut-être pas porté tout l'intérêt qu'il revêtait. Nous avions exercé avec rigueur et attention notre droit de regard préalable sur les finances de l'entreprise que nous convoitions, mais nous nous sommes montrés passablement moins attentifs à la qualité des ressources humaines que la compagnie possédait et, surtout, qu'elle était en train de perdre.

Une méprise qui n'a pas été sans jeter un certain ombrage sur une transaction qui présentait pourtant plus d'un attrait. C'est comme si, à l'achat d'une voiture, nous nous étions davantage attardés aux conditions de financement nous permettant de l'acquérir plutôt qu'à la fiabilité de la mécanique qui se trouvait sous le capot. Une inversion dans l'ordre des priorités qui comporte un certain nombre de conséquences. En effet, lorsqu'une compagnie est en bonne santé financière, il est toujours possible de trouver des prêteurs disposés à l'appuyer dans le cadre d'une transaction d'importance. Mais il s'avère beaucoup plus difficile de recruter du personnel compétent lorsque l'objet de l'acquisition ne produit plus l'attrait qu'il a déjà exercé auprès de professionnels du milieu.

Relocalisation hâtive

Comme il s'agit du genre de constat que l'on fait une fois que les ficelles d'une telle transaction sont toutes bien attachées, nous nous sommes concentrés sur la mise en application du plan de restructuration que nous avions conçu en marge du processus de négociation. Dans le cadre de la stratégie qui avait été retenue, nous prévoyions transférer le centre administratif d'Eckerd – où s'affairaient plus de mille employés – de Tampa Bay, en Floride, à Warwick, au Rhode Island, là où nous avions établi le siège social de Brooks.

Cette relocalisation s'avérait nécessaire à nos yeux par le fait que nous ne possédions pas de pharmacies en Floride, un État qui était situé entièrement en périphérie de nos réseaux de distribution. Comme nous nous étions engagés, pour une période d'un an, à assurer les approvisionnements des pharmacies Eckerd dont CVS s'était portée acquéreur, nous nous sommes donné de douze à dix-huit mois pour rapatrier, à notre centre stratégique de Warwick, l'ensemble des activités de gestion et de distribution de la chaîne Eckerd.

Afin de pouvoir accommoder les nouvelles équipes de travail appelées à se former, nous avons entrepris d'importants travaux d'agrandissement aux locaux que nous occupions déjà à Warwick. Les plans du futur siège social de la nouvelle entité Brooks-Eckerd laissaient entrevoir des aménagements relevant des modèles de pointe en matière de commodités et de confort. Nous désirions en effet que ce carrefour stratégique reflète le dynamisme et l'esprit d'entrepreneuriat dont nous avions fait montre jusque-là dans la gouvernance de nos entreprises américaines.

Or, comme c'est souvent le cas dans des chantiers de cette envergure, nombre d'imprévus ont commencé à surgir, pesant du coup sur des délais dont l'élasticité était déjà fort limitée. Dans le but d'accommoder le personnel en place ainsi que celui que nous songions à récupérer d'Eckerd, nous avons loué de vastes bureaux, situés non loin de là, afin de relocaliser temporairement tout ce monde jusqu'au moment où les travaux seraient complétés. Une solution d'urgence qui n'a pas été sans créer certaines tensions au sein du personnel concerné.

À ces mesures qui en indisposaient plus d'un est venue s'ajouter la résistance des employés du siège social d'Eckerd de déménager leurs pénates vers le nord. Eux qui étaient habitués au soleil et au temps chaud à longueur d'année ne faisaient pas montre de beaucoup d'enthousiasme à l'idée de troquer leurs planches à voile contre des pelles à neige. Nous leur avions offert d'excellentes conditions pour qu'ils acceptent de se déplacer, mais nous n'avons pas réussi à en convaincre un grand nombre, échappant même au passage ceux et celles qui comptaient le plus d'expérience. Ce qui nous causa passablement de soucis puisqu'ils représentaient un rouage essentiel de notre plan de relance. Après la démobilisation qu'avait entraînée chez les employés d'Eckerd le prolongement indu des négociations menant à la vente de l'entreprise, voilà que nous devions composer avec les conséquences des délais qui s'accumulaient dans la réfection de notre siège social, de même qu'avec les résistances inhérentes aux spécificités culturelles des résidents du nord et du sud du pays.

Nous avons cependant cru que nous pourrions rapidement compenser pour ce «manque à gagner» en matière de personnel qualifié. Ce qui nous a conduits à nourrir un tel optimisme, c'est que, au cours de la même période, deux entreprises d'importance ont fermé leurs portes dans notre environnement immédiat de Warwick. Il s'agissait, d'une part, du siège social d'une importante chaîne d'épiceries et, d'autre part, d'une institution bancaire régionale. Comme il s'agissait du profil d'employés que nous recherchions, nous nous sommes empressés de les intéresser à la restructuration que nous étions en train d'effectuer afin qu'ils se joignent à nous. Mais, à notre grande déception, peu d'entre eux ont accepté. Ce qui n'a fait qu'ajouter aux embêtements que nous éprouvions déjà.

Nous nous sommes donc retrouvés en déficit d'employés d'expérience. Cela nous a contraints à investir des efforts considérables dans la formation de travailleurs nouvellement embauchés plutôt que de nous concentrer sur la restructuration de la chaîne que nous venions d'acquérir. Un réajustement stratégique obligé qui n'a pas été sans affecter sensiblement le rendement de l'ensemble de nos opérations américaines. Par conséquent, cela a fragilisé la confiance des investisseurs et fait rapidement chuter la valeur de notre titre en Bourse.

Cette situation s'est prolongée sur une période de plus de deux ans et a été particulièrement éprouvante pour ma famille, nos employés, de même que pour les innombrables détenteurs, directs ou indirects, d'actions de la compagnie. Nous qui avions l'habitude d'être cités en exemple comme modèle d'entreprise québécoise à succès, voilà que néophytes et experts doutaient maintenant de notre capacité de retourner la situation à notre avantage. Et comme tout problème de cette ampleur, les solutions ne sont pas toujours aussi simples qu'on peut les imaginer en jetant un coup d'œil sur les cours de la Bourse dans son journal du matin ou en posant le regard sur l'afficheur de son téléphone intelligent.

La pression qu'exerçait la décroissance de notre titre en Bourse transforma alors l'enjeu en une question de temps. Et comme «le temps, c'est de l'argent», il nous aurait fallu ajouter quelques centaines de millions de dollars à nos activités de direction, de distribution et de vente au détail afin de les élever à un niveau de compétitivité qui nous aurait permis d'aspirer à nouveau à la rentabilité. Mais, tout comme moi, les actionnaires ne se montraient pas disposés à faire preuve de la patience exigée par ces nouveaux investissements. Car même si nos opérations canadiennes continuaient de dégager d'excellentes marges de profit, les déficits émanant de celles que nous menions aux États-Unis les faisaient systématiquement disparaître de nos bilans. Et comme j'ai toujours voué le plus grand des respects pour nos détenteurs d'actions, je ne voulais pas attendre qu'on dépose vingt-cinq cents dans mon chapeau à la sortie de l'assemblée annuelle des actionnaires pour réagir.

Frappeur de relève

Alors que nous évaluions différentes façons de redresser la situation, voilà que je reçois un appel du PDG des pharmacies Rite Aid, la troisième chaîne en importance aux États-Unis. «Jean», qu'il me dit, avec cette familiarité si spontanée et si chère aux Américains, «*you're a good number four; I'm a strong number three. Why don't we merge to make a challenging new number three?*» Provocante dans les circonstances, l'idée de nous rapprocher afin de mieux concurrencer les deux principales chaînes méritait quand même qu'on s'y attarde. Dans un marché où la compétition fait loi, il n'est effectivement pas rare que les adversaires de la veille deviennent les partenaires du lendemain. L'adage *If you can't beat them, join them!* n'avait jamais paru aussi pertinent dans les circonstances. «Si tu es disponible, je passe te voir à Longueuil la semaine prochaine», qu'il ajouta, avec cette désinvolture qui n'était pas sans rappeler certains prospecteurs d'une autre époque lorsqu'ils entamaient la conquête des mines d'or du Far West.

Je l'accueillis donc à mon bureau au moment convenu en compagnie de mes fils François et Michel, respectivement présidents des activités canadienne et américaine de la compagnie. Assez vite, nous nous sommes rendu compte que sa démarche n'était pas que de la poudre aux yeux. Nous avons évoqué ensemble toutes sortes de scénarios possibles: échange d'établissements comme nous l'avions fait quelques années auparavant, regroupement des deux entités sous une même marque en partageant l'actionnariat, etc. Mais chacune de ces formules nous obligeait à injecter une mise de fonds supplémentaire. Ce qui nous rendait fort hésitants, car nous avions dû passablement nous endetter afin de faire l'acquisition de la chaîne Eckerd. Pour une compagnie comme la nôtre, qui n'avait presque jamais connu l'endettement, nous ne voulions pas ajouter l'inquiétude à notre inconfort.

Ce que ne manqua pas de remarquer notre vis-à-vis qui retourna alors la carte cachée de son jeu: «*All right now, Jean. Why don't we make the grand slam?*» En s'exprimant de la sorte, notre interlocuteur empruntait un terme familier au baseball pour nous signifier que, devant nos hésitations à investir davantage, il était prêt à se porter acquéreur de tout ce que nous possédions aux États-Unis. Une proposition certes osée, mais qu'il aurait été cavalier de rejeter du revers de la main. Cependant, avant de faire montre de quelque enthousiasme que ce soit, nous lui avons bien fait comprendre que nous trouverions intérêt à son offre que dans la mesure où la somme proposée inclurait un montant d'argent au comptant nous permettant d'éponger complètement nos dettes. Une condition qu'il se montra assez spontanément disposé à accepter.

Nous nous sommes ainsi retrouvés avec les liquidités nécessaires pour rembourser nos créanciers, auxquelles venaient s'ajouter 250 millions d'actions de Rite Aid. Cela faisait de nous l'actionnaire majoritaire de cette entreprise qui, elle, consolidait du coup sa position de numéro trois aux États-Unis. Pour nous, il s'agissait d'une façon inattendue mais néanmoins habile de nous retirer des opérations quotidiennes aux USA tout en y demeurant présents grâce à un actionnariat de première importance. Actionnariat qui allait d'ailleurs prendre rapidement de la valeur avant même que nous disposions des certificats de propriété.

En effet, entre le moment où nous avons convenu de l'accord et celui où nous avons conclu officiellement la transaction, la valeur des actions qui nous avaient été cédées s'est vue majorée de près de quarante pour cent, les spéculateurs boursiers estimant que le *deal* en question représentait une excellente affaire pour la chaîne américaine. Ce qui a fait dire à un journaliste de la presse économique torontoise : « *Coutu brought a rabbit out of an empty hat !* »

Imprévisible déconvenue

Si le type de transaction que nous venions de conclure pouvait laisser croire que j'avais soudainement fait apparaître un lapin d'un chapeau, la magie n'allait cependant pas opérer bien longtemps. En éliminant nos dettes, nous avions certes effectué quelques biffures d'importance au passif de notre bilan. Nous ne pouvions cependant éviter d'y faire apparaître la constante dévaluation de notre actionnariat américain, résultat des décevantes performances de notre partenaire au cours des mois qui ont suivi la transaction nous impliquant. Ce qui a continué de gommer les bénéfices que nous dégagions, de ce côté-ci de la frontière, par l'entremise du réseau de franchises que nous exploitions au Québec.

Afin de pallier cette moins-value croissante, qui ajoutait à la déception de nos actionnaires, nous avons exercé différentes pressions auprès du conseil d'administration de Rite Aid où siégeaient quatre de nos représentants. Nous nous sommes permis de leur faire un certain nombre de suggestions à la lumière des orientations commerciales qui nous avaient avantageusement servis par le passé. Mais comme nous n'étions plus derrière le banc des joueurs pour procéder nous-mêmes aux changements susceptibles de nous ramener dans le match, nous avons dû nous montrer patients avant que certaines de nos propositions soient retenues.

Nous n'avons toutefois pas attendu que la partie soit hors de portée pour agir sur les éléments qui nous étaient accessibles. Afin d'éliminer ce boulet que représentait l'inclusion des pertes de Rite Aid dans l'ensemble de nos résultats, nous avons effectué différentes écritures comptables qui les ont fait disparaître progressivement. Un remède de cheval dans les circonstances. Comme le proclamaient à l'époque les célèbres annonces du sirop Buckley : « Ça ne goûte pas bon, mais c'est efficace ! » Ce faisant, nos actionnaires n'avaient plus à supporter les mauvaises performances de la chaîne américaine, mais ils ne pourraient cependant profiter d'une éventuelle relance qui aurait replacé notre partenaire américain sur la voie de la rentabilité. Comme les fiscalistes impliqués ont si bien su nous le rappeler : « On ne peut à la fois avoir le beurre et l'argent du beurre. »

Grâce à l'actionnariat majoritaire que nous possédons toujours dans la troisième chaîne en importance aux États-Unis, nous occupons présentement une position d'attente active. Avec l'adoption, au printemps 2010, du projet de loi assurant désormais l'accès à plus de quarante-trois millions d'Américains à un régime d'assurance maladie universel, il est à prévoir que l'initiative de Barack

Obama va insuffler un nouvel essor à l'univers de la pharmacie de détail en ce pays. Une opportunité à laquelle nous demeurons des plus attentifs et de laquelle nous comptons bien tirer le plus d'avantages possible.

Ce qui m'amène à dire que l'opération que nous avons menée aux États-Unis est tout de même à bonne distance de l'échec dont plusieurs n'ont pas hésité à la qualifier. Force est d'admettre que nous n'avons pas atteint le cœur des cibles à chacune des étapes de notre aventure américaine. Mais, sans verser pour autant dans la pensée magique, je nourris le sentiment qu'il ne s'agit que d'un rendez-vous reporté. Et aux innombrables réactions et commentaires qui ont été exprimés, j'ai quelques explications. Et j'insiste sur les termes employés ; il s'agit d'explications et non d'excuses. Parce que le premier présume que l'on assume ses torts tandis que le second fait trop souvent reporter la responsabilité sur les autres.

Si l'ensemble de notre opération américaine s'est terminée de façon aussi abrupte et décevante, j'en attribue la raison principale au fait que nous avons voulu procéder trop rapidement à la fermeture du siège social d'Eckerd en Floride. Privés des meilleurs éléments du personnel en place, nous nous sommes retrouvés à court de ressources humaines essentielles à la fusion harmonieuse des marques Brooks et Eckerd. En affaiblissant ainsi les forces vives de l'entreprise, nous n'avons pas été en mesure d'injecter au réseau Eckerd le dynamisme que Michel et son équipe avaient insufflé à la chaîne Brooks depuis que nous en avions fait l'acquisition.

Il ne s'agit pas là d'une explication visant à nous défiler. Nous avons à vivre avec les désillusions provoquées par la mésaventure qui a fait tache aux succès cumulés au cours des trente années qui avaient précédé. Cette expérience nous a contraints à faire acte d'humilité. En plus d'avoir affecté sensiblement le rendement de l'ensemble de la compagnie, elle s'est avérée particulièrement éprouvante pour notre image corporative de même que pour notre orgueil personnel. Nous avons cependant beaucoup appris de cette expérience et nous comptons bien demeurer vigilants afin qu'elle nous serve tout à la fois de tremplin et de balise lorsque de prochaines possibilités d'expansion en sol américain se présenteront à nous.

Mais, contrairement à ce que plusieurs seraient portés à penser, il ne s'agit pas là du plus important contretemps qui est venu joncher mon parcours professionnel...

Intransigeance coûteuse

En 1995, alors que nous connaissions un succès remarquable et remarqué grâce à l'exploitation de la marque Brooks aux États-Unis, il nous a été offert l'occasion de nous porter acquéreurs d'une chaîne de pharmacies ontarienne dont les 135 établissements étaient principalement situés dans la partie sud-ouest de la province. Il s'agit de la chaîne Big V, dont le modèle d'affaires était plutôt singulier par rapport à celui que nous exploitions. Il s'agissait en fait d'une forme de coopérative où chaque pharmacien associé était partenaire coopérant de l'ensemble du réseau.

Ayant atteint l'âge de la retraite, les trois fondateurs voulurent monnayer leur investissement, mais leurs associés leur offraient un prix bien en deçà de leurs expectatives. Or, étant donné qu'ils possédaient le contrôle de l'entreprise, ils décidèrent d'étendre l'offre à des acheteurs étrangers. Et comme nous nous étions déjà rencontrés à ce sujet quelques années auparavant, ils décidèrent de se tourner d'abord vers nous.

La plupart des pharmaciens membres de la chaîne – et partenaires directement concernés par la vente – s'enorgueillissaient davantage de leur rôle de professionnels de la santé que de celui, plus accessoire à leurs yeux, de commerçants. Ce qui les amenait à se montrer particulièrement hésitants à s'ouvrir de leurs intentions à Shoppers Drug Mart, la seule chaîne canadienne pouvant prétendre à une présence véritablement nationale.

Leur position était justifiée par le fait que l'actionnariat de cet acteur majeur du commerce de la pharmacie de détail entretenait des liens d'affaires passablement étroits avec Imperial Tobacco. Ce géant du tabac occupait alors les deux tiers du marché de la cigarette manufacturée au Canada grâce, entre autres, à des marques populaires comme Players et du Maurier. En prévision du déclin possible de la consommation – les campagnes antitabac incitaient de plus en plus de gens à changer radicalement leurs habitudes –, le holding financier Imasco, qui assurait le capital d'exploitation du producteur de tabac montréalais, avait opté pour une diversification de ses activités en investissant, entre autres, dans l'acquisition de plusieurs pharmacies qu'il plaça sous l'appellation Shoppers Drug Mart. Une fois sa position affirmée sur l'ensemble du réseau canadien de langue anglaise, la chaîne avait par la suite procédé à l'ouverture de succursales au Québec sous le nom de Pharmaprix.

Au moment où cette offre nous était faite, nous ne jouissions que d'une présence symbolique en Ontario. Au cours des années qui avaient précédé, nous avions ouvert huit franchises, sous le nom des Pharm-escomptes Jean Coutu, le long de la rivière des Outaouais. Nous avions par la suite étendu notre présence en ouvrant – sous la marque de commerce Maxi Drugs – des établissements dans des régions plus industrialisées comme Peterborough et Scarborough. Nous en sommes venus à totaliser jusqu'à treize établissements sous cette appellation spécifiquement choisie afin que la clientèle anglo-saxonne s'y identifie spontanément. L'achat de Big V représentait donc une occasion d'intérêt pour une entreprise comme la nôtre. Il ouvrait la porte à un marché qui présentait plus d'un attrait.

En compagnie de mon fils François et des vice-présidents concernés, nous avons entrepris de nombreuses discussions avec les trois dirigeants fondateurs. Les pourparlers allaient rondement et tout indiquait que nous étions sur le point d'en arriver à une entente. Jusqu'à ce que, à l'encontre des recommandations qui m'étaient faites par les gens de mon entourage, je refuse d'ajouter quelques millions de dollars à un montage financier qui en totalisait déjà plusieurs centaines. Ce qui, je l'avoue candidement, n'était pas très avisé de ma part.

En effet, l'entreprise jouissait d'une excellente réputation, les établissements étaient bien tenus et, avec les structures administratives que nous possédions, tout indiquait que cette transaction nous aurait été largement profitable. Mais pour un pharmacien comme moi, qui s'était porté acquéreur de son premier établissement pour la diminutive somme de 35 000 $, chaque dollar appelé à être investi dans le cadre d'une acquisition avait son importance. Dans le cas de Big V, je voulais à tout prix conclure une transaction où nous n'aurions retiré que des avantages. Or, les bons *deals* exigent qu'il y ait deux gagnants. En refusant d'allonger les quelques billets supplémentaires qui nous auraient permis de faire une entrée remarquée en Ontario et d'y prendre éventuellement racines, je l'ai appris à mes dépens.

J'estime qu'il s'agit là de la plus grosse bourde de ma carrière en tant que dirigeant d'entreprise. D'autant plus que, quelques mois plus tard, nous apprenions que les gens avec qui nous avions négocié, contrariés à raison par notre refus, se sont par la suite retournés du côté de Shoppers Drug Mart dont les dirigeants n'ont pas hésité à combler leurs attentes. De ce fait, la chaîne qui s'affairait à nous faire vivement concurrence au Québec affermissait sensiblement sa position de leadership au Canada anglais. Ce qui n'était pas sans me donner l'impression d'avoir un peu dirigé la rondelle dans mon propre but.

Cet achat loupé est une erreur à laquelle je ne peux associer aucun membre de ma famille ni aucun de mes conseillers. Il s'agit d'une bévue personnelle et je ne peux qu'en assumer seul et entièrement le blâme. N'eut été de mon entêtement, nous posséderions aujourd'hui plus de trois cent cinquante établissements en Ontario. Comme on le répétait dans le rite pénitentiel qui marquait le début des messes de mon enfance : par ma faute, par ma faute, par ma très grande faute…

Avec le recul, je me rends compte que mon inflexibilité était probablement nourrie par le fait que notre attention était déjà toute tournée du côté des USA. Un marché de 300 millions d'habitants représente toujours davantage d'attraits qu'un autre de 10 millions. Cela m'a rendu moins attentif à l'importance de l'excellente occasion d'affaires que représentait alors l'achat de la chaîne Big V. *Errare humanum est*, m'aurait rappelé le père Pelchat s'il avait été encore de ce monde.

Frappeur désigné

Si la transaction qui nous a amenés à céder nos pharmacies américaines à Rite Aid a permis à son président-directeur général de frapper un *grand slam*, j'allais me montrer beaucoup plus sélectif avant de m'élancer pour la longue balle dans une partie où, comme le disait si bien l'ancien receveur vedette des Yankees de New York, « ce n'est jamais fini tant que ce n'est pas fini… »

CHAPITRE 13

Retrait sur décision

Take me out to the ball game; take me out with the crowd... Qui ne s'est jamais essayé à pousser la note, en entonnant le refrain de cet hymne non officiel du baseball, lors de la pause prévue à cet effet en seconde moitié de septième manche?

Depuis toujours, j'aime le baseball. L'odeur du gazon frais coupé, la poussière soulevée par une glissade au but, le bruit sec de la balle entrant dans la mitaine du receveur... J'ai toujours apprécié l'heureux amalgame des allures décontractées de ce sport et des efforts de concentration que sa pratique exige. Je me rappelle le plaisir éprouvé quand je m'élançais au bâton ou que j'effectuais un relais sur les buts du temps où j'ai moi-même eu le plaisir de jouer.

Cet intérêt n'était peut-être pas non plus étranger à une certaine part de génétique. En effet, il avait déjà existé un club de balle molle qui portait le nom de Coutu Brothers. Il était formé des neuf garçons de mon arrière-grand-père qui avaient émigré, comme de très nombreux Canadiens français de l'époque, aux États-Unis afin de travailler dans les usines de coton. Ils rivalisaient avec des équipes formées davantage sur la base des diverses confessions religieuses existantes que sur celle de la provenance géographique des athlètes amateurs. Ce qui n'était pas sans donner aux matchs présentés certaines allures de guerres de religion.

C'est pour ces raisons que, lorsqu'on m'a invité à participer à un plan visant à assurer la relance du baseball à Montréal, je n'ai pu me montrer indifférent. Puisqu'il s'agit d'un sport dont la pratique n'appelle aucune violence – et qui s'exerce à une période de l'année où la majorité des parents et des jeunes sont en vacances –, j'estimais que les matchs locaux s'avéraient des occasions privilégiées de sorties en famille. D'autant qu'à cette époque le prix d'un billet d'admission était encore sensiblement inférieur à ce qu'il peut en coûter aujourd'hui pour assister à un événement sportif de calibre comparable.

Même si l'on sollicitait ma participation en tant qu'investisseur, je ne me berçais pas d'illusions. J'étais parfaitement conscient que, si profitabilité il était pour y avoir, elle serait beaucoup plus constituée du sentiment de faire œuvre utile que du cumul de quelques surplus me permettant d'arrondir mes fins de mois. C'est pourquoi j'ai évalué mon éventuelle participation à titre personnel uniquement, estimant que l'entreprise que je dirigeais n'avait rien à voir avec l'intérêt que je pouvais porter à ce jeu qui prend souvent des allures d'une traque entre chat et souris.

Les attentes que l'on nourrissait à mon endroit étaient on ne peut plus précises. En plus de me joindre au groupe de propriétaires déjà existant, on demandait de me faire le porte-parole d'un plan de relance articulé autour de la construction d'un nouveau stade au centre-ville. Un projet qui, rappelant l'épineuse spirale d'endettement public dans laquelle nous avaient entraînés la construction et l'entretien du Stade olympique, avait tout lieu de soulever les plus vives controverses. Mais, en tant qu'entrepreneur redevable de sa réussite à l'ensemble de la population concernée, je ne pouvais me montrer indifférent au fait que les Expos faisaient alors partie de l'univers sociorécréatif de la province et qu'ils demeuraient un précieux moteur économique pour la métropole.

Aussi, en faisant connaître publiquement mon intérêt à leur assurer une part du soutien dont ils avaient besoin pour maintenir leurs activités, j'étais conscient que je m'apprêtais à associer mon nom à une organisation qui avait frappé plusieurs coups sûrs au cours de sa courte histoire, mais qui, cependant, n'était pas sans compter quelques erreurs à sa fiche.

Actionnariat local

Les Expos ont joué leur premier match dans la Ligue nationale de baseball à peine deux mois avant que Louis Michaud et moi ne procédions à l'ouverture de notre première pharmacie à escomptes sur l'avenue du Mont-Royal. En tant qu'amateur de la première heure, j'ai regardé évoluer de près cette bande de *summer boys* formant la première équipe à détenir une franchise des ligues majeures hors des frontières américaines. Malgré l'inconfort des étroits bancs de métal du stade Jarry, j'ai plus d'une fois pris plaisir à assister à des matchs dans ce parc de baseball improvisé situé dans le quadrilatère formé par le boulevard Saint-Laurent et les rues Faillon, Jarry et Durocher.

Bien qu'il faille reconnaître la paternité de cette aventure au maire Jean Drapeau, le succès instantané qu'a connu cette jeune équipe n'est pas étranger à l'audace et à l'enthousiasme de Charles Bronfman, le tout premier actionnaire de l'équipe. Je nourrissais un grand respect pour ce plus jeune des enfants de Sam, celui-là même qui avait monté un empire financier grâce à la vente et à la distribution de boissons alcoolisées. À l'âge de trente-sept ans, alors qu'il était président de Seagram, Charles n'avait pas hésité à aller à l'encontre des humeurs de son père et à investir, à titre personnel, la majeure partie de la somme réclamée par la Ligue nationale de baseball afin qu'une équipe locale puisse rivaliser avec les meilleurs joueurs de la planète. Visiblement, il était de ceux qui savaient être juste en avant de leur temps, tout en évitant de faire l'erreur de trop le précéder.

Et son pari n'a pas tardé à porter fruit. À chacune des premières saisons, il s'est présenté plus d'un million d'amateurs aux guichets, l'apogée se situant de 1979 à 1983, période au cours de laquelle les assistances annuelles ont allègrement dépassé deux millions de spectateurs. Déménagés au Stade olympique en 1977, « Nos Amours », comme les fans se plaisaient à les surnommer, ont même atteint la finale de la Nationale en 1981 avant de se faire éliminer par le fatidique coup de circuit de Rick Monday en neuvième manche du match décisif.

Constatant que le baseball majeur était solidement implanté à Montréal et que son apport à l'aventure était révolu, Charles Bronfman décida de vendre le club en 1991 à une société en commandite présidée par Claude Brochu, un employé de longue date de la distillerie, qu'il avait lui-même nommé à la présidence des Expos en 1986 en remplacement de John McHale. En plus de s'y engager lui-même à hauteur de quelques millions de dollars, faisant ainsi de lui un actionnaire d'importance, Claude Brochu forma un consortium d'investisseurs privés afin de compléter l'actionnariat. On y retrouva ainsi des entreprises telles que Bell Canada, Canadien Pacifique, Cascades, la Fédération des Caisses populaires de Montréal et de l'Ouest-du-Québec, le Fonds de solidarité des travailleurs du Québec, Provigo, Télémédia et la Ville de Montréal.

Peu souvent exploitée de ce côté-ci de la frontière, la société en commandite s'avérait alors le modèle de gestion privilégié par les organisations de baseball professionnel en Amérique. Il s'agit d'une formule qui crée deux catégories d'associés bien distinctes en regard de la propriété d'une entreprise : les commanditaires et le commandité. Le rôle dévolu aux premiers consiste essentiellement à assurer l'apport en capital. Bien que chaque commanditaire ne soit responsable des dettes de la société que jusqu'à concurrence de sa mise de fonds, il est placé en total retrait de la gestion quotidienne des opérations courantes.

En tant qu'administrateur désigné et représentant officiel de la société, le commandité se voit confier l'entière responsabilité de tout ce qui a trait à la gestion des avoirs et des dettes, de même que des revenus et des dépenses. Bien qu'il puisse également faire partie du groupe des commanditaires, comme c'était le cas pour Claude Brochu, l'apport exigé du commandité consiste essentiellement à faire profiter l'entreprise de son expertise et de son expérience. Et comme il est investi des pleins pouvoirs, il peut le faire en toute liberté.

À leur première année en tant que propriétaires, Claude Brochu et ses associés ont connu une expérience plutôt décevante en matière d'admissions aux guichets. Malgré le match parfait de Dennis Martinez en cours de saison, à peine plus de 976 000 amateurs se sont présentés aux matchs locaux. Quinze mille personnes dans une enceinte qui en contient vingt mille, c'est beaucoup de monde. Mais une quantité semblable dans un stade qui peut en asseoir près de quatre fois plus, cela donne des airs d'abandon à cette structure conçue pour rassembler des foules. Ce faisant, le Stade olympique perdait constamment de l'attrait auprès des amateurs quand ce n'était pas, comme ce fut le cas à peine quelques jours avant la fin du calendrier, une imposante poutre de béton de sa structure extérieure.

Heureusement, l'année suivante, avec l'embauche de Felipe Alou comme nouveau *coach* de l'équipe, « Nos Amours » retrouvaient le chemin de la victoire, attirant près du double de spectateurs. Les performances de l'équipe continuèrent d'aller en s'améliorant au cours des années qui suivirent, les Expos présentant, avec plus des trois quarts de la campagne 1994 écoulée, la meilleure fiche du baseball majeur. Mais une grève des joueurs, à moins de trois semaines de la fin du calendrier régulier, vint mettre fin aux rivalités sportives, annulant même la tenue de la Série mondiale. Rien d'autre qu'une épidémie emportant tous les membres de l'équipe dans une mort précipitée n'aurait déçu davantage les amateurs et les propriétaires. Les premiers, parce qu'ils se voyaient déjà s'agglutinant le long de la rue Sainte-Catherine pour applaudir les nouveaux champions en titre, et les seconds, parce qu'ils se réjouissaient à l'avance de pouvoir combler les déficits cumulés grâce aux importants revenus supplémentaires générés par la présence du club en séries de fin de saison.

Cet arrêt complet des activités eut des conséquences particulièrement néfastes – fatales, diront d'autres – sur l'avenir de l'équipe. D'autant plus que celle-ci était déjà fragilisée par le contexte socioéconomique de l'époque. La valeur du dollar canadien par rapport à son équivalent américain atteignait des planchers historiques, alors que les salaires versés aux joueurs, tous en devises US, étaient engagés dans une spirale ascendante que rien ne semblait vouloir stopper.

Étant donné que, en plus de l'absence de revenus, nombre de dépenses courantes continuaient de s'accumuler, le service de la dette du club atteignit des sommets qui commencèrent à indisposer grandement bon nombre de ceux qui avaient accepté de se joindre à Claude Brochu en 1991. C'est ce qui l'amena, dès que la grève fut terminée, à procéder à ce qui fut alors qualifié de «vente de feu», en se débarrassant de trois des joueurs vedettes du club. Cela ne manqua pas de faire passer le moral des amateurs du découragement à l'exaspération.

Cet allégement de la masse salariale fut loin de régler tous les problèmes de l'organisation. Les joueurs d'impact continuaient à prendre la direction des grandes capitales américaines – les seules à pouvoir leur offrir les salaires mirobolants qu'ils exigeaient –, reléguant ainsi au rôle de figurants les clubs exploitant des marchés plus restreints. Un cul-de-sac annoncé qui amena plusieurs des bailleurs de fonds à vouloir céder le club à des intérêts étrangers pendant qu'il était encore temps de récupérer quelques-unes des billes qu'ils y avaient déposées.

Coureurs suppléants

Encore là, cette approche pour le moins résignée ne faisait pas l'unanimité. Un certain nombre de propriétaires, dont le commandité Claude Brochu, soutenaient que c'est en recréant un nouvel engouement pour le club qu'il retrouverait ses partisans et, du coup, le chemin de la rentabilité. Pour que ce revirement de situation puisse s'opérer, il s'avérait impératif de construire un nouveau stade au centre-ville, au cœur même des activités récréotouristiques. Comme le plan de relance nécessitait un important apport d'argent neuf, et que la majorité des actionnaires se montraient réticents à l'idée d'assumer seuls une telle part de risques, il devenait impératif d'intéresser de nouveaux investisseurs. C'est alors qu'on vint frapper à ma porte.

Le plan de communication que l'on désirait mettre en œuvre s'articulait autour de la construction d'un stade alors estimé à 250 millions de dollars. Afin de donner le ton à la campagne de financement publique et privée, on demanda de me compromettre à hauteur de dix millions de dollars. Steven Bronfman, le fils du premier propriétaire, et Pierre Michaud, le directeur général de la chaîne de supermarchés Provigo – une filiale de l'ontarienne Loblaws qui possédait déjà une part de la propriété des Blue Jays de Toronto –, s'étaient déjà engagés pour un montant équivalent. Étant donné que l'entreprise que je dirigeais jouissait d'un enviable capital de sympathie auprès du grand public, on me convainquit de me faire le porte-parole de ce nouveau noyau d'investisseurs.

Je saisissais bien l'enjeu qui pouvait exister avec la construction d'une enceinte toute neuve, davantage conçue pour le baseball que pour la course à pied ou le lancer du javelot. Je nourrissais également l'idée que, avec des installations spécialement aménagées, il deviendrait possible de renforcer le calibre du baseball mineur et d'ainsi espérer voir un jour se distinguer dans les grandes ligues un nombre plus élevé de joueurs locaux. «Je suis prêt à te suivre dans ce projet, que je répondis à Claude Brochu, mais à trois conditions cependant.

«La première étant que le budget de 250 millions de dollars, prévu pour la construction du stade, soit respecté et que le club demeure à Montréal.» En posant une telle exigence, je voulais à tout prix éviter, d'une part, que cette nouvelle construction vienne s'ajouter à une trop longue liste de projets de cette ampleur qui se sont transformés en gouffres financiers. D'autre part, je désirais empêcher que, dans la perspective où le plan de relance ne porte pas les fruits escomptés, le commandité ou les commanditaires – dont plusieurs faisaient partie de mes connaissances personnelles – décident de déménager balles et bâtons ailleurs, faisant du coup de cette nouvelle enceinte du centre-ville un éléphant blanc comparable à l'aéroport de Mirabel ou au Stade olympique.

La deuxième condition tenait au fait que la masse salariale ne dépasse jamais un montant équivalent à 85 % de la moyenne de celle qui prévalait dans l'ensemble des autres clubs de la ligue. Avec la flambée des salaires qui était en train de monopoliser les championnats dans les capitales économiques et financières des États-Unis, je n'avais aucune envie que les bailleurs de fonds, présents et à venir, ne se transforment malgré eux en candides pourvoyeurs d'organismes de bienfaisance pour multimillionnaires du sport professionnel. Les équipes les plus performantes de l'histoire des Expos étaient composées de joueurs qui avaient été formés dans leurs clubs-écoles. Je ne voyais pas pourquoi il n'aurait pas été possible de miser à nouveau sur cette formule qui, par le passé, avait si bien servi les intérêts du club.

Enfin, la troisième condition – qui relevait plus d'une considération sentimentale que de la logique argumentée – consistait à insuffler une personnalité propre à ce stade que l'on voulait un modèle en son genre. Je proposai par conséquent de coiffer la nouvelle enceinte du nom de stade Jackie Robinson, cette vedette de l'édition 1946 des Royaux de Montréal, de la Ligue internationale de baseball. À mon avis, cela aurait été une marque de reconnaissance publique pour ce joueur d'exception, connu à travers l'Amérique tant pour ses qualités humaines que pour ses habiletés athlétiques. Et comme c'est un club de chez nous qui fut le tout premier à permettre à un Noir de faire partie de son alignement, j'estimais qu'une telle appellation aurait largement contribué à la mise en valeur du caractère multiculturel de la ville à travers les majeures. Sans compter que l'initiative aurait également été perçue comme un clin d'œil complice à cette communauté trop longtemps dépréciée dans ce sport qui se veut pourtant rassembleur.

Sans domicile fixe

Cette dernière proposition a cependant suscité les objections des artisans du plan de relance, qui arguaient que la brasserie Labatt, en raison de son engagement par une commandite d'une centaine de millions de dollars sur une période de vingt ans, possédait déjà les droits sur le nom de l'éventuel nouveau stade. Ce qui, à mon avis, n'empêchait nullement de trouver une formule qui aurait pu associer les deux noms de façon tout aussi efficace qu'élégante. Mais comme il s'agissait d'une commandite corporative et non d'un investissement désintéressé, l'enjeu se situait beaucoup plus sur le plan de la visibilité recherchée que sur celui du caractère singulier qui aurait pu être insufflé à la nouvelle structure.

Cela n'empêcha toutefois pas le projet de relance de créer un intérêt à différents niveaux. Conscientes des retombées inhérentes à la présence d'un club de sport professionnel à Montréal, les institutions publiques se montrèrent favorables à l'idée de voir les Expos évoluer dans un environnement plus propice à générer une activité économique additionnelle. Dans un premier temps, le gouvernement fédéral accepta de vendre à l'organisation des Expos – à un prix particulièrement avantageux par rapport à sa valeur marchande – un terrain situé au sud-ouest de la Place-Bonaventure, non loin de l'endroit où allait par la suite être érigé le nouvel amphithéâtre accueillant le club de hockey Canadien.

Pour ce qui est du gouvernement provincial, même si le premier ministre Lucien Bouchard refusa d'abord catégoriquement toute aide en provenance de l'État québécois, son ministre des Finances de l'époque, grand amateur de baseball, le convainquit finalement de la pertinence de participer au plan de relance. En économiste avisé qu'il était, Bernard Landry lui avait fait la démonstration qu'un tel projet, en bout de piste, assurerait à l'État un apport en taxes et redevances de valeur au moins équivalente à sa compromission. Partagé entre sa quête du déficit zéro et son désir de ne pas se mettre à dos la portion des amateurs qui appuyaient son parti, le premier ministre accepta finalement que l'État se porte garant des emprunts nécessaires pour la construction du stade, en plus de s'engager à payer les intérêts sur la dette pendant une vingtaine d'années.

Bon nombre des partenaires financiers qui soutenaient l'opération ont alors pensé que ces importantes concessions obtenues des deux paliers de gouvernement étaient suffisantes pour susciter l'enthousiasme d'éventuels nouveaux investisseurs en provenance du secteur privé. Mais, malgré le dévoilement de la maquette du nouveau stade et l'intérêt manifeste que le concept créa auprès de la population en général, on ne peut pas dire que ceux et celles qui possédaient les moyens de porter l'aventure plus loin se sont bousculés au portillon.

C'est alors que, en lieu et place d'une argumentation davantage articulée, qui aurait permis de mieux faire valoir les aspects positifs du projet initial, une certaine forme d'abattement, sinon de démobilisation, s'est installée au sein de la direction et des propriétaires. Ce fut entre autres le cas du commandité, qui s'est mis à dévaloriser tout ce qui avait trait au Stade olympique. Ce qui, à mes yeux, s'avérait particulièrement discutable comme stratégie. En effet, ce n'est pas en dépréciant un acquis que l'on bonifie la valeur de ce qui est en plan pour le remplacer.

Ce qui m'amena – tant par réaction que par désir d'évaluer d'autres solutions susceptibles de nous éviter l'impasse –, à réviser sensiblement ma position. Car, même si je reconnaissais que le Stade olympique était loin de présenter les conditions idéales pour y jouer au baseball, force était de constater que, même dans l'éventualité d'une construction rapide de la nouvelle enceinte, il faudrait nous contenter de celle de l'avenue Pierre-de-Coubertin pour quelques saisons encore.

C'est la raison pour laquelle je proposai d'ajuster une partie du plan de relance de façon à susciter de nouveau l'enthousiasme des amateurs – puisque c'était tout de même là le fond du problème – au sein même du stade existant. Il s'agissait d'une alternative simple et peu coûteuse qui s'inspirait de ce qui se faisait déjà dans plusieurs stades américains où sont offertes toutes sortes d'activités d'animation entourant les parties elles-mêmes. Cela pouvait aller du fameux *tailgate party* d'avant-match aux BBQ populaires organisés sur le terrain même, ou aux concours d'habileté suivant la partie. Ce genre d'activités existait déjà dans l'entrée principale du Stade olympique. En les améliorant quelque peu et en les transportant dans les estrades et sur le terrain, tout me porte à croire que nous aurions pu amener lentement les amateurs à s'approprier les lieux et à y éprouver un certain plaisir à s'y retrouver. Au moins le temps requis pour ajuster la stratégie devant nous mener à l'éventuelle érection d'une nouvelle enceinte au centre-ville.

Mais, bien que quelques-uns des responsables concernés aient prêté l'oreille à mes propos, peu firent montre d'un véritable enthousiasme. Ce qui m'amena à croire qu'un certain nombre de gens, à divers niveaux de l'organisation, avaient déjà jeté la serviette. J'en ai eu la confirmation lorsque, devant l'échec apparent du plan de relance initial, les actionnaires commencèrent à retirer ouvertement leur appui à Claude Brochu. Pour plusieurs, il n'était plus l'homme de la situation. Étant donné que les tensions entre commanditaires et commandité allaient s'accentuant, celui-ci céda son poste de président à Jacques Ménard, financier respecté du milieu des affaires, dont les nombreux réseaux d'influence étaient susceptibles de constituer de précieux atouts dans les circonstances.

Sauveur étranger

Devant l'hésitation accentuée des investisseurs locaux à s'impliquer davantage, Jacques Ménard se tourna du côté de New York où il renoua avec Jeffrey Loria. Il s'agissait d'un marchand d'œuvres d'art qui était à la recherche d'une franchise des ligues majeures depuis qu'il s'était dessaisi de sa participation majoritaire dans le principal club-école des Rangers du Texas de l'Association américaine de baseball. À la suite d'intenses négociations menées par le nouveau président de l'équipe, Loria accepta d'investir dix-huit millions de dollars, dont la majeure partie allait être affectée au rachat des actions de Claude Brochu. Cette somme venait s'ajouter aux trois millions que Bronfman, Michaud et moi avions déposé comme premier versement.

En plus de posséder 35 % de l'actionnariat de l'équipe, Loria devenait le commandité de l'organisation. Tout comme Claude Brochu auparavant, il se retrouvait donc investi des pleins pouvoirs ; qu'il ne tarda d'ailleurs pas à exercer. D'entrée de jeu, le marchand d'œuvres d'art imposa son beau-fils David Samson, un jeune financier new-yorkais issu de l'imposante firme Morgan Stanley, à titre de vice-président. Il se permit même de désengager l'équipe de l'entente qui avait été conclue deux ans auparavant entre la brasserie Labatt et Claude Brochu.

La suite des événements relève de la saga : le nouveau commandité déprécia publiquement l'éventuelle participation des gouvernements qui, à son avis, ne se montraient pas assez généreux ; ses relations avec la presse locale devinrent de plus en plus tendues, suscitant du coup une suspicion grandissante de la part du public en regard de la direction ; sans compter les nombreux appels de fonds – les fameux *cash calls* – qu'il fit auprès des commanditaires.

Lors d'une assemblée qui les réunissait tous, Jeffrey Loria se dit même prêt à investir les 75 millions nécessaires à la levée de la première pelletée de terre du nouveau stade ; à condition, cependant, que ses vis-à-vis canadiens en fassent autant. Comme je savais que les seuls sous que lui avait coûté sa participation majoritaire dans le club étaient ceux qu'il avait déboursés pour racheter les actions de Claude Brochu, je me permis de lui demander si le montant qu'il se proposait d'investir serait puisé à même ses propres liquidités. « *Almost a quarter* », qu'il me répondit avec un regard emprunté, du genre de celui qu'on retrouve plus souvent autour d'une table de poker qu'en présence de partenaires de confiance engagés dans une même quête de solutions.

Le reste, disait-il, proviendrait de la mise de fonds de ses partenaires d'affaires. « Qui ? » lui demandai-je. « *Very good partners. Don't worry, gentlemen. Very good partners…* », qu'il se limitait à répéter. J'avais beau insister afin de l'amener à faire montre de plus de transparence – en lui disant que, de son côté, il lui était facile de savoir à qui il avait affaire puisque nous étions tous là, autour de la table, et que nos antécédents étaient connus publiquement –, rien n'y fit. En le voyant entretenir l'ambiguïté avec une telle suffisance, je ne pus m'empêcher de penser que le « quart » qu'il annonçait se résumait probablement, dans les faits, à une portion nettement moins significative.

En ce qui me concerne, ce fut suffisant pour que j'inscrive un retrait – sur décision ! – à ma propre fiche. Si le premier des dix millions de dollars que j'avais déposé constituait la part de risque que j'étais disposé à assumer dans l'aventure, je considérais désormais que les neuf autres auraient constitué une pure perte. *One, two, three strikes, you're out at the old ball game.* Jamais paroles de chanson ne m'étaient apparues aussi pertinentes. Tout cela se passait à quelques jours de l'ouverture locale de la toute première saison de la nouvelle décennie.

La déception était à son comble, et je n'hésitai pas à m'en ouvrir publiquement. Invité à accompagner mes partenaires investisseurs sur le terrain afin de procéder au lancer protocolaire de la première balle lors du match d'ouverture local, je demeurai dans la loge qui nous était assignée. En moins de temps qu'il m'en fallut pour mordre dans mon premier hot-dog, je me suis retrouvé avec les journalistes à mes trousses, tout aussi intrigués par ma réaction que par ce qui se passait sur le terrain. « J'attends toujours de voir le plan d'affaires », que je leur répondis, agacé de devoir porter l'odieux d'avoir exprimé ouvertement un sentiment qui était partagé par l'ensemble des bailleurs de fonds. J'avais en effet le profond sentiment que, en tant qu'actionnaires de l'équipe, nous venions d'être mis sur la voie de service. Et que peu s'en fallait avant que nous soyons complètement largués. La suite des événements allait d'ailleurs bientôt confirmer mon sentiment.

À compter de ce moment, Jeffrey Loria avança juste ce qu'il fallut de liquidités pour maintenir l'équipe à flot, faisant ainsi passer la valeur de la participation des commanditaires canadiens de soixante-cinq à huit pour cent. En procédant de la sorte, nous n'avions pas besoin de jeter un long regard vers l'instructeur au troisième but pour connaître la stratégie qui se dessinait. La balle – c'est le cas de le dire – n'était plus que dans son camp.

La suite des événements prit vite des allures de mort annoncée. L'année suivante, avec une moyenne de 7650 spectateurs par match, les Expos connurent la plus faible assistance annuelle de leur histoire. Loria et Samson s'ingérèrent dans les opérations quotidiennes, congédiant Felipe Alou, l'instructeur qui comptait le plus grand nombre de victoires dans l'histoire des Expos. Finalement, en 2002, le marchand d'œuvres d'art céda officiellement le club à une société en tutelle détenue par les autres équipes de la ligue. Il se porta par la suite acquéreur des Marlins de la Floride dont le propriétaire venait d'acheter les Red Sox de Boston. Nous nous sommes donc retrouvés copropriétaires – détenteurs d'actions purement symboliques – d'un club dont nous ne voulions même pas. Le dernier clou fut enfoncé dans le cercueil des Expos lors du dernier match du calendrier 2004 à New York.

Une bien triste fin pour une aventure qui s'annonçait pourtant prometteuse. « La mariée n'avait plus du tout la fière allure de la fiancée qu'on nous avait présentée », ai-je répondu à ceux qui m'ont accusé d'avoir torpillé l'opération. Critique un peu facile qui n'est pas sans épargner tous ceux qui, comme moi, se sont intéressés au maintien et au développement du baseball professionnel dans la métropole. Je me serais cependant considéré comme irresponsable de continuer à soutenir à l'aveugle un plan de relance qui semblait de plus en plus orienté vers la mise en valeur du nouveau commandité que vers l'avenir de la franchise à Montréal. En adoptant une position correspondant à mon appréciation des orientations qu'avait prises ce dossier, je n'ai fait que porter un chapeau que plusieurs ont esquivé de crainte de se retrouver en proie au jugement des amateurs.

Pénible deuil

Bien des raisons ont été avancées afin d'expliquer ce qui a mené à ce déplorable cul-de-sac. Analystes comme amateurs ont tous formulé leurs commentaires et leurs opinions. Le sujet a nourri les tribunes téléphoniques pendant des mois ; les journalistes ont noirci des centaines de colonnes de texte à ce propos ; et il ne se passe pas une date anniversaire sans que la saga des Expos fasse de nouveau l'objet d'un reportage télévisé. Pour ma part, je crois que l'échec de l'opération de relance est surtout dû au fait que les motifs qui ont amené les principaux intéressés à s'impliquer dans l'avenir du club différaient trop singulièrement. Si la dynamique recherchée ne s'est pas installée, c'est que les forces en présence n'étaient tout simplement pas orientées vers la même direction.

Ainsi, pour un homme d'affaires comme Claude Brochu, la présidence du club constituait son gagne-pain. Et comme sa rémunération était fonction des marges bénéficiaires qu'il pouvait dégager de l'opération, il est difficile de ne pas penser que sa participation était gouvernée par des impératifs de rendement. Sans prétendre qu'il était totalement indifférent aux attentes des amateurs et à ce qui se passait sur le terrain, force est de reconnaître que ses préoccupations quotidiennes étaient davantage dirigées vers les bilans d'exercice de l'organisation que vers la fiche du club au classement. C'est ce qui l'amena entre autres – de la façon que l'on sait et avec les conséquences que l'on connaît – à délester l'équipe de ses meilleurs joueurs en 1995 afin d'alléger la masse salariale.

D'autre part, pour un spéculateur de carrière comme Jeffrey Loria, y a-t-il à s'étonner qu'il se soit montré beaucoup plus intéressé par la plus-value potentielle de ses actions que par l'avenir du club à Montréal ? En se retrouvant chargé d'une mission de sauvetage et investi des pleins pouvoirs pour agir, la tentation d'utiliser la fonction qu'il occupait pour mieux se positionner sur des marchés de plus grande importance devenait alors bien grande. De là à dire qu'on a fait montre d'une naïveté comparable à celle de la jeune héroïne du conte de Perreault qui a dirigé elle-même le loup vers l'adresse de sa mère-grand…

Enfin, pour ce qui est des investisseurs canadiens, ils ont été confinés, comme actionnaires, à un rôle de spectateurs au même titre que lorsqu'ils se présentaient dans les gradins lors d'un match. Même s'il s'agissait de gestionnaires aguerris dans chacun de leurs champs d'activité respectifs, ils n'ont pas été en mesure – à cause de l'alambiquée formule de gestion «commanditaires – commandité» – de mettre au service du club toute l'expertise et toute l'expérience qu'ils possédaient. Tout comme moi, ces gens étaient là parce qu'ils aimaient le baseball. Pour chacun d'entre nous, il s'agissait beaucoup plus d'une forme d'engagement social que d'un investissement duquel nous attendions une rentabilité à court et à moyen terme. Le deuil a été d'autant plus difficile à faire lorsque nous nous sommes rendu compte que, malgré tous les efforts et toute la bonne volonté exprimée, les Expos avaient été branchés sur le respirateur artificiel par les dirigeants de la Ligue nationale de baseball. *Squeeze play*, qu'on appelait ce genre de jeu lorsqu'on s'y retrouvait coincé du temps de nos équipes de collège…

J'ose espérer que la mésaventure que nous avons connue ne tiendra pas à distance les entreprises canadiennes qui seraient éventuellement appelées à participer à l'actionnariat d'un club de sport professionnel. Car il s'agit là d'activités qui, en plus de resserrer le tissu social et de créer plusieurs emplois directs et indirects, assurent une visibilité sans peu d'équivalent à la ville, à la province de même qu'au pays. Je continue cependant de croire que, pour intéresser de nouveaux actionnaires éventuels, les organisations concernées tireraient avantage à prêter attention tout autant à leur potentiel administratif qu'au capital qu'ils sont en mesure d'apporter.

J'ai compris depuis longtemps qu'il est illusoire de penser que l'on peut s'impliquer dans la vie de la société qui nous entoure sans prêter le flanc aux critiques. Grâce aux précieux conseils de mon grand-père, il y a longtemps que j'ai été initié à cette exigeante réalité. Il n'en demeure pas moins qu'il est de ces situations qui demeurent particulièrement délicates à gérer...

CHAPITRE 14

Controverse et regard vers l'avenir

Lorsque les commissaires Claude Castonguay et Gérard Nepveu déposèrent le rapport de la commission qui portait leurs noms en 1970, ils avaient pris soin d'inclure une section intitulée *Les professions et la société*. Ce document portait un regard passablement critique sur l'organisation des diverses professions de la santé ainsi que sur d'autres champs d'activités professionnelles.

La commission mettait entre autres en relief le retard qu'accusait le corporatisme professionnel par rapport aux nouvelles conditions sociales et économiques qui prévalaient au lendemain de la Révolution tranquille. Elle se faisait particulièrement critique, d'une part, du foisonnement de nouvelles corporations et, d'autre part, de l'incohérence des lois qui les régissaient. Un bref regard dans le temps montre effectivement que la reconnaissance professionnelle s'est faite de façon plutôt chaotique au Québec.

Corporatisme organisé

Les premières corporations professionnelles – regroupant essentiellement des notaires, des médecins et des avocats – ont vu le jour au milieu du 19e siècle. C'est d'ailleurs en 1875 que le Collège des pharmaciens du Québec obtint sa reconnaissance officielle des autorités gouvernementales. C'était l'époque où le Québec entrait dans un processus d'urbanisation et d'industrialisation généralisé et où il n'existait pratiquement aucune norme de formation clairement définie. Ce qui avait comme conséquence première d'ouvrir large la voie aux imposteurs de tout acabit. Et comme les champs de spécialisation étaient appelés à se multiplier avec l'arrivée du 20ᵉ siècle, les professionnels de différents milieux sentirent le besoin de faire corps afin d'avaliser leur savoir-faire et d'assurer à leur clientèle un minimum de protection.

Chaque regroupement procédait cependant de façon isolée les uns par rapport aux autres. Or, avec le développement accéléré des connaissances et l'élargissement rapide des champs de compétence qui caractérisèrent les décennies soixante et soixante-dix, les spécialistes furent de plus en plus nombreux à se rassembler et à s'adresser au gouvernement en place afin que leurs regroupements soient officiellement reconnus comme corporations professionnelles. Ce qui fit place à des législations à géométrie variable que la commission Castonguay-Nepveu ne manqua pas de déplorer dans son rapport.

L'Assemblée nationale du Québec, dont la compétence pour légiférer en la matière est reconnue par la Constitution canadienne, n'hésita pas à prendre en compte les recommandations de la commission et adopta, en 1973, le Code des professions. Son entrée en vigueur se fit essentiellement au cours de l'année qui suivit. Le législateur profita également de l'occasion pour adopter ou modifier vingt et une lois professionnelles.

Le Code des professions permettait désormais d'assurer une cohérence minimale en matière de réglementation et de gestion de l'ensemble des ordres professionnels dans la province. Par l'entremise de l'Office des professions du Québec, créé à la même occasion, l'État québécois confiait aux quarante-cinq ordres professionnels existants le mandat de protéger le public en veillant à ce que les règles et les mécanismes correspondants soient adoptés et maintenus. En plus de s'assurer que chaque ordre mette tout en œuvre pour assumer cette lourde responsabilité, il incombait à l'Office de faire remonter les informations pertinentes auprès des autorités publiques et de jouer un rôle de conseiller auprès d'elles lorsque cela s'avérait nécessaire.

Cette nouvelle législation allait responsabiliser plus que jamais les membres de chaque ordre en leur confiant prioritairement le contrôle de leur profession. Ainsi, afin d'être reconnu comme un professionnel dans son champ d'exercice, un spécialiste nouvellement formé se devait désormais de répondre aux critères de formation de l'ordre qui était appelé à le régir. Et une fois engagé dans la pratique, il devait accepter de se soumettre à un imposant code de déontologie destiné à assurer son intégrité et à baliser sa conduite. C'est dans cette mouvance générale, qui contraignit les regroupements professionnels déjà en place à redéfinir leurs modèles d'opération selon les nouvelles normes édictées par la loi, que l'Ordre des pharmaciens du Québec succéda à ce qui avait jusque-là porté le nom de Collège des pharmaciens.

Les nouvelles obligations imposées par la loi ne pouvaient que concourir au mieux-être de la profession de pharmacien et à l'indispensable quiétude qui doit animer la clientèle lorsqu'elle se retourne vers nous pour obtenir des services. En tant que professionnels de la santé, il est impératif que nous ne laissions planer aucun doute sur notre intégrité et notre compétence. Et pour ce faire, nous disposions désormais de balises mieux définies de même que d'un tribunal d'arbitrage qui avait pour fonction de départager les responsabilités dans les cas de litige impliquant un client et son pharmacien ou encore un membre par rapport à un autre.

Arbitrage neutre

Dans sa déclaration de service aux citoyens, l'Office des professions du Québec précisait qu'il est de son mandat de vérifier, au besoin, «[…] que les ordres favorisent l'exercice par le public de tout droit et de tout recours prévus par la loi lorsque celui-ci croit avoir été lésé dans le cadre d'un service fourni par un professionnel».

En créant l'Office des professions en 1970, l'État québécois obligeait tous les ordres professionnels – en plus d'adopter les règlements qui allaient les régir en conformité avec le Code des professions et les lois professionnelles existantes – à se doter d'un code de déontologie et à le faire appliquer par un syndic et un comité de discipline. Ces deux instances devaient toutefois demeurer en totale indépendance par rapport à l'ordre professionnel dont elles relevaient. Chaque ordre se voyait également contraint à mettre sur pied un comité d'inspection professionnelle ayant pour mandat de s'assurer que ses membres exercent leur profession selon les règles de l'art.

C'est le syndic qui devenait responsable de recevoir les plaintes du public, ou des autres membres de l'ordre, et de les porter, s'il y avait lieu, devant le comité de discipline chargé de sanctionner les manquements aux règlements et au Code des professions. Si le professionnel concerné, ou le syndic, se retrouvait en désaccord avec la décision du comité de discipline, il pouvait porter la cause en appel auprès du Tribunal des professions. Composé de onze juges de la Cour du Québec, dont trois sont appelés à siéger à la fois, ceux-ci se voyaient assujettis à des mesures qui assuraient leur indépendance par rapport au pouvoir politique et aux parties appelées à plaider devant eux. Au-delà de ces instances, les antagonistes avaient toujours la possibilité d'en appeler des jugements portés par la Cour des professions auprès de la Cour supérieure du Québec ou, en dernier recours, auprès de la Cour suprême du Canada.

Ce sont là des procédures qui, bien que rarement rapportées dans l'actualité quotidienne, font partie des activités courantes d'un ordre professionnel. Parmi celles qui ont été engagées au fil des ans au sein de l'Ordre des pharmaciens du Québec, il en est une qui m'a projeté à l'avant-plan des scènes publique, politique et professionnelle. Il s'agit de la vente de tabac en pharmacie qui, en plus de s'insérer au cœur des préoccupations grandissantes que les gens nourrissaient pour leur santé, est venu éprouver le modèle commercial que nous avions mis en place dans nos différents établissements.

Écran de fumée

Au début des années quatre-vingt-dix, on comptait plus de trente mille points de vente de tabac au Québec. Parmi ceux-ci, il y avait environ huit cents pharmacies qui en faisaient le commerce. Il s'agissait d'une activité commerciale qui ne soulevait pas de controverses particulières jusqu'au moment où la population, sensibilisée par les mises en garde de plusieurs chercheurs et médecins spécialistes, commença à se faire particulièrement attentive aux effets nocifs que le tabagisme pouvait avoir sur la santé. Il s'agissait là d'une conscientisation collective qui amena les pharmaciens qui faisaient le commerce du tabac à s'interroger sur la convenance d'offrir ce produit en vente libre.

Or, cette question ne se posait pas qu'en termes professionnel ou éthique. Elle comportait également une dimension commerciale qui était loin d'être négligeable. Une enquête maison, réalisée au cours de cette période dans nos établissements, nous avait en effet démontré que la vente de tabac représentait non seulement une part significative des revenus de nos établissements, mais que celui-ci servait également de produit d'appel. À travers notre recherche, nous avions constaté qu'un fumeur qui s'approvisionnait en pharmacie achetait au moins un autre produit d'utilisation courante à chacune de ses visites. Les enjeux étaient donc plus complexes qu'il n'y paraissait.

Depuis le début des années soixante-dix, la vente des produits du tabac se faisait dans la partie commerciale – «*over the counter*», comme on le dit dans le jargon du milieu – des établissements, et non pas dans l'officine où les pharmaciens exécutaient les ordonnances. Dans la foulée de la révision des règles qui régissent ses membres, l'Ordre des pharmaciens en avait effectivement profité pour adopter un règlement stipulant qu' «une pharmacie doit être tenue dans un lieu distinct et indépendant de tout autre local». Ce qui obligea les propriétaires d'établissements pharmaceutiques qui offraient davantage que des médicaments vendus sous ordonnance à ériger un mur laissant clairement apparaître une démarcation entre l'officine où s'affairaient les pharmaciens de service et la partie où étaient offerts en vente libre un choix diversifié de produits parapharmaceutiques, dont les produits du tabac.

Comme les cigarettes étaient rendues disponibles dans la section commerciale des établissements pharmaceutiques qui s'adonnaient à son commerce, et que les ventes étaient effectuées par des commis de service et non par des pharmaciens dûment accrédités, il n'était par conséquent pas de la juridiction de l'Ordre des pharmaciens de légiférer dans le domaine de la vente de tabac. Mais les pharmaciens qui s'étaient toujours refusé à en vendre, de même que d'autres chaînes qui avaient retiré ces produits de leurs tablettes, ne se montraient cependant pas disposés à faire les mêmes distinctions. Ce qui les amena à vouloir extirper le débat du domaine de la pratique commerciale pour le porter dans la sphère de l'éthique professionnelle.

Les pharmaciens qui ne vendaient pas de tabac exercèrent suffisamment de pression auprès de l'Ordre pour que ses dirigeants décident finalement, en février 1991, après de nombreux débats et de multiples discussions, d'emprunter la voie d'un amendement au code de déontologie des pharmaciens dans le but d'amener ceux qui faisaient toujours le commerce du tabac à y mettre fin le plus rapidement possible.

La proposition d'amendement se lisait comme suit : « Le commerce du tabac étant incompatible avec l'exercice de la profession de pharmacien, ce dernier ne doit pas vendre, directement ou indirectement, notamment par personne interposée ou par l'entremise d'une personne morale, de tabac dans une pharmacie ou dans un local adjacent à une pharmacie. » Bien que ce fut par une bien mince majorité, la proposition fut finalement adoptée par les membres. Tel que le prévoyait la procédure mise en place par l'Office des professions, l'Ordre des pharmaciens se devait par la suite de faire approuver l'amendement en question par le législateur avant d'apporter quelque modification que ce soit à son code d'éthique.

Or, bien que les dirigeants revinrent à la charge auprès du ministre responsable à plus de quatre reprises au cours des cinq années qui suivirent, aucun décret gouvernemental ne fut émis dans le but de rendre illégale la vente de tabac dans la section boutique jumelée à une pharmacie. Non seulement l'article en question demeurait-il juridiquement inexistant, mais les difficultés éprouvées par l'Ordre pour le faire approuver indiquaient à quel point il ne faisait pas l'unanimité au sein de la classe politique et des milieux professionnels concernés.

Cependant, même si le gouvernement en place hésitait à rendre une décision qui aurait exclu la vente des produits du tabac dans les pharmacies, il se montrait par ailleurs passablement proactif en matière de lutte contre le tabagisme. Ainsi, après que le Parti québécois de Jacques Parizeau eut délogé du pouvoir les libéraux de Daniel Johnson en 1994, le nouveau ministre de la Santé, Jean Rochon, annonçait qu'il entendait déposer une loi réglementant l'usage du tabac dans les endroits publics à travers tout le Québec. Celle-ci devait entre autres limiter l'accès des jeunes au tabac et à en interdire la vente dans les pharmacies. La polémique était donc loin de s'estomper.

Plainte officielle

Enfin, si jusque-là le débat était demeuré circonscrit aux réseaux professionnels concernés de même qu'aux instances politiques en place, c'est finalement un sympathisant antitabac qui le transporta sur la place publique. Épidémiologiste à la Direction de la santé publique de Lanaudière, celui-ci décida, en décembre 1994, de faire connaître ses revendications auprès du syndic de l'Ordre des pharmaciens du Québec: «Par la présente, je désire porter plainte contre monsieur Jean Coutu opérant une pharmacie au 501, Mont-Royal Est. M. Jean Coutu vend des cigarettes dans l'espace commercial de la pharmacie dont il est propriétaire. Je considère que la vente de cigarettes est incompatible avec l'exercice de la profession de pharmacien. Il n'est pas éthique qu'un professionnel de la santé vende un produit qui engendre la maladie et ultimement la mort. Le pharmacien ne peut promouvoir la dépendance à la nicotine en vendant des produits du tabac dans une section de sa pharmacie et traiter cette même dépendance à l'aide de médicaments dans une autre section de sa pharmacie. Je vous prie d'acheminer cette plainte aux instances appropriées et de m'informer des décisions relatives à cette plainte. » La formulation du blâme ressemblait tellement à celle de l'article du code auquel il faisait référence que je n'ai pu éviter de me demander si la plainte n'était pas dirigée par des gens qui avaient intérêt à me faire mal paraître.

Tel que le prévoyaient les nouvelles procédures qui avaient été mises en place lors de la refonte du Code des professions, deux enquêteurs de l'Ordre se présentèrent à ma pharmacie de l'avenue du Mont-Royal quatre mois plus tard – sans s'annoncer ni s'identifier – pour se procurer une cartouche de cigarettes du Maurier King Size. Ce faisant, l'Ordre détenait ainsi une preuve attestant les affirmations du plaignant. Ce qui amena, en mai 1995, le syndic adjoint à déposer une plainte officielle auprès du comité de discipline de l'Ordre : « Le 28 mars 1995, à Montréal, district de Montréal, Jean Coutu a exercé un commerce incompatible avec l'exercice de sa profession en vendant, dans un local adjacent à sa pharmacie sise au 501, Mont-Royal Est, à Montréal, un produit du tabac, par l'entremise d'une personne morale qu'il contrôle, à savoir 2862-1415 Québec inc., contrevenant par là à l'article 59.2 du Code des professions. »

Un nouvel article du Code, en vigueur depuis le mois d'octobre précédant, permettait en effet au syndic d'un ordre professionnel de déposer devant le comité de discipline une plainte de ce genre contre un de ses membres. L'article en question stipulait ceci : « Nul professionnel ne peut poser un acte dérogatoire à l'honneur ou à la dignité de sa profession ou à la discipline des membres de l'Ordre, ni exercer une profession, un métier, une industrie, un commerce, une charge ou une fonction qui est incompatible avec l'honneur, la dignité ou l'exercice de sa profession. » Le président de l'Ordre des pharmaciens avait d'ailleurs fait parvenir une lettre à tous les membres en règle pour les informer de ces nouvelles dispositions.

Si les pharmaciens qui se refusaient à vendre du tabac avaient échoué à faire approuver par les instances gouvernementales un règlement interdisant directement la vente de tabac en pharmacie, ce nouvel article du Code qui les régissait leur fournissait un argument supplémentaire pour mener plus loin leur offensive auprès de ceux qui en vendaient toujours. Ils se voyaient d'autant plus encouragés par le fait que la sensibilisation de l'ensemble de la population, de même que de la classe politique, allait grandissante.

En effet, entre le moment où je fus convoqué par le comité de discipline et celui où eut lieu ma comparution, le ministre de la Santé du Québec lança le premier Plan d'action québécois de lutte contre le tabagisme. Cette initiative de Jean Rochon allait quelques années plus tard mener à l'adoption de la Loi sur le tabac, faisant ainsi du Québec une des sociétés les plus engagées en ce qui a trait aux mesures législatives de lutte contre le tabagisme. Pendant ce temps, la ministre fédérale de la Santé, madame Diane Marleau, annonçait le dépôt d'un projet de loi interdisant toute forme de publicité sur le tabac, ce qui faisait montre à quel point ces questions étaient devenues de véritables enjeux de société.

Étant donné que les interrogations que posait la vente de produits du tabac dans les pharmacies étaient tout à fait légitimes, et qu'elles n'étaient pas sans rejoindre bon nombre de mes propres préoccupations, je me retrouvais profondément divisé au moment de me présenter devant le comité de discipline de l'Ordre des pharmaciens du Québec à la toute fin de l'année 1995. D'une part, parce que, en tant que dirigeant d'entreprise, je me sentais redevable envers les pharmaciens propriétaires qui s'étaient procuré une franchise de notre réseau sur la base de revenus potentiels qui incluaient la vente de produits du tabac. Et d'autre part, parce que, à titre de professionnel de la santé, je n'étais pas insensible au fait que cette portion de nos activités commerciales était susceptible de présenter des dangers pour la santé de ceux et celles qui s'approvisionnaient chez nous en tabac.

Je tenais cependant à ce que les échanges aient lieu en retrait des débats émotifs et qu'ils s'appuient sur des argumentations d'ordre logique. Je ne voulais surtout pas qu'on se drape de vertus en pensant qu'un interdit de vente en pharmacie puisse avoir un réel impact sur une problématique qui s'avérait beaucoup plus large. Je n'avais pas à me faire convaincre du bien-fondé de mettre en place les procédures et les mécanismes nécessaires pour détourner les fumeurs de leurs habitudes, mais j'avais cependant besoin qu'on me fasse la preuve que nous avions une responsabilité à la mesure de celle qu'on cherchait à nous faire porter.

« Il est donc de votre avis que la vente de tabac est nocive à la santé physique ? » m'a-t-on demandé d'entrée de jeu lors de ma comparution devant le comité de discipline de l'Ordre. « Absolument, que je répondis. C'est même une conviction que j'ai depuis toujours. J'ai moi-même arrêté de fumer parce que j'étais persuadé que c'était nocif et que ça ne m'apportait rien. Je me rappelle même très bien du moment et de l'heure ; ça va faire vingt-sept ans le 2 avril prochain à dix heures moins vingt le matin. Elle mesurait encore près de trois pouces lorsque je l'ai pressée au fond d'un cendrier. Ça a été à ce point difficile que j'ai été pendant des années à me dire que j'aurais au moins dû prendre plaisir à la fumer en entier avant d'écraser complètement. »

En faisant montre d'une telle transparence, je fournissais certes de précieux arguments à ceux qui me reprochaient d'en vendre. Mais je souhaitais par ailleurs que l'on se rende bien compte qu'un interdit de vente en pharmacie affecterait moins de trois pour cent des établissements qui en faisaient le commerce. « Si l'État croit vraiment qu'une diminution des points de vente va faire chuter sensiblement la consommation, qu'il crée alors une régie, dont le réseau d'établissements sera restreint, et à qui sera confiée la vente exclusive de tous les produits du tabac. Il est depuis longtemps démontré qu'un accès plus limité à un produit dissuade bon nombre d'acheteurs potentiels. Que nos dirigeants se montrent conséquents du raisonnement dont ils se servent pour nous retirer le commerce de ces produits. »

Bien que ma suggestion n'ait pas beaucoup ébranlé ceux qui siégeaient au comité de discipline, elle trouva cependant preneur auprès des autres chaînes de pharmacies qui faisaient le commerce du tabac. En se rangeant derrière ma proposition, celles-ci protégeaient non seulement leurs intérêts, mais elles évitaient de porter l'odieux des accusations qui m'étaient adressées à titre personnel. Tout comme elles échappaient au risque de se retrouver, comme c'était le cas pour moi, à la une des journaux ou en ouverture des bulletins de nouvelles télévisées. Si, à une époque qui avait précédé, le comédien Jean Coutu avait ajouté à son capital de sympathie en se présentant à l'écran une cigarette à la main pour en faire la promotion, force est de reconnaître que le pharmacien du même nom était loin de susciter un émoi comparable en tentant de faire valoir que la vente de tabac dans la section commerciale de la pharmacie n'avait rien à voir avec l'exercice de sa profession. Même si celle-ci était effectuée par des commis de service comparables à ceux que l'on retrouvait dans les supermarchés et les dépanneurs.

Quelques mois plus tard, dans le cadre d'une consultation menée par le ministre Rochon concernant d'éventuelles nouvelles mesures législatives antitabac, sept chaînes de pharmacies qui vendaient des cigarettes se joignirent à moi pour déposer un mémoire proposant la mise sur pied d'une Régie du tabac. Le document suggérait d'utiliser les quelque trois cents succursales de la Société des alcools du Québec pour en assurer la vente exclusive. L'argumentation reprenait l'essentiel des propos que j'avais tenus précédemment devant le comité de discipline : « La cigarette est un produit facile à se procurer et les fumeurs peuvent s'approvisionner à des dizaines de milliers de points de vente. […] Une solution efficace au tabagisme passe par une réduction substantielle de l'accessibilité au produit. Ainsi, la diminution draconienne du nombre de points de vente devrait, selon toute logique, avoir des effets bénéfiques sur la lutte au tabagisme. » Mais pour les élus à qui aurait incombé une telle décision, il est à se demander quel intérêt politique pouvait représenter quelques centaines de succursales de la Société des alcools, ou encore quelque huit cents pharmacies, par rapport à l'ensemble des trente mille points de vente qui offraient des produits du tabac…

De plus, notre offensive allait à l'encontre des tendances qui n'avaient de cesse de s'accentuer au sein de la population. En effet, en ce début d'année 1996 démarraient les activités de la Coalition québécoise pour le contrôle du tabac, un projet émanant de l'Association pour la santé publique du Québec. Cet organisme avait pour but de susciter les appuis nécessaires pour que les gouvernements adoptent et appliquent des mesures destinées à réduire le tabagisme et ses conséquences. Un peu plus tard au cours de l'année, une étude réalisée par la Direction de la santé publique de la Montérégie vint appuyer les initiatives de la Coalition en révélant qu'au moins la moitié des commerces de la Rive-Sud vendaient du tabac aux jeunes de moins de dix-huit ans. Non seulement la tendance s'accentuait-elle, mais elle était en train de devenir irréversible.

Malgré l'ensemble des conditions jouant apparemment en ma défaveur, le comité de discipline de l'Ordre des pharmaciens du Québec finit par me blanchir de l'accusation qui était portée contre moi. Le rapport évoquant le jugement, déposé en toute fin d'année, semblait d'ailleurs vouloir départager les faits : « La vente de tabac est incompatible avec la profession de pharmacien et contrevient au Code des professions, mais Jean Coutu n'est pas coupable parce que le commerce de tabac était le fait d'une personne morale, la compagnie 2862-1415 Québec inc., et non de monsieur Coutu lui-même. »

Relance immédiate

Une décision qui, bien qu'elle me fut favorable, allait cependant me procurer une satisfaction bien passagère. En effet, en moins de temps qu'il n'en fallut pour ranger les volumineux dossiers que j'avais dû constituer pour me défendre, l'Ordre des pharmaciens faisait appel de cette décision auprès du Tribunal des professions en prétendant agir « conformément au mandat de protection du public qui lui avait été conféré en vertu du Code des professions ». Non seulement le processus était-il à reprendre, mais le temps allait jouer en la défaveur des pharmaciens qui s'étaient crus autorisés, par ce jugement de première instance, à vendre du tabac dans la partie commerciale adjacente à leur officine.

Entre le moment où le Tribunal des professions a entendu l'appel du syndic de l'Ordre et celui où il a rendu son jugement, il s'est passé plus de trois mois au cours desquels les lois fédérales et provinciales régissant la vente du tabac ont passablement été resserrées. Ainsi, le ministre fédéral de la Santé Allan Rock, un an après que fut adoptée la loi réglementant la fabrication, la vente, l'étiquetage et la promotion des produits du tabac, déposa à la Chambre des communes divers amendements à celle-ci, dont un interdisant éventuellement toute publicité de commandite. De son côté, après trois ans de consultations et de délibérations, l'Assemblée nationale du Québec adoptait la Loi sur le tabac qui venait réglementer son usage dans les lieux publics de l'ensemble de la province.

La table était donc mise pour la décision à venir des juges du Tribunal des professions. D'une part, il y avait les militants antitabac qui souhaitaient qu'un renversement de la décision de première instance les confirme dans la lutte qu'ils avaient entreprise. De l'autre, il y avait les politiciens qui, en resserrant le cadre législatif délimitant la fabrication et la vente de tabac, espéraient que le jugement à être rendu s'inscrive dans la perspective des initiatives qu'ils avaient mises de l'avant. Et enfin, il y avait les membres de l'Ordre qui, sur cette délicate question qui les impliquait tous directement, étaient plus profondément divisés que jamais : plus de six cents d'entre eux esti-maient qu'il était toujours convenable de vendre des produits du ta-bac dans l'espace commercial adjacent à une pharmacie, alors que près de sept cent cinquante de leurs collègues prétendaient le contraire.

Finalement, au début de l'été 1998, les trois juges du Tribunal des professions annoncèrent qu'ils invalidaient la décision qui avait été prise par le comité de discipline de l'Ordre des pharmaciens du Québec. Ils justifiaient leur décision par le fait que, selon l'interpréta-tion qu'ils faisaient des amendements apportés au Code des profes-sions en 1994, le commerce du tabac en pharmacie était déjà interdit. « Le Tribunal conclut, comme le comité de discipline, que le com-merce du tabac est incompatible avec l'exercice de la profession de pharmacien. Le comité de discipline a toutefois erré en décidant que l'intimé n'avait pas commis l'infraction reprochée. [Par conséquent], nous déclarons l'intimé coupable de l'infraction reprochée. »

En rendant un jugement de la sorte, le Tribunal des professions décrétait que, dans un cas litigieux comme celui de la vente de cigarettes, le statut de professionnel de la santé prévalait sur celui de commerçant. « Si le pharmacien n'a pas le droit de vendre des produits du tabac, puisqu'il s'agit d'un commerce incompatible, il ne peut faire exercer ce commerce incompatible par la personne morale qu'il contrôle et qui est son alter ego. Il ne peut faire indi-rectement ce que la loi lui défend de faire directement. La compa-gnie 2862-1415 Québec inc. ne fait pas ce qu'elle veut, mais bien ce qu'il veut. Il vend du tabac par son entremise. »

Je saisissais le raisonnement qui avait mené à cette décision, mais je me devais, par égard aux franchisés que je représentais, de faire appel à tous les recours que la loi mettait à ma disposition. Je tentai donc, en premier lieu et sans succès, d'obtenir un sursis à l'exécution de la décision. Puis, dans un second temps, je m'adres-sai à la Cour supérieure du Québec afin qu'elle procède à une ré-vision judiciaire. Ce qui fut rejeté.

Je me rendis donc à l'évidence et j'ordonnai la fin de la vente des produits du tabac dans les commerces dont j'étais le propriétaire de même que dans tout le réseau de franchises que je dirigeais. Mon geste fut par la suite repris par toutes les autres pharmacies du Québec qui vendaient des cigarettes et autres produits qui contenaient du tabac. Puis je m'acquittai de l'amende que le comité de discipline m'imposa.

Cette saga, qui s'est étendue sur une période de plus de quatre ans, m'a profondément remué. Il s'agit de la situation où j'ai été le plus rudement confronté aux contraintes et aux incommodités qui peuvent surgir du fait d'exercer une profession en lien direct avec la santé publique et celui d'exploiter un commerce qui se doit de répondre à des impératifs de rentabilité. La question de la vente des produits du tabac dans les établissements qui faisaient partie de notre réseau se situait à l'ultime frontière délimitant les deux types d'activités. Avec le recul, je m'interroge cependant sur la pertinence d'avoir dirigé les accusations directement contre moi, éclaboussant de ce fait ma réputation de même que l'image de marque de l'entreprise. Comme cela avait été le cas précédemment avec les emmerdes que l'on m'avait causées par rapport aux types de campagnes publicitaires que nous privilégions, il y a lieu de se demander, une fois de plus, si je ne représentais pas une cible facile du fait que la compagnie, en affichant mon nom, était identifiable à une personne bien précise.

En personnalisant, comme on l'a fait, le sempiternel débat opposant les puristes de la profession à ceux à qui on reprochait d'en faire une trop grande commercialisation, je considère que nous nous sommes privés d'une réflexion en profondeur sur les véritables enjeux entourant l'exercice de la pharmacie et l'exploitation d'une entreprise qui fait le commerce de produits de santé. Même si le militant antitabac qui a déposé la plainte initiale se prévalait des droits que lui conférait l'ensemble des nouvelles dispositions du Code des professions – ce qui s'inscrivait en phase avec la transparence et la probité dont voulaient faire montre l'ensemble des professionnels de la pharmacie –, je ne peux m'empêcher de penser que le fait de porter les accusations uniquement à mon endroit faisait montre d'un zèle qui ne servait pas la cause.

En effet, au moment où on me faisait porter l'odieux de vendre des cigarettes dans mes pharmacies, mon principal compétiteur, Pharmaprix – la division québécoise de la chaîne canadienne Shoppers Drug Mart –, continuait pour sa part d'en faire le commerce en toute quiétude, alors qu'il était à l'époque propriété du holding financier Imasco, lui-même actionnaire d'Imperial Tobacco – une société détenue par la multinationale du tabac British American Tobacco –, fabricant des fameuses du Maurier que l'on me reprochait d'avoir vendu.

Par ailleurs, comment ne pas me montrer dubitatif à l'endroit de l'Ordre qui me portait au banc des accusés tout en étant représenté par un syndic qui, alors qu'il était propriétaire de pharmacie, avait lui-même vendu à l'intérieur de son établissement, ou dans les locaux qui lui étaient adjacents, des produits du tabac ? Sans compter que, avant d'être nommé syndic, il avait été propriétaire d'un salon de quilles où il se vendait des cigarettes dans une machine distributrice. Fallait-il que je voie, dans cette personnalisation du débat, la contrepartie aux inconforts que j'avais provoqués en rapprochant trop intimement l'exercice de la profession et l'exploitation d'un commerce ?

Il serait erroné de croire que, en soulevant des interrogations qui mettent en opposition des énoncés de principes qui diffèrent singulièrement, je me refuse à toute remise en question. Au contraire. Je souhaite cependant que, s'il y a des ajustements à apporter dans la façon d'exploiter une pharmacie, nous le fassions ouvertement en impliquant tous ceux et celles que cela concerne et pas seulement en compromettant un pharmacien facilement identifiable. Après les contraintes qu'on m'a imposées en m'obligeant à revoir ma stratégie publicitaire, à gommer toute référence au mot « escomptes » de même qu'au mortier à l'intérieur de ma marque de commerce – alors qu'on se refusait à tout reproche envers ceux qui continuaient à le faire en toute impunité –, je considère que la question soulevée par la vente de cigarettes en pharmacie aurait mérité d'être portée par plus d'un seul individu.

Bien qu'elle fut éprouvante, j'estime que nous avons cependant beaucoup appris de cette aventure. Comme entreprise, nous avons non seulement fait preuve de la souplesse requise dans les circonstances, mais nous avons également appuyé des initiatives mises en place afin d'accentuer la lutte contre le tabagisme. Ce qui n'a d'ailleurs pas manqué d'être souligné par la publication *Info-tabac*, le bulletin de l'organisme Pour un Québec sans tabac qui, dans son numéro d'avril 2008, mentionnait que le Groupe Jean Coutu était l'un des commanditaires majeurs du *Défi J'arrête, j'y gagne !* Il s'agit d'une invitation lancée annuellement à travers le Québec. Pendant une période de six semaines, les participants inscrits s'engagent à ne pas fumer grâce au soutien d'un parrain ou d'une marraine non fumeur ou avec l'aide d'un autre participant désirant arrêter de fumer. Dans le cadre de cette association, notre réseau de pharmacies distribue gratuitement quelque 20 000 trousses d'accompagnement aux fumeurs et fumeuses qui désirent relever le défi. Une façon à nous de montrer que, même confrontés à l'adversité, nous ne nous cachons pas derrière un écran de fumée...

Rencontre au sommet

Si l'ensemble de la polémique entourant la vente de produits du tabac en pharmacie m'avait projeté, bien malgré moi, au cœur de l'actualité quotidienne, il est cependant une démarche citoyenne qui, presque à la même période, m'a amené à m'investir personnellement de façon très active dans un exercice visant à injecter quelques impulsions à notre devenir collectif.

En 1995, en plus de la morosité qui régnait au lendemain d'un référendum qui avait profondément divisé les Québécois, le gouvernement en place dans la capitale provinciale avait à composer avec une situation économique particulièrement difficile. Le taux de chômage demeurait élevé et le déficit budgétaire de la province ne cessait de s'accroître. Afin de remédier à cette situation, dont l'issue s'annonçait tout aussi alarmante que prévisible, l'Assemblée nationale adopta un budget qui devait conduire à l'atteinte du déficit zéro au cours des quatre années qui allaient suivre. Mais comme un projet de cette ampleur ne se réalise pas sans une révision en profondeur des mentalités et des pratiques, le premier ministre Lucien Bouchard annonça pour ce faire la tenue d'un grand sommet sur le devenir social et économique du Québec.

Prévue pour être tenue en octobre, cette rencontre réunissant les principaux intervenants de l'univers économique et de la scène sociale poursuivait un double objectif: s'entendre d'abord sur un certain nombre de constats, puis établir des consensus sur les mesures concrètes à prendre pour résoudre le problème des finances publiques, de la création d'emploi et de la réduction du chômage. L'exercice devait se dérouler en deux temps: une rencontre préparatoire en mars suivie du grand sommet en octobre. Entre les deux rendez-vous, divers groupes de travail étaient appelés à élaborer des propositions concrètes devant favoriser la relance de l'économie et la création d'emplois.

Un des principaux attraits de cette initiative tenait à la grande diversité des intervenants de même qu'à la complémentarité de leur expérience et de leur expertise. On retrouvait ainsi autour des mêmes tables de travail des membres du gouvernement et de l'opposition officielle, des représentants des associations patronales et des organisations syndicales, des banquiers et des chefs d'entreprise, ainsi que des délégués des milieux de l'éducation et de l'intervention communautaire. Il était particulièrement fascinant de constater à quel point tous ceux et celles qui avaient été appelés à participer étaient animés d'un esprit d'ouverture et d'une volonté de trouver des solutions aux problèmes auxquels nous faisions face comme société.

Lors de la tenue de la conférence du printemps, il a été convenu de mettre sur pied deux grands chantiers portant respectivement sur l'économie et l'emploi de même que sur la réforme des services publics. Le premier, que le premier ministre me demanda de présider, était constitué de quatre groupes de travail qui avaient comme mandat d'explorer les thèmes de l'économie sociale, de l'entreprise et l'emploi, des régions-municipalités et de la relance de la métropole. Le second, pour sa part, était appelé à se pencher sur la réforme des services publics et de présenter des éléments de politique en lien avec la question de l'emploi.

Sous la responsabilité d'un président, chacun de ces ateliers se devait de réunir les intervenants concernés par le thème de l'étude, l'objectif ultime étant de dresser un état de la situation et de formuler des propositions en vue du sommet de l'automne. Chaque groupe ainsi constitué avait également le loisir de procéder aux consultations complémentaires qu'il estimait appropriées. Cette latitude donna la possibilité à un grand nombre de personnes et d'organismes de collaborer à cet immense chantier désireux de relancer une économie qui laissait voir des signes d'essoufflement évidents.

Le groupe de travail a également mis sur pied un comité de sages – formé de représentants patronaux et syndicaux, de regroupements de jeunes ainsi que des populations autochtones –, chargé d'assurer l'homogénéité des contenus, de résumer et coordonner les travaux, et de soumettre le texte définitif du rapport final. De plus, une équipe dite « mobile » a accompagné le président du groupe de travail lors de missions spécifiques. Elle était chargée de prendre le pouls des différents milieux, en parallèle aux ateliers, et de communiquer à ces derniers toute information utile à leurs travaux. Mon frère Richard, engagé à fond dans plusieurs étapes de l'ensemble du processus, m'a été d'une aide précieuse dans l'exécution du mandat qui m'avait été confié.

Propositions novatrices

Après avoir fait état d'un constat général – « L'emploi, il est temps que nous cessions d'en parler et que nous commencions à en créer » –, le comité que je présidais a fait trois grandes propositions à la suite de ses travaux. Une première relative à l'exportation de l'eau douce, une deuxième liée aux pertes fiscales engendrées par le travail au noir et, enfin, une troisième ayant trait à l'importance du travail pour l'épanouissement de chaque personne de même que pour le devenir collectif. On peut facilement deviner que, des propositions mises de l'avant, l'exportation de l'eau s'est avérée celle ayant suscité le plus d'étonnement et d'intérêt.

«Nous savons tous que le Québec regorge d'eau potable, spécifiait d'entrée de jeu le rapport de nos activités. Nous utilisons déjà notre eau pour produire de l'électricité. Le moment est peut-être venu de songer à exporter l'eau du Québec, et de mettre en place des techniques de transport jusqu'ici inconnues.» Comme plusieurs observateurs de la scène mondiale, nous étions convaincus que, si le 20ᵉ siècle avait été celui du pétrole et de ses dérivés, celui qui était à nos portes serait celui de l'eau. Que ce soit chez nos voisins du Sud ou encore dans les contrées désertiques de l'Afrique, la demande pour l'eau potable allait sans cesse grandissante. Nous estimions qu'il s'agissait là d'une occasion privilégiée pour le Québec d'en faire un projet à la fois social, économique et humanitaire.

L'idée ne consistait pas à nous priver de notre eau potable, mais bien d'en partager une partie avant qu'elle ne redevienne salée en se jetant dans la mer. Il n'était pas question de vider nos lacs, mais bien de récupérer l'eau de nos rivières alors qu'elle possédait encore toutes les qualités la rendant si indispensable pour la régénération des sols. Dans son parcours la menant de nos innombrables lacs à notre immense fleuve, nous en tirions déjà profit en transformant la force de son courant en énergie électrique. Pourquoi alors ne pas lui donner une seconde vocation, en en rendant une portion disponible à ceux et celles qui en ont le plus besoin?

«L'eau est une richesse apatride qui appartient à l'humanité. Je crois que ceux qui en possèdent en quantité ont le devoir de la partager de façon équitable», ai-je fait valoir lorsque nous avons fait connaître publiquement les résultats de nos travaux. «Et comme le Québec en est particulièrement pourvu, j'estime que sa responsabilité est encore plus grande. » Au fait, l'idée que je nourrissais était de vendre nos surplus d'eau douce aux pays qui étaient en mesure d'en payer les coûts, et de la céder pour une somme symbolique aux populations aux prises avec des pénuries qui ne faisaient qu'augmenter leur vulnérabilité aux maladies et à la malnutrition. C'est dans cette optique que j'ai proposé d'explorer la possibilité d'exporter de l'eau en partance de la Côte-Nord, par aquatiers, vers les régions les plus assoiffées.

Bien qu'elle ait pu paraître farfelue aux yeux de certains, cette idée était tout à fait réalisable. Avant de la lancer, nous nous étions d'ailleurs assurés d'obtenir l'aval de plusieurs spécialistes en la matière : des ingénieurs d'Hydro-Québec, des dirigeants des chantiers maritimes d'Industries Davie à Lévis de même que ceux de la raffinerie Ultramar à Saint-Romuald, en banlieue de Québec. Chacun d'eux avait non seulement confirmé la viabilité d'un tel projet, mais plusieurs s'étaient même montrés disposés à s'y impliquer dans l'éventualité où il se concrétiserait.

La méthode de transport proposée consistait à doter les pétroliers en provenance des pays producteurs du Moyen-Orient d'un système de membranes réversibles leur permettant, au retour, de remplir leurs réservoirs vides avec de l'eau potable et de la déposer à quai sur les côtes africaines. À l'époque, le président d'Industries Davie prétendait qu'une telle technologie permettrait de transporter de 4000 à 20 000 tonnes d'eau en vrac d'excellente qualité par voyage.

En plus de susciter un intérêt évident auprès du public et de la classe politique, la proposition a provoqué un véritable tourbillon médiatique. Je fus même invité à en débattre avec des spécialistes en la matière ainsi qu'avec quelques ministres concernés. Le concept se buta cependant à deux objections de taille. La première relevant des sensibilités que bon nombre de Québécois ont acquises avec le temps par rapport à cette richesse à laquelle ils en sont venus à s'identifier. Et la seconde provenant des experts financiers qui ont jugé qu'il serait peut-être plus avantageux, du moins pour les pays prospères et possédant une frontière ouverte sur la mer, de dessaler l'eau de mer plutôt que d'acheter l'eau douce du Québec. Bien qu'il fut relégué aux oubliettes, ce projet a au moins eu le mérite de poser les bases d'une réflexion sur un enjeu majeur qui, à mon avis, risque de bientôt nous rattraper.

Économie souterraine

La seconde proposition que notre comité porta à l'attention de l'ensemble des participants du Sommet de l'économie et de l'emploi consista à interpeller les divers paliers de gouvernement sur l'importance des sommes d'argent qui leur échappaient par le biais de l'évasion fiscale liée au travail au noir.

Nous avons d'abord cité en exemple les manœuvres et les ouvriers spécialisés qui consacrent une partie ou la totalité de leur temps à la rénovation domiciliaire. La méthode est connue : en contrepartie d'un paiement en argent comptant, le client se voit exempté des taxes qui auraient dû lui être facturées. Puisque le type de travaux concernés engendre généralement des dépenses totalisant plusieurs milliers de dollars, on comprend que la tentation soit grande pour plusieurs propriétaires d'immeubles de « sauver » les montants équivalant à ce qui leur en coûterait si les règles usuelles étaient appliquées.

La méthode que nous proposions consistait essentiellement à rétablir l'équilibre entre ceux qui tirent profit des failles du système et les autres qui, en se prêtant à cette manœuvre douteuse, ont l'impression de faire une meilleure affaire. Nous suggérions aux gouvernements en place de permettre aux propriétaires de résidences privées de réclamer, sur présentation des factures correspondantes lors de la production annuelle de leurs déclarations de revenus, une partie des dépenses occasionnées par les travaux d'entretien et d'amélioration qu'ils auraient fait effectuer en cours d'année par des employés qualifiés. En plus d'amener les magouilleurs à poser un geste citoyen responsable, nous estimions que les taxes qu'ils auraient eu à verser aux fonds publics se seraient avérées supérieures aux crédits accordés aux propriétaires réclamants. Enfin, sur le plan économique, nous estimions que de telles mesures auraient incité les proprios à consacrer une part plus substantielle de leur budget à l'entretien de leur résidence, lui assurant du fait une valeur accrue sur le marché.

Nous avons également abordé la question des travailleurs du domaine du loisir et du divertissement qui ne sont toujours pas assujettis – comme le sont les employés de la restauration – à une déclaration minimale obligatoire de leurs pourboires. N'est-il pas inéquitable que les clients d'un bar voient leur salaire imposé à la source alors que ceux et celles qui les servent ont tout loisir de ne pas rapporter au fisc ce qui fait l'essence de leurs revenus? L'État n'aurait-il pas avantage à implanter une méthode comme celle prévalant dans plusieurs pays d'Europe où le pourboire – calculé sur la base d'un pourcentage uniforme pour tous les employés concernés – est systématiquement ajouté à l'addition à la suite des taxes applicables? L'importance des enjeux en cause vaut au moins la peine qu'on y réfléchisse.

Travail et dignité humaine

Enfin, en troisième lieu, le comité sur l'économie et l'emploi a estimé d'intérêt de souligner une dimension trop souvent ignorée des différents projets de relance économique qui sont conçus ou mis en plan. Il s'agit de l'importance que revêt le travail dans la vie d'un être humain. Exercé dans des conditions qui lui permettent de faire valoir ses talents, il s'agit là d'un bien précieux qui a toujours contribué à former un individu et à renforcer l'estime qu'il pouvait avoir de lui-même.

Toutes les sociétés modernes se sont construites sur le travail. Et pour bien évaluer la place qui lui revenait au sein de notre avenir collectif, nous avons eu l'occasion, dans le cadre des travaux de notre comité, d'entrer en contact avec différentes catégories d'étudiants de niveau secondaire et collégial. Nous avons alors été à même de constater à quel point nombre d'entre eux se retrouvent particulièrement dépourvus, en matière de préparation, face à la perspective d'occuper un emploi. C'est la raison pour laquelle nous avons exhorté les paliers de gouvernement concernés à tout mettre en œuvre pour relancer et nourrir l'intérêt des jeunes pour ce bien précieux qu'est un travail valorisant et épanouissant.

Car c'est aux tout premiers niveaux de formation que la véritable sensibilisation doit s'établir. Il s'avère passablement tard de tenter de le faire lorsque le jeune adulte se retrouve sur le marché du travail et qu'il se voit contraint de multiplier les entrevues et d'occuper des boulots qui ne correspondent pas à ses aspirations parce que sa formation est déficiente en regard des besoins. C'est pourquoi nous affirmions qu'une des causes majeures du chômage résidait dans le fait que, dès la petite école, on n'a pas su orienter les programmes d'éducation de façon à permettre à chacun d'exercer ses talents. Car l'emploi, c'est déjà à ce niveau que ça se crée. Ce sont ces jeunes qui, demain, par la complémentarité de leurs talents et de leurs réalisations, donneront du relief à la ville, à la province, de même qu'au pays qu'ils seront appelés à former.

D'autre part, ce serait faire erreur que de verser dans le pessimisme outrancier face au chômage récurrent qu'aucun cycle économique ne semble en mesure de faire régresser à un niveau tolérable. La demande en main-d'œuvre m'apparaît beaucoup plus grande que ne laissent voir les statistiques sur le chômage. Mais il me semble évident que trop de travailleurs, aguerris ou en herbe, ne possèdent pas l'expertise et les connaissances nécessaires pour répondre aux exigences grandissantes de nos sociétés axées sur la technologie et la performance. Peut-être sommes-nous en train de subir les contrecoups de programmes d'éducation qui ont trop valorisé l'exercice d'une profession par rapport à la pratique d'un métier.

Lorsque j'ai eu à présenter les travaux du comité que je présidais au cours du sommet mis en place par Lucien Bouchard, je me suis permis de rappeler que c'est à grands coups de solidarité, de partage et de justice que notre génération de même que celles qui l'ont précédée ont bâti le Québec. Et que, pour relever les nouveaux défis qui se posent à nous, le même combat se devait d'être mené. «Avec les jeunes cette fois, ai-je ajouté, sans qui il ne nous sera pas possible de redonner à notre économie la prospérité recherchée. Car la solidarité à laquelle je fais référence ici ne signifie pas "répartition de la pauvreté", mais plutôt "répartition des connaissances". Elle nous oblige à changer nos façons de faire et à ne pas hésiter à ébranler les règles qui nous régissent.» Définitivement, pour le comité que je dirigeais, c'est de ce côté que l'avenir se dessinait.

En posant un regard furtif sur les documents que j'ai conservés de cette expérience, il m'apparaît que les idées échangées demeurent encore tout à fait d'actualité. Bien que l'exercice n'ait pas été vain – on a fait mention, dans un bilan sommaire, de 10 000 emplois créés et de 800 autres consolidés –, il me semble qu'avec l'intérêt et le dynamisme qui animaient les forces en présence il aurait été possible de faire beaucoup plus. Il y aura certes toujours quelques alarmistes pour prôner le statu quo ou, pire, pour faire l'apologie de méthodes révolues. Mais qui apportera espoir à ceux et celles que nos systèmes économiques – qu'ils se retrouvent en période de croissance, de crise ou de récession – laissent complètement en plan ?

J'ose penser qu'à la suite de remue-méninges aussi prometteurs nous soyons capables de redescendre de nos sommets et de nous atteler à ce qui pourra permettre à chacun et chacune d'entre nous d'entreprendre une ascension qui le conduira à l'atteinte des objectifs auxquels il se sent appelé…

CHAPITRE 15

Inaltérable espérance

« C'est en donnant qu'on reçoit et c'est en s'oubliant qu'on se retrouve. » Cette réflexion méditative de Giovanni di Pietro Bernardone – mieux connu sous le nom de saint François d'Assise – évoque bien les véritables enjeux de la vie qu'allait redéfinir à sa manière, quelques centaines d'années plus tard, le médecin et philosophe Albert Schweitzer en affirmant que : «la seule possibilité de donner un sens à son existence, c'est d'élever sa relation naturelle avec le monde à la hauteur d'une relation spirituelle».

Comme plusieurs de ceux et de celles qui s'interrogent sur le comment et le pourquoi de l'existence, les idées et la vie de ces grands maîtres à penser ont largement nourri ma propre quête de sens tout au long des années. Mais, bien qu'elle fut de l'étoffe de ces modèles de vertus et de dévouement portés au sommet de la félicité par les grandes religions et les écoles philosophiques qui font référence, c'est plutôt une religieuse missionnaire contemplative – dont le parcours est passé pratiquement inaperçu – qui a exercé la plus grande influence sur mon cheminement.

Mission inspirée

Petite femme frêle et souffreteuse, ma tante Alice fut de ces religieuses inspirées qui ne se sont pas laissé dissuader par l'incrédulité ambiante ou par le conformisme des institutions en place. Enseignante de formation, c'est par la musique qu'elle choisit d'éduquer les jeunes qui lui étaient confiés. Elle ne cessait de répéter que cet art «constitue le trait d'union par excellence entre les diverses cultures et les différentes religions ». Et ses actes n'ont pas manqué de faire écho à ses paroles. Au cours des cinquante-deux ans qu'elle a passé au Moyen-Orient, elle a prodigué sans discrimination ses connaissances musicales à des enfants d'origine juive, musulmane ou chrétienne, réussissant du coup à créer entre eux une harmonie qui s'avérait loin d'être évidente au sein de leurs communautés d'appartenance.

Mes premiers contacts avec ma tante Alice remontent à ma tendre enfance, durant les années trente, du temps où les parents de mon père habitaient à la maison. Le courrier constituait alors pour elle le seul lien susceptible de la garder en contact avec sa famille. Elle n'avait le droit d'expédier que quatre petits feuillets par mois. À travers la courtepointe rédactionnelle que formait sa parcimonieuse et microscopique écriture, elle nous faisait part de ce qu'elle vivait dans ce coin reculé de la planète. Pour un jeune comme moi qui n'était jamais allé plus loin que le parc Belmont ou Sainte-Lucie-de-Doncaster, ces récits en provenance de lointaines contrées, où se croisaient les caravanes de chameaux et les cortèges de pèlerins, avaient le don de m'impressionner grandement. Si je porte aujourd'hui un intérêt pour tout ce qui touche la géopolitique internationale, je le dois sans nul doute à une partie des récits épistolaires de tante Alice.

C'est à compter de son retour au pays en 1967 que j'ai eu le bonheur de tisser des liens plus personnels et plus fréquents avec elle. Ma tante Alice est décédée en 1986, à l'âge de quatre-vingt-seize ans, dans le plus parfait anonymat. Pour cette femme, qui savait se démarquer davantage par son attitude et ses gestes que par son statut et des paroles, la véritable richesse se situait dans l'être, et non dans l'avoir. Même si elle avait été confrontée aux pires ignominies des guerres incessantes de ses pays d'adoption, elle s'était toujours tenue loin de tout jugement. « Je suis une privilégiée de la vie, répétait-elle à qui voulait l'entendre, sans rien exiger, j'ai accès au meilleur des deux mondes : le cœur des gens et l'amour de Dieu. » Sans même le savoir, elle fut certainement celle

qui m'a le plus aidé à saisir toute la portée du message du thaumaturge qui marchait sur les eaux et qui avait un flair particulièrement aiguisé pour repérer les bancs de poissons.

Convictions enracinées

Les certitudes qui m'animent en la matière trouvent leurs sources
dans le fait que j'ai été élevé par des parents qui étaient eux-mêmes
profondément croyants et pratiquants. Elles se sont par la suite
vues confirmer par l'approche des religieuses enseignantes de
l'institution primaire que j'ai fréquentée. Bien que leur préoccupation première ait été de nous inculquer les rudiments essentiels
de la langue et les notions de base en mathématiques, leur souci
de nous éveiller à une dimension qui transcende la nature
humaine m'a interpellé bien davantage que les deux cent quatre-
vingt-dix-huit questions du petit catéchisme.

Puis il y a eu les Jésuites pour qui l'élévation spirituelle était tout
aussi importante que l'acquisition de connaissances. Ce qu'ils s'ap-
pliquèrent à mettre en pratique avec nous, tout en faisant preuve de
mesure et de respect. Mais en fins analystes des signes des temps
qu'ils étaient, ils savaient pertinemment que, lorsque le moment
viendrait de prendre nos vies en main, les remises en question ne
tarderaient pas à bousculer les valeurs qu'ils avaient cherché à nous
transmettre. «Vous ne pourrez éviter de mettre en doute certaines
des certitudes auxquelles vous avez été initiés», nous avait prévenus
le père recteur au moment où nous quittions le collège. «Seuls des
choix compromettants permettront d'attiser la petite étincelle que
nous avons tenté d'allumer en chacun de vous.»

En ce qui me concerne, bien que je ne me sois pas soustrait aux
questionnements qui se sont présentés, je n'ai jamais vraiment
éprouvé de crise existentielle dans ce domaine intemporel qui paraissait alors tout aussi insaisissable pour certains qu'improbable
pour d'autres. Mais comme je n'ai rien du mysticisme de tante

Alice ou du zèle des nouveaux convertis, c'est par les convictions que je nourris qu'il m'a été possible de prolonger les expériences vécues dans le cadre de mon enfance et de ma jeunesse. Je ne m'en reconnais cependant aucun mérite, la recherche de constance et de permanence ayant toujours fait partie de la façon dont je mène à terme mes engagements.

Pour moi, il en va de mon appartenance à la religion comme de celle que l'on affiche ouvertement à une organisation socioré-créative ou à un organisme favorisant le réseautage. La comparai-son peut paraître réductrice, mais elle n'en demeure pas moins indiquée. Comment en effet peut-on prétendre bénéficier des bien-faits d'un sport si on ne se présente jamais dans les lieux où on le pratique? Et comment peut-on se dire en lien privilégié avec une association si on évite de participer aux événements qui rassem-blent ses membres?

On s'imagine mal un golfeur ne pas respecter les règles régis-sant le comportement des joueurs sur les parcours; tout comme on ne prendra pas au sérieux un hockeyeur se présentant sur la pati-noire sans revêtir les couleurs de son équipe ou l'équipement re-quis pour lui permettre de se mesurer à ses adversaires; de la même façon que l'on se questionnera sur les motivations d'un joueur d'échecs qui ne participe jamais aux tournois qui sont présentés dans sa région. Pourquoi alors en serait-il autrement de tout ce qui peut contribuer à l'enrichissement de la vie spirituelle?

Il ne s'agit pas du tout d'une question de formalisme, mais bien de saine discipline. La nature humaine est ainsi faite que toute négligence ou relâchement conduit invariablement à l'éloigne-ment et l'abandon. Je comprends très bien qu'il en aille différem-ment pour la majorité des gens qui, tout en s'inspirant des valeurs héritées des sociétés gorgées d'eau bénite qui les ont précédés, pré-fèrent se tenir à distance de rituels qui ne les rejoignent pas. Mais, en ce qui me concerne, je constate que je n'aurais jamais été en mesure d'aspirer à l'équilibre recherché si je ne m'étais pas imposé un minimum d'impératifs en matière de pratique religieuse.

Cela ne signifie pas pour autant que les exercices de piété s'avèrent garants de l'intensité de la vie spirituelle. J'ai été initié à cette autre dimension de l'existence à une époque où la pratique religieuse avait davantage à voir avec les mœurs sociales qu'avec les convictions personnelles. Celui ou celle qui ne se présentait pas à l'église le dimanche matin avait rapidement à subir l'opprobre public. Il n'y a pas à s'étonner que, devant tant de formalisme creux, nombre de gens – croyants comme incrédules – aient pris leurs distances et formulé des critiques passablement sévères.

Appel à l'espérance

Le fait d'avoir continué d'aller à la messe ne signifie pas pour autant que je me retrouve dans chacune des directives ou prises de position en provenance des officines du Vatican. Je ne rejette pas d'emblée les enseignements, mais je me permets toutefois de faire la différence entre ce qui relève de la gouvernance temporelle et de la direction spirituelle. En effet, si la foi chrétienne est basée sur une révélation d'un autre ordre que la nature humaine, certaines des instructions en provenance des palais épiscopaux ne sont pas sans laisser paraître de sérieux décalages par rapport aux tribulations d'ordre moral et éthique auxquelles sont confrontées les générations montantes.

Personnellement, je considère que chaque être humain est appelé à se réaliser pleinement, mais que personne n'est exempt d'erreur. Et qu'il est de notre devoir, en tant que chrétiens, de nous montrer solidaires et magnanimes à l'endroit de ceux et celles dont la conduite ne correspond pas toujours aux exhortations lancées en chaire le dimanche matin. Ce n'est qu'en faisant preuve d'ouverture, et non pas en condamnant, qu'il deviendra possible de tendre vers un mieux-être individuel et un mieux-vivre collectif.

Sinon, il n'y a pas à s'étonner que nos églises soient désertes lorsqu'on laisse en plan une majorité d'hommes et de femmes

– pourtant en profonde quête de sens à leur vie – sous prétexte qu'ils ne répondent pas à nos critères de sélection. Celui qui s'invitait à manger chez le collecteur d'impôts, tout en acceptant de se faire voir avec la fille de joie du quartier, ne retournait-il pas plutôt les gens à leur propre conscience au lieu de les réprouver ouvertement en brandissant un code de loi ou une ordonnance morale ? Les situations dénoncées par les autorités doctrinales actuelles ne sont-elles pas des occasions privilégiées de remettre à l'avant-plan l'espérance qui a porté des générations de chrétiens d'un petit bourg de Galilée jusqu'à l'aube du nouveau siècle ?

Il y a quelques années, j'ai été fortement interpellé par un ancien collègue de travail qui, âgé d'à peine plus de soixante ans, combattait un foudroyant cancer qui laissait croire qu'il ne passerait pas l'hiver. «Mon plus grand espoir, disait-il entre deux traitements, c'est de voir encore une fois éclore les bourgeons au printemps.» Pourquoi l'espérance de cet homme en fin de vie ne serait-elle pas en mesure d'apporter confiance et réconfort à des adultes qui sont prêts à accorder du crédit aux balivernes les plus abrutissantes de marchands de bonheur à rabais, ou encore à des jeunes qui ne voient rien d'autre que le suicide pour mettre un terme à leur mal de vivre parce que personne ne leur a dit qu'on avait besoin d'eux ?

L'Église catholique n'est-elle pas en train de payer pour l'impérialisme dont elle a fait montre pendant trop longtemps ? Dans le contexte de pluralisme où baignent nos sociétés contemporaines, n'est-il pas inconvenant de prétendre qu'un seul courant spirituel puisse posséder la vérité ? L'avenir de toute institution de cette importance pour le devenir de l'homme ne réside-t-il pas dans sa capacité à s'ouvrir à diverses écoles de pensée et à accepter que d'autres hommes et d'autres femmes, ici et ailleurs dans le monde, soient également porteurs d'une parcelle de la vérité absolue que tout le monde recherche ? Et que celle-ci se cache peut-être au sein même de tous ces cheminements personnels plutôt que dans les dogmes d'une seule et même confession religieuse ? Ne serait-il pas dommage de constater un jour que notre peur de l'autre nous a conduits à la suffisance et à l'isolement ?

Maintenant que le pendule approche de l'autre extrémité du balancier, je suis des plus confiants que les jeunes de la nouvelle génération – à qui tout est pratiquement accessible au moment même où ils le désirent – ne manqueront pas de chercher une contrepartie au vide existentiel inhérent à l'abondance dans laquelle ils baignent. Dispensés de la religiosité empreinte de sacrifices et de mortifications que les gens de ma génération ont connue, tout me porte à croire qu'ils sauront intégrer à leurs vies des valeurs spirituelles qui les conduiront à leur plein épanouissement tout en empruntant des chemins qui nous étaient inconnus.

Magnanimité juvénile

J'en veux pour preuve l'expérience récente qu'a faite un de mes petits-fils. Désireux de soulager quelque peu les tablettes de rangement du garage et du grenier de la résidence familiale, il organisa une vente-débarras. À travers les innombrables jeux et articles de sport qu'il avait déposés sur quelques tables en face de chez lui se trouvait une paire de patins à roues alignées qui, de toute évidence, n'avait pas été portée très souvent.

En cours de matinée, un petit garçon d'un quartier voisin vint jeter un coup d'œil sur ce qui couvrait les étals. Après qu'il eut balayé du regard ce qui s'y trouvait, son attention se porta sur la paire de patins. Il l'examina longuement, la retournant dans tous les sens comme s'il cherchait un défaut qui lui aurait permis de lui prêter moins de valeur. «Combien ?» demanda-t-il, après une longue hésitation. «Vingt dollars, qu'il se fit répondre. Tu sais qu'ils sont presque neufs et qu'ils en ont coûté plus de cent à l'achat», ajouta le jeune vendeur, un peu déçu que l'autre les redépose si rapidement sur la table.

Peu de temps s'en fallut cependant avant que l'acheteur potentiel revienne à la charge. Visiblement, celui-ci contenait mal son envie de même qu'un certain malaise qu'il cherchait à dissimuler. C'est alors que le jeune commerçant d'occasion tenta d'initier le marchandage de circonstance: «Comme ça semble être la première paire de patins que tu achètes, je te les laisse pour quinze dollars.» Mais s'apercevant que sa nouvelle offre ne portait pas les fruits escomptés, il lui demanda directement: «Combien as-tu d'argent dans tes poches?» Et l'autre, un peu gêné, de répondre: «Deux dollars.»

Se rendant compte que l'occasion lui était donnée non seulement d'accommoder un jeune de son âge qui n'avait pas la même chance que lui, mais aussi de se voir gratifié d'une satisfaction qu'aucun billet de banque ne pourrait lui procurer, l'apprenti marchand lui dit tout simplement: «Prends-les, ils sont à toi. Et garde ton argent, je te les donne!»

Comme tous parents qui ont cherché à inculquer les valeurs les plus élevées à leurs enfants, ce n'est que lorsqu'ils ont atteint l'âge adulte qu'il devient possible de constater jusqu'à quel point ceux-ci les ont intégrées dans leur vie. Comme grands-parents, il est encore moins aisé de prédire ce à quoi ressembleront les valeurs qui baliseront le parcours des plus jeunes générations. Cependant, lors de cette petite vente de débarras, j'ai eu le bonheur de constater que certains de ceux qui s'apprêtaient à emboîter nos pas avaient saisi de l'intérieur la formule qui pouvait vraiment donner un sens à leur vie: «C'est en donnant que l'on reçoit et c'est en s'oubliant soi-même que l'on se retrouve...»

CHAPITRE 16

Tel fut le voyage

Au moment où je m'apprête à mettre un terme aux jongleries introspectives qui occupent les pages qui précèdent, je ne peux éviter de m'interroger sur la convenance de l'exercice. «Avec l'âge viennent l'expérience de l'inutilité des conseils… et aussi une pudeur motivée d'en donner.» Jamais de tels propos ne me sont apparus aussi pertinents qu'en ce moment où une certaine connaissance des choses et des hommes pourrait porter à penser qu'il est justifié de prodiguer instructions et conseils. S'il est plutôt une chose que j'ai apprise des tribulations qui ont jonché mon parcours, c'est que la vérité n'élit jamais domicile dans le cœur ou la pensée d'un seul homme. L'auteur français Christian Bobin avait bien raison de dire: «Personne ne peut tenir la vérité près de soi, fût-ce dans le cachot d'une formule.»

Alors que mon ancien confrère pharmacien Émile Coderre – devenu Jean Narrache sous son nom de plume – pensait que «la philosophie n'est peut-être que l'art d'ensevelir nos doutes sous une avalanche de mots», je dirais plutôt qu'elle consiste à tirer profit des essais et erreurs qui nous ont conduits de l'innocence puérile à la lucidité confiante. C'est ce qui m'a amené à offrir au regard quelques-unes des expériences acquises au fil du temps. J'ose croire que ces réflexions aideront ceux et celles qui se préparent à se mesurer à la vie à mieux situer le rôle unique et essentiel qu'ils ont à jouer dans ce grand théâtre où se multiplient les chassés-croisés entre la prospérité et l'infortune, la feinte et la transparence, de même que l'adversité et le contentement.

Car la réussite ne se mesure pas à l'importance de la place occupée dans l'échelle sociale ou à l'ampleur des biens accumulés. Elle consiste plutôt en la réalisation de ce à quoi nous sommes appelés, en prenant avantage des talents que nous possédons et en tenant compte des possibilités qui nous sont offertes. En ce qui me concerne, je me considère comme des plus privilégiés d'avoir bénéficié d'un entourage exceptionnel – des parents et des éducateurs attentionnés, une famille aimante et unie ainsi que des employés compétents et dévoués – afin de réaliser mes ambitions. Ce qui n'a pas pour autant exempté mon parcours de détours obligés et d'errements occasionnels. Mais si quelqu'un peut aujourd'hui tirer profit de mes apprentissages et de mes expérimentations, j'aurai au moins le sentiment d'avoir fait œuvre utile en les exposant ouvertement.

Sérénité tranquille

Toutefois, lorsque nous sommes parvenus à l'heure des bilans, il est fréquent de se dire que, à certaines étapes, nous aurions peut-être pu en réaliser davantage et que, en d'autres circonstances, il nous aurait été possible d'agir différemment. Mais au moment où nous avons eu à nous compromettre, est-il nécessaire de rappeler que nous n'avions pas le recul et l'expérience qui s'acquièrent avec le temps ? D'où la futilité de nourrir des regrets. Peu importe la place qu'on lui permet d'occuper dans nos souvenirs, la nostalgie n'a jamais eu le pouvoir de changer quoi que ce soit au passé. Pas plus qu'elle est en mesure de paver la voie à la sérénité tranquille.

C'est pourquoi je n'hésite pas à m'en remettre à ceux et celles qui s'apprêtent à prendre la relève afin d'assurer la suite à tout ce que nous sommes appelés à laisser en plan. Les modèles de référence des gens de ma génération appartiennent à un siècle qui, bien qu'il ait engendré les plus nombreuses et les plus importantes transformations dans l'histoire de l'homme, est désormais révolu. Ce serait une erreur de laisser le passé faire écran à l'avenir. Je choisis plutôt de fonder mes espoirs sur les jeunes générations qui, téméraires et enthousiastes, s'apprêtent à réinventer de toutes nouvelles façons de composer avec la vie et à nous porter au-delà même des frontières que nous sommes parvenus à faire reculer.

Car de la vie, nous n'inventons jamais rien. Nous reprenons simplement là où d'autres ont laissé. En essayant, si possible, de faire davantage et mieux. Peu importe les époques, le fondement de toute expérience humaine demeure le même : respirer, manger, dormir, se vêtir, se protéger, aimer et être aimé. Il en est ainsi du cycle de la vie. C'est pourquoi il faut qu'il y en ait qui se retirent pour faire place à ceux qui arrivent. Ne vaut-il alors pas mieux laisser nos certitudes se lézarder pour mieux porter notre attention sur les nouveaux enjeux qui se pointent ?

[…] *tantôt le jour était partout, mais si faible encore que l'ombre n'y était pas. Mais déjà le soir descend et, si la réfraction n'était pas, le soleil serait caché là-bas…* Ces quelques lignes, griffonnées pour le compte du journal du collège qui soulignait le départ de notre cohorte, me rappellent éloquemment que mon horloge biologique pointe désormais davantage du côté des couchers de soleil que des petits matins clairs. Il en va ainsi du vieillissement. C'est l'énergie de nos jeunes années qui, lentement mais sûrement, se retire en laissant au passage quelques marques au cœur et au corps. Ça n'a rien à voir avec une quelconque fatalité ; il s'agit tout simplement d'une finalité qui est inscrite au cœur même de notre existence dès le jour de notre naissance. Les gribouillis de mes vingt ans ne sont-ils pas là pour me le rappeler : […] *déjà le soir descend et, si la réfraction n'était pas, le soleil serait caché là-bas…*

Avec le temps, j'en suis certes venu à nourrir quelques certitudes. En les affirmant en toute liberté comme je me suis permis de le faire, j'ai souhaité faire écho à l'exhortation de mon grand-père me rappelant qu'il était de mon devoir, lorsque j'étais animé de convictions résolues, de les soutenir jusqu'à ce qu'on me fasse la démonstration que j'étais dans l'erreur. En souhaitant que celles que j'affiche puissent tout autant susciter l'adhésion que provoquer la controverse, c'est ce à quoi je me suis exercé à travers ces quelques pages.

Sans prescription ni ordonnance.

Remerciements

Pour avoir gentiment accepté de confronter, dans le cadre d'échanges spontanés et désintéressés, les réflexions que j'ai partagées dans cet ouvrage, je tiens à remercier mesdames Mélanie Joly, Marie-André Lamontagne, Solange Lefebvre et Catherine Ouimet, de même que messieurs Jean Bédard, Michel Dion, Alain Faubert, Xavier Gravend-Tirole, Gilles Julien, Serge Lareault, Georges Leroux, Thierry Pauchant, Marco Veilleux et Michel Venne.

Enfin, je m'en voudrais de ne pas souligner l'imposant travail de recherche auquel s'est livré Jean Couture afin d'illustrer et de mettre en contexte les événements constitutifs de mon parcours personnel et professionnel. Mon appréciation est d'autant plus grande que, à travers l'exercice d'écriture auquel il s'est astreint, il a su rapporter mes propos avec conformité et élégance tout en en respectant l'essence. Qu'il en soit particulièrement remercié.

Libre-échange

Si ce livre suscite en vous des réactions et des commentaires que vous aimeriez partager avec moi, je serais des plus heureux de lire vos courriels.

Vous pouvez me les faire parvenir à l'adresse : livre@jeancoutu.com.

Table des matières

CHAPITRE 1
Au seuil de l'aventure humaine 11

CHAPITRE 2
Faire ses humanités 43

CHAPITRE 3
Un avenir en ébauche 67

CHAPITRE 4
Pharmacien restaurateur 101

CHAPITRE 5
Pharmacien propriétaire 129

CHAPITRE 6
Un univers en mutation 161

CHAPITRE 7
Un concept en gestation 185

CHAPITRE 8
Les années charnières 215

CHAPITRE 9
De pharm-escomptes à chaîne 243

CHAPITRE 10
Seul à bord 277

CHAPITRE 11
Charité bien ordonnée 307

CHAPITRE 12
Au pays de l'oncle Sam 335

CHAPITRE 13
Retrait sur décision 361

CHAPITRE 14
Controverse et regard vers l'avenir 381

CHAPITRE 15
Inaltérable espérance 409

CHAPITRE 16
Tel fut le voyage 419

Suivez les Éditions de l'Homme sur le Web

Consultez notre site Internet et inscrivez-vous à l'infolettre pour rester informé en tout temps de nos publications et de nos concours en ligne. Et croisez aussi vos auteurs préférés et l'équipe des Éditions de l'Homme sur nos blogues !

www.editions-homme.com

Achevé d'imprimer au Canada
sur papier Enviro 100 % recyclé

100%